历史课标解析与史料研习丛书

总主编　何成刚

历史课标解析与史料研习
世界古代近代史

主　编　夏辉辉

副主编　莫景华　李志先

复旦大学出版社

内容提要

本书是“历史课标解析与史料研习丛书”中的一册。“历史课标解析与史料研习丛书”是高中历史教师准确把握《普通高中历史课程标准》（2017年版），并进行基于历史课标的教学的专业发展丛书。

本丛书根据《普通高中历史课程标准》（2017年版）中的单元学习主题，从“学术引领”“教学设计”“教学资源”三个角度，借助学术界的权威研究成果，为高中历史教师开展基于历史课标的史料教学，提供高质量的、系统整体的资源支持；引导广大中学历史教师认识到，史学阅读是历史教学的起点，史学阅读的广度与深度，决定历史教师史学素养的发展程度，决定学生历史核心素养的培养质量，切实推动形成重视史学阅读的教师专业发展理念。

本丛书也可供初中历史教师阅读，为初中历史教学提供参考。

总序

毫不夸张地说，当下的中学历史教学，新理念、新思想和新主张可谓层出不穷，颇有些像春秋战国时期的“百家争鸣”，呈现出了多元丰富的特点。通过阅读《历史课程标准》和历史教学期刊上发表的各种文章，我们就能强烈地感受到这一点。这无疑反映了历史教育发展进步的一面，值得肯定。但不可否认的是，新理念、新思想和新主张，在大多数中学历史教师看来，听起来虽然很好，但如何在实践中与具体教学内容实现有机融合，确实是一个相当棘手的问题。这也是基础教育课程改革实施十多年来，历史课堂难以发生本质变化或者说变化其实并不像我们想象的那样显著的重要原因。我们认为，新理念、新思想和新主张与教学实践不能实现有机融合，固然与一些新理念、新思想和新主张“高高在上、不接地气”有关，更多的恐怕还在于广大中学历史教师对教学内容的认识和理解处于一个浅层水平，没有体现出一定的专业性，由此导致新理念、新思想和新主张与“教学实践”形成“两层皮”现象。

可见，要推动历史教学改革取得质的飞跃，不能没有“主义”（即新理念、新思想和新主张）的引领，但是，仅靠“主义”是远远不够的，因为我们在教学中遇到的 个个具体的教学内容，绝无可能完全相同，有的看似相近甚至相同，其实千差万别。这就要求我们对每一个具体的教学内容，必须达到深度把握、准确理解的程度。如何做到？实践证明，除了史学阅读，目前还没有更好的办法。

培养学生历史核心素养，无疑是当下历史教育中最重要的一种“主义”。与“三维目标”相比，“历史核心素养”的提出，更加明确要求我们必须在准确把握历史学科本质、历史学科思想、历史学科方法和深度理解教学内容的基础上，进行历史教学。如果我们做到了这一点，那么，当我们站在课堂上，自然会有充足的教学底气和勇气。试想，作为一名历史教师，如果自身对“历史核心素养”中强调的“唯物史观”“时空观念”“史料实证”“历史解释”缺乏准确把握的话，如果对教学内容一知半解的话，那么，在教学中培养学生的历史核心素养，肯定容易流于形式。

可见，培养学生的历史核心素养，关键在于提高历史教师对历史核心素养的理解水平，关键在于促进历史教师对教学内容的深度把握，这恰恰就是当前中学历史教学存在的最突出的“问题”。换句话说，中学历史教师其实并不缺“主义”的引领，最缺的恰恰就是与《历史课程标准》对教学基本要求相一致的高质量的史学成果与史料资源。

为此，我们围绕教育部颁布修订后的《历史课程标准》中的单元学习主题内容，组织北京市、安徽省、江苏省、河北省、广西壮族自治区、广东省、四川省等地的历史教学专家、优秀教研员、优秀教师，通过分工协作的方式，进行了一年多的广泛而又有深度的阅读。在阅读中，注重核心阅读、群文阅读、比较阅读，以确保阅读的专业性和综合性，保证阅读的品质。在此基础上，一是精选史学研究成果，引导历史教师比较全面地了解史学研究成果，促进历史教师在史学阅读中提高对历史核心素养的理解水平，在史学阅读中提高自身的史学素养，引导历史教师从多个方面深度把握历史教学内容；二是搜集整理有价值的教学资源，特别是史料资源，旨在为中学历史教师提供日常备课可用的素材，让广大历史教师一看就明白，拿来就会用，从根本上解决“巧妇难为无米之炊”的实际问题；三是围绕历史核心教学内容，以《历史课程标准》强调的“史料研习”理念为指导，从不同视角进行了教学设计的探索，强调将历史学科本质、历史学科思想、历史学科方法融入历史教学之中，培养学生的核心素养。可以说，这集中体现了我们团队多年来一贯坚持的根本理念。

总而言之，我们从事本项研究，一方面在于从阅读权威史学成果、合理运用史学资源入手，为中学历史教师深入理解《历史课程标准》，开展基于《历史课程标准》的史料教学，扎扎实实地将培养学生的历史核心素养落实在每一节历史课中，提供实实在在的、高质量的、系统整体的资源支持。另一方面，旨在倡导重视史学阅读的教师专业发展理念，引导广大中学历史教师认识到，史学阅读是历史教学的起点，史学阅读的广度与深度，直接决定历史教师史学素养的发展程度，直接决定学生历史学习的视野和质量。

或许这样的教学研究并不十分地“高大上”，但对于促进历史教师专业发展、提升历史教学质量，的确是一件非常重要的、接地气的“基础工程”。虽然繁重且浩大，但我们觉得很有必要，也很有意义。我们坚信，这样的教学研究，有利于在根本上推动“主义”从“浮在空中”顺利“落地”，推动“实践”从“形式”走向“卓越”。

蒙复旦大学出版社的大力支持，在繁忙的本职工作之余，我们心怀美好愿望、秉持专业态度、发扬协作精神、遵循学术规范、克服种种困难，编写了这套丛书，希望为中学历史教学贡献我们的绵薄之力，更希望大家不吝指教。

何成刚

教育部基础教育课程教材发展中心

目 录

第一单元

古代东方文明

学术引领

一、文明的概念及古代文明的界定

(一) 文明的概念

汉语的“文明”一词,最早出自《易经》“见龙在田,天下文明”,在现代汉语中,“文明”常常指一种社会进步的状态,与“野蛮”相对。在学术界,关于文明的定义、概念、界说可谓众说纷纭。在西方,“文明”一词的概念也是五花八门。

张广智、张广勇在《史学:文化中的文化》(6—7 页,上海:上海社会科学院出版社,2003)一书中认为“文明”一词,英语为 civilization,法语为 civilisation,德语为 zivilisation,都源于拉丁文 civitas 一词,主要是指有组织的社会或城市国家。但从古罗马共和国时代开始,迄至公元 18 世纪,近二千年,才出现了用来表示文明概念的“文明”这一新词汇。

法国学者费尔南·布罗代尔在《文明史》(常绍民等译,35—37 页,北京:中信出版社,2014)一书中指出,文明(civilization)是一个新词,出现得较晚,在 18 世纪的法国还不太引人注目。最早还只是一个法律用语,它指称一种正义的行为,或者一种对刑事犯罪进行民事诉讼的审判,其现代含义“进行开化状态的过程”则出现得较晚。就其新义而言,文明一般指与野蛮状态相对立的状态,一方面是开化的人,对立面则是原始的野蛮人或者蛮族。在法国路易十五统治后期,法国用这个词来看待自己的社会形象,“civilization”一词从法国迅即传遍欧洲,“culture”(文化)一词也随之风行开来。

美国学者塞缪尔·亨廷顿在《文明的冲突与世界秩序的重建》(周琪等译,26 页,北京:新华出版社,1998)一书中则认为,一个文明是一个最广泛的文化实体。乡村、宗教、种族群体、民族、宗教群体都在文化异质性的不同层次上具有独特的文化。意大利南部的村落文化可能不同于意大利北部的村落文化,但它们具有使自己区别于德国村落的共同的意大利文化。欧洲社区也具有使自己区别于中国社区或印度社区的文化特征。然而,中国人、印度人和西方人都不是任何更大的文明实体的一部分。因此,他认为文明是人类最高的文化归类,人类文化认同的最广范围,人类以此与其他物种相区别。

英国学者阿诺德·汤因比在《历史研究》(刘北成等译,19 页,上海:上海人民出版社,

2005)一书中指出，一个摆脱了经济活动的少数人社会的出现，是识别文明的标志，而不是文明的定义。汤因比认为，如果要在精神意义上给文明一个定义，它也许可以称之为创造一种社会状态的努力，在这个社会状态中整个人类成为一个无所不包的大家庭的成员，将在一起和谐地生活，这是迄今已知的所有文明一直有意无意追求的目标。

张广智、张广勇在《史学：文化中的文化》(6—7 页，上海：上海社会科学院出版社，2003)一书中指出，“文明”的概念是多义的、复杂的和模糊的，它至少有这样几种涵义：一是一般性含义，泛指人类社会的发展史。这是随着原始社会的解体，社会开始分裂为各个独特的、彼此对立的阶级开始的。我们可以把从这开始迄于今日的整个人类社会泛称为文明史，在这里，文明被赋予了一种相当广泛的内容，它基本上成了历史的同义词。二是阶段性含义，一般指的是与“社会经济结构”相吻合的一个范畴。社会生产方式决定了文明的发展程度，我们通常所讲的五种社会形态的划分是与这种含义相一致的，这里说的是文明的统一性或共性。三是区域性含义，即地球上所有的居民，依据历史共同体的类型，划分成各个地区性的文明，如在历史学家那里经常沿用“中华文明”“印度文明”“古埃及文明”，等等。在历史编纂学上，这种区域性文明的划分，便于揭示各种文明的个性和特殊性，当然，只有它们与世界文明的整体性联系起来，才能看出各个文明的本质特征。

马克垚在《世界文明史》(6—7 页，北京：北京大学出版社，2016)一书中指出，文明作为一个研究的单位，不同于国家、民族，所以在我们的分析中不可能兼顾到国家、民族的演变线索，但文明的存在要有一定的地域空间，与国家、民族有许多关系。文明虽然不是一个政治实体，但文明的发展和政治实体有许多不可分割的联系，政治实体的作用对文明的形成、发展也是十分重要。文明不完全等同于文化，可是两者的关系非常密切。语言、宗教、群体心理、风俗习惯，对文明的发展起着巨大的作用。

(二) 古代文明的界定标准

美国学者斯塔夫里阿诺斯在《全球通史：从史前史到 21 世纪(上册)》(吴象婴等译，49—50 页，北京：北京大学出版社，2012)一书中指出，人类学者指出了将文明与新石器时代的部落文化区别开来的一些特征。这些特征包括：城市中心、有制度确立的国家的政治权力、纳贡或税收、文字、社会分为阶级或等级、巨大的建筑物、各种专门的艺术和科学，等等。并非所有的文明都具备这些特征，但是这一组特征在确定世界上不同地域、不同时期的文明的性质时，可以用作一般的指南。

美国学者威尔·杜兰特在《世界文明史：东方的遗产》(台湾幼狮文化译，673—674 页，北京：华夏出版社，2010)一书中指出，文明包括下列几种要素：第一个要素为劳动——耕种、工业、运输及贸易；第二个要素为政府——透过家族与家庭、法律与国家，借以保护人民的生命及社会的组织；第三个要素是道德——风俗与礼仪、良心与操守；第四个要素是宗教——人类以超越自然的信念来安慰其悲惨的命运，提高其人格，并强化社会秩序及其本能；第五个要素为科学——明察秋毫，记载准确，实验公正，逐日累积知识，足以客观地去预测及控制未来的事物；第六个要素为哲学——在浩瀚无涯的宇宙中，人类试图以有生之年去穷理致知，勇敢而不带希望地探讨万物因果，追求真与美、价值与正义以及理想的人与国家；第七个要素是文字——语言的传达，青年的教育，写作的发展，诗歌与戏剧的创造，爱情的激发，以及历史事迹的记载；第八个要素为艺术——以音韵、风格及多姿多彩的方式来滋润生活的情趣。基于这些要素，可以对某一文明得到一个梗概的认识。

美国学者菲利普·李·拉尔夫等在《世界文明史（上卷）》（赵丰等译，38 页，北京：商务印书馆，2001）一书中认为，城市是文明的表征：探讨城市的起源实际上与探讨文明的起源是一样的。文明可定义为人类组织的这样一个阶段，其时行政机构、社会机构和经纪机构已发展到足以处理（不论如何不完善）一个复杂的社会中与秩序、安全和效能有关的问题。

陈明远在《质疑四大文明古国》（44—45 页，北京：中央编译出版社，2011）一书中指出，对于最初人类文明出现的判定标准，主要是国家制度的确立，文字、文献的形成，冶金业及制作金属工具的普及，城市建筑的设置等四个方面。其中最重要的前提条件是城市的建设和文字、文献的形成。他认为城市建设代表主要的物质财富，属于硬件；文字、文献代表主要的精神财富，属于软件。只有两者同时出现，才能说明文明已经产生。

二、古代埃及文明

（一）起源与发展

1. 独特的地理环境

尼罗河独特的地理环境对古埃及文明的诞生产生了重要的影响。何顺果在《世界史——以文明演进为线索》（46 页，北京：北京大学出版社，2012）一书中写道，如希罗多德所说，埃及是“尼罗河的赠礼”，要了解古埃及文明兴起的原因和特点，首先必须了解尼罗河。作为世界四大河流之一，尼罗河位于非洲东北部，南北走向，它发源于乌干达，经苏丹、埃及注入地中海，全长 6 450 公里，主流称白尼罗河，在喀土穆与源于埃塞俄比亚的青尼罗河汇合，此河有两大特点：每年均有泛滥并且准时，总是 7 月开始涨水，10 月达到高潮，11 月必退水；水量差别不大，泛滥而不成灾。这给古埃及人掌握尼罗河的规律、利用尼罗河流域提供了有利条件，但尼罗河环境过于特殊，东有西奈沙漠而西临利比亚沙漠，河谷两岸仅剩下 15—25 公里的流域，整个流域宛如一条丝带，仅河口三角洲宽阔一点。

颜海英在《世界文明史·古代埃及文明》（载马克垚主编：《世界文明史》，70 页，北京：北京大学出版社，2016）一书中指出，虽然地处欧、亚、非三大洲的连接点，但古代埃及在地理位置上具有相对的孤立性。北边的地中海和东西两边的沙漠，构成了河谷流域的天然屏障，使得对外联系相对困难。古代埃及人主要是向南与努比亚，向东北通过西奈半岛与叙利亚、巴勒斯坦和两河流域发生联系。这种地理上的相对孤立性，对古代埃及文明的产生、发展有重要的影响。但尼罗河谷周围的自然屏障并没有隔绝古埃及与外界的交往，而是起着“过滤器”的作用，对外来因素进行缓冲处理，然后再逐渐吸收进来，这正是古埃及文明的特色及生命力之所在。

2. 历史分期

关于古代埃及的历史概况，最常见的是将古代埃及分为 30 个王朝。郭丹彤在《世界诸古代文明年代学研究的历史与现状》（24 页，北京：世界图书出版公司，1999）一书中指出，埃及年代学中的“王朝”是由古埃及历史学家曼涅托划分出来的。后人在他所划分的30个王朝的基础上又加上了一个王朝(波斯重新统治埃及的时期),于是就形成了流传至今的古埃及31个王朝。20世纪早期,一些埃及学家们又把31个王朝进一步划分成几个大的时期。他们把国家统一,政治稳定,经济繁荣的时期称为王国,如古王国、中王国、新王国;把国家分裂,政治混乱,经济衰败的时期称为中间期,如第一中间期、第二中间期、第三中间期。这一历史分期的基本框架因具有合理性沿用至今。

(二)特点

1. 作为神权象征的古埃及法老

有关“法老”的含义,雷海宗在《世界上古史讲义》(87页,北京:中华书局,2012)一书中指出,统一的埃及的王被称为“法老”,意为“大宅”。大宅是指王所居住的宫室,因为在教士的宣传下,王的地位越来越高,并且越来越神秘,以致后来王本身也被渲染为神。于是一般人民都不敢再直呼其称号,而以其所居住的宫室象征之,因而“大宅”逐渐成为王的代名词。一般国家的王还只不过是假借神的名义,被认为是受神委托,代神来统治与管理国家的人,而埃及的王——法老本身就被当作是神,法老被认为是埃及人最崇拜的鹰神霍尔的人世化身,同时他又是埃及尊崇的太阳神拉的儿子。此外,他还是埃及所有的神的主祭人,所以埃及实行着一种极端的神权统治。

关于埃及法老权力涉及的领域,张晔等在《法老时代埃及王权的演进》(载《史学月刊》,2003年第3期)一文中指出,诸多的文献资料和考古资料都表明王权的思想在古埃及不但产生得非常早,而且在人们的思想意识和社会生活中占有重要地位。这表现在两个方面:一是在精神生活领域,王权观念对于古埃及人的宇宙观、世界观的形成产生了重大影响,他们认为宇宙是由神、法老、活人和死人四个部分组成的一个有机整体,四者之间要维持和谐的关系,而这种关系的维持主要依靠法老。古埃及人把法老看作是人与神、自然界之间的纽带,他既是一个人,又是一种机构组织,前者表现的是人性,而后者则体现着神性,当这两者结合起来,就产生了神圣的王权。二是在物质生活领域,法老也有着举足轻重的作用,他不仅是政府的最高首脑,军队的最高统帅,而且还是最高的祭祀长,亲自主持许多重大的祭祀活动。张晔等在文中还指出,法老王权的兴衰与埃及国家的兴亡、埃及文明的发展有着密切的关系,通过研究法老王权可以窥探整个古埃及文明的发展脉络。

令狐若明在《古埃及文明的传统特点》(载《社会科学战线》,2008年第4期)一文中重点介绍了埃及法老如何严格控制着国家的经济,主要表现在三个方面:第一,在古代埃及,法老对全国的土地享有最高的支配权,法老不但自己占有许多土地,而且还常常把大片土地赠给神庙,或赏赐给大臣、贵族以及其他亲信。第二,为了保证国家的基本税收来源,法老将全国大部分土地分配给农民使用,而且不允许农民离开土地。由于尼罗河年年泛滥,地界每被覆盖一次,农民的土地就得重新登记分配一次,古代埃及在土地管理方面比历史上任何一个国家都严格。第三,法老严格控制全国水利灌溉系统,古埃及人口较为稠密,聚集在狭长的尼罗河谷地,为了维持全体居民的生计,必须治理好尼罗河,控制了这条大河便控制了国家命脉。尼罗河的水利灌溉活动早在前王朝末期就已经开始了,进入法老时代后,随着上、下埃及的统一,全国范围内的灌溉网逐渐形成,这些布满全埃及的灌溉网络从一开始就被置于国家的严格控制和统一管理之下，成为中央政权的一项重要社会职能。

2. 执着于来世的古埃及信仰世界

宗教是古埃及文明的核心。赵克仁在《两河文明与埃及文明的差异及原因探析》（载《西亚非洲》，2014年第1期）一文中指出，埃及神权国家在宗教的支撑下建立起来，并逐渐发展，不断稳固的君权神授赋予了埃及法老政权的合法性，所以每一届法老都很重视利用宗教巩固王权、加强统治。法老不仅拨巨款大修神庙，而且赋予神职人员公职。法老之下地位最高的官员维西尔往往由大祭司担任。随着国家政权的巩固，一些地方性的神逐渐消失，一些则演变成全国性的大神。在埃及宗教中，太阳神拉（又音译作“垒”“阿蒙”等）、尼罗河神奥西里斯逐渐成为全国敬拜的主神。主管宇宙和人间秩序的玛阿特女神是法老必须敬拜的神灵，因为她是赋予法老神力和政权合法性的神。玛阿特是埃及国家政治中的核心内容，玛阿特的形象是头上饰有一根鸵鸟羽毛的女神，在古埃及神话中，她是太阳神拉的女儿、智慧之神托特的妻子。而法老则是太阳神拉的儿子，被称为“拉神之子”。他和玛阿特女神是姐弟关系，太阳神让玛阿特赋予法老治理人间社会的权力。

张赫名在《古王国时代埃及的神王观念与来世信仰》（载《内蒙古民族大学学报（社会科学版）》，2013年第3期）一文中指出，古王国时代，埃及的神王观念发展出现了一个高峰。古王国时代稳固的神王观念深刻地影响着这一时期埃及人的来世信仰。神王在来世生活所独享的种种特权，从某种角度上代表了古王国时代埃及人对于死后世界认识的最高理想。而无论是国王在来世生活所享有的特权，还是对臣民来世负有的保障责任，体现的都是他作为神王的威仪，这是他在现实生活中拥有至高无上权力的折射。

令狐若明在《古代埃及文明的传统特点》（载《社会科学战线》，2008年第4期）一文中指出，古埃及文化固有的特点，反映在宗教信仰方面，就是对死后生活的关心。古埃及人相信死亡只是来世的一种准备，最为重要的在于要把死者在来世所用的东西准备好，一个明显的例子就是厚葬。在古代埃及一直盛行厚葬之风，法老时代凡是能修起正式坟墓的埃及人，从在世之时起，都会不惜钱财去办理他们认为“有死之年”必备的各种物品来装饰坟墓。地理和自然条件对于古物的保护也大有帮助，尼罗河两岸的土地大部分是沙漠，每年很少或者根本不下雨，随葬的物品在干沙覆盖下不会受到什么损害。

金寿福在《在希望与绝望之间——论古代埃及人来世观念的产生和发展》（载《史学集刊》，2005年第1期）一文中指出，死亡这一问题在古埃及人们的日常生活中占据重要地位。只要条件允许，每一个古代埃及人都设法在生前并尽早开始建造坟墓、装饰坟墓、制作木棺或石棺，并且在墓壁上刻写自传和与来世生活相关的宗教铭文。这并不是因为古代埃及人不热爱现世生活，他们花费巨大的人力和物力为来世做准备，正是为了防止今生今世经过短暂的时间之后就永远消失掉。他们不想被动地等待死亡的来临，而是试图通过各种实实在在的措施来征服死亡，然后达到在来世享受永生的目的。在整个法老历史时期，埃及人始终没有停止为来世做准备。但是，在这种表面现象的背后，他们所持的来世观念的内涵随时间的流逝和环境的变化，经历了从坚信到动摇最后到怀疑的几个阶段。一个民族的来世观念受到该民族所处的地理和历史环境的直接影响，它是该民族独特文化的组成部分。从古代埃及人来世观念的发展变化，我们可以看到他们的来世观念对整个古代埃及文明所起的正面和负面影响。

3. *在岩石上砍凿出来的古埃及建筑*

金字塔、庙宇、方尖碑堪称古埃及的建筑杰作。令狐若明在《古埃及的建筑形式及其对后世的影响》(载《史学集刊》,2000年第1期)一文中指出,在古埃及文明的发展过程中,建筑方面的成就十分辉煌。金字塔、庙宇、方尖碑的建造,充分显示了古代埃及劳动人民的聪明才智、精湛的艺术技巧和高超的建筑才能,在世界建筑史上写下了光辉的一页。这些建筑技术的传播,为世界文化宝库增添了瑰宝,对人类文明做出了重要的贡献。

第一,金字塔。世界上全部用石头建造起来的建筑物,首出于埃及。古埃及石造建筑的特点是雄伟浑厚、气势宏大而坚固。以举世闻名的金字塔为例,其建筑材料全部是重达数吨、甚至十几吨的石块,历经数千年而不变形、不倒塌,依然矗立在尼罗河西岸。但金字塔毕竟是古埃及法老的陵墓,其建筑原则和风格基本上是适用于墓葬建筑,现今世界上模拟金字塔的建筑并不多,所以埃及金字塔在人类建筑史上的地位是独特的。

第二,庙宇。金字塔大都集中建于古王国第四王朝时期,到了新王国时代(约公元前1567—前1085年),庙宇取代金字塔,成为当时埃及的主要建筑。作为宗教建筑,神庙是古埃及人参拜神灵的主要场所。参拜神灵时所举行的宗教仪式,已成为古埃及人日常生活的一个重要组成部分,因此,古埃及神庙建筑的影响远远超过了金字塔建筑的影响。古埃及神庙建筑中最引人注目的是那些数量众多、造型优美的圆柱:柱身有优美的弧度,有模仿纸草刻出的一束束装饰线,柱头装饰图案,多为纸草、莲花和棕榈树叶。造型有的如含苞欲放的花蕾,有的呈现为盛开的花朵,展现出古代埃及特有的列柱建筑风格,这种建筑艺术风格对后来的古希腊建筑不能说没有影响。

第三,方尖碑。除金字塔外,古埃及文明最富有特色的象征是方尖碑,方尖碑外形呈尖顶方柱状,由下而上逐渐缩小,顶端形似金字塔尖。以金、铜或金银合金包裹,当旭日东升照到碑尖时,它像耀眼的太阳一样闪闪发光。方尖碑一般以整块的花岗岩雕成,重达几百吨,它的四面均刻有象形文字,说明这种石碑的三种不同目的:宗教性(常用以奉献太阳神阿蒙)、纪念性(常用以纪念法老在位若干年)和装饰性。同时,方尖碑也是埃及帝国权力强有力的象征。

颜海英在《世界文明史·古代埃及文明》(载马克垚主编:《世界文明史》,124页,北京:北京大学出版社,2016)一书中指出,古埃及人留下的建筑和其他艺术作品给人最为深刻的印象,一是他们以来世为中心的宗教性,二是在选材上对石料的偏爱,正如一位西方学者所说:"埃及人是在岩石上砍凿出他们的艺术的。"与现代造型艺术相比,古埃及建筑艺术作品的显著特点是墨守成规,没有个性,功利目的强,它们不是"为艺术而艺术"的结果,而是古埃及人宗教思想的具体表述,只有将其视为古埃及宗教的一个组成部分,才能对它们有真正的理解。

刘文鹏等在《论古埃及文明的特性》(载《史学理论研究》,2000年第1期)一文中指出,古埃及建筑上的成就是古代任何民族都望尘莫及的。古埃及的陵墓、神庙、祭庙等都附属于宗教活动,所以这些建筑物都有雄伟、宏大、壮丽、神秘的特点。无论是吉萨的金字塔,还是卡纳克神庙,抑或是哈特舍普苏特的葬祭庙,甚至阿布辛拜勒的拉美西斯二世岩窟庙,就其规模、造型而言,都是古代世界上其他民族所无可比拟的。建筑师为法老营造的庞然大物,不论是陵与庙,在内部构造上显现的抑制人们内心世界的神秘气氛,十足地体现了宗教势力对人们在心理和思想上的束缚和控制。

4. 表音和表意相结合的象形文字

周启迪在《世界上古史》(66—67 页,北京:北京师范大学出版社,2009)一书中指出,古代埃及人使用的是象形文字(hieroglyphic),古希腊人称象形文字为神秘的(hieros)雕刻(glypho),由此得出了象形文字(hieroglyphic)一词。象形文字是由图画文字演化而来的,涅伽达文化Ⅱ时期蝎王权标头上的蝎子符号是最早的象形文字之一。象形文字一般由 3 个部分组成:表意符号、表音符号和限定符号(或称部首符号)。表意符号有很强的直观性,它能表达出所要表达的具体事物。表音符号有一音一符、两音一符、三音一符,以及两符一音、三符一音等情况。象形文字有 24 个单辅音节符号,即"字母表",但只有辅音而无元音,也一直未发展成字母。

颜海英在《古埃及的语言文字》(载《北大史学》,2000 年第 1 期)一文中指出,古埃及象形文字符号的数量在不同时期有所变化,在古王国时期(公元前 3000 年始)约有 1 000 个符号,到古典埃及语时期(公元前 2000 年始)减少至 750 个,在希腊罗马时期(公元前 3 世纪到公元 2 世纪)又增至几千个。这些符号是一种表现各种生物和各类物体的图画符号,如神祇类、人类、动物类、动物或人体部位类、植物类、天体类、建筑类、家具类、器皿类,等等。但是这些图画符号并非是按照纯粹表意原则来组织的;相反,它们是表音和表意原则结合的结果。由此反映古埃及人独特的思维方式。

李晓东在《象形文字漫谈》(载《内蒙古师范学院学报》,1996 年第 2 期)一文中指出,尽管埃及象形文字书写起来很麻烦,但埃及人仍使用这种文字达三千多年。这个书写系统在这三千多年历史中成为古埃及文化至关重要的一部分,其重要意义可以借一个书吏的话来表达:人是要腐烂的,他的尸体变成了尘土,他所有的皮肉都将消失,但一本书却可以使他通过它的读者的嘴而被人铭记。

(三) 历史地位

1. 古埃及文明是世界上最古老的文明之一

拱玉书等在《世界文明起源研究——历史与现状》(272 页,北京:昆仑出版社,2015)一书中认为,古埃及文明是世界上最古老的文明之一,埃及与苏美尔文明是同时产生的。

陈衡哲高度肯定了古代埃及文明的历史地位。她在《西洋史(上册)》(35 页,北京:中国大百科全书出版社,2011)一书中列举了其六点贡献。第一是拼音字母和纸笔的发明;第二是历法的发明;第三是玻璃的发明;第四是测量术和建筑术的发明,埃及不但有六十英里的巨大陵墓,并且还有许多壮丽的庙堂,他们的格式是后来欧洲教堂的元始老祖;第五是发达的绘画和雕像,若是没有它们的点缀,不但那些庙堂要失却一部分的美观,并且有许多可贵的史料也将永远不能遗留给我们了;第六是木乃伊,因为埃及人深信灵魂不死,所以重视那灵魂所附的肉体,用香料去浸殓他,使他永久不腐——这些香料所浸的尸体,就叫做木乃伊。

2. 古埃及文明对古代世界文明交融影响巨大

从文化传播的角度来看,古埃及文化绝非孤立封闭的,它不仅横向传播和扩展了其丰富多彩的文化,同时吸收、融合并创新了外来文化,还纵向保存与延续了人类文化,对世界文化影响重大。黎海波等在《略论古埃及文化对世界文化的影响》(载《阿拉伯世界》,2005 年第 1

期)一文中指出：第一，人类文化史上有着巨大意义的腓尼基字母，是在埃及象形文字的基础上发展起来的；第二，从拉斯舍姆拉、盖特奈和美吉索等叙利亚和巴勒斯坦遗址出土的雕像、狮身人面像和装饰图案，都表现出了埃及的艺术风格；第三，古埃及文化除对地中海沿岸各地外，对非洲内陆也有很大影响；第四，古埃及文化对西方古典文化的形成也具有孕育作用，在保存、传播西方文化遗产以及世界文化遗产方面发挥过重要作用；第五，古埃及人发明了莎草纸，在近 4000 年的时间内，是最受欢迎的书写材料。

三、古代两河流域文明

（一）起源与发展

1. 地理环境

威尔·杜兰特在《世界文明史：东方的遗产》(台湾幼狮文化译，84—85 页，北京：华夏出版社，2010)一书中指出，在波斯湾以北，有一片由历史上著名的两大河流——底格里斯河与幼发拉底河所围成的平原，幼发拉底河在平原之西，再向西，从南到北的一块地方，就是苏美尔人深埋地底的若干古城的遗址。如果沿幼发拉底河向北行，在巴比伦方向即可找到著名的美索不达米亚城(美索不达米亚，意即两河平原)。此城正东是基什城，基什乃本区域古文化的中心。再沿幼发拉底河前行约 60 公里，即可到达阿加德城，此城为古阿卡德王朝的首都。研究底格里斯与幼发拉底两河之间古代民族活动的人，大都可以获得如此的印象：这儿的历史，就是一部苏美尔人为确保其独立自主，与来自基什、阿加德以及北方其他城市闪米特人的斗争史。苏美尔人原系若干不相统属的部落，他们的团结及其文化的发展，可说均系由于对抗异族入侵的结果。

战争与经济交往都是文明演进的重要因素，林秀玉在《古代文明与地理环境之关系——古代中国、埃及及两河流域比较》(载《闽江学院学报》，2004 年第 2 期)一文中指出，两河流域与外界联系的地理条件与埃及大不相同，深刻影响了两河流域文明的发展。首先，频繁的民族迁徙与冲突，使得两河流域国家的政治变迁始终体现为民族交替与王朝更迭。富饶的美索不达米亚，北接亚美尼亚高原，西连叙利亚草原，东面紧邻伊朗高原，三面均无险可守。周围众多的游牧民族逐鹿于这块肥沃的新月地带，一个城市兴起又衰落了，一个部落赶走了另一个部落，一种语言代替了另一种语言，两河流域的历史充满了刀光剑影。其次，开放的地理环境，使两河流域的商品经济较早发端和兴盛。两河流域发达的灌溉农业，为农作物的丰产提供了保证，这里盛产大麦、双粒麦、小麦、芝麻、椰枣等，与周边地区的农业生产大不相同，如在地中海东岸狭长的沿海地带，农业生产主要种植葡萄、橄榄、椰枣等经济作物，小亚细亚大部分地区畜牧业比较发达，因而两河流域的农作物产品与周边地区物产的交换就十分频繁。

2. 多元文化交汇催生了早期文明

周启迪在《世界上古史》(75—77 页，北京：北京师范大学出版社，2009)一书中指出，公元前 3500 年左右，苏美尔人来到两河流域南部，主要居住在苏美尔地区，说苏美尔语，是此地最初文明的真正创造者。比苏美尔人稍晚，塞姆人的东支——阿卡德人来到美索不达米亚南部、苏美尔以北的阿卡德地区，亚述人则进入北部的亚述地区。这时期的巴比伦尼亚四周还居住着其他许多部落，如北部的苏巴里人和胡里特人，东部的古提人、喀西特人和路路贝人，以及东南的埃兰人等。公元前3000年代末，阿摩利人从叙利亚、阿拉伯沙漠地带来到两河流域，他们是塞姆人西支——迦南人——的一部分。古巴比伦王国灭亡后，喀西特人和迦勒底人先后统治这一地区。两河流域的古文明就是在这些民族互相影响、互相继承、共同创造的基础上发展起来的。

拱玉书等在《世界文明起源研究——历史与现状》(2页，北京：昆仑出版社，2015)一书中指出，如果以能够识读的文字作为文明的主要标志的话，古代美索不达米亚文明堪称人类最早的文明。早在公元前4000年代末，这里的幼发拉底河和底格里斯河就孕育了高度发展的苏美尔文明。那时不但出现了能反映出当时发达的经济、贸易以及管理体制的泥版文书，还出现了规模空前庞大的、被学术界称为神庙和宫殿的大型公共建筑。与此同时，标志着私有观念和权力机构的滚印(圆筒或圆柱形的印章)在经济生活中发挥着越来越大的作用。毫无疑问，公元前4000年代末，两河流域南部的苏美尔地区已经进入了文明时期，苏美尔人在那里建立了国家。

3. 历史分期

朱寰在《世界上古中古史(上册)》(68页，北京：高等教育出版社，2011)一书中将这段历史大体分为三大阶段：

第一阶段是奴隶制城邦发生和发展时期(约公元前4000年代中期至公元前3000年代末)。在此阶段，两河流域南部的苏美尔地区最早产生了早期的城邦国家。这些国家经过若干世纪发展之后，约至公元前24世纪，新兴的阿卡德部落统一了两河流域南部。到公元前21世纪末，两河流域南部的奴隶制城邦历史便结束了。在此前后，两河流域北部和地中海东部的腓尼基出现了奴隶制国家。

第二阶段是奴隶制帝国时代(约公元前2000年代初至公元前4世纪末)。在两河流域、小亚细亚、伊朗高原，先后出现了古巴比伦帝国、赫梯帝国、亚述帝国、波斯帝国。同时期还出现许多奴隶制城邦。这一时期西亚各国和各地之间，在政治、经济和文化上发生了更加密切的联系，帝国间的争霸战争频繁而激烈，呈现出错综复杂的局面。

第三阶段是外族入侵并统治以及西亚帝国重新崛起的时期(约公元前4世纪后半期至公元5世纪)。在此阶段，先是希腊人侵入，建立起塞琉古王国；继之是罗马人取代希腊人。以后是帕提亚兴起，与罗马人形成对抗局面。西亚的东部在帕提亚和继起的萨珊波斯的统治下，西部在罗马帝国的统治下，六、七世纪转入封建社会。

(二) 特点

1. 楔形文字：文明起源的标志

吴宇虹在《古代两河流域文明年代学研究的历史与现状》(82页，北京：世界图书出版公司，1999)一书中认为，如果我们把文字的产生看作一个文明的起点，古代两河流域文明可以说是古代世界几大文明中最早发生的，如楔形文字符号的最早雏形——古朴的象形图符出现于公元前3300年左右。然而，和另一早期文明埃及文明一样，两河流域文明经历3000年的发展后，也很早就退出了历史舞台。到公元2世纪，楔形文字在西亚被完全废弃并失传了。在现代人文科学西亚考古学和亚述学建立的19世纪中叶之前，人们对两河流域文明还了解甚少，只有《旧约圣经》和以希罗多德为首的少数古典作家对亚述、巴比伦晚期的帝国做过零乱的、扭曲的一点记载。18世纪末、19世纪初，西方探险家在西亚发现了大批刻有楔形铭文的文物并把它们带回欧洲，引发了学者们对这种楔形笔划写成的文献进行破译的热潮。破译的成功使数以千百计的刻有楔文的石碑以及成千上万的泥板文书成为亚述学者们极其丰富的第一手原始文献材料。以此为基础，尘封已久的文明才渐渐为人们所熟知。

于殿利在《巴比伦与亚述文明》(55页，北京：北京师范大学出版社，2013)一书中指出，由于他们创造和使用的文字符号在外形上有些像钉子或楔子，所以这种文字最初被阿拉伯人称为"钉子头"(mismari)，后来英国人把它称为"楔形文字"(cuneiform)。这个名字来源于拉丁语，它是由两个单词构成的复合词，即"楔子"(cuneus)加"形状"(forma)。这个名字被后世广泛采用，一直沿用至今。最早的楔形文字用来记录美索不达米亚南部早期居民苏美尔人的苏美尔语和阿卡德人使用的阿卡德语。阿卡德语属于塞姆语族，它后来又分为巴比伦语和亚述语两种方言。苏美尔语是古代美索不达米亚最早的居于支配地位的语言，但其存在的时间比较短暂，到公元前第3千纪的末期，它已基本消亡，其地位让位于阿卡德语。在此后相当长的历史时期里，阿卡德语一直居于支配地位。

周启迪在《世界上古史》(125—126页，北京：北京师范大学出版社，2009)一书中指出，楔形文字由表意符号、表音符号和限定符号三部分组成，其表意符号和限定符号与埃及象形文字的同类符号作用相同，而表音符号在构造上与埃及的表音符号有所不同。埃及的表音符号没有元音只有辅音，而楔形文字却有可以明确划开的含有元音的音节。这些音节或是由辅音加元音，或是由元音加辅音，或是由辅音加元音再加辅音构成。其中第三种情况较为少见，楔形文字不能用辅音表达出单独的音节。早在苏美尔时代楔形文字符号就已达600多个，常用符号也有300多个，而且每个符号都至少有一两个字义，因此掌握起来较为困难。

2. 多神信仰：主角各异的创世神话

于殿利在《巴比伦与亚述文明》(609—624页，北京：北京师范大学出版社，2013)一书中，将美索不达米亚宗教的主要特征归纳为四大方面：第一，自然崇拜；第二，多神崇拜；第三，功利主义色彩；第四，人神合一的对应关系。关于多神崇拜，他指出，1914年，有学者列出古代美索不达米亚一份诸神名单，列出了3 300位神灵的名字，1938年另外一名学者列出神灵的名字也多达2 400名。

国洪更在《古代两河流域的创世神话与历史》(载《世界历史》，2006年第4期)一文中认为，古代两河流域在不同的时期分别有主角各异的创世神话。苏美尔时期的创世神话版本众多、主角各异，其原因在于各城邦分别为其保护神编造了不同的创世神话。古代两河流域创世神话是统治阶级维护其统治的工具之一，其发展演变与不同时期的保护神地位的提升有直接关系，而后者的变化又与古代两河流域历史的发展密切相关。

3. 谋求"公正"：独树一帜的古代法典

颜海英在《世界文明史·古代西亚文明》(载马克垚主编：《世界文明史》，43—44页，北京：北京大学出版社，2016)一书中指出，古代美索不达米亚的君主将自己看作是为臣民谋求公正和正义的代表，正义和公正是他们神性特征的表现。两河地区的统治者以几种不同的方式表现他们的公正。一方面是发布"解负令"，通常是在即位之初或者即位若干年的纪念日颁布。这类诏书的内容是解除负债者的负担，从而缓解因贫富分化严重而变得更为尖锐的社会矛盾。另一方面，有些统治者通过编撰和颁布法典来体现自己的公正。公元前3千纪末至公元前1千纪之间的许多国王都曾致力于法典的汇编，最早的是约公元前2100年的《乌尔纳姆法典》和公元前1930年的《利皮特—伊什塔法典》，这两部法典都是用苏美尔语写成的；较晚些时候的《埃什鲁那法典》(公元前1800)和《汉谟拉比法典》(约公元前1750)则用阿卡德语写成。在希帕尔和巴比伦，都曾立过刻有《汉谟拉比法典》的石碑，此外，该法典还有许多写在泥板上的副本。颜海英还指出，颁布法典的国王有可能是利用它来调整政策尺度或推行新政策，有些法典的规定反映出日用品价格和工匠及劳工报酬的调整。也有人认为这是国王稳定经济的一种尝试。研究表明，较之苏美尔文的法典和其他阿卡德文法典，《汉谟拉比法典》在对盗贼进行身体处罚方面的规定更严厉。此前的处罚是以罚金的形式，而《汉谟拉比法典》则规定了“同态复仇”的原则。从古巴比伦社会情况看，商品经济的高度发达必然带来贫富矛盾加剧等相应的社会问题，所以汉谟拉比根据实际情况来加大惩罚的力度。

斯塔夫里阿诺斯在《全球通史：从史前史到21世纪(上册)》(吴象婴等译，61—63页，北京：北京大学出版社，2012)一书中指出，法典的颁布是因为人与人之间充满了不安全感，所以美索不达米亚人试图通过编制完备的法典来消除各种潜在的冲突，《汉谟拉比法典》是其中最杰出的一部。这部法典试图明确地、永久地调整一切社会关系，因而，它不仅阐明了古巴比伦的法律制度，也照亮了当时的社会。他认为法典有五大特点：第一，实行同态复仇法，即奉行“以眼还眼、以牙还牙”的原则；第二，阶级歧视，对下层社会的赔偿低于上层社会；第三，实行严格的保护商业社会财产的规定；第四，颁布许多类似“福利国家”政策的规定；第五，具有现代社会之前各民族的共同特点，即认为过去、现在和将来是静止不变的。

宋瑞芝在《上古西亚两河流域文化生成断想札记》(载《湖北大学学报(哲学社会科学版)》，1994年第6期)一文中指出，西亚两河地区是政治—法制型的文化范式。这种政治—法制型的文化范式有以下五方面的体现：

第一，在苏美尔城邦时期制定了第一部全面的成文法典——乌尔第三王朝时期的《乌尔纳姆法典》，它开启了古代西亚两河地区法律传统的先河，成为以后《俾拉拉马法典》《李必特·伊丝达法典》和古巴比伦王国时期著名的《汉谟拉比法典》的范本，也是几乎所有闪米特人——亚述人、迦勒底人，以及波斯人、赫梯人和希伯来人的法律基础。这样，在上古时期，西亚两河就形成了一套维护专制统治较为完备的法制体系。

第二，统治者以法治国，以法律约束、限制传统保守势力，下层人民以法律保护自身的有限权益。苏美尔法律曾规定，贵族犯罪，其惩罚比对较低等级的同样罪犯要重。《汉谟拉比法典》为维护中央集权的统治，增加了惩治违反王命的条文，特别对带有某种谋反作乱迹象的罪行更是从严惩处，这无疑打击和限制了包括旧贵族在内的一切分裂保守势力。下层自由民如因债务将妻儿出卖为奴时，在服役三年后即应恢复自由；如果人质遭殴打或虐待，或死于债权者之家，则人质之主人可以告发、检举，使债权者受到应有的惩罚。自由民妇女亦可依法保有一定的合法权益：离婚、财产继承、人身安全等。

第三，法律具有最高的法理效力，法律神圣不可侵犯。西亚两河地区的法典一般包含了刑法、诉讼法、民法、经济法、婚姻法等立法，是一切立法部门的法律大全。诉讼要有证据，诬告者处死；法官受贿擅自更改判决要受严厉惩处，即科之以相当于原案中之起诉金额十二倍的罚金，该法官之席位应从审判会议中撤销，不得再置身于法官之列出席审判。尊重法律、服从法律、维护国家法律的统一和尊严，成为每一个公民的神圣职责。

第四，法律与宗教道德严格有别。在巴比伦、亚述及加勒底人的宗教意识中，他们认为人与神相比，人是低下之物，深陷于卑鄙与邪恶的渊薮。在忏悔诗中，人的儿子被比作捆绑着手脚、在黑暗中奄奄一息的囚徒。他们认为人是不可救药的堕落者，是注定要犯罪的，不管你如何挣扎也避免不了。因此对人来说，犯罪是必然的，罪是可以宽恕的。在宗教诗中，人们并不以成为善良人为目的，而是只企望得到荣华富贵，所以现实生活中，人们只追求吃喝玩乐。但是，在法律面前，人们的宗教道德是一回事，他们的法律准则则是另一回事，法律并不以人们的宗教罪孽意识为出发点而宽容罪犯。相反，后一时期的法律比前一时期更加严厉。《乌尔纳姆法典》对侵犯人身、侵犯财产者只处以罚金和实物，而《汉谟拉比法典》对这类罪犯则规定要处以死刑。

第五，司法机关与行政机关的分立，形成了一套较完整的法院体系，最高法官是国王。在上古时代，西亚两河地区从中央到地方就建立了一套司法机关，有公社法院、寺庙法院和最高法院。在汉谟拉比时期，虽然司法权与行政权常常紧密结合，但其各自的机关确实开始分立。国家设有王室法院，国家的审判权已掌握在一些国王指派的，直属于国王的“王室法官”的手里，他们遵国王之命到各大城市去进行审判活动，他们的判决往往是终审判决。司法协议会也从公社长老会议中分离了出来。特别是世俗的王室法院与寺庙法院的权限有了分野，寺庙法院的职能已减弱到仅领双方当事人发誓和认证所发的誓言，以及解决祭司们的案件。这样，有效地抑制了地方世袭贵族尤其是祭司贵族的权力，保证了法典的切实执行，加强了中央集权。

4. 神话和史诗：丰富的古代文学

关于文学的产生，威尔·杜兰特在《世界文明史：东方的遗产》(台湾幼狮文化译，94 页，北京：华夏出版社，2010)一书中指出，从文字到文学所需的时间，至少要好几百年。文字初创，主要用于记账、打收条、开运货单、订契约。其后，宗教上许多事物，如祭祀日程之拟定、仪式之记载、祷告之撰述，亦渐倚重文字。文字运用范围日广，操纵日渐灵活，于是，慢慢便产生了故事、传奇、诗歌等文学作品。由文字演变成文学作品，由文学作品再汇集成书，不知经历了多少世纪。公元前 2700 年左右，苏美尔人已有许多大图书馆了。威尔·杜兰特还指出，约在公元前 2000 年之际，苏美尔已出现史学家，他们整理古代史，编纂现代史。这些作品的原作虽多已失传，但由于巴比伦编年史的不惮引述，残简故得保存下来。

苏美尔与巴比伦的文学作品多是宗教神话和史诗。刘家和、王敦书在《世界史·古代史编(上卷)》(51 页，北京：高等教育出版社，2011)一书中介绍了最有代表性的《吉尔伽美什史诗》。在这首诗中，乌鲁克城邦首领吉尔伽美什被描绘为一个半人半神的英雄。他骄傲暴戾，引起诸神不满。诸神创造巨人恩奇都去惩罚他，但两人在决斗中成了朋友。此后，吉尔伽美什改恶从善，为民除害，立下许多功绩。他的英雄行为引起女神伊斯塔尔的爱慕，但他拒绝伊斯塔尔的求爱，触怒诸神。诸神用夺取恩奇都生命的办法来打击他。吉尔伽美什因朋友的死十分悲痛，决心去寻找长生不死之方。他历经千难万险，得到永生的仙草，但在归途中，仙草却被蛇偷吃，结果无功而返。这首史诗生动地反映了人们探索生死奥秘这一自然规律的愿望，也表现了人们反抗神意但最终难免失败的悲剧色彩。

(三) 历史地位

1. 以其丰功伟绩和文献撰写人类“历史的第一章”

菲利普·李·拉尔夫等在《世界文明史(上卷)》(赵丰等译,42—43 页,北京:商务印书馆,2001)一书中指出,仅仅文字的发明一项,就足以使古代美索不达米亚人在各种最有创造力、最有影响的民族中占有重要的一席。在公元前 3200 年至 500 年这段时间里,生活在美索不达米亚的居民对人类所做的贡献远不止文字的发明一项,公元前 3000 年左右,他们发明了轮子、历法,发明了数学中的乘除法。除取得这些发明外,他们还是学识渊博的思想家,在人类思想史上处于非常领先的地位,以致他们在神学、法学、天文学和叙事文学方面的种种创新,均成为日后该地区思想和艺术发展的基础。古代美索不达米亚人也有些不美的特质,譬如他们的统治者通常是些残忍的穷兵黩武者,其艺术往往显得生硬、狂热。但不管怎样,美索不达米亚人以其丰功伟绩和文献撰写的“历史的第一章”,无疑是人类历史上最重要的篇章之一。

2. 世界上第一个以农业为基础的文明

何顺果在《世界史——以文明演进为线索》(35—36 页,北京:北京大学出版社,2012)一书中指出,苏美尔文明作为世界历史上第一个以农业为基础的文明,对人类文明做出了独特的贡献。由于农耕对时令的严格要求,苏美尔人十分注意对天文的观察,在公元前 2600 年左右就制定了自己的历法,以月的盈亏把两次新月出现的间隔时间作为一月,每月 29 天或 30 天,一年为 12 个月,其中 6 个月各为 29 天,另 6 个月各为 30 天,一年共 354 天;由于和阳历差 11 天,苏美尔人又以太阳运行为准设置闰月,一年一闰或一年三闰,虽然不太准确,但已注意到日月运行的差异和规律。苏美尔人在数学上不仅掌握了四则运算,了解分数和求平方根、立方根的公式,而且发明了独特的六十进位法,即以 6 为基数每 60 进一位,成为后来把圆周分为 360 度、每小时分为 60 分钟、每分钟分为 60 秒等计算法的起源,并成功地把它运用于数学和天文方面的计算。

3. 对两河流域和东西方世界都产生了深远影响

陈恒在《论美索不达米亚文明的历史地位》(载《历史教学问题》,2000 年第 4 期)一文中从三个方面阐释了美索不达米亚文明的历史地位:

第一,构建了美索不达米亚文化圈。早期苏美尔人在众多领域里丰富的发明与发现,是人类智慧的杰出成就,更是两河流域和西亚的古代文明的基础。日后西亚各地、各时代的文化在不同程度上皆受到苏美尔人的影响,并对东西方各族人民有着强烈的影响,尤其是在语言文字与法律方面。在语言文字上,由苏美尔人创造的楔形文字从两河流域扩大开来,各种血统不同、民族各异的人们只是对此略加改造,便拿来为其所用。以楔形文字为中心,形成了一个历时 3000 年左右的楔形文字文化圈。在法律上,古代两河流域及其毗邻地区各国的法律,由于它们之间相互因袭、模仿的因素众多,故被称为“楔形文字法系”。

第二,对东方世界的影响。埃及文化中有些特定的因素来自苏美尔和巴比伦尼亚。同时,一项最新考古发掘证明,遥远的东方印度河谷地文化显然和苏美尔保持着频繁的联系——在美索不达米亚的废墟中也出土了大量印度形制的印章。印度和两河的文化都是一种城市文化;在耕种和动物饲养的过程中,这些民族养育出了工匠和艺术家,商人和行政人员；他们的住房由精美的同一大小的砖造成，这预示着将来的统一的度量衡制度。更为重要的是，他们都是有书面语言的民族，这种语言有 400 个文字单位。既然这两种文化在这些方面是相似的，并且彼此间相互了解，所以，认为古老一点的苏美尔文化影响了相对年轻的印度河谷地文化从逻辑上讲是完全合理的。

第三，对西方世界的影响。美索不达米亚文明对希伯来的宗教、法律、文学以及古希腊的科学、城邦制度、法律、文学等都产生了较多的影响。比如，在希腊“智慧”文学的领域里，学者们直到最近才发现来自美索不达米亚的原型。《伊索寓言》中的几个故事在苏美尔中都有原型。公元前 18 世纪的两河流域《农人历书》版本中的劝导词和赫西俄德的《田工农时》奇异地相似。许多苏美尔的对话现在正被拼凑在一起以图翻译过来，这些或许可以证明一些作品如柏拉图对话集中存在一些来自美索不达米亚的原型。

四、古代印度文明

（一）起源与发展

1. 地理环境

古代印度是一个历史上的地理概念，刘家和、王敦书在《世界史・古代史编（上卷）》（54 页，北京：高等教育出版社，2011）一书中指出古代印度即喜马拉雅山以南的整个南亚次大陆，包括了现在的印度、巴基斯坦、孟加拉、尼泊尔、不丹等国的领土。在古代印度，并不曾有任何一个国家以印度作为自己的国名。

历史学界证实，约发端于公元前 3000 年的印度河文明，历经千年辉煌后突然衰落了。班武奇在《印度河文明兴衰和地理环境变迁》（载《地理研究》，1998 年第 3 期）一文中指出，印度河流域的热带森林，孕育了古代农业，并成为阶级社会诞生、发展的自然基础。青铜利刃、文明之火，砍尽、烧光了一片又一片原始森林，终于引发了良性生态平衡的崩解，导致难以逆转的沙漠化过程，使一个兴旺的古代社会衰落到死亡的边缘。雅利安人的入侵和其后的漫漫风沙，彻底埋葬了印度河古代文明。

2. 历史分期

雷海宗在《世界上古史讲义》（34—55 页，北京：中华书局，2012）一书中将古代印度历史分为身毒时代（雅利安人入侵以前的历史）、吠陀时代（公元前 1500—前 850 年）、列国时代（公元前 850—前 550 年）、大战时代（公元前 550—前 321 年）、帝国时代（公元前 321—前 126 年）。

朱寰在《世界上古中古史（上册）》（113 页，北京：高等教育出版社，2011）一书中将古代印度分为两个历史时期。第一个历史时期指的是自公元前 3000 年代中叶起，印度河流域的土著居民达罗毗荼人创造的哈拉巴文化和哈拉巴文化衰落后游牧的雅利安人于公元前 2000 年代中叶侵入这一地区的历史。第二个历史时期包括王政时代（即“早期吠陀时代”，约公元前 1500—前 1000 年）、国家形成时期（即“后期吠陀时代”，约公元前 900—前 600 年）、列国时代（亦称“早期佛教时代”，约公元前 600—前 400 年）和孔雀帝国时代（公元前 324—前 187 年）。

（二）特点

1．宗教性

斯塔夫里阿诺斯在《全球通史：从史前史到21世纪（上册）》（吴象婴等译，139页，北京：北京大学出版社，2012）一书中认为，在西方根本不存在与印度的诸如种姓、杀戒、轮回转世和因果报应之类的基本观念和制度有些微相似的东西。这些东西不仅仅是印度思想中深奥的抽象观念，还构成了印度文明的基础，决定了印度人的思想和日常生活。所以，如此形成的印度模式也完全与众不同，而且持续很久，以致印度文明至今仍具有将其与欧亚的其他一切文明区分开来的明显特点。

刘湍康在《浅论印度文明的特征》（载《贵州工业大学学报（社会科学版）》，2007年第4期）一文中指出，印度是个宗教国家，婆罗门教、印度教、佛教、耆那教、锡克教均发源于印度，基督教、犹太教、伊斯兰教、袄教、萨满教等在印度也拥有大批信徒。在世界历史上，很难找到一个国家像印度这样如此长期地笼罩在浓重的宗教气氛中。印度的宗教与印度社会、政治、经济、军事、文学艺术都有着密不可分的联系，印度人生活的各个方面都可以看到宗教对他们所产生的巨大影响。

威尔·杜兰特在《世界文明史：东方的遗产》（台湾幼狮文化译，372页，北京：华夏出版社，2010）一书中指出，论到宗教的强力和重要性，世上再也没有一个国家比得上印度了。印度人曾经容许外邦政府一再地君临其上，部分是由于他们不大在意什么人来统治剥削他们——无论是本地人或异邦人；他们更看重的是宗教而非政治，是灵魂而非躯体，是无数的来生而非暂住的今生。

2．多样性

刘湍康在《浅论印度文明的特征》（载《贵州工业大学学报（社会科学版）》，2007年第4期）一文中指出，在印度文化体系中，包含有希腊文化、伊斯兰文化、波斯文化、西方文化和中国文化的成分。形成印度文化多样性的原因是多方面的，其中最主要的因素是外族入侵带来的外来文化。如果以时间和语言区域划分印度文化的话，可分为吠陀文化、雅利安文化、达罗毗荼文化、婆罗门文化、泰米尔语文化、马拉提语文化、旁遮普语文化、阿萨姆语文化，等等。如果从宗教派别区分的话，印度文化可分为婆罗门教文化、佛教文化、印度伊斯兰教文化、耆那教文化、基督教文化、锡克教文化和近代发展起来的巴哈伊教文化。正是由于印度文化的多样性，才显示出了印度文化的悠久、丰富多彩和灿烂辉煌。

3．包容性

刘湍康在《浅论印度文明的特征》（载《贵州工业大学学报（社会科学版）》，2007年第4期）一文中指出，印度文化的包容性在世界文化中是极其罕见的。自古以来，在印度所有的不同类型的地域文化、语言文化和宗教文化里，它们都或多或少地兼容着各种不同的外来文化成分。每次外来民族的入侵，都给印度文明带来了新的成分。他们与本土文化融为一体，使之不断更新，不断丰富。与此同时，这些外来民族也无不在历史的长河中为印度民族所同化。印度众多的宗教种类及其支流派别也都在印度社会产生着各自的影响，印度曾被称为是“人种的基因库”，几乎世界上所有的人种都能在印度被找到，如此繁多的人种共同融合成了今天的印度人。另外，印度目前使用的语言共有18种之多，并且每种语言都包含有其他语言的些许成分。

(三) 历史地位

1. 对亚洲文明产生了重大影响

德国学者赫尔曼·库尔克等在《印度史》(王立新等译,180—189 页,北京：中国青年出版社,2008)一书中指出,在没有军事征服的情形下,印度文化向中亚、中国、日本,特别是东南亚的传播取得了巨大成就。东南亚语言中存在大量来自梵文的词汇,有些东南亚统治者甚至主动采用梵文名字。随着婆罗门教的传播,统治者凭借这种道德支持和新的统治技巧,为自己的统治披上了神圣的外衣。佛教的传播范围则更加广泛,远传至东亚的中国、朝鲜、日本等国。据文献记载,在 5 至 8 世纪有 162 个中国和尚造访过印度,可能还有许多中国人曾经游历印度,但却没有在官方记录上留下痕迹,这是那个时代一项惊人的国际学者交流项目。

2. 为世界文明的多样性做出了贡献

威尔·杜兰特在《世界文明史：东方的遗产》(台湾幼狮文化译,291—292 页,北京：华夏出版社,2010)一书中指出,印度从公元前 2900 年或更早的时期开始就创造并发展了自己的文明。从未开化人的偶像崇拜到万物有灵论,印度人具有种类繁多的信仰,从公元前 8 世纪的《奥义书》哲学论到 8 世纪哲学家商羯罗,印度的哲学博大精深;印度的科学家们在 3000 年前就发展了天文学;印度的政治既有远古乡村里出现的民主宪法,也有聪明仁厚的阿育王(公元前 269—前 232 年)与阿克巴大帝(1542—1605);既有千古流传的荷马式的史诗,也有至今拥有世界上大批听众的诗歌;艺术家们在各地建筑供奉印度佛教的辉煌庙宇,或将莫卧儿王朝的帝王与皇后们的事迹铭刻在各地。

何顺果在《世界史——以文明演进为线索》(101—102 页,北京：北京大学出版社,2012)一书中指出,印度古典文明的成就是多方面的。古印度人在吠陀时代,就认识和划分了 28 个恒星星座,并确定了太阳和各行星在天空中的位置。为了进行天文计算,印度人运用了三角学及其函数表。他们使用阴阳历,把一年定为 360 日,12 个月,每隔 5 年置一闰月。完成于 4 世纪的《太阳手册》认为大地是球形的,并在数学上第一次使用了“0”的符号。当时的印度人,在病理学、解剖学、胚胎学和药物学方面,都取得了巨大成就。印度的第一名医苏斯路塔,在《妙闻集》中研究了 1 120 种病症、760 种药物。此外,古印度人在建筑、美术、雕刻方面也多有建树。

教学设计

设计一：种姓制度何以坚如磐石?

设计意图

种姓制度是一种以血统论为基础的社会体系,曾普遍存在于南亚次大陆,产生了广泛而深刻的影响,至今依然在印度社会生活中扮演着相当重要的角色。本设计通过对种姓制度产生背景的分析，引导学生认识种姓制度是印度特殊历史条件下的产物；通过分析种姓制度长期存在的原因及其对印度社会产生的影响，引导学生运用时空观念认识历史现象，理解社会政治、经济基础与意识形态的相互作用，学生运用唯物史观分析古代文明的制度演变与文化现象。

设计方案

导入新课：印度是大多数中国人不太容易理解的国家，种姓制度就是这众多无法理解的印度文化之一，它根据自然血统来固定人们的社会地位、职业、婚姻关系，这看起来不公平，也不合理。但是，数千年来它与婆罗门教一起构建了一个宗教等级社会，至今却依然像磐石一样横亘在印度社会，成为印度挥之不去的心头之痛。种姓制度究竟为何物？又为何有如此大的能量得以主宰印度社会数千年呢？

一、雾里看花：种姓制度为何物

《摩奴法典》是印度婆罗门教经典，涉及内容广泛，是古代印度人生活法规之基准，对各种姓在职业、婚姻、宗教、社会生活及法律上的权利等方面都有详细规定，基本上能全面反映种姓制度的特征。

材料呈现：

材料一 《摩奴法典》中的四种姓制

I. 31. 当时，(人类始祖)为了繁衍人类，他从自己的口、臂、腿、足，创造了婆罗门、刹帝利、吠舍和首陀罗。

I. 88. 他命婆罗门学习和传授吠陀(意为“知识”“学问”)，执行祭祀，主持他人的献祭，并授以收受(他人敬献的财物)之权。

I. 89. 他将保护人民，行布施，祭祀，诵读圣典，屏绝欲乐，规定为刹帝利的义务。

I. 90. 照料家畜，布施，祭祀，学习经典，经商，房贷，耕田，为给予吠舍的职司。

I. 91. 但无上尊主对首陀罗只规定了一种义务，即服役于上述种姓而不忽视其功绩。

I. 96. 在一切物类中，生物最高；生物中，赖智慧以生者最高；人在智慧动物中最高；婆罗门在人类中最高。

IX. 322. 刹帝利无婆罗门不能繁荣，婆罗门无刹帝利不能昌盛；婆罗门和刹帝利结合在一起而在今生和来世得以繁盛。

X. 12. (低种姓男子和高种姓妇女结合)产生由于不洁的种姓混杂而产生的儿女，叫做阿蹁迦跋、刹多梨，以及人类最底下的旃陀罗(贱民)。

X. 51. (贱民)要穿死者的衣服；以破碗为盘；以铁为装饰；常游走无定处。

X. 96. 出身低贱的人，由于贪婪，从事高贵种姓的职业卫生，国王应该立即剥夺其一切所有，并处以流放。

——杨共乐主编：《世界上古史资料汇编》，164—166 页，北京：北京师范大学出版社，2010

问题设计：结合材料归纳种姓制度的特点，并分析婆罗门处于种姓制度最顶端的原因。

教师引导学生分析：根据材料可以看出，种姓制度有如下特点：种姓间存在上下等级，种姓间存在职业的限制,在日常生活与宗教生活中不同种姓各有限制,种姓间有婚姻限制,不同种姓实行社会分隔,种姓制度的实行借助宗教力量。

婆罗门的权势来自知识独占,对知识和宗教的垄断是远古时代统治阶级常见的统治手法之一。无论是古代埃及还是美索不达米亚平原,都产生过强大的祭司阶层。中国商周时代,统治者亦如此,商王既是世俗君主,又是最大的祭司。"学在官府"也是贵族垄断知识和文化的表现。稍有不同的是,其他古文明的世俗王权相继征服或控制了宗教权力,而印度的大多数历史时期,世俗王权甚少能和宗教权力相匹敌。

问题设计: 结合所学知识,分析在古代中国或古代西方,有没有类似的等级制度。

教师引导学生分析: 人类进入阶级社会后,统治阶级为了达到剥削和维护自身特权的目的,往往会设立各种等级制度。例如古希腊斯巴达的希洛特制度,中国古代分封制下的等级制度、东晋时的门阀政治、元朝的四等人划分、清朝时期的满汉不通婚、传统士农工商四民秩序等,都或多或少地与种姓制度有相似之处,而职业世袭和贱民阶层同样也存在过。这说明等级制度的存在是古代文明的共性,只不过其他地区等级森严的程度、持续的时间、涉及的范围、影响的深远等方面远远不如印度。

二、追根溯源:种姓制度何以形成

(一) 印度特殊自然环境的影响

材料呈现:

材料二 在印度古代的文学作品中,流露着一种对自然的恐惧意识,因为古代印度居民所感受到的大自然的可怖的威力,比较其他地区的人更为深刻。印度地方在雨季当中常有热带风暴发生,当此之时,狂风暴雨数日不停。同时,洪水经常暴发,引起河决,水灾乃遍及于整个平原地带,雨季过后,旱灾蝗灾又相继而来。此外,印度在古代是个遍布热带森林的地方,这种热带森林生长得非常迅速,林木密结成为一个整体,在远古时代,这里曾经进行着人与森林争夺土地的斗争……大自然的毁灭力量给予古代印度居民不可磨灭的印象,在人还无力战胜自然控制自然之时,这种恐惧情绪自然地表现为宗教性的崇拜,将各种自然现象人格化、神奇化起来,想象它为各种的神,于是出现了各种神话和传说。

——雷海宗:《世界古代史纲要》,32 页,天津:天津人民出版社,2016

材料三 公元前 9 世纪,恒河中游开始得到迅猛发展,取代印度河,成为印度古代政治、经济、文化的重心。那里雨量充沛,光照时间长,树木参天,经冬不凋。自然界这种浓郁得过剩的生命力,启发了土著民对生命不死轮回问题的思考。

——马克垚主编:《世界文明史》(上),135 页,北京:北京大学出版社,2016

问题设计: 根据材料并结合所学知识分析,印度的自然环境对印度的文化产生了怎样的影响。

教师引导学生分析: 在人类生产力水平低下的时代,自然的影响力是巨大的,愈是远古时期,这种影响愈大、愈直接。灾害的频繁使得人们对自然的崇拜和对神的信仰特别强烈,同时,恒河流域草木常青,引发了印度先民对生命不死轮回的思考,这二者都对印度宗教产生了巨大的影响。宗教迷信一向是统治阶级控制人民的有力武器,而在印度又因人们对自然现象的特殊恐惧,使得印度的统治者有可能将这种由恐惧而发生的迷信崇拜有意识地发展得特别高，以致宗教对人民的控制力达到空前的程度。威尔·杜兰特指出，印度人更看重的是宗教而非政治，是灵魂而非躯体，是无数的来生而非暂住的今生。因此，他们不大在意什么人来统治剥削他们，无论是本地人还是外邦人，印度就成为种姓制度产生和发展的沃土。

(二) 古印度政治经济形势的反映

材料四 在进入印度之前，雅利安人分为军事贵族或武士、从事祭祀的僧侣和普通牧民三类群体……(征服印度后)那些被征服的印度原住民和沦为卑微奴隶的人被视为最低贱的等级……随着奴隶制的发展和社会分化，等级的差别逐渐以制度的形式被确定下来。四种社会群体分别成为种姓制度中的四级种姓，即婆罗门、刹帝利、吠舍、首陀罗。

——朱寰主编：《世界古代史》(上册)，173—174 页，北京：高等教育出版社，2016

材料五 《梨俱吠陀》第十卷中的四大种姓与《佛国记》、《大唐西域记》中的记载对比

	《梨俱吠陀》	《佛国记》《大唐西域记》		《梨俱吠陀》	《佛国记》《大唐西域记》
婆罗门	祭司	净行(祭司)	首陀罗	奴隶	农人
刹帝利	武士	王种	贱民	——	恶人
吠舍	农民	商贾			

——林太：《印度通史》，77 页，上海：上海社会科学院出版社，2012

问题设计： 根据材料分析种姓制度形成的最初原因。

教师引导学生分析： 军事征服和社会分工，是种姓制度形成的最初原因，也是古代文明中阶级演化最常见的原因。

问题设计：《梨俱吠陀》成书于公元前 1500—900 年间，《佛国记》和《大唐西域记》是中国求法僧法显和玄奘游历印度后所写，分别成书于公元 416 年和公元 646 年。从文字记载来看，这些文献关于种姓划分的记载有何不同？说明了什么问题？

教师引导学生分析： 中国求法僧的记载相比《梨俱吠陀》晚了 1 000 多年，时间相隔较长，种姓制度已发生明显变化。第一个变化是吠舍和首陀罗代表的阶层发生了变化，商人由于经济地位的提高，成为吠舍的主体，而农民则沦为地位更低下的首陀罗。第二个变化是奴隶被“恶人”即贱民所取代。贱民并非真正意义上的奴隶，他们虽然地位低下，但不属于任何人的私有财产，亦有较大程度的人身自由。贱民取代奴隶，成为印度社会封建化标志之一。说明种姓的划分并非一成不变，而是随着社会经济的变动而变动。

三、叩问历史：种姓制度何以长期存在

教师讲述： 在古代文明中，伴随着军事征服和社会经济的分化，往往会不同程度地出现等级制度、血缘身份、职业世袭、社会分隔等现象。随着社会经济的发展，这些制度往往会受到不同程度的冲击，普遍的趋势是等级虽然一直存在，但不仅仅以血缘关系为标准。古希腊梭伦改革确立财产等级制度，削弱了政治权力中的血缘关系；中国古代人民也发出“王侯将相，宁有种乎”的呐喊，然而印度种姓制却甚少遇到这样的挑战。直到今天，种姓制度在印度广大的农村地区依旧拥有强大的支配力量。

问题设计：种姓制度持续数千年的原因何在？

教师引导学生分析：印度的社会经济基础是农业，商品经济不发达，“等价交换”的意识难以产生，跟其他农业文明一样难以滋生出“平等”的观念。经济形态长期没有较大改变是种姓制度得以持续存在的根本原因。除此之外，还有三个重要的原因不能忽略。

（一）底层民众丧失了反抗意识

材料六 《摩奴法经》的根本精神是要人从思想上接受和承认一切现存的社会制度是合理的。个人生活上的痛苦都是前生所种下的“因”所致，因此要认识今生的痛苦乃是不可避免，并且也不当求免的。如果有意避免今生的痛苦，那只有加深自己的罪恶，种下恶因，而来生将遭到更多的痛苦。一个人最高的道德即是接受忍受一切现状，等待因果转回来解决自己的一切问题。这样，以因果轮回的宗教说法来解决现世社会所存在的一切问题的结果，就是避免对现存的极端不平等的社会制度产生怀疑与动摇，因而大大地加强了它。

——雷海宗：《世界古代史纲要》，57 页，天津：天津人民出版社，2016

教师引导学生分析：婆罗门教经典从宗教神学的角度解释了种姓制的合理性，给予社会等级制度、职业世袭等以宗教合法性，将种姓制结构与宗教教义巧妙地结合起来，在宗教意识特别浓厚的印度，这成为种姓制长期存在的精神基础。前面提到，印度草木四季常青引发了人们关于生命轮回的思考，宗教观念中的轮回思想麻痹了底层百姓的反抗意识，使得种姓制度的社会基础长期难以动摇。所以提倡众生平等的佛教虽然诞生于古印度，却最终在这块土地上失去了影响力。

（二）互相歧视的优越感固化了种姓制度

材料七 从种姓制的另一端看，穷人和地位卑微者也有支持种姓制度的强烈理由。除了最悲惨和最边缘的人之外，所有的人都可以轻视某些人，这是种姓制度一个并非不重要的心理特点。

——[美]威廉·麦克尼尔：《世界史》，施诚等译，72 页，北京：中信出版社，2013

教师引导学生分析：威廉·麦克尼尔从社会心理的角度分析种姓制度长期存在的原因。长期的种姓隔绝和职业世袭等原因，使得社会形成了一种鄙视链条，各种姓可以从更低等级种姓那里获得优越感。在最初的四大种姓中，即使是最低等级的首陀罗也可以从不在种姓之内的“贱民”获得心理优越感。在理论上，种姓是无法改变的，在实际生活中如果低种姓的人偶然获得了较高种姓，他们会立即通过婚姻等方式巩固自身地位，同时修筑身份壁垒，排斥、歧视比自己种姓低的人，成为种姓制度最坚定的维护者。人性的自私和社会整体的阿 Q 精神使得种姓制度难以动摇。

（三）频繁的外来入侵强化了种姓制度

材料八 （印度）历史上较大的外来民族的征服，现在知道的就有十多次，如雅利安人、马其顿人、塞种人、贵霜国人、匈奴人、波斯人、土耳其人、阿拉伯人、莫卧儿人以及近代英国人等。

——尚会鹏：《种姓与印度教社会》，372 页，北京：北京大学出版社，2001

教师引导学生分析：种姓制度的等级划分和隔离，使得印度社会成为一盘散沙，外来者可以轻易地征服印度。与此同时，外来入侵者也很难建立起牢固的统一政权。种姓制度下民众的顺从和较低的社会管理成本，使得外来统治者纷纷选择依靠原有的体系进行社会管理，因此印度历史上虽然外来入侵不断，种姓制度不仅没有遭到冲击，反而愈演愈烈。

教师指导学生小结：在古代文明史的学习中，我们既要互相联系，认识人类社会发展在某些阶段的共性，又要聚焦于具体的时空，分析不同文明的特殊性。种姓制度体现的某些特点曾存在于许多古代文明中，这是农耕时代早期社会分化和军事征服的产物。而古代印度特殊的自然环境、浓厚的宗教意识、安于现状的百姓和频繁的外来入侵使得它拥有人类历史上最为森严的等级制度，这种制度形成以后，反过来又深刻地影响了印度社会。在现代化发展的今天，这种制度的落后性越来越明显，随着印度工业化和城市化的推进，这一制度必然逐渐衰落，但是并非一朝一夕能改变。

设计二："四大文明古国说"辨析

设计意图

文明的发端是人类对野蛮的否定，世界各古代文明是人类发展史上的璀璨明珠。"四大文明古国"的说法在我国耳熟能详，但在国际上却没有成为共识，关于这一说法是否合理的话题也曾引起热议。本设计通过分析我国近代"四大文明古国说"产生的历史背景，培养学生在特定的时空背景下对史实加以解释的能力；通过辨析"四大文明古国说"的合理性，引导学生对不同来源、不同观点的史料进行辨析，在占有史料的基础上，尝试对以往的说法提出新的解释。

设计方案

导入新课：中华文化博大精深、源远流长，却在近代以来遭遇空前的危机。在高山将崩、大厦将倾之际，"四大文明古国"的说法横空出世，激励着一代又一代的炎黄子孙找回对自己文明的自信。"四大文明古国"几乎如常识一般地印刻在国人心中，但在国际学术界却甚少被提及。近年来出版的文明史方面的著作都见不到这种提法，述及古代文明，往往还包括古希腊、古罗马，甚至包括古代美洲的玛雅、印加等。"四大文明古国"的提法是否科学也引起了一些人的讨论，今天我们就来探讨一下这个说法的合理性。

一、旧话新论：对"四大文明古国说"的质疑

问题设计：大家知道"四大文明古国"是指哪四个吗？

学生回答：中国、埃及、巴比伦、印度。

教师引导学生分析：这样的称呼是不确切的，因为这些古国的地域范围跟今天是不同的，而且今天也不存在"巴比伦"这个国家，因此确切地说应该在前面加上限定词"古"或"古代"。这四个古代文明的确对人类文明的发展做出了巨大贡献，那为什么"四大文明古国说"还会引起争议呢？

(一) 判断的标准不确定

材料呈现：

材料一 埃及的尼罗河流域，西亚的两河流域，欧洲南部的爱琴地区，印度河流域，中国的黄河流域，中美洲的墨西哥、危地马拉等地，南美洲的安第斯山区，是人类最早创造文明的

三、新时新语:“四大文明古国说”可以怎么改

材料呈现:

材料六

第一章　人类的史前时代
第二章　早期的文明
　第一节　早期埃及
　第二节　两河流域的最初文明
　第三节　印度河流域文明
　第四节　爱琴文明的产生
　第五节　黄河流域的夏王朝
第三章　早期文明的发展
　……

——齐世荣总主编,杨共乐、彭小瑜主编:《世界史》(古代卷),目录,北京:高等教育出版社,2006

材料七

第一编　农业文明时代
第一章　古代西亚文明
第二章　古代埃及文明
第三章　古代印度文明
第四章　古代中华文明
第五章　古代希腊文明
第六章　古代罗马文明
……

——马克垚主编:《世界文明史》(上),目录,北京:北京大学出版社,2016

问题设计:对比两篇目录,它们对古代文明的叙述有何异同?

教师引导学生分析:涉及的地域范围相同,不仅仅是传统的“四大文明古国”,都同时包含了古代希腊甚至古代罗马。对这些地区的具体表述则不同,材料六中主要以“河流”来命名,材料七主要以国家或地区名字来命名。两则材料还有一个共同的地方就是称呼都不“统一”。材料六中“早期埃及”与其余四个不同,材料七中“古代西亚文明”与余下的几个不同。这些“不同”恰恰反映出人们对古代文明命名的困难之处。

问题设计:关于古代文明的命名,你有没有改进的意见?

教师引导学生分析:远古时代生产力水平低下,人类受自然环境的影响非常明显,古代文明也往往是在某些特定地理条件下形成的。今天的行政区图与古代文明的地理范围不一定重合,因此使用“地区”或“流域”等强调地理特征的称呼比较合适。“古国”二字指代的地域不尽准确,可以用“摇篮”“发祥地”等泛称来取代“古国”。各古代文明进入文明时代的时间不尽相同,对后世的影响及传承性也有较大差异,因此可以按不同的标准来做分类。需要指出的是,人们对历史的认识是不断发展的,因为随着新的考古学成就出现,我们的认识可能还会发生变化。

教师指导学生小结:我们辨析“四大文明古国”说的合理性,并非是要否定四大古文明对人类文明发展的贡献,更不是要批判提出这种说法的学者。这种说法有它的合理性,在人类迈入文明的门槛时,它们以筚路蓝缕之勇气为文明的大厦奠定了基础,深刻地影响了周边国家和地区。同时这种说法也有时代性,它是近代中国民族意识增强的反映。随着各地政治形势的变化和新考古成就的出现,不确切的成分逐渐增加,“四大文明古国说”作为一种历史认识,也需要适当调整以适应新的形势。在我们的生活中,还会碰到许许多多诸如“四大文明古国”这样的历史认识或文化现象,它们并非严谨的史学研究成果,但影响力却不容小

觑。比如《三国演义》中的曹操和严谨史学著作中的曹操并非同一面孔，而在普通人群中，前者的影响力远远大于后者。不同的时代背景和不同的现实需要，会产生不同的历史文化现象，这就需要我们用严谨的态度认真审视，努力探求真实的历史。

教学资源

资源 1：迄今所知世界第一起法律判决案例

这个案子以苏美尔语记载在一块泥板上，属于伊新王朝时期，时间约在公元前 1890 年。案情大致如是：3 名男子——一名理发师、一名园丁和一名职业不明之人——杀死了一名神庙官员，名字叫卢伊南那。不知为什么，3 名杀人犯在作案后，把事情的经过告诉了死者的妻子宁达达。奇怪的是，他的妻子对此缄口无言，并不控告 3 名凶手。但案子终被披露，并引起了国王乌尔尼努尔塔的关注，身居都城伊新的国王把案子交由尼普尔的公民会议审理。在公民会议审理此案的过程中，有 9 个人主张严惩凶手，不仅要处死 3 名案犯，而且还要处死死者的妻子宁达达，理由是她在得知丈夫被杀后并没有起诉（凶手），她显然是同谋。但之后又有两个人起而为宁达达辩护，他们认为宁达达并没有参与谋杀其丈夫的行动，因此不应该受到惩处。公民会议最后做出裁决：3 名凶手被判处死刑，死者之妻宁达达无罪；她之所以没有起诉，是因为她的丈夫并没有供养她。

——于殿利：《巴比伦与亚述文明》，213—214 页，北京：北京师范大学出版社，2013

资源 2：古代埃及的祭司

祭司是古代埃及历史上一个重要的群体，当时的埃及有两类祭司，一类是神庙中祭祀神灵的；另一类是为私人服务的所谓慰灵祭司或埋葬祭司、丧葬祭司，即在每个人去世时和死后进行祭祀的祭司。这两类祭司的职责不同，其收入来源也不相同。前者是从神庙的土地和其他方面获得；后者则主要是从他们服务的私人那里获得，如私人为了获得这些祭司的服务而要给他们一些土地等作为报酬，这往往会写在文书中。古王国时期有若干这样的文书传世。古代埃及的祭司有自己的家庭、可以结婚生子。成为一个祭司有几种途径：国王任命、继承、买得等。由于古代埃及是一个多神崇拜的国家，埃及人又相信转世，再生，因此对祭司的需求量很大，他们是一个很大的群体。特别是古代埃及社会的一个重要特点是君主专制与神权结合，神庙祭司对王权的发展和巩固有重要的意义。因此，王权给予祭司很多好处、特权。

——周启迪：《文物中的古埃及文明》，57 页，北京：商务印书馆，2012

资源 3：信仰的变化反映出人民社会地位的提高

在古王国时期，对这种死后永生的信念的强烈信仰只在法老和贵族中间表现得特别显著，而支配了他们的实际行动，但一般人民并不太注意此事。因当时一般人民不必说梦想修建金字塔和炮制木乃伊，即便是最经济的保存尸体的方法也无能力做到……在中王国时期，死后永生的信仰在人民中间开始受到了普遍的注意，以前只有少数人才能具有的宗教上的特权，现在也为一般人民所享受到了。这种信仰上的变化实际上是反映了当时人民社会地位已较古王国时期有所提高。

——雷海宗：《世界古代史纲要》，100—101 页，天津：天津人民出版社，2016

资源 4：古代两河流域奴隶的处境

在某些情况下，奴隶比自由工人生活得好。比如，如果一个奴隶受伤了，法律规定，他的主人负责支付医生费用；如果他不能工作，他的主人要继续给这个奴隶提供食物和住处。另一方面，一个自由工人必须自己支付医生费用，如果他不能工作，没有人照顾他……一个逃跑的奴隶，可能被鞭打或者加烙印，但是很少会被杀死。杀死这样一个贵重的物品没有任何益处。偷别人的奴隶也是违法的。如果一个人偷奴隶的时候被捉住，惩罚最轻是一笔高额罚款，最严重的是失去身体的一部分甚至生命。

——[美]芭芭拉·A. 萨默维尔：《古代美索不达米亚诸帝国》，李红燕译，108—109 页，北京：商务印书馆，2014

资源 5：《汉谟拉比法典》对社会关系的调解

《汉穆拉比法典》（又译《汉谟拉比法典》）法条：

如果一个人偷了一头牛、一只羊、一头驴、一只猪或者一条船——如果它属于神或者王宫，他要赔 30 倍；如果它属于平民，他要赔 10 倍；如果窃贼没有可赔偿的，他应该被处死。

……

如果一个人的屋里突然起火，来帮助灭火的人觊觎属于房主的家具，拿了属于房主的家具，这个人应该被扔到那正在燃烧的火里。

如果一个人债务缠身，暴风雨神阿达德摧毁了他的田地，或者洪水冲走了作物，或者由于当年缺水，那块地没有生长谷物——在那一年，他可以不向他的债主归还粮食；他可以暂停履行他的合同，他可以不付那一年的利息。

——[美]芭芭拉·A. 萨默维尔：《古代美索不达米亚诸帝国》，李红燕译，50 页，北京：商务印书馆，2014

资源 6：人类最早的合资公司形式

古巴比伦时期商业经济最有趣的现象之一，便是出现了人类历史上最早的合资公司形式——合伙经营。这不仅从《汉谟拉比法典》中就可以看出，《汉谟拉比法典》还为阿维鲁公民合伙经营生意提供了法律保护。第 99 条：如果一个人以银钱与另一人合伙，那么他们应当在神面前均分其利益。这条法律规定很容易在其他文献中找到证据，在一份没有完全保存下来的文献中记载了合伙经营的当事人，在沙马神庙结算的事情。值得注意的是，证人团来自两方，其中四位证人构成一方，他们是来自基什城的商人，另一方证人团则是西帕尔城当地人，这份文献还表明来自不同城市的商人也可以合伙经营生意。

——于殿利：《巴比伦与亚述文明》，409—410 页，北京：北京师范大学出版社，2013

资源 7:《大唐西域记》对印度种姓制度的描述

印度总述部分记载道:“若夫族姓殊者,有四流焉:一曰婆罗门,净行也,守道居贞,洁白其操。二曰刹帝利,王种也,奕世君临,仁恕为志。三曰吠奢,商贾也,贸迁有无,逐利远近。四曰戍陀罗,农人也,肆力畴垅,勤身稼措。凡兹四姓,清浊殊流,婚娶通亲,飞伏异路,内外宗枝,姻媾不杂。”这个记述说明,种姓歧视的实践在当时印度社会仍占上风,与以前印度史料关于这方面的记载没有多大区别。印度总述部分另外一个地方又说:“屠、钓、倡、优、魁脍、除粪、旌厥宅居,斥之邑外,行里往来,僻于路左。”说明贱民遭受非人待遇一如既往。但玄奘对四瓦尔那职能的解释却有与印度传统说法不一致的地方。如按照传统说法,吠舍种姓的职能是经商和务农,首陀罗是指为前三个种姓服务的人。可是玄奘却告诉人们,吠舍只是商贾,农人是首陀罗。这就说明到七世纪上半期,吠舍种姓发生分化,农民由于经济地位普遍下降,已经被视作首陀罗,与原来的首陀罗混而为一了。商人由于经济地位上升,在种姓上取得了比农民高一等的地位。该书在叙述各国情况时,也讲到一些现实与传统理论脱节的事例。如刹帝利以外种姓的人也有当国王的,还不是一个两个。例如,羯若鞠阇国和波理夜呾罗国国王,“吠奢种也”;邬阇衍那国、掷枳陀国和摩醯湿伐罗补罗国国王,“婆罗门种也”;秣底补罗国、信度国国王甚至是“戍陀罗种也”。又如高级种姓下降为农为工的也不在少数。这反映出到七世纪上半期,在种姓与职业的关系上,尽管婆罗门法典制定者力求一仍旧贯,由于经济发展和政治纷争造成了实力地位的变化。就职业而言,传统理论的框架已有被突破之势,职业的选定不再唯种姓是从,由于实力地位升降而发生的越位已不是个别现象。这方面的记述为印度史学家分析种姓制度变迁与经济变化的关系和种姓制的未来发展趋势提供了线索。

——林承节:《〈大唐西域记〉对印度历史学的贡献》,载《南亚研究》,1994 年第 4 期

资源 8: 古代东方文明的交流

埃及文明和两河文明的联系开始于公元前 4000 年左右,当时埃及文明处于史前文化的巴达里文化晚期和涅伽达文化一期时期,而两河文明则正处于苏美尔城邦阶段。来自于三角洲地区布拖的考古文物告诉我们,埃及文明与两河文明的联系主要表现在三角洲地区,在布拖的史前文化考古层中考古学家们发现了两件最具价值的考古文物,一个是泥钉,另一个则是抛光的圆锥体,它很像两河流域乌鲁克文化时期装饰神庙门脸的手工制品。学者们推测埃及文明与两河文明是通过叙利亚北部发生联系的,因为在布拖遗址最早的史前文化考古层中人们发现了典型的饰有白色条纹的叙利亚陶瓷碎片。泥钉和抛光的圆柱体都与埃及史前文化考古层的其他文物和建筑风格迥异,这表明它们肯定是异域之物。而它们却有典型的两河文明特征,如果这个推断正确的话,那么埃及文明和两河文明之间的联系就完全可以上溯到公元前 4000 年。

——郭丹彤:《试论两河文明和埃及文明的共性和关系》,载《社会科学战线》,2005 年第 6 期

资源 9: 古代东西方文明的早期联系

公元前 1000 年代以后,古代世界文明进一步扩大,其特点是各文明国家之间的交往、冲

突越来越频繁。在这一阶段,先是雅利安人的印度文明的出现。接着是亚述帝国的形成,它不仅称霸西亚,而且一度征服埃及的一部分。在希腊半岛、意大利半岛先后也出现了希腊、罗马文明。公元前 4 世纪马其顿王亚历山大东征,占领了埃及,接着在埃及建立了托勒密王朝。公元前 30 年,罗马又扩张到埃及,代替了托勒密王朝,一直统治到公元 641 年(包括东罗马帝国)阿拉伯人的征服。

——刘文鹏等:《论古埃及文明的特性》,载《史学理论研究》,2000 年第 1 期

资源 10: 文明在交融中发展

文明必须通过交融才能发展,没有交融就没有文明。一个远古文明的产生就像是点燃一支蜡烛,其光亮有限,也很容易熄灭。但如果许多文明同时产生,许多蜡烛同时点燃,就会连成一片文明之光,其烛光交融,此生彼灭,越传越远。交融在文明的产生中很重要,在文明的发展中就更重要。出现在某一个人类群体中的一小点文明进步,若传播开来,就会在其他人类群体中引起连锁反应,这里靠的就是交融。文明是人类的共同财富,是多个人类群体共同创造的产物,任何单一的人类群体都不可能创造出我们今天所看到的某一种文明。

交融在文明的发展中起着至关重要的作用。冲突也是交融的一种形式,而且是很重要的形式。许多交融正是在冲突的形式中进行的。远古时期,原始人群的冲突推动了文明的产生,汤因比的挑战与应战理论对此有精彩的论述。中国古代神话中黄炎大战等传说记载了远古华夏文明产生时的冲突场面。中国古代的一些发明创造曾通过战争传播到阿拉伯,再传到欧洲;西方近代文明也首先以冲突的形式传到东方,传到中国。不过,我们这里所说的冲突是人类群体的冲突,人类群体的冲突起到了交融文明的作用。

——钱乘旦:《文明的冲突与融合》,载《探索与争鸣》,1994 年第 8 期

第二单元

古代西方文明

学术引领

一、古希腊文明

（一）古希腊文明的起源

1. 克里特文明：早期国家的形成

关于古希腊文明的起源，学术界一般认为是爱琴文明，即克里特文明和迈锡尼文明。而克里特文明的起源，实际又是本土文明和外来文明交融的结果。陈乐民在《欧洲文明十五讲》(18 页，北京：北京大学出版社，2004)一书中指出，古希腊文明的根基一个是它本土的远古的传说、神话，另一个来源是两河流域。

美国学者威廉·麦克尼尔在《世界史》(施诚等译，38 页，北京：中信出版社，2013)一书中指出，文明地区的技术与蛮族社会的相互交流在欧亚大陆种族分布图上催生了巨大的变化，同时，海上迁徙之风也在改变着地中海和大西洋沿岸的人类生活和文化，正是古希腊文明在形成过程中表现出来的这个特点，影响了后来西方文明开放、外向的风格。

英国学者罗素在《西方哲学史》(何兆武等译，27—28 页，北京：商务印书馆，2003)一书中就克里特文明的特点指出，那是一种航海民族的文明，与埃及保持着密切的接触。从埃及的图画里显然可以看出，克里特的水手们在埃及和克里特之间进行过相当可观的商业，这种商业约在公元前 1500 年前后达到了它的顶峰。克里特的宗教似乎与叙利亚和小亚细亚的宗教有着许多的相同之点，但是在艺术方面则与埃及的相同点更多些，虽然克里特的艺术是非常有独创性的，并且是充满了令人惊讶的生命力的。有证据可以说明克里特人是信仰死后的生命的，正如埃及的信仰一样，认为人死之后，生前的作为就要受到赏罚。可见，克里特文明不仅在商业上和埃及有密切的联系，而且在艺术、信仰方面受到埃及的影响。

克里特文明兴起之后，已经具备了早期国家的特点。英国学者尼古拉斯·杜马尼斯在《希腊史》(屈闻明等译，7 页，上海：东方出版中心，2012)一书中指出，克里特文明因一系列独立而密切关联的城市而闻名于世。每一座城市都是一个地区行政实体的中心，都有一套官僚体系，以及书写系统：克里特文字，线形文字 A。政府行政机构位于雄伟的多功能建筑物或“宫殿”之内，除了行政管理，同时还兼作贸易、拜神和娱乐中心。

2. 迈锡尼文明：集权国家的形成

公元前1400年前后，克里特文明遭到了原因不明的浩劫，而在深受克里特文明影响的希腊南部，迈锡尼文明兴盛起来。迈锡尼文明的起源和克里特文明很像，学术界普遍认为，迈锡尼文明也受到了明显的外来文明的影响。晏绍祥在《迈锡尼国家的起源及其特征》(载《华中师范大学学报(人文社会科学版)》，2006年第6期)一文中指出，迈锡尼人的国家并不是由迈锡尼人突然创造出来的。早在新石器时代，希腊大陆已经出现了某种程度的社会分化与原始的政治组织。青铜时代早期，希腊大陆的社会分化和政治组织都得到了某种程度的发展。青铜时代后期的迈锡尼国家，无论是在政治上，还是在经济和建筑技术上，都继承了新石器时代和青铜时代早期居民的某些特征。此外，青铜时代迈锡尼国家的发展，还受到当时东部地中海地区历史发展的影响，是东地中海社会与历史变动的一个组成部分。

晏绍祥还指出，迈锡尼文明在经济、政治方面有这些特点：公元前13世纪初，克里特和希腊大陆先后进入青铜时代，人口增加；对外贸易、特别是为购买贵金属而进行的贸易活动活跃；设防城市数量有所增加。所有这些都表明，希腊开始了向国家过渡的进程。它是一个以宫廷为中心、以国王为首脑、有着相当发达的官僚和行政系统、普通大众处在臣服地位的体系。

王以欣在《迈锡尼时代的王权：起源和发展》(载《世界历史》，2005年第1期)一文中认为，迈锡尼人的王权是高度集权的体制，以宫殿为行政管理中心，对国家事务，尤其是经济领域的各项活动实施严格的管理和监控。

但是，迈锡尼文明也没有延续下来，传统观点大多认为原因是外族的入侵。威廉·麦克尼尔在《世界史》(施诚等译，81页，北京：中信出版社，2013)一书中认为，新一轮入侵者、讲希腊语的多利安人从北方南下，侵占了迈锡尼政权的中心。

斯塔夫里阿诺斯在《全球通史》(吴象婴等译，78页，北京：北京大学出版社，2006)一书中指出，新入侵的多利安人又使迈锡尼人遭到与克里特人相似的命运。多利安人出现于公元前1200年前后，他们用精良的铁制武器装备自己，一个接一个地攻占了迈锡尼的城堡和城市。于是，希腊的行政制度瓦解，农业人口消散，对外贸易萧条，希腊又回到以农业和畜牧业为基础的经济中。黑暗时代降临了，笼罩了整个希腊，直到约公元前800年诸城邦崛起。近来，对这一问题已有不同看法，如黄洋在《迈锡尼文明、"黑暗时代"与希腊城邦的兴起》(载《世界历史》，2010年第3期)一文中引用了英国学者罗宾·奥什邦的一种观点：迈锡尼文明衰落的原因在于内部矛盾与压力。

3. 希腊城邦文明：城邦国家的形成

一般认为，希腊文明在经历迈锡尼文明的毁灭之后，进入了一个"黑暗时代"。大约在公元前8世纪，希腊人突然创立了一种全新的希腊城邦文明，城邦文明的兴起一直是学术界关注的热点。黄洋在《迈锡尼文明、"黑暗时代"与希腊城邦的兴起》(载《世界历史》，2010年第3期)一文中指出，在希腊史研究中，公元前8世纪被看成是一个具有划时代意义的时期，他引用了希腊史专家、斯坦福大学古代史教授扬·莫里的话："在工业革命之前的世界历史上，很少有这样一个时期，其间社会在100年的时间里经历如此深刻的变革。"这种深刻的变革就是希腊城邦的兴起，被称之为"公元前8世纪革命"。近30年来，这个论断主导了希腊史的叙述和书写，成了正统的观点，由此而获得了近乎历史事实般的力量，不仅成为诸多研究的前提和出发点，而且奠定了理解整个早期希腊历史的框架。

但是，黄洋认为，这种只突出这一时期而隔断与之前历史联系的观点的出现，是因为城邦文明历来被看成是现代西方文明的起源，因此它必须同被认为带有专制王权色彩的迈锡尼文明区分开来。但是事实上，这种解释却忽略了迈锡尼文明和希腊城邦文明之间的诸多联系，而且考古学证据表明所谓“黑暗时代”亦非通常认为的那般黑暗，希腊人群体的活动在一定程度上得到了延续。黄洋进一步指出希腊城邦文明出现的原因，即城邦的兴起不是革命性变化的结果，而是迈锡尼王权遭到破坏之后希腊社会长期而逐渐演变的结果，其间诸多新的因素无疑也起到了一定的催化作用。迈锡尼诸王国崩溃之后，出现了一个分裂和地方势力割据的局面，力量相持不下的地方贵族再无力重建王权，导致了权力逐渐分散、贵族群体依靠相互的关系网络维持其地位、主导社会秩序的情形。同时，贵族之间的相互争斗又致使他们把社会普通成员纳入进来，在必要的时候就解决争执或作出决策征询他们的意见，使之成为对某种权力的制约。

（二）古希腊文明的特点

1. 民主政治盛行

（1）民主政治形成的原因

进入城邦文明后，古希腊在政治上的一个重要特点是孕育了以雅典为典型的民主制度。希腊民主政治的形成和自由的环境密切相关。张广智在《略说古希腊的城邦文明》（载《湖北大学学报》，1996 年第 2 期）一文中分析了这种自由形成的原因，张广智认为，自由思想在希腊城邦中得以首先萌发，是由奴隶制经济与奴隶制民主政治的高度发展而造就的，这就是丰裕的物质条件、欢愉的精神生活和足够的闲暇时间，而这些在古希腊城邦制度及推行民主政治的城邦里（如雅典）都一一找到了它的归宿；加之在城邦的实际生活中，那里也没有形成一个有势力的僧侣集团和一个钳制人们思想自由的统一的宗教意识形态，较之于当时古代世界的其他地方，这个历史条件是其独有的。

张广智认为，古希腊城邦多为蕞尔之邦，但在这规模有限的空间里，却是一个具有独立的政治生活、自足的经济生活和丰富的文化生活的共同体。在这个狭小的共同体内，每一个成员都能将其他成员置于其视野之内，因而在城邦公民中产生了某种认同感与亲近感。对古希腊人来说，城邦意味着一种共同的生活，它不只是一个生活共同体，而且也是实现人类自我完美的道德共同体。在一个相当长的时间内，希腊人总是把城邦制视为唯一适宜的国家组织形式，因而，致力于社会团体与公民生活之间的和谐统一便成了古希腊城邦每个公民的一种基本信念。

（2）民主政治的优点和局限

张广智在《略说古希腊的城邦文明》（载《湖北大学学报》，1996 年第 2 期）一文中指出，希腊城邦的本质特征是“主权在民”与“轮番执政”，亦即实施城邦制度的基础是公民的平等原则。在雅典城邦，民主政体的主要机构是公民大会、五百人会议与民众法庭，但具有决定性意义的是公民大会。在伯里克利当政的时代，公民大会更发展成定期举行且每个公民都可以以某种方式参与讨论决定重大问题的最高权力机关。这里说的某种方式，即是古代雅典民主政治实施的两项特异制度：一为抽签任官法，另一为陶片流放法。前者为公民在古代的社会条件下，提供了一种平等的参政机会，国家公职人员都可由此产生，它成了落实“多数人统治”及“法律面前人人平等”原则的一项重要措施；后者可以遏制少数政治野心家，以起到维护政治公平的积极作用，也成了民主政治的重要一环。

晏绍祥在《从理想到暴政》(载《华东师范大学学报(哲学社会科学版)》，2003 年第 6 期)一文中指出，从公元前 5 世纪到前 4 世纪，在民主政治存在的近 200 年中，确实有相当多的雅典人相信，普通公民有资格而且能够把国家管理好。雅典的民主政治，不仅有政治的实践，也有理论的阐述。但是当时也有一些人意识到甚至强烈批评雅典民主制度的缺陷。

晏绍祥介绍了古希腊历史学家修昔底德和色诺芬的观点。修昔底德指出，伯里克利的继承人彼此都是平等的，而每个人都想要居于首要的地位，所以他们采取笼络群众的手段，结果使他们丧失了对公众事务的领导权。在一个统治着帝国的大城市中，这样的政策自然会引起许多错误，结果只是因为他们自己内部的斗争，毁灭了他们。色诺芬指出，用抽签的办法来选举国家的领导人是非常愚蠢的，没有人愿意用抽签的办法来雇佣一个舵手、或建筑师、或奏笛子的人、或任何其他行业的人，而在这些事情上做错的话，其危害是要比在管理国务方面发生错误轻得多的。

古希腊民主制度的另一个缺点表现在享受政治权利的人太少，黄洋在《古代与现代的民主政治》(载《史林》，2007 年第 3 期)一文中指出，在雅典人(以及希腊人)的观念中，民主政治意味着全体公民的统治，更确切地说，是全体成年男性公民的统治，因为妇女虽然能够享有公民权，却被排斥在政治活动之外。同样地，外邦人以及占人口数量相当一部分的奴隶也被排除在政治生活之外。因此可以说，古代希腊的民主政治是城邦中占人口一小部分的特权群体即公民群体的民主政治。

2. 商业经济发达

吴高君在《古希腊城邦经济研究》(载《北方论丛》，2003 年第 2 期)一文中指出，城邦手工业品增加，剩余产品积累增多，促进了交换的发展，商业成为重要的部门。当时，在古希腊形成了若干个商业贸易中心，如雅典、科林斯、麦加拉等，各个城邦之间的商业贸易交往非常频繁，各城邦内有固定的贸易市场，各种商品在专门地点出售。古希腊各个城邦与海外商业贸易也十分活跃。从产业结构上看，古希腊城邦工商经济的发展，使农业经济发生了显著变化。早期希腊时代，各地普遍使用了铁铧犁、铁锄、铁锹等铁制工具，掌握了扩大耕地面积和深耕的技术。在种植方面，希腊人除了种植谷物，还栽培了葡萄和橄榄，经济作物的种植初具规模。公元前 7—前 6 世纪，古希腊城邦的商品交换关系对传统自然的农业经济产生了冲击力，出现了酿酒和榨油的农产品加工业。农产品经过加工后，除可部分留做自用外，其余的用于交换。对于善理事业和热衷于耕耘土地的人来说，农业是致富的最有效手段。最后，吴高君总结，古希腊城邦经济具有与东方古典经济完全不同的特点，城市手工业、商业的发展带动农牧业经济的发展，以城市工商经济为主，以乡村农牧经济为辅，以生产交换产品为主，以自给自足为辅，是古希腊城邦经济的一个重要特征。

晏绍祥在《古典作家笔下的古代希腊商业》(载《内蒙古大学学报》，1992 年第 3 期)一文中提出，既不应该像 19 世纪末到 20 世纪初的迈耶、罗斯托夫采夫等人把古希腊、罗马的工商业活动与现代资本主义的大工业等量齐观，也不能像芬利那样极力贬低希腊世界商业及工商业者在政治、经济中的作用。晏绍祥从希腊人经商范围、参与经商活动的人群、希腊世界出现的商业中心、国家政策的目标、古希腊思想家的重视等五个具体的方面，论证了“商业是希腊经济中一个不可或缺的部分”。

3. 海洋意识丰厚

徐松岩在《古希腊文明的形成及其特征》(载《光明日报》，2017－12－4)一文中指出，希腊文明的兴起，在某种意义上是希腊人与地中海自然环境、人文环境“互动”的产物。在碧波荡漾的爱琴海上，星罗棋布的岛屿成为早期航海者永不消逝的航标。这一得天独厚的条件，造就了一批批航海者和文化传播者。考古学证据已经确认，近一万年来，小亚细亚西部、埃及、叙利亚、腓尼基、塞浦路斯等地与爱琴诸岛的海上交往相当频繁，与海上劫掠相伴生的开拓、探险、移民等活动也非常活跃，新石器时代农牧业先民携带所种植的粮食作物和饲养的动物向西部传播，拓展了人类的生存空间，为当地居民体质的改善以及认识自然、利用自然提供了良好的条件。因此，希腊神话传说和英雄故事中，有许多关于海上探险、拓殖、远征、寻宝的内容，虽然其中某些情节离奇荒诞而未必可信，但依稀反映先民海上活动的模糊记忆。代代相传的航行经验和乘风破浪的英雄故事，不正是他们勇于下海的力量源泉吗?

徐松岩指出，公元前750年至前650年是希腊历史上的大殖民时代，也是其文化史上的“东方化时代”。此时的希腊人通过海路汲取东方文明古国的优秀成果，其中值得一提的是在腓尼基字母的基础上增加了元音，创造了古希腊字母和文字，在世界文字发展史上贡献卓著。长期的航海实践使希腊人逐步认识到，海洋给人类造成的阻碍虽比陆地更巨大，挑战更严峻，但经过拼搏仍可从中获取生活资料；对他们而言，海上劫掠和农耕、游牧、渔猎一样，是一种正常的谋生方式。希腊许多贤达之士都曾周游列国，而海外游历是增长见识的常见途径。希腊沿海城邦或岛国，无论是出于自卫、劫掠还是扩张的需要，皆须拥有一定数量的海上武装。及至古典时代，随着雅典海上强国成长和壮大，希腊人的海洋意识基本形成，主要内容有四个方面：首先是海洋领土意识，即把海洋(包括海岛)视为领土的一部分，对海域的所有权是国家主权的组成部分。其次是海洋经济意识，把海洋视为国民经济的一个领域，海外扩张同样是富民强国的重要途径。他们在与惊涛骇浪的搏击中，意识到某些海峡、海角、海域的战略意义和商业价值。再次是海洋国防意识，即把海军作为国家机器的重要组成部分。帝国境内须有舰队游弋于海上，帝国边陲须保有一定的海上武装。最后是以海为家，热爱海洋。湛蓝温暖的海与天是他们认识自己、欣赏人体之美的广阔舞台，也使他们有了仰望天空、发挥自由想象力的无限空间。希腊人对海洋文化的开创性贡献，经罗马人传承成为近代西方海洋意识的历史源流之一。

4. 理性主义盛行

姜守明等在《西方文化史》(12页，北京：科学出版社，2004)一书中指出，希腊民族是最早探索人类、人的思想和灵魂的民族，他们不但追根溯源，寻求宇宙万物的源头与规律，用理性来描绘、把握自然而美好的物质世界，而且探究社会的正义与公理，诘问人生的目的与价值。他们追求精神与物质的原始统一，这是一种极度完善的和谐之美。幸福与快乐的人生理想，以及对人本主义与理性精神的不懈追求，是希腊文化的最根本特征。

罗素在《西方哲学史》(何兆武等译，24页，北京：商务印书馆，2003)一书中指出，希腊人在文学艺术上的成就是大家熟知的，但是他们在纯粹知识的领域里所做出的贡献更加不平凡。他们首创了数学、科学和哲学；他们最先写出了有别于纯粹编年表的历史书；他们自由地思考着世界的性质和生活的目的，而不为任何因袭的正统观念的枷锁所束缚。

（三）古希腊文明的地位

古希腊文明一般被认为是西方文明的重要源头之一。陈乐民在《欧洲文明十五讲》（6—7页，北京：北京大学出版社，2004）一书中指出，欧洲文明的源头，大家公认的是“两希文明”，就是希伯来和希腊。然后就是罗马，再加上基督教文明，这就是欧洲文明的源头。

张广智在《略说古希腊的城邦文明》（载《湖北大学学报》，1996年第2期）一文中指出，在世界文明史上，古希腊文明以其特异的风采与卓越的成就享誉后世，以至有“言必称希腊”之说。它的文化创造达到了人类文明的第一个高峰，古希腊文明的勃兴和它的“后来居上”，它的光灿夺目的业绩，被学界称之为“希腊的奇迹”。

1. 古代希腊产生的雅典民主政治对西方现代民主有深远的影响

蒋云芳等在《雅典民主政治的特征及对西方民主的影响》（载《西南师范大学学报》，1999年第1期）一文中指出，雅典民主政治对西方近现代民主的影响，主要表现在“法律面前人人平等”的政治原则、国家机构“三权分立”的组织形式、“少数服从多数”的决策原则、国家公职选举任期原则等方面。

2. 古希腊的思想文化是人类文明中的重要精神财富

姜守明等在《西方文化史》（11—12页，北京：科学出版社，2004）一书中指出，在长期的民族迁移、殖民扩张和对外交往的过程中，希腊人创造了丰富而璀璨的文化艺术瑰宝，对欧洲文明的发展产生了深刻的影响。大哲学家黑格尔说过：一提到希腊这个名字，在有教养的欧洲人心中，自然会唤起一种家园之感。千百年来，希腊文化素养哺育了一代又一代欧洲人，他们的遗传密码信息中无不包含着古老的希腊文化因子，希腊文化无疑是欧洲人彼此相认的精神家园。

韩秋红等在《古希腊早期哲学的人文精神》（载《东北师大学报（哲学社会科学版）》，2006年第5期）一文中认为，人文精神是哲学乃至人类文明中的一个重要向度，这种人文向度肇始于古希腊早期哲学。古希腊早期哲学家们把自己对于宇宙人世的关怀称为“哲学”，用毕生的生命智慧孜孜以求的探寻着世界之真、德性之善、生命之美。他们的哲学探讨直接关涉的是人自身，是人对自然统治力量的反抗和对人自身生存状况的觉醒，在永恒的追求外物本质的过程中更深刻地体现了对命运的追寻、对智慧境界的向往和对人性的多向度的追求，具有深厚的人文意蕴，对以后几千年西方哲学的发展，特别是今天的哲学危机的结局具有重大的现实意义。古希腊早期哲学创造的成就的确使他们获得了人类文明史上永恒的崇高。

徐松岩在《古希腊文明的形成及其特征》（载《光明日报》，2017-12-4）一文中指出，随着马其顿国王亚历山大东征而开始的所谓“希腊化”时代，使得希腊文化的传承进入了一个新高潮。在西方，随着罗马的崛起以及随后对“大希腊”和希腊本土的征服，罗马人开始大量吸收希腊文化因素；在东方，经过长期的战争，形成了希腊化时代的君主制，它是马其顿的国王统治传统和东方现行君主制以及希腊城邦的外壳有机组合的产物。在文化上，希腊化文化既非希腊的单纯传播，也非东方因素起决定作用的文化，而是以希腊化文化为主体，在适应新时代的要求下与其他各种文化汇合形成的一种既多元又统一的文化。托勒密王国在亚历山大里亚创建了博物院和图书馆，国家出资以极为优厚的条件，招揽地中海各地文人学者来这里进行科学研究，分类、整理此前的文化典籍，成为其时希腊古典文化传承的中心。希腊化时代是以军事征服为先导的，但它开启了欧亚非大陆间文化交流、汇合的序幕，在世界文化发展史上具有重要意义。传承不仅意味着传授、积淀、继承，还意味着扬弃、否定和创新，环环相扣，永无止息。古希腊人在吸收东方文明古国神话、文字、艺术、文学、科学、哲学、史学等方面成果的基础上，融合自身传统，不断积累和创新，取得了令后人惊叹的成就。

二、古罗马文明

(一) 古罗马文明的起源和发展

1. 古罗马国家的形成

一般而言，学术界将古罗马文明发展历程分为三个阶段，先后是王政时代、共和时代和帝国时代。

施治生在《从王政到共和》(载《世界历史》，1987 年第 4 期)一文中指出，从公元前 7 世纪末期起，罗马社会面貌发生了巨大变化。相传这一世纪后期来自意大利的埃特鲁里亚人迁居罗马，不久便在罗马建立了所谓塔克文王朝(公元前 616—前 509 年)。由于受到埃特鲁里亚文化影响，罗马社会经济出现高涨，手工业和商业得到迅猛发展，并在此基础上形成了城市。在社会经济发展的基础上，王政后期罗马社会发生严重分化，加深了阶级的对立，形成了等级的划分，促使民族制度解体和国家的产生。塔克文的继承者塞尔维乌斯实行改革以进一步加强王权和扩大罗马国家的公共权力。传说他建立新的地域部落代替旧的氏族部落，并进行财产普查，在此基础上按财产原则划分所属居民，与氏族制度格格不入，分明是阶级社会的制度，这种制度付诸实施显然是国家产生的重要标志。塞尔维乌斯改革标志着罗马国家的产生，这次改革完成了在罗马创建王制或称原始君主制城市国家的历史性任务。施治生指出，除了外在的因素，罗马国家的形成还有内在因素的推动，归根到底，罗马国家是在罗马氏族制度自我瓦解的基础上产生出来的。因此，不能低估和否认埃特鲁里亚人对于罗马国家产生的巨大影响和作用，同样，也不能忽视和抹煞罗马社会本身的发展变化为国家产生提供了历史条件和基础。

叶民在《古代罗马国家是如何起源的》(载《中国社会科学报》，2011 - 10 - 27)一文中指出，第一，罗马文化的物质基础是意大利半岛原始文化发展的自然结果，意大利的铁器文化是罗马国家产生的重要基础。第二，外来移民对罗马国家的形成也具有重要影响。一是特洛伊后代伊尼阿为代表的东部地中海殖民文化因素的影响，这个希腊的爱神家族与以罗慕路斯兄弟为代表的战神家族构成了完整的罗马建城传统，从一个侧面说明希腊因素或者希腊殖民因素对罗马铁器时代的强大影响。二是王政时代后期埃特鲁里亚因素的介入，造成了罗马文化的重大转型或国家的产生。叶民认为，埃特鲁里亚文明对罗马具有广泛而深远的影响，用“埃特鲁里亚化”来描述王政时代末期的罗马是不为过的。对于罗马而言，埃特鲁里亚最重要的贡献是真正意义上的“城”的建设以及在此基础上“城邦”制度的引进，最终促成了罗马国家的产生。

2. 罗马共和政体向帝制转型

罗马进入共和时代后获得迅速发展，并且最终建立起庞大的罗马帝国，这不是偶然的。杨共乐在《论罗马崛起的两个关键因素》(载《黑龙江社会科学》，2013年第4期)一文中指出，第一，任何成功的军事征服都与有效的政治制度有密切的关系。有效的政治制度既是军事征服的暴政，也是军事征服的前提。对于罗马征服者而言，共和政体显然是其成功的一个重要原因。罗马共和时期国家机器的成功运转，是罗马历代公民同心协力共同奋斗的结果。较为合理的共和制度极大地推进了罗马成功向外扩张。第二，军队是罗马成功对外征服的真正执行者。罗马崛起的历史实际上就是一部军事发展史，公民集体的高度军事化是早期罗马的显著特点；追求勇敢则更是罗马公民奋斗的目标。

杨共乐在《罗马文明持续发展的动力》(载《求是学刊》，2012年第6期)一文中指出，任何强大的文明都必须依赖于强大的实体，强大的实体是强大的文明的基础。罗马依赖于适时开放的公民权政策，把创造罗马文明的主体建设得厚实坚固。公民权的开放使“世界上所有具备天才、勇敢和领袖才能的人”都成了罗马人，为其所用。同时，罗马人又善于吸纳别人的优秀成果，第一是从实践中随时学习别人的长处；第二是主动走出去，向文化先进的民族学习，到希腊去留学、向希腊人取经，是崛起后的罗马年轻人追求的目标；第三是有选择地把地中海文化引进来，将其融入罗马文明之中。罗马人非常欢迎行医者、教师以及天文学家到罗马工作，为罗马服务。这些都是罗马强大的重大因素。

在罗马走向帝国的过程中，对被征服的地区实行行省制度也是罗马进一步强大的重要原因。宫秀华在《论罗马共和时期的行省总督制》(载《北方论丛》，2001年第4期)一文中指出，公元前241年，罗马赢得了第一次布匿战争的胜利，建立起第一个海外行省——西西里行省，罗马共和国开始派遣“管理外地人”的大法官前往西西里负责行省的管理，由此形成了行省制度。行省总督的任命权掌握在元老院手中，共和时期选举省督的法律程序基本是这样的：先由元老院提出任命下一年度省督的候选人名单，然后根据行省的驻军人数来划分大、中、小行省，再用抽签的方式确定每个省督所负责的行省。行省总督的任期并非固定化，统治初期总督一般是一年一任，随着罗马向外征服规模的不断扩大，建立的行省日益增多，行省总督的任期也不断延长。行省总督需要履行相关职责，必须参与行省法的制定。行省法是根据罗马法，结合当地实际和总督个人经验而制定的适用于各行省的法律，行省总督是罗马国家在各行省的代言人和统治者。罗马共和国时期实行行省总督制度，是罗马共和国大肆向外扩张的历史产物，它作为一种有效的政治机制，在罗马共和国进行行省统治时起到了重要的作用。

但在这个过程中，罗马共和政体也开始孕育灭亡的因素。法国学者孟德斯鸠在《罗马盛衰原因论》(婉玲译，48—50页，北京：商务印书馆，1984)一书中认为原因主要有两个，第一个原因是元老院对军队的失控。当罗马的统治局限在意大利的时候，所有士兵都是公民；军队由执政官征集。军队的人数不多，国家只把有一定财产的人吸收到军队里来。元老院也能密切监视将领们的行动，使其无法做出违反自己本分的事情。但是当军团越过阿尔卑斯山和大海的时候，战士们在许多战役后就不得不留驻在他们所征服的地方，这样他们就逐渐地丧失了公民们应有的精神，而在手中掌握着军队和王国的将领们感到自己的力量很大，就不想再听命于别人了。第二个原因是公民权的扩大导致公民同一价值观的消失。在过去的罗马城里，人民是被一种同样的精神，对自由的一种同样的爱，对暴政的一种同样的憎恨所鼓舞的；人们对于元老院的权力和显贵的特权的嫉妒总是和尊敬混合在一起的，这种嫉妒不过是对平等的一种爱罢了。意大利各民族成为罗马的公民以后，每一个城市便表现了它自己的特色，表现了它所关心的特殊利益，表现了它对某一个强大的保护者的依赖。一个居民分散开来的城市再也不能形成一个统一的整体；而且既然人们不过是由于一种特殊的法律上的规定才成为罗马公民的，人们便不再有同样的高级官吏、同样的城墙、同样的神、同样的庙宇、同样的坟墓，因此人们就不再用和先前相同的眼光看待罗马，人们也不再像以前那样地爱自己的祖国，对罗马的依恋之情也不复存在了。

杨共乐在《西方文明探源：希腊罗马专题论集》(231—234 页，北京：北京师范大学出版社，2014)一书中从奴隶制的发展和国家经济的壮大两个方面，对罗马共和政体衰亡的原因进行了研究。杨共乐指出，公元前 2 世纪中叶以来，罗马传统上相对平等的公民经济走向衰落，新的经济成分和新的经济因素在社会上日益占据重要的地位。奴隶制就是改变传统经济模式的重要因素。奴隶制由于允许富人剥削外国人而不是本国公民来发展自己的胜利成果，从而改变了自由公民的社会生活条件，改变了意大利以自由劳动为主的局面。奴隶制的发展在导致公民普遍厌恶劳动的同时，也加剧了公民间的两极分化，公民间贫富分化加大的结果必然是剥夺贫穷公民的经济和政治权利，从而动摇共和政体之民众基础。国家经济的壮大是共和政体发挥作用的结果，但对国家经济的混乱管理又使共和政体陷入了无序状态。在不明晰如何使用、谁来使用国库资源的情况下，内战也是必然的事。从某种意义上说，内战就是将军们为争夺国家资源支配权的战争，内战的结果是共和政体的消亡和元首制的诞生，而元首制的诞生实际上也就明确了国家资源支配权属于谁的大问题。从此，这种曾经被西塞罗认为是古代世界最好的体制的共和政体开始衰落，罗马开始进入到元首制和君主制的帝国时代。

(二) 古罗马文明的特点

1. 政治制度："混合政体"的创造

关于罗马的政治制度，王政时代是王朝专制制度，帝国时代分别经历了元首制和君主制，较为复杂的是罗马共和国的宪政制度。兰奇光在《论罗马共和国的制度建设》(载《湖南师范大学社会科学学报》，2004 年第 1 期)一文中指出，罗马共和国的宪政制度主要表现为三大要素，第一大要素是以执政官为核心的行政长官制度。它具有以下特点：第一，执政官是通过选举产生的。罗马共和国在最初就确立了政府官职的选举制度，执政官即是由民众会议的机构之一"森都利亚"大会选举产生。第二，执政官的任期受到限制。第三，罗马的执政官实行双位同僚制。当选的两位执政官拥有同等权力，具有协议性质，彼此拥有否定权。但在国家的紧急状态中，可以由两位执政官通过协商或抽签决定其中一人来担任独裁官，全权处理危机事件。等特定的任务完成之后独裁官必须自动卸职，恢复双位同僚制。第二大要素是以政界精英为基础的元老院制度。元老院名义上是执政官的咨询机构，但实际上它是一个具有独立地位并有权威性的国家权力机构。一方面，元老院的成员均为社会政治精英，这些精英不仅具有丰富的执政经验，而且还须有良好的道德形象。另一方面，元老院是一个强大的集体，且具有稳定性。如果说执政官的短任期造成了国家政治的不连续性的话，那么作为一个具有稳固性的政治集体的元老院则能弥补这种不足。第三大要素是以全体公民为主体的公民大会制度。在罗马共和国时期，曾经同时存在着四个公民大会组织，即以血缘为基础的库里亚大会、以财产等级为基础的森都利亚大会、以部落为基础的部落大会以及以部落与平民身份为基础的平民会议。森都利亚大会被认为是最有权威性的公民大会，而平民会议也能对社会各个阶层同样起制约作用。

在实际运作过程中，哪个政治机构发挥的作用更大，或者说，罗马共和国的实质到底是贵族政治还是民主政治，对此学术界一直都存在较大争议。施治生、郭方在《古代民主与共和制度》(251 页，北京：中国社会科学出版社，1998)一书中认为，罗马共和制在形式上是结合着贵族制和民主制因素的混合政体，事实上贵族制占据着主导地位，少数贵族垄断着国家政权，所以罗马共和国实质上是贵族共和国。

晏绍祥选取政治相对稳定的共和国中期的一个年份即公元前 190/前 189 年罗马的政治生活作为截面，在《罗马共和国的政治生活——以公元前 190/前 189 年为例的考察》(载《学术研究》，2010 年第 8 期)一文进行了深入和具体的讨论。晏绍祥指出，从处理问题的数量看，元老院最为繁忙，所处理的问题最为广泛。元老院所处理的，不管是执政官、裁判官行省的分配、授予举行凯旋式的权力，还是殖民地的请求，或者是外来使节的接待、扩大战争的决定等，都具有重大的政治和社会、经济意义，确是有罗马共和国中枢的样子。但元老院始终是一个建议机构，它的命令，虽然大多得到尊崇，但并无强制执行权，遇到一些倔强的高级官员，它的命令就可能失灵。在军事方面，人民大会的话语权有限，不过是个通报对象。但人民大会最重要的权力是选举，它在该年举行了两次执政官选举，并选举了监察官和裁判官。按照常理，人民大会还会投票选举平民市政官、贵族市政官、平民保民官、财务官、军团长官、祭司等，一年中选举出来的官员不下 50 人。另外，在对外政策领域，虽然签订条约的主动权在元老院和执政官等高级官员手中，但人民是最后的批准者。所以人民在绝大多数时候是被动的接受者，但一旦他们积极行动起来，仍有可能对政治造成决定性的影响。罗马的高级官员在这一年也格外忙碌。执政官忙于在战场上指挥作战，考虑到战况需要，公元前 190/前 189 年在任的两名执政官权限都得到延长。当执政官在罗马时，还有主持部落人民大会进行立法的权力。在这个意义上，执政官确实像是罗马的无冕之王。但实际上，执政官常年在外征战，在任期间对罗马的政局很少产生决定性影响。主持元老院会议的大多是裁判官，在罗马通过人民大会立法的主要是保民官。因此，晏绍祥认为很难用单一的某种制度来形容罗马的政治，而偏向于混合政体理论。

2. 罗马法：工商业发展和对外扩张的产物

广义的罗马法指罗马奴隶制的产生直到东罗马帝国灭亡之时全部的法律。狭义的罗马法仅指公元前 5 世纪的《十二铜表法》到公元 6 世纪的《民法大全》之间的法律。

罗马法的产生具有特定的时代背景。谢冬慧在《罗马法的借鉴价值》(载《现代法学》，2005 年第 1 期)一文中指出，罗马法是随着古代罗马社会阶级和国家的出现而逐步形成的。生产力的发展、阶级矛盾的出现、社会变革等客观因素促进了罗马国家与法律的形成。罗马法产生后，随着罗马国家历史的延续，适应罗马政治、经济与统治阶级的需要而不断发展。特别是罗马开始对外扩张，罗马人与外国人之间的商贸及其他交往不断加强，随着交往的频繁,矛盾在所难免,在解决问题时所适用法律的矛盾同样十分尖锐,因此创立了一套与公民法不同,专门调整罗马人与外国人之间关系的万民法。

关于罗马法的特点,郭成伟在《外国法系精神》(233页,北京:中国政法大学出版社,2001)一书中指出,罗马法的精神支柱是一种人类社会一直"上下求索"的,也是构成大陆法系法哲学传统的一种基本精神——理性主义。而罗马法的理性思想产生于古希腊哲学理念,也就是说,罗马在希腊哲学的基础上产生了伟大的理性法,创造了正义的法观念。郭成伟指出,罗马法公私法界线分明。在罗马,一方面由于帝国的大力扩张和商品经济的高度发展,罗马法与市民社会紧密相连;另一方面,在罗马诉讼主要是私人的事情,国家并不主动予以干涉,以致在罗马法中,私法极为发达,而公法却始终未能发展到一定的程度,从而形成了以私法为核心的局面。法学界一般认为罗马法主要是调整财产、契约和家庭等关系的私法。

谢邦宇在《罗马法的历史地位和作用》(载《青海社会科学》,1983年第2期)一文中指出,与罗马私法发展并行不悖的是,程序法通过执行私法也达到了相对完善的程度,其中特别是某些诉讼制度和司法原则对后世的影响很大,成为现代资产阶级法制与民主原则的先声。罗马私法的结构包括人、物、诉讼三个组成部分。到共和国前期,国家将审判权由高级官吏分散掌理中独立出来,交由专门设置的最高司法行政长官即最高裁判官执掌的时候,出现了"司法"这个概念,而且在罗马私法中同时也就包含了诉讼法。有关国家的司法活动,举凡一般原则、法院设置、案件管辖、诉讼程序、诉讼的种类和时效等,从此逐渐形成一套明确的规定,发展成为古代世界的一套先进的司法法律制度。

3. 古罗马经济:从农业经济到商品经济

古罗马的经济和发展阶段有密切的关系。在罗马共和国早期,罗马是以农业经济为主的国家。杨共乐在《试论罗马共和国早期的经济属性》(载《史学理论研究》,1998年第1期)一文中指出,罗马的地域面积扩大迅速,但经济生活的基础仍是农民经济,居民们仍然过着"日出而作,日落而息"的农耕生活。在这种生活方式中,家庭的全体成员都在田地里辛勤劳动,只有在特殊情况下才使用奴隶和豢养家中的食客,家庭经济和从事谷物生产是经济生活的主要面貌。在罗马早期,上至元老下至一般公民,全都勤勤恳恳地劳作于田间垄上。拥有适量土地是罗马早期公民的主要特征,社会的主要生产者并不是奴隶,而是公民自己。同时,手工业和贸易在公元前5世纪时极少。货币是社会发展到一定程度的产物,从罗马货币出现和缓慢发展中,可以看出早期共和时期贸易并不发达,说明罗马商品经济落后。

而随着国家的发展和对外扩张,罗马的商品经济也日益发展。吴于廑在《古代的希腊和罗马》(176—177页,北京:生活·读书·新知三联书店,2012)一书中指出,海陆交通的发达,促进帝国的区域贸易和对外贸易,二者都达到空前未有的繁荣。在这种情况下,各地的手工业和矿业也大为发展。在商业和手工业日趋繁荣的基础上,城市建设达到前所未有的水平。

刘津瑜在《罗马史研究入门》(198页,北京:北京大学出版社,2014)一书中指出,泰明在《罗马研究》等重要杂志上撰文论证罗马经济是市场经济的观点,强调市场的力量以及罗马经济中生产、流通和消费各个环节的复杂性,并探讨罗马人采取何种方式降低商业运作的风险和减少交易成本。由此可知,商品经济已经非常成熟。

4. 古罗马文化：外来文化的“罗马化”

关于古罗马的文化，英国学者科林伍德在《历史的观念》(何兆武等译，39页，北京：北京大学出版社，2010)一书中指出，罗马并不是一个朝气蓬勃的进步思想的时代，它简直没有做出什么来推进希腊人所已经开辟的各条道路上的知识。它曾有一个时期维持了斯多葛派和伊壁鸠鲁派的哲学但没有发展它们，只是在新柏拉图主义里它显示了某种哲学的独创性。在自然科学方面，它没有做出任何超过希腊化时代的成就。甚至在应用自然科学方面，它也是极端贫弱的。它采用了希腊化的筑城术、希腊化的火炮和部分是希腊化的、部分是凯尔特族的艺术和技术。在历史学方面，它的兴趣虽然保存着，但是没有生气。

斯塔夫里阿诺斯在《全球通史》(吴象婴等译，129—130页，北京：北京大学出版社，2006)一书中则持不同看法，他指出，罗马文化基本上源自希腊，尤其是在文学、艺术、和哲学诸领域。但是在工程和法律方面，罗马人因爱好实践，故做出了自己的重要贡献。比较典型的是，罗马人虽在理论科学上没什么建树，可在开挖沟渠、铺设下水道网、建造桥梁和公路方面是很出色的。同样，罗马的建筑物也和希腊的大不相同，主要是些世俗建筑物，如浴室、圆形剧场、运动场和凯旋门等。罗马的新型建筑材料——混凝土、砖和灰泥——使罗马人为大型建筑物修建宏伟的拱顶结构成为可能。也许罗马人在思想上的一个最重要的贡献是，他们的法律是基于理性而不是习俗。

罗马文化确实不如希腊文化具有开创性和独特性，但罗马文化也有自己的优点。刘津瑜在《罗马史研究入门》(187—188页，北京：北京大学出版社，2014)一书中引用了英国考古学家哈佛菲尔德的观点：有言道希腊教人为人，而罗马开化人类，这就是帝国的功业；而其采取的形式则是罗马化。正是通过“罗马化”，使得先进的文明得以在更广泛的范围内得以传播。

(三) 古罗马文明的地位：人类文明的“壮年时代”

古往今来，人们习惯拿古罗马文明与古希腊文明对比，认为古罗马文明的发达程度要逊于古希腊文明。但其实古罗马文明也有自己的民族特色，而且人们对其地位的认识不断提高。

姜守明等在《西方文化史》(56页，北京：科学出版社，2014)一书中指出，西方古典文化起源于希腊，而发扬光大于罗马，罗马史则是古代西方世界的最后一环。如果说希腊人是古典文化的原创者，他们在史诗、戏剧、哲学、艺术、体育等领域里创造了前所未有的辉煌的话，那么，罗马人则是希腊文化的忠实继承者，他们在政治、军事、法律、建筑等领域的贡献堪与他们的老师希腊人相媲美。如果说希腊人是哲学家、科学家、文学家、艺术家的话，那么，罗马人就是军事家、政治家、法学家和工程师。

兰奇光在《罗马文明历史地位的重新评价》(载《南通师范学院学报(哲学社会科学版)》，2003年第2期)一文中介绍了黑格尔在《历史哲学》中的观点，认为人类历史分为四个时期，即“幼年时期”“青年时代”“壮年时代”和“老年时代”，其中的“青年时代”和“壮年时代”即分别代表着希腊文明和罗马文明。兰奇光认为罗马文明比希腊文明更厚实和更成熟，在于制度文明和社会伦理文明在罗马文明中已经开始形成，并最终决定着日后西方文明发展的趋势。具体而言，罗马文明的价值意义主要体现在如下几个方面：第一，罗马共和政体为后世提供了最有价值的宪政形态。体现在罗马“混合政体”中的权力制衡原则成为日后西方政治发展的普遍原则，其意义和价值是不可估量的。第二，罗马法律制度奠定了西方法制文明的基础。西方文明的一个显著特征便是它的法制文明，而西方法制文明的渊源和基石便是由古代罗马人所创造的法律制度。第三，基督教文明奠定了西方文明发展的方向。基督教脱胎于希伯来文明中的犹太教，但在罗马帝国的传播过程中，它却受到了希腊和罗马文化的不断改造，最终完全脱离于犹太教的影响而形成为一种全新的宗教。而基督教文明的真正成功之处，又体现在它对西方民族和西方文化发展趋向的确立上。

三、古代帝国的区域性影响及文明的传播

（一）波斯帝国与东西方文明的传播

杨俊明在《古代帝国与东西方文明的交流传播》（载《南通大学学报·社会科学版》，2016年第1期）一文中指出，波斯帝国位于丝绸之路中段，它不仅包括了两河流域、尼罗河流域、印度河流域文明三大古老的东方文明，而且也接近希腊文明的边缘。波斯帝国从居鲁士立国开始，通过一系列对外扩张战争，成为了世界历史上第一个横跨欧、亚、非三大洲的大帝国，成为东西方文明交流的重要中介。波斯帝国是两河流域文明、尼罗河文明的继承者和发扬者。它不仅有自身发达的物质文明和精神文明，而且有统治庞大帝国的制度文明（政治制度、军事制度、经济制度、交通制度、宗教制度等）。从文明的交往和传播来看，波斯帝国既是西亚北非古代文明的终结，也是西方古典文明的先河。波斯帝国相继征服了巴比伦、埃及、色雷斯和小亚细亚希腊城邦等地，波斯人统治期间，希腊的、小亚细亚的和波斯的多种文化间实现了和平共处和相互适应，开始了希腊化的进程。随着帝国的扩张，特别是大流士在帝国建立前所未有的秩序与安全局面，调查波斯湾沿岸海况和印度洋的状况，开通地中海到红海的通道，这些措施除保障帝国统一以外，还在很大程度上促进了商业的繁荣和东西方文明的传播。公元前500年，大流士进而发动了震撼古代世界、对东西方文明产生直接影响的希波战争。正是这场战争，使希腊人对波斯人有了进一步的了解，从而揭开了希腊文明与东方文明实质性交流的新篇章。据史料记载，波斯帝国时期，有许多希腊人来到波斯，他们之中既有医生、学者、工匠，也有失意的政治家。希罗多德和许多古典作家都提到波斯历代国王喜用希腊医生为御医，如大流士的御医德摩克达就是一名希腊奴隶，因为替国王治好了脚伤而备受重用，成为国王的座上宾。希腊工匠在波斯秉承国王的意旨，采用希腊风格和东方审美观，创造出新的艺术风格。通过战争，东西方文明互相交流，深刻影响了东西方的历史发展进程。从此以后，世界文明发展的格局便逐渐形成了东西方并立共存之势，并一直延续至今。希腊的胜利为此后的西方文明奠定了坚实的基础。波斯虽败，但帝国仍在继续发展，它所继承的古代东方文明传统后来又经安息、萨珊波斯和伊斯兰文明而持续不断。这就使世界文明分为东西方的大格局，而它的最初分水岭则是希波战争。

（二）亚历山大帝国与东西方文明的传播

黄民兴在《文明对话：希腊化时期西亚北非历史的个案》（载《山西师大学报（社会科学版）》，2007年第6期）一文中指出，“希腊化”（Hellenism）一般指马其顿亚历山大征服后的北非、西亚、中亚和希腊世界，包括他去世后建立的三个王朝（塞琉古王朝、托勒密王朝和安提

罗帅在《贵霜帝国的贸易扩张及其三系国际贸易网络》(载《北京大学学报(哲学社会科学版)》,2016 年第 1 期)一文中指出,公元 1 世纪上半叶,贵霜帝国在中亚崛起,并逐渐囊括了中亚和印度北部的大部分土地,成为丝绸之路沿线的一支强大力量。贵霜帝国在政治和军事上崛起之后,在罗马—印度海上贸易的刺激下积极参与到国际贸易中,同西印度洋、东南亚以及帕米尔以东地区均保持着相当规模的长途贸易。西北印度与印度西北海岸之间的便捷商路通畅之后,贵霜商人可以顺利参与到前往西印度洋和东南亚的远洋贸易中。印度洋贸易的发展造成对东方货物特别是丝织品需求的增加,为了获取更多丝绸来源,贵霜帝国同塔里木盆地的贸易也必然扩大。贵霜商业活动的关键地区在西北印度至印度西北海岸一带,以婆卢羯车—犍陀罗一线为轴心,由此引出三条长途贸易路线:向西到达西印度洋和波斯湾的西洋航线,向南向东到达南中国海的南洋航线,以及向北到达中亚和中国的陆地路线。这张庞大的三系国际贸易网络一直维系到公元 4 世纪初,此后,在多种因素的作用下,贵霜人的国际贸易逐渐走向了衰落。

教学设计

设计一:从苏格拉底之死看雅典民主政治的困境

设计意图

雅典民主政治是历史上重要的文明成果,对世界历史的发展产生了深远的影响。在充分肯定它的价值的同时,也有很多人对其进行了深刻而广泛的反思。本设计以苏格拉底之死作为切入点,通过对苏格拉底生活的社会环境和苏格拉底受审情况的分析,引导学生认识苏格拉底之死背后所反映的大众与精英、民主与自由的矛盾。在评述雅典民主政治时,能够比较、分析不同来源、不同观点的史料,能够恰当地运用史料对问题进行论述。将苏格拉底之死放在整个文明发展历程中,引导学生体会苏格拉底为了民主的程序正义而舍弃个人的结果正义的伟大,进而珍惜来之不易的文明,增加社会责任感。

设计方案

一、千古悬案:感受苏格拉底之死

材料呈现:

材料一 我们的政体确可以称为民主政体,因为行政权不是掌握在少数人手里,而是掌握在多数人手中。当法律对所有的人都一视同仁、公正地调解人们的私人争端时,民主政体的优越性也就得到确认。一个公民只要有任何长处,他就会受到提拔,担任公职;这是作为对他优点的奖赏,跟特权是两码事。贫穷也不再是障碍物,任何人都可以有益于国家,不管他的境况有多黯淡。在社会生活中,我们不做排斥他人的事,所以在私人交往中,我们不会互相猜疑,也不会因邻人做了他喜欢做的事而生气。

——[古希腊]伯里克利在殉国将士葬礼上的演说词,载[美]斯塔夫里阿诺斯:《全

球通史》，吴象婴等译，107 页，北京：北京大学出版社，2006

教师讲述：虽然时代久远，但是在雅典领导人伯里克利慷慨激昂的演讲中，我们依然能感受到在雅典民主的环境中，国家对公民权利和地位的重视。生活在这个国度，人们可以尽情发挥自己的才能，并且得到相应的回报。人和人之间的关系也是信任的、宽容的、自由的。但就是在这么民主的国家，对一个人的审判却被后人不断议论乃至非议，成为一桩“千古悬案”——那就是对苏格拉底的审判。

材料呈现：

材料二　雅典审判苏格拉底的法庭是由 500 名来自社会各阶层民众的陪审员组成的。这类刑事审判一般投两次票，第一次是要表决是否有罪。他的狂妄自大态度两次引起全场人群哗然，以致第一次投票以 280 票对 220 票表决他有罪。按照雅典惯例，第二次量刑表决是在起诉方面和被告方面提出的两个建议中作一选择。但他原先一再反复提出的荒谬建议使得陪审团以 360 票比 140 票判他死刑。

——董乐山：《苏格拉底的审判》译序，载[美]斯东：《苏格拉底的审判》，9 页，北京：北京大学出版社，2015

问题设计：对苏格拉底的审判和处置是否民主？雅典民主制有什么弊端？

教师引导学生分析：在审判的过程中，民众通过投票的方式判处苏格拉底死刑，对苏格拉底的审判是符合民主程序的。但实际上，苏格拉底所做的仅仅是表达、教授和传播自己的思想，他的这些活动并没有触犯雅典法律。在一个实行民主制的国家，人们用非常民主的方式判处了一个无罪的人有罪，并且处以死刑。对照程序和结果这两个方面来看，雅典民主制确实存在着困境。

二、民主困境：分析苏格拉底之死

1. 大众与精英的矛盾

材料呈现：

材料三　人民统治的优点首先在于它的最美好的声名，那就是，在法律面前人人平等。其次，那样也便不会产生一个国王所易犯的任何错误。一切职位都由抽签决定，任职的人对他们任上所做的一切负责，而一切意见均交公民大会裁决。

——[古希腊]希罗多德：《历史》，王以铸译，231 页，北京：商务印书馆，1985

材料四　用抽签的办法来选举国家的领导人是非常愚蠢的，没有人愿意用豆子拈阄的办法来雇佣一个舵手、或建筑师、或吹笛子的人、或任何其他行业的人，而在这些事情上做错的话，其危害是要比在管理国务方面轻得多的。

——[古希腊]色诺芬：《回忆苏格拉底》，吴永泉译，8 页，北京：商务印书馆，1984

问题设计：在对雅典民主制的认识上，希罗多德和苏格拉底有什么不同？他们各自强调什么？

教师引导学生分析：对于雅典当时实施的民主制度，希罗多德认为它的优点就在于一切职位由人民抽签产生，人民可以充分行使属于自己的权利，这也是雅典人当时普遍的看法。苏格拉底则认为这种民主的方式是愚蠢的，国家领导人应该由有专业能力和素养的人来担任，不应该由民众盲目抽签产生。这两种具有代表性的观点，实际上强调的是两个不同的方面，一个是民众的意见，一个是精英的能力。苏格拉底之死本身，就是民众权力之于精英能力的胜利。这种民主，赋予了民众极大的权力，但是也让民众的愚蠢和盲目影响到了政治，而有素养和能力的精英又正是囿于这种民主制度，不能充分作用于政治。在这种情况下，民众和精英之间的矛盾不可调和。

2. 民主与自由的矛盾

材料呈现：

材料五　人们有时候倾向于认为，自由乃民主之本意，两者同属于一个事物，一种制度，民主制度理所当然包含自由在内。然而实际上，民主和自由是两个事物，而不是一个事物的两个方面。虽然民主制度最倾向于给予个人自由，提倡和保障个人自由，但自由并不是民主制所特有的。从历史上看，在其他不同形式的政治制度之下，甚至在特定时期的特定专制制度之下，自由也不同程度地得到容忍。反过来，并不是在所有推行民主制度的地方，人们便自然而然地享有自由。即使在西方所谓的自由民主制之下，在民主与自由之间也一直存在着一种张力，或者说紧张关系。

——黄洋：《古代与现代的民主政治》，载《史林》，2007 年第 3 期

问题设计：民主是一种体现人民权力的决策方式，自由是一种体现个人意志的行动方式。民主制最容易产生自由，但又并不一定会产生自由。那么，生活在实行民主制的雅典人们是否拥有自由？苏格拉底是否拥有自由？

材料呈现：

材料六　我越是爱上了希腊人，苏格拉底站在法官面前受审的景象越叫我痛心。作为一个民权自由派，我对此感到震惊。这动摇了我的杰斐逊式的对普通人的信念。这是雅典和它所象征的自由的黑色污点。在这样一个自由的社会里，怎么可能发生对苏格拉底的审判呢？雅典怎么会这么不忠实于自己呢？

——[美]斯东：《苏格拉底的审判》，董乐山译，16 页，北京：北京大学出版社，2015

材料七　苏格拉底所宣教的“智者统治，别人服从”极端蔑视民主和自治。在平时的情况下，宽容的民主制度可以允许这位哲学家在市场上大放厥词，甚至可以把他当做笑料，但是一旦雅典民主政体本身的存在受到威胁的时候，像公元前 411 年、前 404 年、前 401 年两次被独裁专政所推翻和一次有被推翻之虞的时候，雅典的民主派不免慌了手脚。

——董乐山：《苏格拉底的审判》译序，载[美]斯东：《苏格拉底的审判》，7 页，北京：北京大学出版社，2015

教师引导学生分析：除了民主，如伯里克利所标榜的一样，雅典也是一个以自由著称的国家。但是，当苏格拉底批评雅典民主制的言论自由和当时已经受到威胁的民主政体相抵触时，民主制度就不再能容忍苏格拉底的自由，而必须要扼杀自由，这是处死苏格拉底的重要原因。在一个以自由著称的城市，一群人用民主的方式处死了一个除了运用言论自由以外没有犯任何罪行的哲学家，这体现了民主和自由之间深刻的矛盾。

三、文明丰碑：仰望苏格拉底之死

材料呈现：

材料八　古典民主拘泥于“民主”一词的字面意义，实行的是单纯的、纯粹的民主（亦即

直接民主)，全体公民大会是不受制约的最高权力机关，少数异议分子(通常都是真正的社会精英)处于被排斥的地位，而现代民主则一般不诉诸全体公民意志的直接表达，强调包括与大众意愿相左的少数人在内的所有人都有权参政并争取自己合法权益，实行代议制度(亦即间接民主)、政党政治和分权制衡，总之这早已不是纯粹意义上的民主政体，而是一种力求在大众意愿和精英意愿之间维持某种平衡的“混合政体”；古典民主仅把“自由”定义为个人参与政治活动的自由，似乎人只应为公共政治而生活，个人在公共权力面前也没有任何自我保护的能力，现代民主则赋予个人的自由则广泛得多，个人既有权参与政治活动，也有权不受非议地放弃公共政治而从事一切私人的合法活动，而政府的主旨也正是保护这种个人自由权利不受任何势力侵犯。

——马克垚主编：《世界文明史(中册)》，110 页，北京：北京大学出版社，2004

问题设计： 材料八从哪些方面比较了古典民主和现代民主？现代民主和古典民主相比，有何进步？

教师引导学生分析： 材料从民主的决策方式、自由的内涵等方面比较了古典民主和现代民主的不同。现代民主在很大程度上解决了苏格拉底之死体现出来的大众与精英、民主与自由之间的矛盾，通过实行代议制度：政党政治和分权制衡，将代表大众意见的直接民主发展成了包含大众与精英在内的间接民主，在坚持民主制的同时又发展了个人的自由。而这些文明成就的取得，是经历了相当长的历史之后，无数人为此付出了艰辛努力的结果。

材料九 苏格拉底虽然认为通过程序达成的判决是不合理的和错误的，但是公民必须遵守法律，必须服从通过合法的程序所作出的判决。这深刻体现了公民的法律意识和遵守法律程序的意识对一个城邦或国家的重要性。

——王利明：《从苏格拉底之死谈程序正义》，载《当代贵州》，2015 年第 12 期

教师引导学生小结： 通过刚才的分析，可以看到苏格拉底之死淋漓尽致地展现了当时雅典民主的困境，即大众与精英、民主与自由之间的矛盾，现代民主制度的发展正是解决了苏格拉底之死反映出来的这种种矛盾。从文明发展的历程来看，苏格拉底之死这一事件显得极具预言性。苏格拉底的伟大就在于，他没有触犯任何法律，也知道对他的审判是不合理的，但他仍然愿意去遵守法律，去服从通过合法程序所作出的判决。他领受了死刑这一结果的非正义，去服从程序的正义。正因为有这样的“义士”，也才推动了整个民主制的发展和完善。因此，苏格拉底之死是一座文明的丰碑。

设计二：透过“法”眼看罗马体制的转变

设计意图

古罗马经历了由王制到共和制、再由共和制到帝制的转变。这一系列的转变对当时的罗马社会以及后世的政治文明都产生了深远的影响。本设计通过对各个时期罗马法进行分析，引导学生透过法律的变化认识其背后的政治制度的转变，理解法律与政治体制之间的双向互动关系。同时，通过对不同时期法律的解读，培养学生的时空观念，引导学生理解法律是一定时期政治、经济发展的产物，意识到法律对人类社会发展的重要价值。

设计方案

教师讲解：古罗马历史先后经历了王政时代、共和时代和帝国时代三个主要的时期。政体的变化有许多具体表现，其中之一就是不同时期的统治者会制定和实行不同的法律，来适应新体制的需要。所以政体和法律之间具有双向互动的关系，我们可以通过罗马法的发展变化来观察、分析罗马体制的转变。

一、王政时代：罗马法开始形成

材料呈现：

材料一　公元前8世纪到公元前6世纪，在罗马人由原始公社向阶级社会过渡的“王政时代”，罗马城邦的管理组织——民众大会、元老院和“王”管理罗马社会的主要依据是罗马古老的氏族习惯和社会通行的各种惯例。在“王政时代”的后期，随着阶级矛盾的尖锐，罗马第六代王塞尔维乌斯实行改革，废除了原来以血缘关系为基础的三个氏族部落，按地域原则把罗马城划分为四个区域，并按财产的多少将罗马人划分为五个等级，并确定了相应的权利义务。这场改革标志着罗马国家的形成和法的正式产生。

——谢冬慧：《罗马法的借鉴价值》，载《现代法学》，2005年第1期

问题设计：在罗马法正式诞生之前，罗马政府治理社会的主要依据是什么？罗马法是在什么背景下产生的？

教师指导学生思考：在罗马法正式产生之前，罗马还没有可以赖以治国的“法”，主要依据氏族习惯和社会通行的各种惯例，说明在王政时代的很长一段时间里，罗马还保留着浓厚的氏族残余。法律作为一种用来处理社会矛盾的工具，在王政时代后期成为一种必然的需要，说明当时的社会矛盾尖锐。当时造成矛盾尖锐的重要原因是经济发展，社会贫富差距扩大。在罗马法开始形成的同时，处理社会矛盾的国家机器也开始出现。罗马法和罗马国家的形成是同步的，我们可以透过罗马法的产生看到罗马从“王政”体制向“共和”体制的转变。

二、共和时代：《十二铜表法》的诞生

材料呈现：

材料二　共和国制度实质上仍然是贵族专政。平民虽然可以按照财产的多寡，参加不同等级的兵团会议，但在政治、社会、经济方面，地位仍与贵族相差悬远：平民不得当选为高级官吏，不能充当元老院议员，不能与贵族通婚，不能参与国家公有土地的分配，无权分享罗马国家征服的土地。平民斗争的方式主要是，利用北方高卢人和邻近的埃魁人等外族对罗马发动战争的机会，携带武器离开罗马，这就是所谓“撤离运动”。

《十二铜表法》的公布，则为第三次撤离运动前执政官和元老院用来缓和平民斗争形势的政治措施。公元前451年，他们被迫设置一个编订法典委员会，由贵族和平民各五人组成。相传委员们被派赴希腊考察法制，同年归国，制定法律十表，由民会决议通过，次年（公元前450年）又制定两表，作为前十表的补充，这就是著名的十二铜表法。

——陈朝璧：《罗马法的历史地位和借鉴作用》，载《厦门大学学报（哲学社会科学版）》，1979年第5期

问题设计：根据材料并结合所学知识分析，《十二铜表法》产生的背景是什么？《十二铜

表法》的制定反映了当时的体制有何特征？

教师指导学生思考：进入共和时代，平民虽然可以按照财产的多寡，参加不同等级的兵团会议，但地位仍与贵族相差悬远：平民不得当选为高级官吏，不能充当元老院议员，不能与贵族通婚，不能参与国家公有土地的分配，无权分享罗马国家征服的土地。在这种情况下，平民和贵族的矛盾更加尖锐，“撤离运动”是矛盾激化的突出表现，贵族不得不调整和平民之间的关系，这就是《十二铜表法》出现的背景。《十二铜表法》的编订法典委员会由贵族和平民各五人组成，很大程度上，使得法律的适用群体超越了贵族和平民的身份差异。也就是说，司法人员定罪量刑无须考虑对象而只根据条文，这实际上就限制了贵族的特权。由此可以看出，《十二铜表法》的制定一方面反映了当时共和制还有强烈的贵族专制色彩，一方面又体现了在贵族专制下，平民的权益也得到了相应的保障，平民的斗争在一定程度上冲击了贵族专制，使得罗马的共和制逐渐体现了平民色彩。

三、帝国时代：从公民法到万民法

材料呈现：

材料三　罗马社会在不断强大以后，开始对外扩张，罗马市民与外国人之间的商贸及其他交往不断加强。而随着交往的频繁，矛盾在所难免，在解决问题时所适用法律的矛盾同样十分尖锐，因古老的罗马公民法不能保护外国人的权利和利益，不能适应新的经济关系和社会生活发展的需要。基于此况，公元前 242 年罗马设置了最高外事裁判官，最高外事裁判官在处理案件过程中，根据所谓“公平”“正义”的原则，按照统治阶级的利益与要求，有针对性地调整新出现的种种社会关系，从而创立了一套与公民法不同，专门调整罗马人与外国人之间关系的万民法。

——谢冬慧：《罗马法的借鉴价值》，载《现代法学》，2005 年第 1 期

问题设计：万民法的制定反映了罗马政治发生了怎样的变化？

教师指导学生思考：反映了罗马在扩张中出现的社会问题，一是由贸易增加带来的经济纠纷，二是民族融合带来的民族矛盾。在这种情况下，原来的公民法就不再能适应新的时代需求，万民法应运而生。共和体制为罗马扩张提供了制度保证，但是在扩张的过程中，罗马又开始走向了帝国，共和政体开始动摇，万民法的出现正好体现了从共和国到帝国的转变。

材料呈现：

材料四　从 3 世纪起，由于罗马奴隶制社会陷入危机，统治阶级迫切要求将反映本阶级意志的现行法律固定下来，借以维持和巩固其统治地位，因而着手进行法律汇编工作。

——马世力：《世界史纲》上册，228 页，上海：上海人民出版社，1999

材料五　皇帝自己可以制定法律；这就是说，法律再也不必在公民大会上制订。“君主所悦者即具法律效力”，这是帝国拥护者中意的箴言。

——［美］罗伊·T. 马修斯等：《人文通识课 I：古典时代》，卢明华等译，218 页，北京：世界图书出版公司，2013

问题设计：根据材料四、五，可以看出罗马法发生了什么变化？反映了政治发展的什么变化？

教师指导学生思考：罗马法之所以取得长足的发展，很重要的一个原因是拥有民众法

着两种含义，一种是理论的智慧，另一种是实践的智慧。理论的智慧涉及知识，而实践的智慧则涉及技术。当然，这里所谓的“技术”是广义的，包括人生的技术、政治的技术，也包括与人相处的技术和工匠的技术。但是必须注意到，智慧绝非一般意义上的知识和技术，而是最高层次的，既不能归结为知识，也不能归结为技术，而是智慧本身，它才是最高层次的。所以，在古希腊的早期时代，哲人和智者都是受到人们敬仰的，有智慧的人才能被称为“智者”。但是，此后味道就慢慢产生了变化。起初，智者学派使智慧达到顶峰，他们自称为“智者”，在他们那里，“智慧”是一个最高的概念；但是接下来这个称呼却为“爱智慧”所取代，人们认为，真正的哲人是爱智慧者而非智慧者。毕达哥拉斯最早提出了“爱智慧”这一概念，到苏格拉底和柏拉图时代这一概念才得以正式地确立下来。在苏格拉底那里，“智者”成为一个带有讽刺意味的概念。我们看苏格拉底的对话集，他总是找那些有智慧的人谈话，但是他却发现这些人其实并没有智慧。苏格拉底自称没有什么智慧，不过是“自知其无知”。知道自己的无知，这表明苏格拉底是一个“爱智慧者”，而不是一个“智者”，真正的智慧是属于神的。所以，从苏格拉底之后，“智者”这个词就成了一个贬义词，它被用来指代那些诡辩者和油嘴滑舌的人。真正有智慧的人则被称为“爱智者”。

——邓晓芒：《古希腊罗马哲学讲演录(一)》，载《西南政法大学学报》，2007 年第 1 期

资源 5：柏拉图为民主制度画漫画

柏拉图把世界划分为理念世界和现象世界，认为仅有理念世界是真实的存在，是完美的；现实存在的各种物质，不过是对理念的模仿，因此都是不完善的。基于这一理论，现实存在的各种政体当然也都不完美。而民主政治又是其中非常恶劣的一种，它的首要的特点是自由，从而产生最为多样的人物性格，由性格确定多种多样的制度。因此，在这样的城邦中产生的是无政府状态，“那些判了刑的罪犯……那些被判了死罪的或要流放国外的，竟好像没事人一样，照旧在人民中间来来往往，也竟好像来去无踪的精灵似的没人注意他们”。其次，民主制讲究宽容，不过这里的宽容并非褒义，因为它意味着民主制度“是一种使人乐意的无政府状态的花哨的管理形式。在这种制度下不加区别地把一种平等给予一切人，不管他们是不是平等者。”这样的制度教育出来的人也不正常，“今天是饮酒、女人、歌唱，明天又喝清水，进严格规定的饮食；第一天是剧烈的体育锻炼，第二天又是游手好闲，懒惰玩忽；然后一段时间里，又研究起哲学……他的生活没有秩序，没有节制”。

这样一种制度所产生的结果是可怕的，“父亲尽量使自己像孩子，甚至怕自己的儿子，而儿子也跟父亲平起平坐，既不敬也不怕自己的双亲，似乎这样一来他才算自由人。此外，外来的依附者也认为自己和本国公民平等，公民也自认和依附者平等，外国人和本国人彼此也没有什么区别。”“教师害怕学生，迎合学生，学生反而漠视教师和保育员。普遍地年轻人充老资格，分庭抗礼，侃侃而谈，而老一辈的则顺着年轻人，说说笑笑，态度谦和，像年轻人一样行事。”“买来的男女奴隶与出钱买他们的主人同样自由，更不用说男人与女人之间有完全平等和自由了。”更可怕的是，“连人们蓄养的动物在这种城邦里也比在其他城邦里自由不知多少倍。狗也完全像谚语所说的‘变得像其女主人一样’了，同样，驴马也惯于十分自由地在大街上到处撞人”。“所有这一切总起来使得这里的公民灵魂变得非常敏感，只要有谁建议要稍加约束，他们就会觉得受不了，就要大发雷霆。到最后像所知道的，他们真的不要任何人

管了，连法律也不放在心上”。

应当指出，柏拉图的某些论点，确实和当时有产阶级对雅典民主的抱怨相像。可是，它所列举的一些特征，如完全抛弃社会准则和法律的无政策状态，又绝对为当时的雅典所无，因此，柏拉图对民主制的批评，更多的是对民主制度的漫画化以及与理想国的制度对比所产生的结果。

——晏绍祥：《从理想到暴政——古典时代希腊人的雅典民主观》，载《华东师范大学学报(哲学社会科学版)》，2003 年第 11 期

资源 6：雅典陶片放逐法考辨

雅典民主政治诞生于推翻僭主后的斗争之中，因迭遭斯巴达干涉，民众走上前台，成功支持克里斯提尼进行改革，确立了雅典民主政治的基本原则——平等。以平等为基础的民主政治，与刚刚垮台的僭主政治恰处在对立的两极。所以，就在克里斯提尼改革之中或稍后不久，雅典人悄悄地改造了他们最近的历史，把阿利斯托格同哈摩尔狄乌斯树立为刺杀僭主、为雅典争取平等和民主的斗士，而克里斯提尼贿赂德尔菲神谕、促使斯巴达出兵推翻僭主的历史事实，则被有意地弱化甚至“遗忘”，以至于修昔底德需要在《伯罗奔尼撒战争史》中特意拿出篇幅，指出那场刺杀不过是爱情事件，与政治无关。然而，雅典人并非修昔底德，新生的民主政治标榜平等和自由，把自己与僭主政治下被奴役的状态对立起来。当僭主引导的波斯人在马拉松被击败后，民主政治与僭主政治处在对立两极的观念，因抵抗外来入侵的需要得到进一步强化，形成民主政治与僭主政治相互对立的主流意识形态。在战后不久上演的埃斯库罗斯的悲剧《波斯人》和《祈援女》中，希腊人的自由与波斯人的被奴役，专制君主制与民主政治的对立，已经成为最重要的主题。类似的主题，在希罗多德的《历史》和索福克勒斯以及欧里庇得斯的悲剧中，仍然在延续，只是侧重点略有变化。希罗多德强调雅典的强大与平等之间的关系；索福克勒斯的《安提戈涅》更注意僭主统治对城邦法律秩序的威胁；欧里庇得斯的《请愿的妇女》借提修斯之口，宣布民主政治带来国家繁荣，君主政治则会造成国家人丁凋零；公元前 415 年，雅典的渎神案件调查犹如猎巫，盖因雅典人认为，针对神灵的犯罪，“是想建立寡头政治或僭主政治的阴谋的一部分”。或许正是这样的意识形态，让公元前 5 世纪后期的雅典人把陶片放逐法反僭主的作用与保护民主政治等同起来，并把反对僭主的行动与人民主权等同起来。在雅典人那里，陶片放逐法也成为民主政治的重要标志，并因此遭遇柏拉图等人的批评。

——晏绍祥：《雅典陶片放逐法考辨》，载《世界历史》，2017 年第 1 期

资源 7：古希腊人民主的实践与法治的理念

据古典学者考证确认，古希腊语的“民主”一词，最早出现于公元前 5 世纪中叶。民主观念的源头，可以追溯到原始社会氏族部落民主、平等的习俗。古希腊城邦数百上千，习俗各异，政体多样，真正实行民主制的国家(如雅典)，只是其中的极少数。雅典国家从原始君主制、贵族制到民主制的转变，乃是平民长期不懈斗争等国内外一系列因素共同作用的结果。对雅典民主制历史地位和作用的评价，也必须分阶段做具体分析，不可一概而论。公元前 6 世纪初以后，雅典多位富有远见的政治家相继立法和改革，核心内容是废除债务奴隶制，调

和公民集体内部诸派之间的矛盾，强化其内在凝聚力，推动其向外扩张。公元前5世纪后期，在压迫、剥削和奴役异邦人的基础上，雅典变得富足和强大；而民主制的施行是雅典统治者强化对广大属邦统治的主要举措，雅典人与广大属民矛盾的深化也是其在伯罗奔尼撒战争中最终失利的重要原因。公元前403年以后的雅典民主是在其无力实施大举扩张的条件下，城邦当政者基于历史传统和现实需要而作出的明智选择。

希腊及地中海世界国家多样化的政体为政治思想家们探讨理想的国家治理模式提供了丰富的素材。古典时代晚期的思想家们结合自身的政治实践，观察地中海周边世界的风云变幻，提出了较为系统的法治思想，即认为统治权力是政治的核心问题；绝对的专制和极端的自由，都非理想状态；不论什么样的统治者，都必须受法律约束，只有法律的权力高于统治者的权力时，邦国的治理才能走上正确的轨道；城邦中的赤贫和富豪易走极端，中产阶级行于中庸，顺从理性，兼顾双方利益，实现权利分配相对平衡，从而保持政治稳定。

古希腊人的民主和法治是传承与创新相结合的成果。在说印欧语的希腊人到来之前至少数千年，主要由海路移居于此的皮拉斯基人生活在那里，沿袭着自己的传统风俗。在国家形成和成文法确立之前，人和人之间、个人和社会共同体之间的关系，主要有赖于习惯法加以调节，因而"法"起到维系社会组织的纽带作用，享有社会成员公认的权威地位。但法并非一成不变，而是可以补充和修订的。希腊早期的立法者如来库古、梭伦等，在创新的同时兼顾习惯法；直到古典时代，成文法与习惯法在观念上和执行中都不是截然分开的。事实上，雅典人"主权在民""轮番为治"等理念，其源头都可以追溯到氏族部落的民主习惯。直到古典时代晚期，不少政治家仍向往祖宗旧制，希冀从中汲取有益成分，医治现实社会的种种弊病。

——徐松岩：《古希腊文明的形成及其特征》，载《光明日报》，2017-12-4

资源8：罗马法的历史性与现实性

罗马法是历史的，又是现实的。说它是现实的，因为它至今是西方现代的法律中一个因素，并在其过去就对未来的社会已有了经典性的概括，蕴含了"现实"；说它是历史的是因为今天的西欧大陆法律源于古希腊罗马并经中世纪发展而来。罗马法横跨了巨大的时空，它满足了它赖以产生的简单商品社会，并满足了在高度发展的社会生活所需的法律价值、精神、原则。罗马法成为"世界性"的法律还得益于自然法和自然理性。罗马人正是基于这种观念：自然与社会都存在秩序，进而秩序与法是社会自身内在的，从而人对法的观念便是一种和谐的自我意识的自律，人同此心，心同此理，这正是罗马人所凭借的自然法的至上性与价值审视性，从而蕴含了人与人的平等观念及法治观念，从而建立统一普遍超民族的法律，并为西欧大陆提供了法律统一的理论与观念。法学家的独立品格及法学教育对罗马法发展也至关重要。中世纪西欧罗马法的不断研究与传播，促成了罗马法被广泛继受。罗马法是商品经济的产物，同时以自然理性去发现人类所需法律的一般价值与精神，而罗马法所体现的平等、契约自由、私权神圣、权利本位、尚法治等一系列法的价值迎合了它自身的社会，同时也符合后来一直发展着的商品经济社会所需的相应的法律价值。这便是后人不断研讨罗马法的价值所在，也是罗马法的历史与现实得以联系的所在。

——苏彦新：《罗马法在中世纪西欧大陆的影响》，载《环球法律评论》，1997年第4期

资源9：罗马人政治生涯的顶峰

一个罗马人政治生涯的顶峰就是在首都的街道上为其举行的凯旋式，这是一名军事指挥官唯一可以合法率军进入罗马城的时候。公元71年6月，皇帝维斯帕西亚努斯与其子提图斯庆祝了他们对犹太人反叛的残酷镇压。之前，在公元70年夏末，提图斯围困并攻占了耶路撒冷，希律王建造的宏伟圣殿被摧毁，其内殿圣所——至圣所——被劫掠。圣器、黄金祭台、精美的七支烛台、银制喇叭以及律法书卷被带回罗马，在凯旋式上展示。10年之后，即公元81年，通过在通往市政广场的东部入口处建造献给提图斯(它在当年早些时候去世)的凯旋门，这一欢庆征服犹太民族的历史瞬间得到了永恒的纪念。这个凯旋门是帝国统治的恒久象征，上面的雕像则让人们永远不要忘记那些反叛罗马统治者的下场。所有经过这里的人都会想起这次胜利，在这一瞬间他们也身处于一个征服性帝国的最核心：一侧是耶路撒冷圣殿里的宝藏，另一侧则是提图斯本人，他乘着战车，周围是拥戴他的士兵和护卫他的"荣誉""勇气"和"胜利"的化身。

——[英]克里斯托弗·凯利：《罗马帝国简史》，黄洋译，19—20页，北京：外语教学与研究出版社，2015

资源10：地理环境对东西方建国道路的影响

虽说"地理环境决定论"早已受到批判，但不可否认的是，人类是在具体的自然环境中繁衍生息的，任何一种生存发展方式和社会制度都是人们在特定客观环境下"合理选择"的结果，因此，人类历史的发展不可避免地要受到自然环境因素的影响和制约，而且越往历史的深处追溯，生产力发展水平就越低，自然环境对人类历史进程的影响和制约就越显重要。早在18世纪前期，法国思想家孟德斯鸠就认识到地理条件对社会发展具有重大意义，德国哲学家黑格尔更是非常重视"历史的地理基础"。俄国理论家普列汉诺夫在其阐述历史唯物主义的著作中，也令人信服地论证了地理环境对原始社会生产力发展的作用。因此，我们不能简单地否认和回避地理环境对社会生活所可能产生的影响，而应通过深入分析尽量作出恰当的评价。循此思路，不难发现，希腊半岛和罗马所在的意大利中部都是峰峦起伏的山区，在山峦之间，散布着无数孤立的小型盆地式平原，希腊罗马的先民们就生活在这些半自然封闭状态的盆地中，他们要想向外发展，征服其他部族，必须翻山越岭，行军作战都十分困难，因此，通过和平交往、彼此联合以求生存发展便成为各个原始部族的共同需求和现实选择。而东方各国全部发源于大河流域，广阔平坦的开放型冲积平原可以任凭千军万马驰骋，这为对外扩张战争提供了便利条件。在生产力极度低下的时代，人们为了保全和发展自我，很容易利用便于征伐的环境条件，走上诉诸部族征战以掠夺土地财富的道路，因为在野蛮时代的人们看来，"进行掠夺是比进行创造的劳动更容易甚至更荣誉的事情。"

——程汉大：《古希腊罗马为何成为宪政发源地》，载《甘肃社会科学》，2007年第5期

第三单元

中古世界的多元面貌

学术引领

一、中古西欧文明

（一）起源

在世界史的概念里，中古史也可以称为中世纪史。殷文在《比昂多及其史学》（载《史学月刊》，1989年第2期）一文中指出，“中世纪”一词是15世纪后期意大利人文主义者比昂多在《罗马衰亡以来的千年史》一书中最早提出来的。比昂多认为西欧的古代史已经随着公元476年西罗马帝国的灭亡而宣告结束，在那以后开始了另一个历史时期——中世纪，即在古典文化与文艺复兴这两个文化高峰之间的一段历史时期。他按照精神文化发展的水平，把欧洲划分为“古代”“中世纪”“近代”。17世纪末，德国史学家凯列尔把人类的全部历史划分为古代、中世纪、近代三个时期。到18世纪，“中世纪”一词被欧洲历史学家普遍采用。目前史学界习惯将“中世纪”特指欧洲中古史。

在许多人的印象中，中世纪就是“黑暗时代”，对此，美国学者本内特等在《欧洲中世纪史》（杨宁等译，1—2页，上海：上海社会科学院出版社，2007）一书中则指出，对许多人来说，中世纪就是“黑暗时代”，是楔入古罗马和文艺复兴之间的一个巨大错误，由于种种原因，对中世纪的这种不公道的观点持续了整整500年。无论如何，中世纪都不是一个沉睡的、可怕的时代，而是一个充满变化的时代。公元600年的欧洲和公元1100年或1400年的欧洲有着截然不同的景象。中世纪早期（约500—1000）指成形时期。这段时期动荡不安，变化不断，从西罗马帝国的分崩离析延续到较为稳定、自信的西欧文明的出现。中世纪中期（约1000—1300），人口逐渐增长，财富得以汇聚，城市得以发展，教育得以振兴，疆域也在扩张。在这几个世纪里，我们也看到了宗教改革、学术的进步，以及——非常不幸地——对少数民族的迫害。中世纪晚期（约1300—1500）则见证了可怕的灾难以及社会形态的变化。在1300至1350年间，欧洲惨遭饥荒和瘟疫的肆虐，然而在1500年时，欧洲的生产技术、政治结构和经济组织的发达却使之与世界上的其他文明相比具有绝对优势。

中古西欧文明中“西欧”这一概念，绝非简单的地缘意义上的概念。侯建新在《交融与创生：西欧文明的三个来源》（载《世界历史》，2011年第4期）一文中认为，“西欧”概念是地缘与人文意义上的结合，既有西欧，也有中欧和一部分北欧和南欧。马克垚在《世界文明史(上)》(372 页，北京：北京大学出版社，2016)一书中指出，西方中古文明不是一个地区概念，而是一个文化概念，新的欧洲文明因其带有显著的宗教特色而被称为基督教文明。

关于中古西欧文明的起源，马克垚在《世界文明史(上)》(374 页，北京：北京大学出版社，2016)一书中指出，构建中古西方文明的第一种元素是古典的希腊文化，尽管希腊人对于精神和肉体的问题极其敏感，但希腊人所崇尚的主要还是个性和理想主义。第二种是罗马文化，罗马文化是剑的文化，它强调理性、功利和实用，因此制度和法律在罗马帝国时表现得很充分。第三种是基督教，它融古代的伦理与教理于一身，逐步发展成为一种超个人、超家庭甚至超越国家的普遍精神纽带，并且期望通过传教把强调个性的希腊文化，强调国家、军团和法律的罗马文化和强调血缘、家庭的日耳曼文化结合起来，形成基督教文明的时代特征。第四种是日耳曼文化，它的野蛮、地方主义和强调血缘的传统，对中古欧洲封建制度的形成起到了非常关键的作用。

侯建新在《交融与创生：西欧文明的三个来源》(载《世界历史》，2011 年第 4 期)一文中也指出，西欧文明是次生与混合的文明，其来源似应为三因素，即古代日耳曼传统、古典文明和基督教。日耳曼人的马尔克村社制度是西欧文明的胚胎；古典文明尤其是罗马法则提供了成熟的法律参照体系，促使中世纪权利概念逐渐形成并进入公法领域，成为法治社会的广泛基础；基督教的政治哲学及政治斗争，结束了神圣王权时代，建构起西欧社会的上层框架。上述三要素均来自不同的区域文明，显然，西欧文明并非单一的和封闭的，而是若干不同文明要素的混合体。与世界大多数文明的形成一样，西欧文明的创生过程是不同文明的融合和嬗变过程。

(二) 特征

1. 多元的社会结构

中古西欧的社会结构具有政治、经济和文化的多元性特征。钱双逢等在《西欧封建社会的多元结构及其开放性》(载《南昌大学学报(人文社会科学版)》，2011 年第 2 期)一文中，从社会形态跳跃转型的角度，运用社会系统论的哲学方法，指出西欧封建社会结构的多元性表现，包括政治上，天主教会、封建领主与自治城市鼎立；经济上，农奴经济、小农经济与商品经济并存；文化上，天主教神学、日耳曼文化、希腊罗马文化、民族国家文化以及人文精神共处。

马渭源在《马克斯·韦伯与中西传统社会结构对比研究》(载《南京社会科学》，2004 年第 4 期)一文中指出，马克斯·韦伯强调西欧中世纪存在着社会与政治权威的多元化，这种多元化尤其表现在三个方面：一是与世俗王权相对独立的教权，二是分封制下的等级制度，三是自主的商业城市及市民。

张巨斌在《中古西欧多元社会结构的核心特征》(载《甘肃社会科学》，2011 年第 3 期)一文中则指出，中古西欧多元社会结构主要表现在二元权力体系、多元权力主体和多元法律体系等方面。中古西欧，以教皇为代表的教权体系与以国王为代表的王权体系同时存在于一个社会内部并发挥作用，它们之间既有对抗与制约，也存在合作与利用。正是教会权力对国王权力的制约与抗衡，使中古西欧的神性与俗性并驾齐驱、共同发展，从而形成了政教分离的二元体制。中古西欧在这种二元权力体系下存在着多元的权力主体，主要是教会、国王、地方贵族和中产阶级。中古西欧的多元社会结构还表现在多元的法律体系上，其特征在于同一社会内部各种司法管辖权和各种法律体系的共存与相互制衡。主要的法律体系有教会法、封建法、普通法（王室法）、城市法、庄园法和商法等。

中古西欧社会结构的多元性还表现在其组成成分的多样化。美国学者斯塔夫里阿诺斯在《全球通史：从史前史到 21 世纪（上册）》（吴象婴等译，277 页，北京：北京大学出版社，2012）一书中指出，当时西方新的多元化社会的组成部分有以下这些：一个不受皇帝支配的独立的教会；代替皇权的封建君主和封建领主；代替罗马时期奴隶种植园、分别开垦荒地的自治的采邑；以城市为根据地，在反对贵族、高级教士、最终是君主的过程中有效地行事的新兴的商人阶层。

马克垚在《世界文明史（上）》（375 页，北京：北京大学出版社，2016）一书中则指出，这个时期出现了三个社会集团。第一个是带有军事性质的领主附庸集团，它是在日耳曼人的家族血缘制度、亲兵制度和罗马的军事体制中逐渐产生出来的，与同样带有军事色彩的领主、农奴制度相结合，形成一种特殊的贵族等级制度，进而形成了政治军事封建主义框架；第二个是从日耳曼人的部落习俗中发展而来的集团，它提倡合作、选举和家族自治，这使后来欧洲不少的城镇和农村获得独立；第三个是教会，它开始拥有精神方面的领导权，掌管世俗世界的伦理和信仰。

西欧多元社会结构的核心是围绕主体权利而形成的二元社会主体间的一种对立、抗衡、合作、利用的契约关系。张巨斌在《中古西欧多元社会结构的核心特征》（载《甘肃社会科学》，2011 年第 3 期）一文中进一步指出，尽管西欧中古社会存在着多元的社会主体，各社会主体也都有相应的权利，但在社会活动中，主要是二元社会主体之间存在着既紧张对立又合作利用的关系，当二元社会主体间产生矛盾和冲突时，双方主要从保护自己利益的角度而非取代或推翻对方的角度出发，采取谈判、法庭斗争、货币赎买，甚至是战争和战争威胁等手段，使彼此达成一种妥协，建立一种新的权利义务关系。

2. 封君封臣封土的体制

(1) 封君封臣制

在西欧封建制下，封君与封臣是一种契约关系，它是通过一种仪式性的缔结方式建立的。法国学者马克·布洛赫在《封建社会（上卷）》（张绪山译，250—252 页，北京：商务印书馆，2004）一书中记述了这种被称为“臣服礼”的仪式。他指出，两个人对面而立，其中一方愿意为人效劳，另一方则愿意或渴望接受他人的效劳；前者合掌于另一人双手中——这便是服从的简单象征。这种服从的意义有时进一步由一种跪拜姿势加以强化。同时，先伸出双手的人讲几句话即一个非常简短的宣言，承认自己是面对着他的这个人的“人”。然后主仆双方以唇相吻，表示双方的和谐和友谊。这些非常简单的姿势，在极敏感于直观事物的头脑中颇能留下印象，所以有助于强化封建时代人所共知的一种最强大的社会关系。正是臣服礼中的行为才使附庸关系中的依附和保护的双重关系真正建立起来。

建立在契约基础之上的封建权力并不完全是专断的。马渭源在《马克斯·韦伯与中西传统社会结构对比研究》（载《南京社会科学》，2004 年第 4 期）一文中指出，马克斯·韦伯认为封建制下的权力是建立在某种契约基础之上的，而不完全是专断的。西欧封建制下封臣的服从具有双重性：封臣的服从除了对领主个人化的服从外，他还必须服从“一种有关责任与荣誉的相当严格的法典”。由于封臣与领主之间关系具有契约特征，在领主随意扩大权限和义务时，封臣可以在任何时候放弃产邑，从而中止其封臣身份，故而领主不能专断地强加于封臣某种义务。领主与封臣的特定权限只能基于关于效忠与服从的契约义务，这种义务是由一种对双方均有约束力的荣誉法典所规定的。

关于双方的权利与义务，朱寰、马克垚在《世界史·古代史编(下卷)》(211—212 页，北京：高等教育出版社，1994)一书中指出，封臣对封君承担许多义务。11 世纪的封建法学家把这些义务归为三项：其一是“效忠”。从消极方面讲，封臣不能做危害封君的事，但封臣还须明确认识到他对封君“仅仅不作恶是不够的，还须行善”，即积极地帮助他。其二是“帮助”。这是封臣最主要的也是最重要的义务，包括为封君服军役、向他提供协助金和物资。封臣应自带武器装备，并率领自己手下的封臣去为封君服军役。后来，设立封臣交钱以代替服军役的制度即“盾牌钱”制度。其三是“劝告”。封臣有义务出席封君召集的会议，提出意见来帮助封君，这种会议兼具封君法庭和封建主议事会的性质，审理的案件主要是封臣之间或封臣与封君之间发生的纠纷。封君对封臣也有义务，主要是“保护”和“维持”封臣，不得伤害后者的荣誉、财产和生命。封臣若受到他人攻打，封君有义务不惜以武力保护；“维持”就是封君要提供条件保证封臣能承担军役，或是直接供给封臣及其家庭以衣食，或是给他一块封土。

马克垚在《西欧封建经济形态研究》(105—106 页，北京：人民出版社，2001)一书中指出，君臣间相互有义务，但这种君臣关系并不是平等的。因为封臣的义务是具体的，有详细规定的，而封君的义务却没有明确规定，所以发展的结果往往是封臣得到的比付出的少。封君和封臣的关系和封土封授相结合，随着封土成为世袭领地，君臣关系也就世代相传。但是，封君封臣关系是私法关系，不具备行政系统那样上下级之间的统治与服从关系，因此封君对封臣的封臣是没有关系的，因而 14 世纪法国的原则即是“我的封臣的封臣，不是我的封臣”。

(2) 封土制

在西欧封建制下封土制和封君封臣制相辅相成、互为表里，也有着鲜明的特征。朱寰、马克垚在《世界史·古代史编(下卷)》(212 页，北京：高等教育出版社，1994)一书中指出，中古西欧的封土制具有等级性及条件性两大特点，土地层层封授。张竹云在《汉代田庄与西欧庄园比较研究》(载《史学集刊》，2002 年第 2 期)一文中也指出，西欧封土的占有是有条件和期限的，条件一般是为封君尽服兵役的义务，占有期限一般为终身，当封臣不尽义务时，封君可以随时收回封地。经过较长历史时期的演变，封土才变成世袭占有，所以封土对于封臣乃至封君来说，其土地私有权都是不完全的，封臣不能随便转让封土，封君收回封土也十分困难。又经过了几个世纪的发展，在商品货币关系冲击之下，到 12 世纪才产生了封土出售、转让的事例，以后越来越频繁，但其手续也十分复杂。

随着社会不断发展，封土制逐渐走向崩溃。朱寰、马克垚在《世界史·古代史编(下卷)》(334—335 页，北京：高等教育出版社，1994)一书中指出，西欧封臣制和封土制在 14 世纪只剩下空洞的形式，实际内容多半丧失。封建主对自己的直接封土的权力原本受到封君封臣之间权利义务关系的种种限制。然而地产的继承、分割、转让、买卖是不以人的意志为转移的经济现象，不可能完全按照封君封臣制度的要求进行。封建主在逐渐发达的商品经济关系冲击下也越来越要求巩固和扩大他们处分直接封土的权力。封君对封土的各种权利都逐渐废弛，整个封土制趋向解体。封臣的军役义务先是普遍地以纳“盾牌钱”代替，后来这笔钱因货币贬值、物价上涨变得微不足道，交纳的义务在岁月流逝、地产易手中亦渐取消。

虽然封土制最终走向崩溃，但其对欧洲文明的发展还是起到了一定的促进作用。陈乐民等在《欧洲文明的进程》(48 页，北京：生活·读书·新知三联书店，2003)一书中论述了封土制的历史作用，他指出，虽然封土制会导致分割和封闭，但明确的责任原则束缚了人，也稳定了社会关系。每个地方社区都有自给自足的经济，被割裂的社区之间很少交往，社会进入一种安睡中的养息。在分裂和休眠状态中的生长和变化是不容易被外人察觉到的，但对于欧洲是必要的。它孕育了民主与自治的精神，产生了权利和义务的规范，这些都是后来欧洲文明中的精髓。

3. 相对独立的庄园

“庄园”一词源于拉丁语系中的“cour”。美国学者布莱恩·蒂尔尼等在《西欧中世纪史》(袁传伟译，177—179 页，北京：北京大学出版社，2011)一书中指出，一个领主单独管辖的、特别区域的农业种植园叫作庄园(manor)。有时乡村和庄园是相当一致的，也就是说，一个农民的村落形成一个领主特有的庄园。但是，有时一个庄园包括两个或两个以上的乡村，而有时一个大乡村可分为两个或两个以上的庄园。

美国学者汤普逊在《中世纪经济社会史(下册)》(耿淡如译，373 页，北京：商务印书馆，1997)一书中指出，一个典型的庄园实际上包括有七种不同类型的土地：(1)领主的自留地，那是严格地属于领主自己的，部分由自留地上的特种农奴，部分由农村的农奴来耕种；后者的服役是强制的；(2)领主的“围地”，那是自留地的一部分，租给贱农或租户农民的；(3)庄园农奴的租地，即散布在耕地的三种地区上的分条“码地”；(4)干草地；(5)森林地；(6)荒地；(7)教区教士的领地，即有时称为“上帝部分的土地”，由农民代替教士来耕种。

(1) 自给自足的自然经济

自给自足是中古西欧庄园经济的显著特征。马克垚在《西欧封建经济形态研究》(159 页，北京：人民出版社，2001)一书中指出，庄园自营程度很高，生产的一应环节管家均须照顾，直到为国王准备好所要消费的一切，所以庄园经营内容是很复杂的。但是，庄园经营的目的十分明确，它只是为了满足封建主消费所需，《庄园敕令》第 30 条规定管家应把庄园上的产品分为二类，一类供应国王日常需要，一类供应战争需要。这种庄园经济带有很大的自然经济性质。敕令中提到要制备油脂、火腿、咸肉、醋、酒、干酪、蜜糖、面粉、咸鱼等，还指示要宰杀牛、羊，熬炼脂肪，预备足够数量的肥鹅、肥鸡，准备各色蔬菜，甚至连榨酒时应使用榨酒器而不得使用脚踩的办法也注意到了。

汤普逊在《中世纪经济社会史(下册)》(耿淡如译，380 页，北京：商务印书馆，1997)一书中指出，庄园的自给自足状态，在封建的盛世，是一个真实的情况，虽然它从来未曾达到过完备的程度，因为特别是盐、铁和磨石须从外面运入的。大庄园雇佣“交易人”来购买外面的商品并出售庄园的剩余品这项意见，是站不住脚的。每个庄园主要必需品，是由自己生产，自己制造的。除了在饥荒时期之外，很少有小麦及其他谷物的地方性市场；至于葡萄酒、啤酒、羊毛、麻布、皮革、毛皮等等的地方性市场，也是很少的。这些东西是在庄园上制造的，也是在庄园上消费的。

（2）相对独立的政治集团

在中古西欧的庄园里，以领主为中心，形成了相对独立的政治集团。领主在自己的庄园里，行使着某种程度的统治权。布莱恩·蒂尔尼等在《西欧中世纪史》（袁传伟译，179—180页，北京：北京大学出版社，2011）一书中指出，一个领主通常行使对他的农民的裁判权，这种权力以前曾属于国王及其官吏，有司法权的领主支配着佃户的人身和财产，所有的领主至少有部分这样的权利。在法兰西的大部分地区和日耳曼西部的领主，甚至对他人拥有生杀大权，在诺曼底和英格兰，"高等法官"通常是公爵和国王。

马克垚在《西欧封建经济形态研究》（187—189页，北京：人民出版社，2001）一书中也有相似的论述，他指出，中世纪西欧由于王权一度衰微，加之社会文化落后，法律十分混乱，而司法更是混乱不堪。国家司法权衰落之后，通行的是封建的司法制度。按照西欧的封建原则，每个自由人都可以召集他的封臣组成一个法庭，以处理封臣间的纠葛，处分违法者并收取罚金。具有封土的贵族都有庄园法庭之司法权，这在西欧是普遍的状况。法庭主持者为封建主，根据庄园法庭记录来看，法庭所处理的大量案件是有关农奴之间及农奴与封建主之间的，其中很多是保护封建主利益的，还有一些案件涉及有人违反全村利益，不遵守公共规则。

4. 追逐自由的城市

（1）城市的"自治"

金观涛等在《西方社会结构的演变》（174—175页，成都：四川人民出版社，1985）一书中指出，中世纪西欧的城市既不起源于伯爵的城堡，也不起源于大教区管辖的中心。从地理位置上讲，它们建立在商业贸易的交结点上，出现在封建关系最薄弱，封建统治鞭长莫及或权力真空的地带。正因为中世纪西欧的城市不是旧社会结构的有机部分，而是掺进旧机体的异物，所以在这些城市中，旧社会结构的控制力量相对薄弱，无法阻碍资本主义结构的潜组织因素的结合。在西欧封建社会远未衰落之际，潜结构就顺利地形成了，其标志是城市自治。自治意味着建立一个政治机构来对新经济结构进行调节，突出表现在设立一种保护机构来对抗领主，维护市民生活和商业贸易，并为市民文化的生长提供土壤。虽然城市自治政府并不能完全排斥领主的权力，他们不得不缴纳赋税并服役，但是他们有相当大的独立性，城市有自行管理的行政官，有团体印章，有市政厅和钟塔。即使是封建税收，也是由城市政府来课税，领主不能直接征收。

张冠增在《中世纪西欧城市的法秩序》（载《华东师范大学学报（哲学社会科学版）》，1996年第1期）一文中指出，城市的自治政府，一般都由市长、市议会和市民的陪审团，或者是市民大会这几个部分组成。自治机关的主要使命是运用军事、司法、经济、管理、外交等方面的权力，对外进行经济垄断和武力对抗，对内维护和平的秩序和实现市民间相互的平等。

（2）市民的"自由"

市民的自由是中古西欧城市的突出特点。冯正好在《中世纪西欧的城市特许状》（载《西南大学学报（社会科学版）》，2008年第1期）一文中指出，市民可以在城市里自由流动，这是市民享有的个人自由；市民可以随时向城市法庭提出诉讼请求和控告，这是司法自由；市民可以控制自己的财产，并随便处置它们，这是承认城市市民财产私有制。城市特许状（城市特许状是西欧封建国王和领主们对金钱的渴望和追求以及城市市民对政治和经济权力分享的需要使他们之间极易达成妥协的产物，封建主给城市颁发特许状，确认城市及市民享有一定的特权，而市民在获得这些特权的同时必须给国王和封建主支付大量金钱。）最终确认了市民的身份自由，保障市民的人身安全，确认市民在城市中的土地自由使用权和所有权，免除市民各项封建赋税，确认市民享有某些特定的经济特权。

但是，市民自由也是相对的、有条件的。朱明在《城市的空气不一定自由》（载《史林》，2010 年第 2 期）一文中则提出了不同的看法，他指出，城市自由往往在居住者住满一年零一天并且领主不反对的时候获得的。由于决定权掌握在领主手中，城市自由的获取在很多时候都并非简单易得。为了获取这一依附于城市的特权，市民几乎总是需要宣誓，有时市民对其权利也需要购买，并且需要证明其具有从事某种职业的能力。这种权利源于领主、国王、公爵、伯爵、教会或主教让渡的特许权，或者随着城市自治而由公社议会或法官争取到的自治权利，往往是由斗争得来的。城市自由还特别规定了领主给予城市和市民的自由的程度，以及由公社自行规定的权利和义务，比如市民属于城市里的哪个法庭所管辖，在什么条件下个人可以从事一种职业，在何种情况时可以得到保护以及获取继承权和债务权；比如城市规模的扩展，商业、森林、铸币、市场以及防戍的权利，等等。因此，不能单纯地看待城市自由，因为它更多是一种共同分享的权利，需要对于防守、缴税、忠于城市法庭、尊重和平以及不制造假币等方面做出共同的承诺。所以，对于“城市空气使人自由”这句话，还应看到市民和城市共同体还处在领主的监管之下，除非通过豁免权而自我管辖。

5. 宗教的禁欲文化和世俗的贵族文化

马克垚在《世界文明史（上）》（401 页，北京：北京大学出版社，2016）一书中指出，中古欧洲在文化上表现出两大特征，即宗教的禁欲文化和世俗的贵族文化。在宗教的旋律中，最明朗的基调是禁欲主义。禁欲作为一种宗教原则在理论上是不受性别局限、同时适用于男女两性的，但在具体应用上，男女实际上处于不平等的地位。禁欲的观点把人的性欲和性生活当作精神信仰和灵魂得救的对立物，排斥性爱和婚姻生活被视为一种精神和信仰的发展，因此成为进入上帝纯洁天国的必要条件。贵族文化则通过骑士的浪漫英雄主义得以体现，这就是所谓的骑士精神，骑士精神的核心是忠诚，这保证了下级封臣对上级封君的服从。骑士担负保卫教会、保护妇女儿童的责任，认为自己是跨国家的、世界性的。由于中世纪落后的生产关系和社会关系，骑士的精神其实是很压抑的，但他们却装作无所不能，这就是“骑士风度”。

薛永武在《试论中世纪文化及其本质特征》（载《理论学刊》，2003 年第 5 期）一文中强调，中世纪文化的实质是宗教神学文化，又主要表现为上帝文化。上帝文化包括两个层面：第一是天国主义文化和来世主义文化，第二是超验主义文化和神权主义文化，这两个层面的文化又构成了禁欲主义文化。在上帝文化的两个层面中，前者表现为对现世主义的否定，后者表现为对人文主义的否定，二者合而为一共同构成了禁欲主义文化。上帝文化通过宣扬对上帝、神权的敬畏，通过禁欲，完成了对人类生命的控制，束缚了人的健康发展，也阻碍了文化的全面发展。

（三）历史影响

西欧文明不仅推动欧洲历史的发展，甚至影响全人类。斯塔夫里阿诺斯在《全球通史：从史前史到 21 世纪（上册）》（吴象婴等译，189—190 页，北京：北京大学出版社，

2012)一书中指出，西欧在中世纪发展起新的技术、新的制度、新的观念，简言之，就是中古西欧形成的新文明——中古西欧文明。到了近代，这种新的文明，如早期农业文明必然战胜部落文化一样，远远胜过欧亚其他地区乃至全世界的“停滞不前”的文明，从而显示出了它的优越性。

1. 推动了西欧近代民主宪政的产生与发展

汤普逊在《中世纪经济社会史（下册）》（耿淡如译，430页，北京：商务印书馆，1997）一书中论述了中世纪城市自治对民主制度建设的作用，他指出，市民在百年或百年以上的时期中曾试用过各式各样的政府组织方案，也发明过几乎一切可以想象得出的组合形式，例如，单一元首和多数元首制、直接和间接选举制、有限选举权和普选权制、等级代表制、比例代表制、长任期和短任期制、轮流任职制。

刘景华在《经济社会史研究的创新者》（载《世界历史》，2008年第6期）一文中引用英国学者庞兹《中世纪城市》一书中的观点指出，中世纪城市逐渐造就了一个中间阶级（市民阶级）。正是市民阶级的财富拥有、职业经历、受教育程度和其在城市中已有的政治管理经验和民主理念与实践，使他们成长为可与贵族相匹敌的显要阶级，他们将这种进行民主政治的能力和意愿带入国会发挥作用，加快了近代国家民主政治的形成。

张巨斌在《中古西欧多元社会结构的核心特征》（载《甘肃社会科学》，2011年第3期）一文中论述了西欧多元社会结构的历史作用，他指出，多元社会结构作为一种社会文化深深浸透于西欧人的思想意识中，内化为一种集体无意识，在社会活动的方方面面都会自觉不自觉地用不同的方式表现出来。日耳曼马尔克的民主传统逐渐融入西欧社会，其体现在法律上就是同级共同体成员集体参与审判制和后来的陪审团制。日耳曼人的习惯法不仅是西欧中古法律体系的主体，也是现代法治文明的基础。基督教思想家对自然法的诠释，开启了西方法律史上的新篇章，使法律至上观念、法律面前人人平等观念、个人权利本位观念等得以实施。因此，正是这种多元的社会结构，催生了西欧近代的民主宪政，催生了保障市场经济形成的法律体系，从而使西欧较早步入现代社会。

马渭源在《马克斯·韦伯与中西传统社会结构对比研究》（载《南京社会科学》，2004年第4期）一文中指出，马克斯·韦伯认为由于教权集中早于并快于世俗王权集中，教权还为国王们的法制建设、国家政治制度的发展显示了典范作用；从另一个层面来讲，教权和王权形成二元对立结构，互为消长，“二元分立”构成了近世宪政制度最重要的历史来源。另外，封建制度相当于以“主观”权力，而非以“客观”法律为基础的宪政国家。在封建制度下存在着许多由契约保障的特权，而这种特权方式为资本主义赢利提供了较为稳定的支持，同时由契约化带来的某种程度上的法制化的系统性分权制度，其本身已经包含了近代宪政主义因素。

2. 孕育了新时代商业发展的力量

赵立行在《中世纪西欧庄园人口变动与商业复兴基础的形成》（载《史学月刊》，2002年第8期）一文中论述了西欧庄园对商业发展的作用，他认为，西欧商业和商业力量的“复兴”，并不能脱离庄园的发展，它们之间有一个逻辑发展的过程。庄园缓慢的进步导致了人口的增长，人口增长的压力造成了庄园内部的变动。开拓荒地和新庄园的建立，增加了西欧的产品数量，同时也造成了人口的流动，使得原来封闭的庄园出现了松动，为商业复兴提供了物质和人力基础。另外,流浪商人逐渐成为职业性商人,为成熟的城市商人的出现蓄积了基础。一般称庄园制时代是“黑暗的时代”,但是正是在这一黑暗时代,孕育了商业发展的力量。

刘景华在《经济社会史研究的创新者》(载《世界历史》,2008 年第 6 期)一文中引用英国学者庞兹《中世纪城市》一书中的观点指出,中间阶级(市民阶级)积累资本的能力,远远超过乡村封建阶级和农业阶级,他们以追求剩余价值为工商活动目的。然而经商的风险和教会对商业逐利的谴责,迫使市民阶级又可能将财富向三个方面转移:投资土地、追求物质和精神生活享受、投入慈善和宗教事业。投资土地意味着要回到乡村生活,商人虽不大情愿,但也有不少人这样做。

侯建新在《中世纪晚期的商品化与现代化启动》(载《历史研究》,1994 年第 5 期)一文中指出,西欧在向近代社会转型前和转型过程中,无疑经历了商品经济的蓬勃发展。以英国为例,早在 1227—1350 年间,英格兰和威尔士就有 1 200 个地方获得了设立市场的特许状,尽管许多市场的发展规模从未超过中心村庄,甚至经过一个时期后一些市镇又从人们的视野中消失,但大多数获得特权的市场逐渐演化为新兴城镇,成为众多乡村包围下的工商业生产中心和交换中心。

3. 奠定了西欧近代文化发展的基础

程志敏在《论人文主义的历史向度》(载《人文杂志》,1999 年第 5 期)一文中指出,作为古典主义典范的人文主义并非突如其来,它是在中世纪思想的纷繁茂盛之中成长的。此外,中世纪的思想特征和文化模式在文艺复兴之后很久也没有消亡,或明或暗地运行于后世文化的各个领域中。比如经院哲学和对亚里士多德的研究不仅维持了下来,远远没有被人文主义所取代,而且还在大学里得到了繁荣和发展,并对从哥白尼和伽利略开始的科学思想的革命性变化作出了不小的贡献(有人甚至认为比人文主义的贡献还要大)。我们很难设想如果没有中世纪的保存、转化与艰难探索,会有文艺复兴这个硕果累累的文化高潮的到来。要言之,中世纪文化是人文主义的源泉和前奏,人文主义是中世纪文化的发展和升华。

邢兆良在《中世纪基督教文化对近代科学思想形成的作用》(载《上海交通大学学报(哲学社会科学版)》,2003 年第 4 期)一文中指出,一方面,中世纪基督教神学与古希腊、罗马哲学家关于宇宙本原、认识真伪之间的学术争鸣相关联,继承了哲学思想发展与自然科学知识相结合的学术传统。与此相关,特别是 13 世纪以后,亚里士多德学说成为神学体系的理论权威和知识基础,中世纪基督教神学体系包容了各种异端思想的材料,成为近代科学思想产生的一个渊源。另一方面,中世纪基督教神学的哲学形态——经院哲学内部唯名论和唯实论的论争也促进了观察、实验、归纳研究的深入,打破了人们对抽象观念的信仰,使思想的自由在实证自然科学的基础上得到了具体和可能的发展,为近代科学思想的产生提供了思想环境和刺激动力。

刘景华在《经济社会史研究的创新者》(载《世界历史》,2008 年第 6 期)一文中引用英国学者庞兹《中世纪城市》一书中的观点指出,在优裕的物质享受外,中间阶级(市民阶级)还在精神生活上开始了更高追求,譬如收藏艺术品、为自己画像、树碑等。市民们的这种新生活趣味刺激了文艺复兴艺术的发展,因此,西方文明的艺术和文化成就同其政治遗产一样,也主要是城市的产物。

二、拜占庭文明

（一）内涵

徐家玲在《走进拜占庭文明》(57页，北京：民主与建设出版社，2001)一书中指出，拜占庭文明是亚欧中世纪文明中一枝奇葩。首先，它立足于东方希腊化地区文化的肥田沃土之上，从其产生的那一时刻起就带有明显的东方色彩。其次，它又是典型的基督教文明。基督教在帝国统治下的地中海地区建立的至高无上的统治地位，决定了帝国文化的发展从此被纳入基督教的轨道中。古典的希腊罗马文化遗产也被那些勤奋治学的神学家和哲学家们纳入了基督教神学发展的轨道中。从此，基督教中的悲观主义、宿命论的因素与新柏拉图主义和斯多葛派的哲学原理相结合，构成了基督教神学理论的基础，并一直深刻影响着中世纪拜占庭文化的发展。最后，拜占庭文明还具有明显的罗马因素。在许多方面，特别是在政治法律体系及官僚统治体系方面，拜占庭几乎全面继承了罗马帝国的传统，使之成为中世纪拜占庭政治制度的骨架。因此，拜占庭文明是古典东方文明、基督教的思想体系和罗马政治传统的三位一体结合的产物。之后，她在《拜占庭文明》(2页，北京：人民出版社，2006)一书中进一步指出，拜占庭文明是古典希腊罗马文明与近东文明及公元1世纪产生的基督教观念和罗马法制传统相结合的产物。

张广翔等在《拜占庭文明的特征及对世界文化的影响》(载《史学理论研究》，2007年第3期)一文中指出，在世界文明史上，拜占庭文明并非一个孤立的历史和文化现象。一方面，它是西方文明的一部分，确切地说，是古希腊、罗马文明的延续；另一方面，它又影响了近代西方文明，尤其是斯拉夫文明的形成。作为中世纪史的构成要素，拜占庭文明在古代文明和近代文明之间起了不可替代的桥梁作用，拜占庭文明不仅与西方文明源远流长，而且与东方文明联系密切。

（二）特征

1. 鲜明的海洋性特征

陈志强在《拜占庭文明对古代文明的继承》(载《光明日报》，2015-8-1)一文中认为，拜占庭文明具有鲜明的海洋性特征。他指出，拜占庭文明核心区的范围集中在从黑海经马尔马拉海和爱琴海至东地中海一线，形成了纵贯南北的一条“海洋中轴线”，其千年都城君士坦丁堡恰好坐落在这个中轴线的中央部位。这不仅是地图的巧合，更是拜占庭帝国继承古代帝国海洋性特征的地理表现。海洋是拜占庭帝国的生命线，是这个千年帝国的安全屏障，也是它的物质供给通道，海洋贸易更是该文明的主要财政来源。像古代地中海各个文明一样，海洋赋予拜占庭文明持续千年的活力，切断了其海上“脐带”，拜占庭文明之花便枯萎凋谢。

2. 独特的土地所有制关系和货币化经济

俄罗斯学者克·弗·赫沃斯托娃在《拜占庭文明——独特的历史文明模式》(载《史学史研究》，2012年第2期)一文中指出，拜占庭文明的本质特征是土地所有制关系。尤其值得关注的是拜占庭式的无条件土地所有权，这种所有权的法律依据是古希腊罗马物权法，其中对

"私有地"和"领地"的概念进行了明确的区分。与绝对的土地所有权(无条件土地所有权)并存的还有一种有限的土地所有权形式,例如,尽管规定了教堂对其占有的土地拥有使用权和永久租赁权,但上述权利是被限定在一定的范围内的。

高度发达的货币化经济是拜占庭文明在经济上的又一显著特征。徐家玲在《拜占庭在中世纪地中海商业复兴中的地位》(载《求是学刊》,1997年第5期)一文中指出,拜占庭完善的商业经营系统,包括它的货币体系、汇兑体系、水陆交通体系和关税、市场管理体系,及商旅服务系统是它能够在中世纪地中海贸易活动中立于不败之地的重要保障。从中世纪之初起,帝国采用了一种金本位的国际货币制度(拜占庭金币),它价值稳定,在世界市场上享有很好的声誉。拜占庭的信用制度和货币汇兑制度的使用,在中世纪商业活动中居于领先地位。

陈志强在《拜占庭"封建化"史料研究》(载《贵州社会科学》,2013年第2期)一文中指出,拜占庭文明控制下的埃及存在着高效的货币化农业,虽然这个农业经济由贵族大地主所主宰,他们占有其地产商品化的生产物,但是,农产品也在市场上作为商品进行买卖,也不只是属于地主控制的"贵族财产"。

3. 开明的专制统治

君主专制统治是拜占庭文明在政治上的显著特点,但君主们采用了明智的民族、经济及文化政策,一定程度上使其统治维系了千年之久。

陈志强在《拜占庭皇帝继承制特点研究》(载《中国社会科学》,1999年第1期)一文中指出,拜占庭皇帝将政治、经济、军事、司法、宗教等各种社会权力集于一身,通过庞大的中央和地方官僚机构控制帝国的内政外交,拜占庭皇帝的至高权力是拜占庭帝国复杂政治生活的核心。

张广翔等在《拜占庭文明的特征及对世界文化的影响》(载《史学理论研究》,2007年第3期)一文中指出,罗马帝国的西部被蛮族侵占,而其东部的拜占庭却幸运地避免了这一厄运,唯一的解释是拜占庭采用了明智的民族、经济及文化政策。拜占庭帝国的公民概念包含三个层面:第一,只要承认并且效忠于帝国君主,皆为公民,民族属性并不重要;第二,只要信奉东正教,是基督徒,皆为公民,民族属性并不重要;第三,只要生活在帝国的领土上,向君主纳税以表示对君主的归属,皆为公民,民族属性并不重要。总之,统一的交际语言、同一的宗教信仰以及归一的纳税对象——这便是决定拜占庭帝国民族政策的三个基本原则。

4. 融合与创新的文化

拜占庭文明直接继承古希腊罗马文化遗产,兼收并蓄早期基督教和古代东方诸文化,形成了融合与创新、宗教与世俗并存的独特文化体系。陈志强在《论拜占庭文化的独特性》(载《北京论坛(2006)》,2006-10-27)一文中指出,首先,拜占庭文化具有鲜明的传统特征,它直接继承了古典时代希腊罗马文化遗产,在拜占庭帝国特殊的环境中,兼收并蓄早期基督教和古代东方诸文化,形成了独特的文化体系。这种传承传统文化的继承性是拜占庭文化最突出的特点。其次,拜占庭文化的另一个特征是对其他民族文化的宽容和对发展相对后进民族的开化启蒙,这种开放性表现得十分突出。再者,拜占庭文化还有一个突出的特征是其宗教性和世俗性的结合。在皇权的主宰下,拜占庭教会和世俗文化作为两大主流文化分支,比肩并立,兼容并蓄。

拜占庭文化独特性表现出的种种特征是拜占庭社会发展在精神层面上的表现，有其深刻的根源。陈志强在《论拜占庭文化的独特性》(载《北京论坛(2006)》,2006-10-27)一文中进一步指出，拜占庭帝国所在的地区曾是古代历史上希腊文化昌盛的中心地区，亚历山大大帝东征使东地中海沿岸和西亚广大区域内的各个民族经历了"希腊化"的历史，因此，古典希腊文化深深地植根于当地各民族中，获得了这些民族的认同。拜占庭帝国虽然取代了罗马帝国的地位，但是它与后者有着千丝万缕的联系，在相当长的时间里，拉丁语仍然是拜占庭帝国的官方语言，拜占庭皇帝们始终缅怀罗马大帝国的光荣，特别是在拜占庭帝国早期，皇帝们无不以恢复和重振罗马帝国昔日辉煌为己任。拜占庭帝国所在的特殊的地理位置，使它不仅在经济上独享东西南北商业汇集的便利，而且使它能够比较容易地进行多种文化间的交流活动。活跃的商业和频繁的军事活动成为拜占庭文化与其他文化交流的媒介。应该说，拜占庭文化的开放性也是其历史演化的必然结果。至于拜占庭教、俗文化共同发展这一特点则是拜占庭帝国特殊社会结构和政治制度决定的。

（三）历史影响

陈志强在《盛世余晖：拜占庭文明探秘》(结语部分，昆明：云南人民出版社，2001)一书中认为，拜占庭帝国曾是中古地中海世界最富有、最强大的国家，拜占庭文化曾辉煌了千余年，如同泥沙中的珍珠，如同黑夜中的火把，照亮了东欧和西欧地区。但如此鼎盛的帝国终究灭亡了，盛世之后只留下美好的回忆和无尽的思考。

1. 对世界政治制度和法治建设的影响

张广翔等在《拜占庭文明的特征及对世界文化的影响》(载《史学理论研究》,2007年第3期)一文中指出，在拜占庭文明早期形成的《罗马民法大全》不仅是《拿破仑法典》的范本，而且也是现代资本主义国家制定法律的依据，因为它较为全面和系统地保护了私有制。

纳忠等在《传承与交融：阿拉伯文化》(58—59页，杭州：浙江人民出版社，1996)一书中指出，公元7世纪穆阿维叶夺取政权建立阿拉伯倭马亚王朝后，首先仿效拜占庭帝国，决心建立君主专制政体，实行君主世袭制。他建立的倭马亚王朝各个部门的组织多效仿拜占庭，大马士革的皇宫、基督教堂、警察局、近卫军等也俨如君士坦丁堡的规模。倭马亚王朝在政治制度上学习和模仿拜占庭帝国，使其社会组织更加严密、政治制度更加完善，促进了阿拉伯帝国政治文明的进步。

2. 对世界经济发展的影响

斯塔夫里阿诺斯在《全球通史：从史前史到21世纪(上册)》(吴象婴等译，248页，北京：北京大学出版社，2012)一书中指出，拜占庭还促进了贸易和经济的全面发展。几个世纪以来，拜占庭一直是整个地中海盆地的经济发动机，而它的货币则是国际标准交换媒介。它的商人及其商品，对于使西欧摆脱其封建的自给自足经济，对于使意大利城邦走上控制地中海商业的道路，起到了极大的作用。

徐家玲在《拜占庭在中世纪地中海商业复兴中的地位》(载《求是学刊》,1997年第5期)一文中也指出，历代拜占庭政府都致力于制定有效的商业政策、积极地开辟国外市场、装备和维持各处的港口、组织码头工人的劳动与行会。它制定较为完善的海运管理制度，在公元6—8世纪通行帝国海域的《海洋法》成为在中世纪基督教国家中通行的第一部航海法规。

海上和进攻君士坦丁堡战斗中遭受损失。为改变这种状况，阿拉伯人学习制作希腊火装备军队，并且还组建了一个投掷队，向敌军投掷燃烧物质，为防止烧伤自己，他们还穿着专门的防火服装。同时，针对敌人坚固的防御城墙，阿拉伯人还网罗人才，制造攻城器械。同时阿拉伯军队得益于他们使用的武器——步骑两用的阿拉伯弯刀，这种弯刀甚至在中国都享有盛名。骆驼作为阿拉伯军队的主要坐骑和运输工具在阿拉伯半岛特殊的地理环境下发挥了无与伦比的作用。阿拉伯半岛的夏季的“热风”，阿拉伯人对此早就习以为常，可他们的敌人却招架不住，许多关系到阿拉伯人和伊斯兰教生死存亡的重大战役都发生在这“热风”肆虐的季节，这其中就有著名的雅穆克之战和卡迪西耶之战。

(2) 经济因素

许许多多贝都因部族离开荒凉的故乡，到北方肥沃的地方去征战，很大程度是因为对财富的渴求。阿拉伯当时出征的军队，大半是从贝都因人中招募而来的，肥沃的新月地区文明国的舒适和奢侈，对于很多人有着强大的吸引力。

(3) 宗教信仰

伊斯兰教的兴起，成功地使各氏族部落形成统一的民族力量，结束了半岛上纷乱的状态，促成了社会生活的安定，这一切大大有利于社会生产的恢复和发展。伊斯兰教大大超越了她所诞生的时代，她禁止活埋女婴，主张妇女有财产继承权，提倡赈济贫民，向孤儿、乞丐和过路人施舍；她主张停止部族之间的血亲复仇，限制高利贷，善待和释放奴隶。可以毫不夸张地讲，在当时相比自闭的犹太教和教派冲突严重的基督教，伊斯兰教不仅对阿拉伯非穆斯林，甚至对犹太人和基督徒都具有很大的吸引力。《古兰经》号召穆斯林为信仰而斗争，今世的奖赏是战利品，后世的奖赏是天国。《古兰经》中那些关于在同异教徒的战争中身亡的人将进入天国的许诺，是鼓励穆斯林采取政治和军事行动的一种巨大的精神力量。

(4) 外部形势

随着王位的频繁更迭，此时的萨珊帝国已支离破碎，一盘散沙，只需一击，顷刻瓦解。在叙利亚和美索不达米亚，特别是在边疆地区，由于饱受战火的蹂躏和苛捐杂税压榨，人民贫困到无以为生，从而大大损伤了他们对原帝国的忠诚。在他们看来，新来的阿拉伯人所征收的赋税，比旧征服者所勒索的轻得多。

2. 阿拉伯帝国衰亡的原因

许晓光在《试论阿拉伯帝国衰亡的原因》(载《四川师范大学学报(社会科学版)》，1993年第3期)一文中指出，公元8世纪中期，阿拉伯人经过一系列民族大征服，建立起一个地跨亚、非、欧三大洲的阿拉伯帝国，至9世纪前期，阿拉伯帝国达于极盛，经济繁荣，政治强盛，文化发达。但9世纪中叶后，这一庞大帝国却急剧走向衰落，最终被外族所灭。究其原因有以下几方面：

(1) 社会发展的极不平衡导致政治上的分裂

作为一个统一的民族国家，应有自己统一的疆域、共同的经济、共同的语言和共同的民族心态，但阿拉伯帝国的这几种要素除语言外均未充分发展。这个庞大帝国幅员辽阔，东起中亚和印度，西到马格里布和西班牙，境内阶级构成、民族成分空前复杂，这是阿拉伯帝国的一个显著特点。由于这一特点，帝国各部分社会发展极不平衡，各地区、各民族的经济生活、文化水平、风俗习惯等诸方面均存在较大差异。帝国政体虽属中央专制集权制度，但由于社会发展的极不平衡，以哈里发为首的中央政府对各地的控制往往比较松弛，特别是对边远省区更是鞭长莫及，使各地方政权具有较强的离心力。宗教和政治的纷争使这种离心力变成分裂帝国的直接动因。756 年，被推翻的倭马亚家族的拉赫曼逃到西班牙，以科尔多瓦为都城建立起后倭马亚王朝，与阿拔斯王朝为敌，此举成为阿拉伯帝国分裂的滥觞。此后，各地方性王朝相继出现。

（2）帝国内部充满着阶级矛盾、民族矛盾和宗教矛盾

据史料记载，阿拔斯王朝时，哈里发政府的官员们总是千方百计超过法定标准对居民横征暴敛，使居民不堪忍受。如 860—873 年间担任阿摩尔、鲁扬和马赞德兰总督的穆罕默德，任命其子艾哈迈德为小查鲁斯和卡拉尔地区的总督，在艾哈迈德统治下，一年要对该地区居民重复征收三次租税，即由穆罕默德、艾哈迈德和宰相麦吉什各征收一次，使当地居民不堪重负，被迫卖掉土地移居他乡。除这种手段外，税吏还用低于度量标准的量器去丈量居民的土地，使土地面积数额增大，便于按土地面积多征赋税。除了经济剥削之外，统治者还对人民进行超经济的人身强制。最典型的事例是，9 世纪时从东非运到帝国境内大量黑奴，他们被强迫在幼发拉底河下游排干沼泽，去除硝盐，扩大耕地，但从事如此繁重劳动的黑奴每人每日的报酬仅为几把麦粉或椰枣。

（3）帝国军队发生变化

阿拔斯王朝的建立，主要借助于波斯特别是呼罗珊地区的武装。因此，阿拔斯王朝前期哈里发的禁卫军主要是由呼罗珊人组成。另外，经过多次与中央政府的较量之后，不少中亚的王侯土豪带领自己的部族加入了阿拔斯王朝的地方军队。但无论是禁卫军还是地方军，都或多或少地同地方有着利害关系，对哈里发存有二心，常发生反对中央政府的骚乱。因此，哈里发急欲摆脱对这些军队的依赖，重建一支既与地方无利益联系、不能割据称雄，又对自己忠心耿耿的军队。进入 9 世纪后，哈里发就通过购买、招募等方式从中亚获得以突厥人为主的奴隶和部族军，组成中央禁卫军。这些军队成员被称为“马木鲁克”。新组建的常备军在短期内使哈里发的权威得以恢复，将危机四伏的帝国统治继续维持下去，并同哈里发痛恨的伊朗兵相抗衡，哈里发的愿望似乎已经实现。但是，这种作用很快被禁卫军相反的行为抵消。他们常对哈里发提出过分的资薪要求，大大加重政府的财政负担。当这类要求不能被满足时，这些全副武装的军人便对巴格达居民大肆抢掠，把这座“和平之城”变成“骚乱之城”。禁卫军的行为完全与哈里发的初衷背道而驰了。9 世纪后半期，阿拉伯帝国的常备军，不但远非驯服工具，反而成为削弱乃至瓦解哈里发统治的祸端。这说明，阿拉伯帝国统治的柱石已开始坍塌，不能再支撑起帝国的大厦，同时说明帝国政治日趋黑暗，灭亡已指日可待。

（4）出现严重的财政危机

阿拔斯王朝中期，由于新军队的组建，帝国常备军总数增加使军费总量猛增，加之禁卫军常提出过分要求，使军费开支常超出正常限额。同军费猛增相匹敌的，是统治者的生活日益奢侈。与军费支出直线上升和统治者的挥霍无度成反比，阿拉伯帝国的财政收入却因版图缩小和其他因素呈现江河日下的趋势，支出和收入的强烈反差使阿拉伯帝国的财政濒于危机边缘。

3. 阿拉伯文明的成就与影响

(1) 成就

黄运发在《略论阿拉伯—伊斯兰文化的成因、成就和世界影响》(载《西北大学学报(哲学社会科学版)》,1993 年第 2 期)一文中指出,阿拉伯—伊斯兰文化的繁荣昌盛时期,人才辈出,群星灿烂。

阿拉伯是以诗的出现开始的,阿拉伯民族素有"诗歌民族"的美称。流传下来的诗集有《香法拉诗集》和《乐府诗集》等。而最负盛名的是 7 篇"悬诗",曾被用金水抄写在细麻布上,挂在麦加天房的神殿内。它是古代长诗中第一流的作品,在阿拉伯文学中独占鳌头,被列入世界文学名著之列。除此之外还有《一千零一夜》,它是文学宝库中一块璀璨的瑰宝。

阿拉伯艺术同文学一样绚丽多彩,集中体现在清真寺的建筑结构和装饰上。在长期的发展过程中,它不断吸收希腊、波斯、印度、两河流域和埃及的古建筑特色,逐渐形成了阿拉伯—伊斯兰建筑艺术。音乐艺术也是阿拉伯人所喜爱的。那时,半岛上的麦加和麦地那成了为大马士革哈里发宫廷输送艺术天才的"歌曲的苗圃和音乐的温室",宫廷里汇集着许多音乐明星和音乐理论家。

阿拉伯人在史学方面也有杰出的成就。阿拔斯王朝时期史学研究达到空前未有的水平,涌现出许多著名的历史学家,如被誉为"历史学权威、经注学权威和法律学权威"的泰伯里、堪称"阿拉伯的希罗多德"的麦斯欧德、被誉为"十字军战史家"的伊本·艾西尔、拥有"阿拉伯的历史学家、哲学家和社会学家"美称的伊本·赫尔东。在哲学方面,阿拉伯人巧妙地将东西方的哲学思想与伊斯兰教的观念融为一体,形成了别具特色的阿拉伯—伊斯兰哲学体系,取得了伟大的成就,涌现了一大批著名的哲学家,如肯迪、法拉比、伊本·西那(即阿维森纳)等。

在自然科学领域里,中世纪的阿拉伯各族人民通过长期生产斗争、社会实践和科学实验,在各个方面都取得了优异成绩。

在天文学方面,自从哈里发马蒙在智慧馆里兴建了第一座天文台之后,作为专门用以观察星象、了解天体运动、进行天文学研究的天文台在各地应运而生。阿拉伯人测定了星辰的位置,确定了许多大星辰的名称,提出了地圆说,推算出了地球的直径和圆周,编辑了多种天文表,还研制了一批相当精密的天文仪器,涌现了花拉子密、比鲁尼和海雅木等有造诣的天文学家,撰写出了《天文学概要》和《天文学书》等著作。

在地理学方面,阿拉伯人测量了地球经纬线的长度,推断出地球为椭圆形,提出了潮汐成因的学说。易德里斯被称为中世纪最著名的地理学家和制图家。《苏莱曼东游记》是介绍中国的第一部阿拉伯著作。摩洛哥人伊本·白图泰是 14 世纪最伟大的阿拉伯旅行家,足迹遍布穆斯林世界,于 1347 年到达中国,他的游记已被译成包括中文在内的世界多种文字。

在数学方面,阿拉伯人留传下十进位制、代数学的发端和现代的数学。花拉子密是一位杰出的数学家,他创立了代数学,是最早编撰算术和代数书的人。他的《代数与方程的运算》一直到 16 世纪都是欧洲各大学的主要教科书,阿拉伯数字和十进位制法就是通过他的著作传到西方的。海雅木是后起的数学家,编著了《代数》一书,研究了二次方程和三次方程的代数解法和几何作图法,并把数值代数用于度量几何。

阿拉伯人在物理学方面的成就主要表现在光学和力学上。对光学贡献最大的是伊本·

海塞木，他用多种实验方法试验了光的入射角和反射角，得出光来自被观察的客体，纠正了希腊学者认为光线由眼中射出的错误。阿拉伯物理学家们研究了空间的有限性和物体的可分性，并应用物理知识和力学原理制作了天平、水钟、自动供水机等。

在化学领域内，阿拉伯人广泛运用实验方法，改进了蒸馏、过滤、溶化和结晶等方法，将化学用于制药、制革等工业，查比尔和拉齐在化学上取得很大的成就。

阿拉伯医学和医疗卫生事业在吸收古希腊、波斯、印度和中国成果的基础上得到迅速发展。拉齐被公认是中世纪伊斯兰世界最伟大的医学家和临床医师，他最早注意到遗传性疾病并首先把音乐用于治疗疾病，他发明了外科串线法，撰写了《天花与麻疹》、《医学集成》等著作。继拉齐之后的名医是伊本·西那，他一生著述丰富，以《治疗论》和《医典》最重要，代表了当时阿拉伯医学的最高成就。

(2) 影响

黄运发进一步指出，阿拉伯地处欧、亚、非三洲要冲，在沟通东西文化上起着特殊的作用。阿拉伯人在继承了人类文化遗产之后，经过消化、吸收、发明、创造，又把它贡献给了人类，从而对东西方文化产生了巨大的影响。

阿拉伯人把中国的发明创造传入西方，对西方社会经济的发展产生了无法估量的影响。中世纪的西方文化，比起同时代的阿拉伯、印度和中国都要落后，古代希腊罗马的文化遗产在那里几乎灭尽，赖有阿拉伯文版本将其保存，并在中世纪的后期又译成拉丁语等西方语言重新回到欧洲。阿拉伯文化的西传，唤醒了沉睡中的欧洲，促进了文艺复兴运动的早日到来。文艺复兴时期所产生的文学名著，如塞万提斯的《唐·吉诃德》、薄伽丘的《十日谈》等都不同程度地受到阿拉伯著作《一千零一夜》的影响。阿拉伯哲学家伊本·阿拉比著作中关于先知夜间旅行和登霄的说法，成为意大利诗人但丁《神曲》的先驱。12、13 世纪，阿拉伯哲学家的著作传入欧洲，对欧洲经院哲学产生了重大影响，尤其被西方称为阿维罗伊的伊本·鲁世德影响最大，他的著作被规定为巴黎大学和其他高等学校的教科书。亚里士多德等人本是西方古典哲学家，可是在他们的著作被从阿拉伯文译成拉丁文前，西方几乎没人知道他们是哲学家。

阿拉伯在自然科学领域的成就对西方影响尤为突出，它点燃了西方智慧的火炬，促进了欧洲自然科学的建立。天文著作传入欧洲，被哥白尼等西方天文学家奉为权威著作，对西方天文学的发展起了重要作用。欧洲语言中有不少天文学术语、星座和星辰的名称都源自阿拉伯语。花拉子密等人的天文、数学著作，直到 16 世纪还被列为欧洲各大学的主要教材。阿拉伯医学也在西方占有令人瞩目的地位，巴黎大学医学院的大厅里至今仍挂着拉齐和伊本·西那的巨幅画像，足证明其影响之大。拉齐的《医学集成》《曼苏尔医书》，伊本·西那的《医典》被列入一些大学的教科书达 5 个世纪之久。阿拉伯数字、“0”号和十进位法对计算科学的发展做出了巨大贡献。另外，阿拉伯的物理学、光学、化学等，也都曾对西方产生不小的影响。

阿拉伯文化也曾对中国文化有过很大的贡献。在中国影响最大的文学作品是《一千零一夜》，它长期以来一直以其独特的风格和动人的故事吸引着广大中国读者。对中国影响更大的是天文学、数学和医药学。元朝时期，扎马鲁丁等天文学家把许多阿拉伯语天文书籍传入中国，还带来了一批天文仪器，并参加了天文台的建造，使我国天文学家郭守敬等人受益匪浅，对我国天文观测和天文仪器的制造有很大的帮助。郭守敬曾参阅阿拉伯天文学家伊本·优努斯的《哈克木历表》制定了《授时历》。在医学方面，早在唐宋时期已有阿拉伯商贾将龙涎香、乳香、阿魏、没药等运来我国。阿拉伯的医学著作如《医典》等也传入中国。元朝政府尤为重视阿拉伯医学，1270年在太医院设立了“广惠司”，专门研究和使用阿拉伯医药，1292年又分别在北京和多伦设置了“大都回回药物院”和“上都回回药物院”，至今北京图书馆还收藏着有那时留传下来的《回回药方》抄本。

四、封建时代的日本

（一）日本封建社会的分期

冯天瑜在《近代日本“封建”概念的形成及中国历史分期的提出》（载《华中师范大学学报（人文社会科学版）》，2007年第3期）一文中指出，中国的世界史论著多把仿效唐制、确立中央集权国家体制的大化改新视作日本封建制的开端。冯天瑜认为，以实行中央集权的大化改新为日本封建制开端的论说，大体都是以泛化封建观为准绳做出的判断。而日本史学界多认为大化改新突破了古代氏姓制、部民制，建立以天皇为中心的集权制度，借鉴唐制，实行国、郡、里制，这正与“封土建藩”义相背反，应称“帝权扩张时代”。到平安末期，律令制及班田制解体、庄园制形成，封建制方得以萌动。

冯天瑜继续指出，日本研究中世史的专家丰田武以欧洲封建社会分期作参照，结合日本法制史家的时代划分和社会经济史分期观，将日本封建制分作三期：第一期，镰仓幕府期（12、13世纪），封建制在全国展开；第二期，南北朝、室町幕府、战国时期（14、15世纪）；第三期，织丰时期、江户幕府（16—19世纪），幕藩体制确立。

（二）大化改新

1. 改革背景

孙立祥在《日本三次社会转型及其历史启示》（载《华中师范大学学报（人文社会科学版）》，2013年第3期）一文中指出，6世纪末7世纪初，日本面临的国内外形势需要进行一场社会变革。在东亚大陆，隋、唐帝国的先后建立既给日本提供了学习样板，也使大和朝廷备感“国际压力”；而新罗灭“任那日本府”并交好大唐王朝，进一步加深了其“民族危机感”。在日本国内，落后的氏姓贵族制度和部民奴隶制度严重阻碍了生产力的发展，导致部民与奴隶主之间、豪族与豪族之间、豪族与王室之间的矛盾渐趋激化。

2. 改革序幕

孙立祥继续指出，592年，在与物部氏的较量中胜出的苏我马子保荐外甥女炊屋姬为王，是为推古女王。翌年，推古女王立贤明的厩户皇子为皇太子，是为圣德太子。总摄朝政的圣德太子在女王支持下启动推古朝改革，揭开大化改新的序幕。

（1）圣德太子进行了旨在建立天皇中央集权封建统治的对内改革。除制定“冠位十二阶”确立封建官僚等级制度、倡兴佛教树立国家统一宗教信仰外，圣德太子最具深远意义的一项改革，当属604年《十七条宪法》的颁布实施。该“宪法”虽然仅以道德训诫形式规定了臣民的行为准则而未制定具体的制裁条款，但它不仅为大化改新做了思想准备，而且为日后形成有助于民族凝聚力增强的国民道德规范提供了“法理”依据。

(2) 圣德太子实施了旨在向中国看齐的对外开放。607年圣德太子遣小野妹子出使隋朝，首次赋予日本国王“天子”“天皇”称谓，意在向国际社会尤其彼岸的中华帝国表示：日本君主已不再是请封的“大王”，而是与中国皇帝平起平坐的“现人神”，反映出日本王室谋求建立中日对等国家关系的愿望。与此同时，圣德太子还首开日本海外留学之先河。

3. 改革内容

孙立祥继续指出，推古朝改革未能挽救日本社会危机。646年1月1日，孝德天皇颁布《改新之诏》，一场向“法式备定”的大唐帝国全面学习的社会变革运动——大化改新，全面展开。

(1) 废除世袭氏姓贵族制度，仿效唐朝建立中央集权官僚体制。包括：召集群臣盟誓“天覆地载，帝道唯一”，确立中央集权行政改革指导思想；在中央仿效唐朝三省六部制实行“八省百官”制，在地方仿效唐朝州县制实行“国郡里”制；赐给大夫以上官吏一定数量的土地和人口作为“食封”，赐给大夫以下官吏一定数量的布帛作为“俸禄”。这样，与唐朝形式有别但性质相同的封建中央集权行政体制建立起来。

(2) 废除贵族土地私有制和部民制，仿效唐朝推行班田制和租庸调制。政府先将贵族手中的私地和私民变成“公地”和“公民”，以此为基础推行类似唐朝均田制的班田收授法和租庸调制。

4. 改革影响

孙立祥进一步指出，这场滥觞于593年推古朝改革、终结于702年《大宝律令》颁布的大化改新，不仅通过实行“八省百官”制和“国郡里”制建立起完备的中央集权行政体制、通过推行班田制和租庸调制建立起国家“对农民的剥削关系”，而且通过颁布《大宝律令》等一系列法典，将大化改新确立起来的封建政治经济制度以法律的形式固定下来，宣告古代王权的终结和律令制时代的到来。这样，日本就成功实现了从残酷落后的奴隶社会向法制完备的封建社会的全面转型，一举将日本历史向前推进了至少两千年。值得注意的是，日本完成第一次社会转型，即首次“开国”的结果，一方面一跃跻身于东亚强国行列，甚至取得了在儒家文化圈中仅次于中国的国际“站位”；另一方面则随着国力增强而迅速走上侵略扩张道路，甚至不惜以朝鲜半岛为舞台与大唐帝国兵戎相见(如663年的百村江之战)。“与时俱进变革，强即侵略扩张，最终挑战先生”这一日本历史演进之特点，已在其第一次社会转型中初露端倪。

(三) 日本封建庄园领主制

王顺利在《论日本封建庄园领主制的特点》(载《东北师范大学学报(哲学社会科学版)》，1996年第4期)一文中指出，公元12—16世纪，日本的封建庄园领主制有着明显的特征：

1. 寄进与分封相结合的封建等级土地所有制

日本的等级土地所有制，是由自下而上的寄进与自上而下的分封的两条路线形成的，这是由于日本的封建等级土地所有制形成以前，曾存在过土地国有化的班田制。班田制曾为日本的生产力发展及社会进步起过巨大作用。然而，由于各级统治者利用班田收授的权力巧取豪夺，日益加重人民的负担。于是，随着生产力的提高，人们便开垦公田以外的荒地谋生。在私有土地发展的同时，为了反抗封建官吏的层层盘剥，加上班田制的破坏和水利工程难以维持，农民或虚报户籍，或逃匿他乡，或将土地献纳给豪门势家，自己成为他们的庄民。各地豪族也乘机兼并土地，隐匿外来农户耕种，建立庄园。虽占有大量土地，但职位低微的地方豪强，为了求得贵族的庇护，主动寄进庄园，接受任命，作为上级领主的代理人(庄官)，继续管理庄园。上级领主再把所领庄园寄进给中央权贵，称这一中央权贵为本所，自己则作为领家，从而形成本所—领家—庄官的层层庄园领主结构。

寄进型庄园的发展，导致班田制的破坏和权门势家政治经济实力的日益增强，彼此之间为了获得更大的权力和利益，展开了激烈的争夺。1184 年，源赖朝战胜政敌，建立镰仓幕府。镰仓时期，将军占有关东御领和关东御分国等广大直辖领地，以"恩给制"的形式向御家人分封领地，以确立将军和家臣的主从关系。作为主君的将军向家臣(武士)御恩(分封)，其中主要是土地、守护职、地头职以及预所职、庄官职等。受封的武士称为御家人。镰仓初期，将军对天皇政府还有某种依存关系，但自 1221 年的承久之乱以后，将军彻底摆脱了天皇政府的限制，以幕府将军为首、以御家人为主要成分的武士领主的土地等级所有制便在全国确立。这种由寄进与分封两条路线形成的封建领主等级土地所有制，决定了下级领主对上级领主的依赖性，上级领主对下级领主的控制也必然是相当牢固的。

2. 地方受制于中央的领主权力

日本封建庄园领主的行政司法权是伴随着班田制的破坏和庄园领主制的形成而获得的。在班田制时代，律令制国家在土地国有化的基础上，统一掌握着行政司法权。律令制国家在地方政府的国、郡、乡设置的官员，只能代表国家行使行政司法权，"清正强干"地执行中央的法律和政令。各级官吏，在其职田、功田和位田内，只有按国家的规定收取租庸调的权力，而不得对为其耕作的农民行使行政司法权。这种政出中央，由各级官吏统一执行的行政司法权，是建立在封建土地国有制基础上的君主专制体制决定的。封建庄园领主是在实力相当强大后，才逐渐获得了行政司法权的。日本的地方庄园领主虽然也掌握一定的行政司法权，但却受到中央政府强有力的制约。这与日本的封建庄园的形成过程、领主的身世和实力、庄园领地的相对弱化，都有着极为密切的关系。

3. 具有浓厚家族制色彩的武士集团

日本武士集团是在家族制延长线上构筑的一种政治实体。以家族长身份出现在政治舞台上的武士首领们，为了取得和维护统治地位，极力用家族血缘关系及其观念来实现自己的政治目的。

日本武士集团的家族色彩在组织构成的表现是：第一，武士集团的成分以父子、兄弟、堂兄弟等同族亲属为基础。上级武士正是利用这种血缘亲属关系支配下属武士及其附庸，甚至统治全国。第二，在武士集团中，甥舅、妹丈等姻戚关系也占有很大比重。利用姻戚关系扩大家族势力，是武士集团组织构成的又一方式。第三，以模拟血缘关系(如收养子)的方式来扩大和延续家族体系，是武士集团扩充势力的另一种方式。臣下一旦向主君宣誓效忠，奉呈名簿，终生的主从关系便随之确立。这种模拟血缘关系，使得武士集团可以在家族制的延长线上充分构筑、拓展，一族一门通过结族联谱，便能覆乡越川，从一乡一郡，扩展到跨乡跨郡，独树一帜，自成体系，或称霸一方，或问鼎全国，无一不以实现自己的家族统治为目的。利用和强化家族观念，维护武士集团的利益和地位，从而形成了独特的武士道德观念，是日本武士集团家族制色彩的又一表现。这一观念的核心是“家”，认为个人必须依赖于家，效命于家，献身于家。整个日本是一个大家族，天皇就是这个大家族的家长。

（四）日本武士道的演变

王志在《日本武士道的演变及其理论化》（载《东北师范大学学报（哲学社会科学版）》，2007年第4期）一文中指出，武士道是日本封建时代武士阶级所特有的道德规范和行为方式。其作为历史范畴，有一个形成与发展的过程。最初它只是以武士生活习惯为基础的行为准则。到了江户时代，山鹿素行等儒学家，以中国的儒学理论为指导，把儒学中的“道”作为哲学基础，构建了自镰仓时代以来一直都缺乏理论性的武士伦理，使传统的武士道发展成为理论化、系统化的士道，成为武士阶级的主要生活指导原理。王志对日本武士道的演变及其理论化进行了如下梳理：

1. 中世武士道

(1) 武士团的主从关系

日本武士作为一个阶级的出现和发展壮大，主要应归因于其以武力和团结力组成了家族式的军事集团——武士团。这种武士团是相对封闭的集体，其主要结构是由各个横向的家族与最有实力的豪族之间结成纵向的主从关系。维护家族的存在和发展是武士结成武士团的初衷，而维系主从关系则是武士团得以存在的前提。规范这种关系的道德观念便是对主君的“忠”和对家长的“孝”。在武士的主从关系中，最初下属对主君的忠诚义务也不是无条件的、绝对的，而是以主君的“恩”为前提条件的，即对保护自己领地和家族的主君，为表示感谢和报答，臣下必须在平时或战时对主君“奉仕”种种义务。这说明主君的“恩”与臣下的义务是以物质利益为基础的一种交换关系。其中，主君最重要的“恩”是给予臣下以领地，或保护臣下已有的领地权；臣下最主要的义务则是为主君去战斗，乃至献出自己的生命，这就是所谓的“献身道德”。这种“献身道德”有为主君的“恩”而献身和为主君的“情”而献身两种表现形式，或者是两者兼而有之。但是，由于武士间的主从关系常常是世代相袭的，“主君的情这种非经济因素也是构成恩的重要因素”。武士团主要是从事战争的军事集团，在战场上，主从之间在刀光剑影之中，同生死共患难，由此而结成的情谊，有利于巩固主从之间的团结。这样，主从关系势必会超越简单的利益关系而向情感的亲和关系转变。

(2) 特立独行的战斗伦理

武士是以战争为职业的军人，武士道最初也主要是从战场上培养出来的特立独行的战斗者伦理。在镰仓时代，武士的作战方式被称为“一骑打”。在战争开始时，由进攻方放射“鸣镝”，表示进攻开始，然后由一名武士单骑挑战，奔驰在前，大队骑马武士随后冲杀。在这种作战方式下，每个武士的武艺和胆气具有重要作用，而且在战场上每个武士身上都带有表示其家族渊源和荣誉的家徽和“指物”（插在武士铠甲上的用作标识或装饰的小旗），所以其在战场的表现使人一目了然。在战场上表现胆怯和怕死，对于以战斗为职业的武士来说是最大的耻辱，而且不仅自身受辱，其祖先和子孙也将蒙受巨大的污名，这对于重视祖先崇拜和家名的武士来说，是无法忍受的。因此，在武士的战阵生活中所形成的道德，最主要的就是武勇，勇气是武士战胜任何困难，舍命战胜敌人的精神力量，这种勇气不外是通过武艺和实践使身心得到磨炼的结果。

早期武士道只是以武士生活习惯为基础的道德准则，虽然包括一些中国儒家的道德信条并以禅宗作为精神支柱，但还没有形成一个完整的理论体系。

2. 近世武士道

德川幕府把以朱子学为代表的中国儒学确立为官学，成为统治阶级的意识形态，从而为经验性的武士道向理论性的武士道转变提供了哲学基础和理论指导。山鹿素行(1622—1685 年)把儒家思想与自镰仓时代以来形成的“武者之习”“弓矢之道”结合起来，提出了具有新体系与新内容的士道论。所谓士道就是将过去武士经验主义的行为准则和精神情操用儒家思想改造成理论化、系统化的武士道，因此日本学者甚至将素行的士道论称之为“武士道政治哲学”。山鹿素行士道论的哲学基础是“道”，他提出功利主义道德观，按照《朱子小学》的模式写成武家教科书《武教小学》，目的是把武士子弟培养成正行正知，符合武士道标准的有用人才，并强化武士实践道德的自觉性。

用儒家思想解释和重新构建的士道论既为幕藩封建专制统治提供了伦理原则，又为大多已行政官僚化的武士提供了合理而又系统的行为规范和道德标准。特别是山鹿素行提倡的以“明心术”“详威仪”“慎日用”等为主要内容的修身之道，具有适合各阶层的普遍性。因此，这种士道自然为武士阶级所接受，成为主导近世武士思想的武士道理论。武士道作为日本军国主义的精神支柱和道德基础，是推动日本军国主义发展的重要因素。武士道强调忠诚即个人对长上的绝对服从，个人为国家或天皇“去生去死”是义务，也是道德；武士道崇尚武力、重名轻死，表现在行为上，就是不尊重人的生命与价值，不仅是对方的生命，就连同胞和自己的生命为了所谓的名誉也可轻易舍弃。历史证明，这种道德观念一旦被误导或失控，就会给人类的和平与生命带来极大的灾难。

五、美洲文明

(一) 玛雅文明

斯塔夫里阿诺斯在《全球通史：从史前史到 21 世纪(上册)》(吴象婴等译，321—322 页，北京：北京大学出版社，2012)一书中指出，玛雅人创造了美洲最古老的文明，并以其艺术和科学的惊人发展而闻名于世。他们独自发展了表意文字，用字母或记号作为表达思想的传统符号，为了计算时间、预言未来和为献祭和主要的丧葬事宜推算吉日，他们还研究了天体的运动，由经过专门训练的祭师搜集的天文学知识非常广泛，据认为至少与当时欧洲的天文学知识不相上下。玛雅人的城市是举行仪式的中心，而不是要塞、居住地或行政首都，之所以如此，是因为玛雅人从事的是刀耕火种的农业。这种农业在两三年内便耗尽了土壤的肥力，因此他们需要不断地迁移村庄驻地。为了补偿这种短暂的生活方式，玛雅的耕种者们在主要是举行宗教仪式的中心建立了一些巨大的石头建筑物，以此来表示他们的社会统一。这些建筑物是巨大的金字塔庙宇和公共住宅，祭师和新信徒可能就住在这里。这些建筑物完全靠石制工具制成，用雕塑加以装饰，这些雕塑在美洲是无与伦比的，现在被列为世界伟大的艺术之一。4—10 世纪，玛雅文明非常繁荣，但随后便衰落下去，其原因尚不清楚，可能是由于土壤的肥力耗尽或瘟疫流行，也可能是由于反对供养宗教中心及其祭师集团这一负担的农民革命。总之，这些巨大的石头建筑物被废弃，被周围的森林吞没，近几十年才被考古人员发掘出来。

（二）阿兹特克文明

斯塔夫里阿诺斯在《全球通史：从史前史到21世纪（上册）》（吴象婴等译，322—324页，北京：北京大学出版社，2012）一书中指出，阿兹特克人是后来才进入墨西哥的，他们在特斯科科湖的一些岛屿上定居下来。随着人口的增长，岛屿变得非常拥挤，阿兹特克人通过建造“浮动园地”来扩大耕地面积。“浮动园地”是一些在湖底丛生的杂草上面铺垫上湖土，由生长的杂草固定在湖底的浮岛，直到今天，某些地区仍使用这种耕作方式。每次播种之前，农民都要挖些新的湖土，铺在“浮动园地”上，因此其表面随着一次次耕种而不断增高，然后农民再挖去表层的泥土，用于建造新的“浮动园地”，于是开始了一个新的循环。“浮动园地”使阿兹特克人的人口和财富剧增。15世纪早期，阿兹特克人与特斯科科湖沿岸诸城镇结成联盟，并从他们的立足点迅速地向四面八方扩大自己的影响。在西班牙人到达之前，阿兹特克人的统治范围，西至太平洋，东达墨西哥湾，南几乎到达尤卡坦半岛，北抵格兰德河。首都特诺奇蒂特兰城这时已成为拥有20万到30万人口的大城市，通过几条道路与海岸相连，西班牙征服者科尔特斯将这个首都同威尼斯相比，认为它是“世界上最美丽的城市”。阿兹特克人的力量建立在持久备战的基础上，所有的男人都要携带武器，国家军火库始终备有武器，供需要时使用。凭借有效的军事机器，阿兹特克人从其臣民那里榨取到数量惊人的贡物。

（三）印加文明

斯塔夫里阿诺斯在《全球通史：从史前史到21世纪（上册）》（吴象婴等译，325—326页，北京：北京大学出版社，2012）一书中指出，12世纪印加人在库斯科谷地定居下来，不久便统治了这个地区。在早期阶段，他们的战争首领逐渐建立了一个王朝，而他们的部落成员则成为其他部落中的贵族，世袭王朝和贵族阶层相结合，在美洲大陆是独一无二的，构成了建立帝国的有效工具。由于一代一代的印加及国家首领的杰出才能，他们的帝国特别强大。“印加”是其君主的称号，印加唯一合法的妻子是他自己的亲姐妹，因此每个印加都是兄弟姊妹通婚所生育的后代，这种近亲繁殖大约持续了八代，而最早的祖先一定是非常强壮，因为正如西班牙所看到的那样，王子都是些英俊、精力旺盛的人。印加人从坐落秘鲁高原上的帝国首都库斯科城向外派出军队和使节，向西到沿海地区，向南和向北沿大山谷前进，在西班牙人入侵之前，他们已经将其版图从厄瓜多尔扩大到智利中部，南北长约2 500英里，这样他们统治的领土比阿兹特克人的领土大得多，而且他们将这片领土当作一个真正的帝国来统治。这一帝国在地理上有完整的道路系统紧紧连成一个整体，这一道路系统包括用芦荟藤编织成的索桥和用有浮力的芦苇制成的浮桥，其中有几百英里道路至今仍可通行。大面积的灌溉系统同样很重要，它使印加帝国成为繁荣昌盛的农业国，其中部分灌溉系统至今仍在使用。当时的通讯靠由驿站和信差组成的综合系统维持，信差迅速地将信件送往全国各地。复杂的朝廷仪式和基于太阳崇拜的国教，进一步促进了帝国的统一，这一宗教认为印加是太阳的后裔，在太阳礼拜中，他起着重要的作用。帝国的其他统治方法还包括土地、矿产和牲畜归国家所有；为了税收和军事上的目的，编制详细的人口普查表；废除世袭的

法庭记录来看，法庭所处理的大量案件是有关农奴之间及农奴与封建主之间的，其中很多是保护封建主利益的。

——马克垚：《西欧封建经济形态研究》，187—189 页，北京：人民出版社，2001

材料七 封建制度是一种政府的形式……由地主贵族、俗人或僧侣，男爵或主教或主持在一定的领土范围内，对那里所有的居民办理行政、执行司法、征收赋税的制度。在这样的一个政体里，政府的实质是分裂的。王座只保留了一个空洞的宗主地位，只是一个名义上的权力，而国王被缩成为一个阴影而已。

——[美]汤普逊：《中世纪经济社会史（上册）》，耿淡如译，302 页，北京：商务印书馆，1997

问题设计： 根据材料，分析中古西欧封建庄园的特点。

教师引导学生分析： 在封建体制下，封建领主在其领地范围内拥有较大的统治权，他们不仅掌握司法权，控制和利用庄园法庭，还掌握行政权和征收赋税的权力。与此同时，王权不断衰微，事实上封建领主成为封建领地和庄园的实际统治者。由此可见，中古西欧并没有形成强有力的类似于中国的专制集权，地方基层组织拥有较大的自治权力。那么，这一现象是如何形成的呢？

材料呈现：

材料八 日耳曼马尔克村社标志性的政治制度是自由民大会。一切重大事情，包括罪犯的审判，都由自由民大会集体决定。酋长们可以决定小的事情，重大事情则先由酋长们详细讨论，然后再交部落会议做最后决定。庄园出现后，庄园法庭和村民会议往往合二而一。初期的庄园法庭，裁决者是法庭全体出席人，这显然是村民大会的遗风。以后，村民大会才逐渐被陪审团取代，而陪审团也是由佃户组成。

——侯建新：《交融与创生：西欧文明的三个来源》，载《世界历史》，2011 年第 4 期

材料九 入主西欧前的日耳曼人也有"国王"，国王的权力并不是无限的，他不能一意孤行，如死刑、囚禁，甚至鞭笞等种种事务都只有祭司们才能执掌。……日耳曼人中，小事由酋帅们商议；大事则由全部落议决。

——[古罗马]塔西佗：《阿古利可拉传 日耳曼尼亚志》，马雍等译，59—60 页，北京：商务印书馆，1959

问题设计： 根据材料，分析中古西欧地方自治形成的历史渊源。

教师引导学生分析： 一方面，日耳曼马尔克村社制度影响了中世纪西欧庄园和村社的管理。受马尔克村社制度下自由民大会制度的影响，中世纪庄园法庭和村民会议合二为一，保留村民极大的自治权。另一方面，日耳曼传统影响了欧洲中世纪王权。和日耳曼的王权相比，欧洲中世纪王权并没有太大变化。王座只保留了一个空洞的宗主地位，只是一个名义上的权力。国王不能随心所欲，权力受到一定的限制。由此可见，中古西欧地方基层组织拥有较大自治权以及王权受限的局面来源于日耳曼传统。

三、"二元分化"的上层

材料呈现：

材料十 中古西欧多元社会结构主要表现在二元权力体系、多元权力主体和多元法律

体系等方面。中古西欧，以教皇为代表的教权体系与以国王为代表的王权体系同时存在于一个社会内部并发挥作用，它们之间既有对抗与制约，也存在合作与利用。正是教会权力对国王权力的制约与抗衡，使中古西欧的神性与俗性并驾齐驱、共同发展，从而形成了政教分离的二元体制。

——张巨斌：《中古西欧多元社会结构的核心特征》，载《甘肃社会科学》，2011年第3期

材料十一 在中世纪西欧，这时期的政教关系并非两个社会共同体的关系，而是同一共同体内两种权力体系的关系，即在教士与俗人、属灵等级与属世等级、圣职与俗职、主教（教皇）与国王（皇帝）、精神权力与世俗权力、教权与王权分化的基础上形成的二元关系。教权与王权是连体的双头鹰，因为其二元分化、产生相互的竞争、摩擦和厮杀；由于其共生于同一共同体，所以便相互依存，相互纠结，相互渗透，难解难分。

——丛日云：《在上帝与恺撒之间：基督教二元政治观与近代自由主义》，198—199页，北京：生活·读书·新知三联书店，2003

问题设计：根据材料，分析中古西欧上层政治结构的主要情况。

教师引导学生分析：中古西欧存在着教权与王权并立的二元权力体系，而且两者相互竞争、摩擦和厮杀，与此同时又相互依存，相互纠结，相互渗透，难解难分。这种二元权力体系成为了中世纪西欧政治文明的重要特征之一。在这一体系下，王权受到教权的制约，中古西欧很难形成强有力的类似于中国的专制集权。那么，这一体系是如何形成的呢？

材料呈现：

材料十二 基督教不仅将一种新的信仰体系、价值观念和生活方式带给西方社会，它还将一种新的社团组织、社会秩序和权力结构嵌入罗马国家以及后来的西欧日耳曼社会，从而造成了西欧社会的二元分化：在同一社会共同体内，成长起相互平行的教权与王权，即政教二元化权力体系。

——丛日云：《在上帝与恺撒之间：基督教二元政治观与近代自由主义》，195页，北京：生活·读书·新知三联书店，2003

问题设计：根据材料，分析中古西欧政教二元化权力体系形成的历史渊源。

教师引导学生分析：基督教“二元政治观”推动西欧成长起互相平行的教权与王权，构建了政教二元权力体系。11世纪末到13世纪末发生的著名的“教皇革命”以法律的手段，平抑了皇帝或国王的权力，剪除了他们头上的光环，逐渐结束了神圣王权时代，实践了二元政治观，并且使法律的最高权威性成为必要和可能。

教师指导学生小结：通过学习，我们了解到由于受到多元文化的影响，中古西欧难以形成类似于中国的强有力的专制主义中央集权体制，君主在治理国家的过程中很难拥有至高无上的权力。在中世纪的西欧，个人拥有一定的自由，基层组织拥有一定的自治权，国家上层构建存在相互平行的王权和教权，这些都在一定程度上受到日耳曼文明、古典文明、基督教文明的深刻影响。由此可见，中古西欧文明是不同文明融合和嬗变的结果，具有鲜明的多元混合特色。正是这种多元的特色，催生了西欧近代的民主宪政，催生了保障市场经济形成的法律体系，从而使西欧较早步入现代社会。

设计二：千年帝国的兼收并蓄——拜占庭文明的影响

设计意图

拜占庭帝国曾是中古地中海世界最富有、最强大的国家，其文化曾辉煌千余年。它不仅是古典文明与中世纪文明传承的纽带，也是东西方文明交往的桥梁，对欧亚文明的发展影响深远。本设计通过研读拜占庭文明的相关史料，引导学生理解拜占庭文明因其特殊的地理位置、历史沿革和宽容的国家政策而成为东西方文化的汇融体和东西方文明交往的桥梁，进而认识拜占庭文明对西欧、东欧以及伊斯兰地区的政治、经济制度的建设和文化特色形成的重要意义。

设计方案

导入新课：拜占庭帝国曾是中古地中海世界最富有、最强大的国家，其文化曾辉煌了千余年，如同泥沙中的珍珠，如同黑夜中的火把，照亮了东欧和西欧地区。但如此鼎盛的帝国终究灭亡了，盛世之后留给人们美好的回忆和无尽的思考。下面，就让我们走进这个帝国，揭开它的神秘面纱。

一、西欧的邻居

材料呈现：

材料一　拜占庭帝国的收缩与扩张图(约 850—1050 年)

这张地图上不同的颜色标明拜占庭在 800 年代的疆域是如何缩减的，然后在直到 1050 年的这段时间里，它又是如何慢慢扩张的。

——[美]本内特等：《欧洲中世纪史》，杨宁等译，74 页，上海：上海社会科学院出版社，2007

问题设计：拜占庭帝国在哪里？这是一个很难回答的问题，因为帝国的疆域是不断变化的，但其核心统治区区域是不变的。请读图并指出拜占庭帝国大概的地理位置及其统治的核心区域。

教师引导学生分析：由图可知，拜占庭帝国大致位于西欧基督教文明和伊斯兰文明之间，地中海的北岸，黑海和多瑙河以南的区域；核心统治区是以首都君士坦丁堡，也就是以拜占庭为核心的巴尔干和小亚细亚地区。那么，拜占庭帝国特殊的地理位置与其文明的形成有何关联呢？

二、东西文明的汇融体

材料呈现：

材料二 拜占庭文明是亚欧中世纪文明中一枝独具特色的奇葩。首先，它立足于东方希腊化地区文化的肥田沃土之上，从其产生的那一时刻起就带有明显的东方色彩。其次，它又是典型的基督教文明。基督教在帝国统治下的地中海地区建立的至高无上的统治地位，决定了帝国文化的发展从此被纳入基督教的轨道中。……最后，拜占庭文明还具有明显的罗马因素。在许多方面，特别是在政治法律体系及官僚统治体系方面，拜占庭几乎全面继承了罗马帝国的传统，使之成为中世纪拜占庭政治制度的骨架。

——徐家玲：《走进拜占庭文明》，57页，北京：民主与建设出版社，2001

材料三 拜占庭帝国所在的地区曾是古代历史上希腊文化昌盛的中心地区，亚历山大大帝东征使东地中海沿岸和西亚广大区域内的各个民族经历了"希腊化"的历史，因此，古典希腊文化深深地植根于当地各民族中，获得了这些民族的认同。拜占庭帝国虽然取代了罗马帝国的地位，但是它与后者有着千丝万缕的联系，在相当长的时间里，拉丁语仍然是拜占庭帝国的官方语言，拜占庭皇帝们始终缅怀罗马大帝国的光荣，特别是在拜占庭帝国早期，皇帝们无不以恢复和重振罗马帝国昔日辉煌为己任。拜占庭帝国所在的特殊的地理位置，使它不仅在经济上独享东西南北商业汇集的便利，而且使它能够比较容易地进行多种文化间的交流活动。活跃的商业和频繁的军事活动成为拜占庭文化与其他文化交流的媒介。应该说，拜占庭文化的开放性也是其历史演化的必然结果。

——陈志强：《论拜占庭文化的独特性》，载《北京论坛(2006)》，2006-10-27

材料四 从本质上讲，基督教信仰原则与古典的世俗文化相对立，基督教信仰以无知愚昧、盲目崇拜为前提，而古典文明则强调人性和理性。但是，拜占庭帝国特殊的历史背景和教俗统治阶层的关系决定了在这种特殊环境下这两种对立事物的统一，即在皇帝的控制下使古典文化和基督教信仰有机地结合在一起。

——陈志强：《拜占庭帝国通史》，274—275页，上海：上海社会科学院出版社，2013

问题设计：拜占庭文明是一种混融性十分明显的文化，请根据材料指出拜占庭文明融汇了哪些文化并分析其原因。

教师引导学生分析：由上述材料可知，拜占庭文明融汇了古希腊罗马文明、东方文明、基督教文明，它是古典希腊罗马文明与近东文明及公元1世纪产生的基督教观念和罗马法制传统相结合的产物。拜占庭文明因其特殊的地理位置、历史传承、特殊的历史背景、教俗统治阶层的关系和统治者的推动而成为东西方文明的汇融体。拜占庭文明是罗马帝国的延续,因其所在的地区曾是古代历史上希腊文化昌盛的中心地区,古希腊的文化也得以部分保留。特殊的地理位置,使它不仅在经济上独享东西南北商业汇集的便利,而且使它能够比较容易地进行多种文化间的交流活动。活跃的商业和频繁的军事活动成为拜占庭文化与其他文化交流的媒介。拜占庭帝国特殊的历史背景和教俗统治阶层的关系使得在皇帝的控制下古典文化和基督教信仰有机地结合在一起。总的说来,拜占庭文明是以君士坦丁堡为其文化萌芽、发展、繁荣和向周围地区扩散、影响的中心,以古代亚洲东方文化为其重要补充,以基督教中的东正教思想为其文化的指导思想,以古希腊罗马文化为其文化形成的基础和核心的一种独特文化体系。

三、东西方文明的桥梁

材料呈现:

材料五 早在查士丁尼时代,拜占庭文化和伊斯兰文化的交往便开始了,阿拉伯人兴起之后,两者的交往更是一直没有中断。在君士坦丁堡大学里有来自阿拉伯和波斯的学生,也有来自埃塞俄比亚和巴比伦城的学生。阿拔斯王朝大哈里发马蒙还曾组织各方面学者翻译了大量希腊文、叙利亚文的拜占庭书籍。在大马士革,阿拉伯人甚至雇佣了大批希腊建筑师、艺术工匠、政治家和学者,这种现象一直持续了几百年。

——陈志强等:《试论拜占庭文化在中世纪欧洲和东地中海文化发展中的地位和作用》,载《历史教学》,1986 年第 8 期

材料六 拜占庭文化的西传出现过多次高潮,例如在毁坏圣像运动期间,大批流亡西欧的教士成为文化的传播者。13 世纪初,第四次十字军东征前后,拜占庭文化再次出现西传的高潮。……这个时期,从君士坦丁堡抢夺的大批珍宝、文物、图书和艺术品在西欧各国广泛传播,"拉丁人的住宅、官邸和教堂都用抢夺来的珍宝装饰起来"。诸如玻璃制造、地图绘制等科学技术,也于同期从拜占庭帝国传入西欧。拜占庭文化西传的最后高潮出现在 14 世纪以后,这次高潮出现的原因是土耳其人在巴尔干半岛的军事扩张引起地区性局势动荡,使大批拜占庭学者和工匠移居西欧,直接促进了拜占庭文化在西欧地区的传播和意大利崇尚古典文化热潮的形成。

——陈志强:《拜占庭帝国通史》,332—333 页,上海:上海社会科学院出版社,2013

问题设计: 处于亚欧非大陆间的拜占庭文明不仅是古典文明与中世纪文明传承的纽带,也是东西方文明交往的桥梁。根据材料,指出拜占庭文明传播的区域并分析其产生的影响,概括拜占庭文明传播的途径并谈谈你的看法。

教师引导学生分析: 由上述材料可知,拜占庭文明传播至阿拉伯和西欧地区,为阿拉伯文明和西欧文明所借鉴。拜占庭文明因其历史和地理位置的特殊性,成为东西方文明交往的桥梁,其文明在西欧、东欧以及伊斯兰地区的传播,对当地的文化特色乃至文明的形成具有重要意义。阿拉伯文明吸收了拜占庭的学术、建筑、艺术、政治等成果;中古西欧在学术、文艺、科学技术等方面也受到拜占庭文明的影响。由上述材料中阿拉伯与拜占庭的交往、第四次十字军东征、土耳其人在巴尔干半岛的军事扩张等具体史实可以看出,在拜占庭文明传

播的过程中，和平与战争等非和平的途径并存。虽然两种途径均推动了文明的传播与交融，但和平的途径应当成为文明传播的主流，因为非和平途径虽然在客观上促进了文明的传播，但是给人类社会带来的灾难是无法衡量的。这也警示后人在人类发展的问题上进行理性思考，以正确的方式推动人类社会进步和世界历史演进。

教师指导学生小结：处于亚欧非大陆间的拜占庭文明因其特殊的地理位置和历史背景、文化政策，不仅成为古典文明与中世纪文明传承的纽带，也成为东西方文明交往的桥梁。拜占庭帝国虽已逝去，但其文明中的许多元素依然在新文明的框架中得以存续，成为西欧、斯拉夫、土耳其各族历史文化的重要渊源，对整个人类历史的发展起着重要作用。

教学资源

资源1：罗马法复兴运动对西欧基督教文明的影响

罗马法的复兴不是简单的发现与采用，而是适应西欧经济社会发展的需要而重新发掘和改造。与其说复兴，不如说再造——在相当大程度上改造并吸纳罗马法（还有教会法）的基本元素为其所用。在地中海世界，特别是在欧洲的中西部，商品经济的复苏与发展需要更灵活、更都市化的法律，也需要一种比地方习惯法的适用范围更广、普适程度更高的法律。商品货币经济越繁荣，个体权益越需要做出明确的界定。系统而又缜密的罗马法恰逢其时，不仅具有详细的人法、物权法、继承法、债权法和诉讼法，而且对社会各种组织的地位亦有较为明确的法律界定。这样一种个人主义的法律，为企业家的活动提供了一种适当的法律基础。罗马法以私法为主，而权利观念又是私法中的精华。不过罗马法中“权利”的概念具有多义性和含混性，甚至还没有一个专门的词汇来表达；更重要的是它仅局限在私法领域，没有公法上的范式与之呼应，不能保障国家权力掌握在权利主体手中，因此不能与现代权利概念对接。进入中世纪后，经改造后的罗马私法中的“权利”概念才被引申到公法领域，形成新的权力、权利观，给西欧的法律政治体系带来革命性的变革，从而演绎出一种以个体权利为基础的全新的法治文明。当然，这一过程也离不开基督教会的参与以及教会法的改造。

——侯建新：《交融与创生：西欧文明的三个来源》，载《世界历史》，2011年第4期

资源2：中古西欧多元社会结构的核心特征

可以将西欧前现代社会的多元社会结构特征概括为一二三。一是社会结构围绕一个权利观念，即主体权利观念而建构。二有两层含义：一方面社会结构有两大权力体系支撑，即教权与王权体系；另一方面是中古西欧的“契约性”主要在二元社会主体之间形成既紧张对立又合作利用的关系，是二元间的冲突、消解、再冲突、再消解的过程推动社会向着现代文明发展。三有三层含义：一是中世纪的社会结构在三个社会主体群（贵族、教士、市民或农民）上建构；二是中世纪的社会权力主要由贵族、教会和第三等级三方控制；三是西欧多元社会结构的形成与发展依赖于三大传统，即日耳曼传统、罗马法遗迹和基督教思想，当然数字三在西欧人的心灵中还有更深层的宗教含义。

——张巨斌:《中古西欧多元社会结构的核心特征》,载《甘肃社会科学》,2011 年第 3 期

资源 3: 中古西欧文明的概况

在基督教精神的笼罩下,这里仍然有由大海与田野风光孕育出来的古希腊式的浓郁诗情和古罗马帝国制度,只不过日耳曼人的生命活力和基督教的神秘主义成了时代最强音。蛮族部落文化与基督教结合的后果是创造了一种骑士尚武精神与基督受难、赎罪观念的奇怪混合,暗示出原始活力如何同禁欲精神相抗衡的悲剧主题。

尽管这是一个基督教信仰时代,我们却总能透过布满城堡和教堂的中古景色,看到一种很不精致的封建制度和一种非常特殊的生活方式在欧洲兴起: 政治是分散割据的,社会几无安全和秩序可言。通过采邑的层层分封骑士们结成了领主和附庸的关系,但基督教会却宣称它高于世俗权威,从而构成了教会对世俗权威的限制;罗马帝国的崩溃和蛮族的入侵使欧洲的生产力遭受严重破坏,常年的战争使得地方领主成为地方上的保护者和剥削者;因战争需要建立起来的采邑、庄园等制度正在把带有军事性质的组织变成人们进行农业生产的基本单位。在这样的环境里,中世纪的欧洲人长期生活在贫困的社会里,精神不免走向悲观和虚无,这正好为宗教的盛行铺平了道路。不久,社会结构、绘画、音乐、建筑、民族性格以及生活方式的各个细节都带上了基督教色彩。

——马克垚:《世界文明史(上)》,372 页,北京: 北京大学出版社,2016

资源 4: 古典文明的终结与地中海世界的裂变

首先,古典文明的终结与地中海的裂变,是一个漫长的过程,西罗马帝国的覆亡只是开启这一"终结"与"裂变"过程的标志性事件。其次,古典文明的终结与地中海的裂变,的确开启了一个新的时代;但这一时代的内涵不仅仅表现为奴隶制社会破产,封建制度在西方的确立,基督教在欧陆地区的广泛传播,古典时代结束和西方中世纪时代开端这些意义,还包含着开创了地中海周边三大文明鼎足而立、彼此对峙的新文明空间格局这一更为重要的内容。再次,伊斯兰和拜占庭两大文明对于西方文明的形成皆有着巨大的影响功用。自其诞生之日起,这种新的文明格局和相互交往关系一直规定着地中海地区历史的运行轨迹。虽经历史潮流诸多变故的冲刷,中世纪时代已经同古典时代一样早已结束,封建制度也与它所取替的奴隶制一样化为历史陈迹,各类帝国和王国都已统统消亡殆尽,但是,地中海岸边这种三大文明并立对峙的格局却一直未发生根本性的变化,一直制约、规定着这一地区的大势。

——王晋新:《古典文明的终结与地中海世界的裂变: 对西方文明形成的重新审视》,载《东北师范大学学报(哲学社会科学版)》,2010 年第 1 期

资源 5: 拜占庭的基督教化研究

基督教于 313 年《米兰敕令》后便在地中海世界迅速传播。4 世纪初时,拜占庭帝国的基督徒人数达 5 百万,大约占帝国总人口的十分之一,而到了 5 世纪初,基督徒人数达到帝国总人口的一半左右,9 世纪时,帝国就完成了宗教信仰上的转型。自此,基督教融入帝国的政治、经济、社会和文化中,形成了"教俗一体"的政体、强大的教会经济、基督教的社会救助

和社会伦理以及独特的基督教文化。拜占庭帝国的基督教化进程顺利进行，对帝国日后的发展产生了重要影响。

——陈志强：《全面解读拜占庭历史的关键点》，载《社会科学报》，2012－5－24

资源6：早期拜占庭的政教关系和查士丁尼的宗教政策

在查士丁尼以前的早期拜占庭，皇权对教权的优势基本占主导地位。虽然，基督教会羽翼渐丰之后，曾多次对皇权控制教权的现状进行抗争，但终究不能摆脱皇权的控制。这种皇权对教权的优势，在查士丁尼时代得到了最充分的体现。查士丁尼比他的前辈们高明之处不在于他继续实行宗教上的皇权专制，而在于他能从神学理论上阐明政、教关系的原则，并积极付诸实践。因此，他能够保证皇权对教会的有效控制。他积极支持基督教传教活动，使基督教的影响远抵尼罗河中游和北非各地；他所主持的第五次基督教全体会议也终于得到西方教会的承认；他所确立的"政教协调"、皇权至上的原则在中世纪拜占庭和东欧的东正教诸国得以延续和发展，成为这些国家处理政教关系的基本准则。后来，在拜占庭又出现了希拉克略、利奥三世等有效处理宗教事务的英才；甚至近代俄国沙皇彼得大帝的宗教改革，也不无查士丁尼原则的影响。当然，由于以罗马主教区为中心的西方基督教世界所处的特定历史条件，使罗马教皇上升为中世纪西欧教俗事务的主宰。

——徐家玲：《早期拜占庭的政教关系和查士丁尼的宗教政策》，载《东北师范大学学报(哲学社会科学版)》，1993年第6期

资源7：查士丁尼时代拜占庭帝国的军事特点

达拉斯城战役是贝利撒留指挥的第一次大规模会战，成为此后他率军进行西征的典范。达拉斯城战役展现了查士丁尼时代拜占庭帝国军事的基本特点：

第一，拜占庭军队的主体是蛮族雇佣军。在达拉斯城战役中，玛撒该塔伊人和埃茹利人组成的重骑兵和轻骑兵成为了决定战争胜利的关键。

第二，拜占庭军队突出将才的作用。在达拉斯城战役中，贝利撒留的军事才华体现在军队集结、构筑防御、战争动员、军队列阵、发挥多民族军队特点和把握战局变化等多个方面。

第三，拜占庭军队战术特点体现了野战军和边防军的有效配合。从戴克里先时代起，罗马军队出现了野战军和边防军的区分。拜占庭帝国军队沿袭这种分野，使之与军事战略适应。边防军沿着边界驻扎在堡垒中，对抗低烈度的敌人侵扰，或者削弱敌人大部队的进攻锐气，为野战部队的围歼争取时间。野战军驻扎在有军事交通线的城镇，能快速地对入侵之敌形成包围，歼灭敌人或者迫使敌人撤退。

第四，拜占庭军队重视战略的运用和突出骑兵的战术作用。贝利撒留为完善拜占庭军事制度做出了两个贡献：一是推行攻势防御战略，二是凸显骑兵在战斗中的主导作用。

第五，拜占庭军队重视城镇和军事工程的使用。贝利撒留在达拉斯城战役中充分发挥了二者的作用。首先，是最大化地发挥达拉斯城的优势。达拉斯城建立在三座小山之上，易守难攻。这种选址方式体现了拜占庭修建军事城镇的原则。其次，拜占庭军队挖掘的战壕有效迟滞了波斯骑兵的攻击。

第六，拜占庭进行战争的目的是为了追求和平。在决战前，贝利撒留在给波斯统帅的信

中表达了争取和平避免战争的观念。获胜后,贝利撒留命令军队勿追逃兵。这是因为拜占庭军队战斗目的是抵御侵略以求和平,而非消灭敌人。

——马锋等:《从达拉斯城战役看查士丁尼时代拜占庭帝国的军事特点》,载《西南大学学报(社会科学版)》,2014 年第 5 期

资源 8: 阿拉伯帝国的民族政策

中东北非是多民族聚居区,而帝国的征服运动是以伊斯兰教为旗帜的,因而帝国的民族政策大多是通过宗教原则而体现出来,主要有:

第一,对非阿拉伯人实行安抚政策。这一安抚政策集中体现在阿拉伯军队在对外扩张时与当地人订立的合约上。

第二,对犹太教徒、基督教徒、袄教徒等异教徒的宽容。伊斯兰教创始人穆罕默德在传教之初即承认犹太教徒、基督徒为"有经典的人"。这一原则既是一种宗教政策,又因在帝国疆域内信仰这些宗教的是一些特殊的族类群体而表现为一种民族政策。

第三,统治者对先进民族文化的高度重视。阿拉伯统治者虽然崛起于文化落后的阿拉伯半岛,但他们高度重视先进民族的文化,这是阿拉伯帝国民族政策在文化领域的直接体现。尽管在帝国统治时也发生过多次对"文化人"的杀戮与迫害,但只要文化与学术活动不涉及王权与哈里发统治,统治者是大力提倡的。

……

民族政策使非阿拉伯人中诞生了如此众多的文化名人,而这一政策产生的原因是什么呢?

首先,帝国境内各民族族类渊源相似、习俗相知、往来已久。

其次,帝国伊斯兰化的宏伟目标与有序管理庞大帝国的政治现实成为这一政策的客观需要。

最后,帝国强大,思想开阔。这是帝国民族宽容政策的物质与精神基础。

——张咏梅:《论阿拉伯帝国的民族政策与文化繁荣》,载《西亚非洲》,1997 年第 3 期

资源 9: 日本奴隶制向封建制的过渡

日本的部民奴隶制是不发达的奴隶制。对日本从不发达的奴隶制向封建制的过渡,中国的先进生产技术和封建制度的影响起了巨大的促进作用。日本部民奴隶制生产关系,至 6 世纪中叶已经同在中国先进生产技术影响下迅速提高了的生产力水平和性质不相适应,发生危机,开始要求封建生产关系。日本统治阶级中具有革新思想的人物也开始参照隋唐封建制,局部调整生产关系,进而实行了全面的社会改革,日本社会遂迅速走上了封建化的道路。就是说,中国的影响加速了日本从不发达的奴隶制向封建制过渡的进程。……"唯物辩证法认为外因是变化的条件,内因是变化的根据,外因通过内因而起作用。"在经历了三四百年发展的日本奴隶社会,在经济基础和上层建筑方面都已具备接受中国先进生产技术和先进制度的条件,这些条件和日本统治阶级中的部分积极学习中国的骨干分子,都应视为内因。没有这些内因,外因是起不了作用的。

日本的这种在奴隶制并未充分发展的基础上，接受外部先进社会各方面的影响，使自己迅速走上封建化道路的情况，为世界各地从奴隶制向封建制的过渡提供了另一种形式。

日本奴隶制危机时期劳动群众的斗争促进了统治集团的分化，促进了封建革新派的形成。封建革新派之所以成为革新事业的主要承担者，是因为他们作为原统治阶级的一部分拥有最优越的条件接触中国的先进事物，吸收其先进思想和文化的缘故。

以暴力手段掌握政权是革新运动具有决定意义的一步。由于革新政权的建立，革新派才能以唐制为榜样一步一步实施改革，贯彻革新纲领，把国家改造成为封建集权国家，实现从奴隶社会向封建社会的过渡。因此可以说，大化革新运动是一次自上而下的封建变革运动，它的发动标志着日本奴隶制时代的终结与封建制时代的开始。

——张玉祥等：《论日本奴隶制向封建制的过渡》，载《历史研究》，1982 年第 2 期

资源 10：古典时期玛雅文明中落的原因

对古典时期（公元 300—900 年）玛雅文明中落原因的解释，主要观点有：

一是自然环境恶化和人类活动过度引发的恶果，认为由于过度垦殖造成地力衰竭；侵蚀作用使土壤淤平了浅湖，破坏了水源供应；野草疯长，原始耕种模式难以应付；人口增加耗尽了资源等。

二是社会变革说，埃里克·汤普森认为，由于日益增加的贡税负担和对供养异教信徒的不满而导致平民革命，统治阶层和他们的宫殿神庙都被摧毁了，玛雅人又恢复到组织程度较低的农业社会形态，伴随着社会秩序的崩溃，营养不良和疫疾加速了热带低地人口的灭绝。

三是战争毁灭说，2002 年 9 月 19 日《纽约时报》的一篇题为《玛雅雕刻讲述了两个强国之间的战争》的文章，介绍危地马拉的玛雅文字专家费德里科·法森完成了多斯皮拉斯象形文字的翻译情况，这些象形文字揭示了玛雅文明消失的秘密，它们是因 2001 年的一场飓风将多斯皮拉斯玛雅庙宇废墟旁的大树连根拔起而被发现的，是迄今为止篇幅最长的玛雅石刻象形文字。这些文字认证了一些学者的观点，即相距 60 英里的蒂卡尔城邦和卡拉克穆尔城邦集结各自的盟友，为争夺绝对的统治权而战，7 世纪和 8 世纪的动荡由此而起。蒂卡尔沦陷后，战争最终又导致卡拉克穆尔的毁灭，接着，玛雅帝国分裂成为地区势力，为密集的小规模战争创造了条件，而这些小规模战争最终导致了玛雅的毁灭，最后，作为曾经是卡拉克穆尔盟友的多斯皮拉斯也变成了一座被废弃的城市。

四是"多种原因综合作用说"，如戴尔·布朗主编的《辉煌、瑰丽的玛雅》一书中提到，"农业歉收，人口过多，肆虐的疫病，外来入侵、社会变革和日趋失控的战争，所有这些均是为了揭开玛雅南部低地文明突然衰落之谜而做出的猜测。"在中美洲生活和工作了三十多年的人类学家 R. J. 沙勒认为玛雅文明的衰落是环境恶化、人口过剩、毁灭性战争日益增加、道德的日益败坏和对国王权威的宿命论信仰等因素复杂混合作用的结果。他还指出，如果我们不注意保护环境和节制人口，那么玛雅的昨天就是我们的明天。最后一种观点似乎是目前的流行观点。

——韩琦：《拉美古代文明史中几个有争议的问题》，载《史学理论研究》，2004 年第 1 期

第四单元

全球联系的建立

学术引领

一、新航路开辟引发的全球性流动

（一）哥伦布大交换

克罗斯比在《哥伦布大交换——1492 年以后的生物影响和文化冲击》（郑明萱译，“前言”3 页，北京：中国环境科学出版社，2010）一书中率先提出“哥伦布大交换”。麦克尼尔在序言中指出，克罗斯比提出“哥伦布大交换”，价值不在其完整全面，而在他建立了一种新的视角、新的模式，用以了解生态与社会事件。

关于哥伦布大交换中不同文明的交流碰撞，李剑鸣在《两个世界文明汇合与北美印第安人的历史命运》（载《历史研究》，1992 年第 1 期）一文中指出，新旧大陆在社会发展梯级上的悬殊位置，决定了两个世界文明的接触不可能是和平且平等的。西欧诸国正逐步走向以工商业为主导的资本主义时代，其先进的制度和开发利用自然的能力，远较印第安人发达，更可怕的是，其开发利用自然的方式与程度，直接威胁着印第安人的生存环境。正是在这样一种文明的碰撞中，一场史无前例的大交换、大流动也随之进行着。

（二）动植物的交换

1. 植物的交换

张箭在《哥伦布第二次远航与旧大陆生物初传美洲》（载《历史研究》，2005 年第 3 期）一文中指出，哥伦布航渡美洲开始后，西班牙人和其他欧洲人把印第安人驯化、培育、种植的作物和美洲特产的植物陆续传播到欧洲继而传遍全世界。这些作物中最为重要的有：玉米、土豆（马铃薯）、甘薯；烟草、橡胶、棉花；花生、葵花、可可；番茄（西红柿）、辣椒、南瓜、西葫芦、菜豆（四季豆）；菠萝、鳄梨、豆薯（即地瓜，既可作水果又可作蔬菜）；金鸡纳树、古柯（可可），等等。而哥伦布的第二次远航则直接把旧大陆一些重要的农作物和畜禽传入美洲，并在美洲栽培和饲养。在哥伦布第二次远航期间，哥伦布等人把美洲没有的欧洲旧大陆具有的各种重要的农作物，包括谷物、蔬菜、水果、经济作物等，实实在在地传入了美洲。刘祚昌、王觉非在《世界史·近代史编（上卷）》（259 页，北京：高等教育出版社，2001）一书所言，今天世界植物食品中至少有三分之一来自美洲。美洲产的几种药品，也在近代医疗中被广泛使用，如南美的古柯可以制成可卡因和奴佛卡因；南美产的马钱子可以制成麻醉药；美洲产的金鸡纳树可以制成专治疟疾的奎宁；美洲产的曼陀罗可以解痛，药鼠李可以用作缓泻剂。

2. 动物的交换

张箭在《哥伦布第二次远航与旧大陆生物初传美洲》(载《历史研究》，2005 年第 3 期)一文中指出，哥伦布带来的欧洲畜禽在美洲生息繁衍，并在最初的殖民活动和开发新区的事业中发挥了重要作用。欧洲的骑兵和猎狗在征服海地乃至征服美洲印第安人的征战中发挥了特殊作用。美洲印第安人均没见过马，对马敬畏莫名。殖民者带来了狗，据说在对付印第安人时一条狗抵得上十个人。欧洲狗除了看家护院、打猎外，在追捕、搜索印第安人，捕捉他们为奴方面也起了独特作用。另外，狗还用于品尝、检验美洲的各种动植物食品，以辨别食物是否有毒。

李剑鸣在《两个世界文明汇合与北美印第安人的历史命运》(载《历史研究》，1992 年第 1 期)一书中指出，因为以前印第安人没有驯养马匹和发明车轮，文明最为发达的阿兹特克人仅驯养了狗、火鸡、鸭等动物，印加人的骡马主要用于衣食，而不能作兽力工具，没有马匹和车轮，使远距离的交通运输几乎难以进行，部落的迁徙流动亦不方便。也就是说，马匹的到来极大地改变了印第安人的交通和生活方式。

(三) 疾病的跨界传播

克罗斯比在《哥伦布大交换：1492 年以后的生物影响和文化冲击》(郑明萱译，20 页，北京：中国环境科学出版社，2010)一书中指出，一旦哥伦布的到来使这颗行星上原本分离的两半球相逢，美洲印第安人便有生以来第一次迎面遇上他最可怕的大敌：不是那个白人，也不是这位白人的黑人仆从，而是那些看不见的杀手，潜伏在这些人的血液内、气息中，被他们带上岸来，这些潜伏杀手就是疾病。

丁见民在《北美早期印第安人对外来传染病的反应和调适》(载《世界历史》，2015 年第 4 期)一文中指出，伴随着外来移民而至的还有致病的微生物，天花、麻疹、鼠疫、流感、疟疾、黄热病等外来传染病开始在美洲大陆蔓延，极大地改变了北美印第安人的生态环境，使他们像白人一样处于一个陌生的“新世界”。

张箭在《哥伦布第二次远航与旧大陆生物初传美洲》(载《历史研究》，2005 年第 3 期)一文中指出，从哥伦布第二次远航美洲起，旧大陆的农作物、畜禽和传染病(包括疟疾、流行性感冒，斑疹伤寒)传入美洲，这一切都深刻地改变了西半球美洲的历史进程、社会发展、植物作物栽培、动物群落畜禽饲养、疾病的种类分布和人的抗体免疫力、人种民族结构，因而具有极为重大的社会影响。

美国学者杰里・本特利等在《新全球史——文明的传承与交流(下)》(魏凤莲译，732 页，北京：北京大学出版社，2007)一书中指出，天花和其他疾病引发了凶猛的瘟疫，严重摧毁了本地人口并动摇了他们的社会。在人口急剧减少的情况下，欧洲人颠覆了土著的帝国，建立了采矿业和农业，输入了非洲奴隶劳动力，并在西半球的大部分地区建立了殖民地。

(四) 人口的迁徙

人口迁徙是人类历史上重要的一个环节,比利时学者埃里克·范豪特在《世界史导论》(沈贤元译,55—56页,北京:新华出版社,2015)一书中指出,自人类起源和智人的迁徙开始,人就一直是流动的生物。过去几万年的全球移民史是一个分流又趋同的故事。在1400—1700年期间,全球移民的规模上升了。航海技术的改进使得洲际旅行成为可能,带来了深远的经济、文化和社会影响。

杰里·本特利等在《新全球史——文明的传承与交流(下)》(魏凤莲译,663页,北京:北京大学出版社,2007)一书中指出,由于欧洲水手探索世界海洋并建立起远洋贸易的航线,全球贸易和物种交流发展起来。对通往亚洲航线的寻找,把他们带到了西半球和辽阔的太平洋。地理知识的积累使他们能够把世界各地区通过便捷的贸易网络连接起来。

15世纪末对美洲的"发现"和达·伽马绕过好望角的成功航行至关重要,全球层面的贸易和新产品流通得以增加,洲际移民由此开端,包括自由和被迫的移民。埃里克·范豪特在《世界史导论》(沈贤元译,56页,北京:新华出版社,2015)一书中提出,16世纪被迫移民的奴隶约有30万,17世纪约有190万,18世纪则有近700万。此外,"哥伦布大交换"还刺激了几百万来自欧洲,主要是来自英格兰和德意志邦国的合同制自由移民。最近的研究估算,16世纪时每10年期内(暂时或永久性)离开故国的欧洲人约在230万,17世纪为380万,18世纪有470万。其中大部分是士兵和水手,少部分人移民到殖民地。长期的累积效应非常大,到1800年约有850万白人生活于美洲大陆。

沈坚在《地理大发现后流向新大陆的移民潮》(载《史林》,1993年第4期)一文中指出,环视全球,地理大发现以后欧洲人口的外移亦曾先后涉足于亚洲、非洲。从历史发展的总进程来看,地理大发现所引起的全球性人口迁移,的确有着十分重要的意义。世界的人口格局由此得以调整和重组,在新旧大陆之间益趋均衡。世界范围的人口移徙,有助于形成广泛的物质和人文交流,缩短不同地区人类集团间的发展差距,也有利于新的民族和文化融合。尤其是深刻地改变了美洲及澳洲的面貌,重塑了当地人口的民族与文化构成,从而对整个世界近现代的发展产生了毋庸置疑的影响。

总而言之,地理大发现后,西欧在世界上其他地区的殖民扩张使得整个世界的面貌发生了巨大改变,而人类在这个文明碰撞交融的过程中对自己所处的世界有了更深入透彻的认识。

二、人类认识世界视野和能力的改变

(一) 地圆学说的证实

1. 自然地理学的早期发展

随着地理大发现的不断深入,人类认知世界的角度也逐渐发生改变。追根溯源,人类对自己所居住的星球的认识经历了漫长的过程,张箭在《大地的形状、大小与地理大发现》(载《四川大学学报(哲学社会科学版)》,1992年第4期)一文中认为,人类认知世界经历了几个阶段，如在人类社会的早期阶段，各文明古国、各古老民族的认识水平和了解的范围大致相同，只是在时间上有先后之别；公元前的三四个世纪，西方对大地呈球形的认识已经确立，由地平，经弧状、穹状、半球状等观念，逐步发展为大地呈球形的寰宇观，在此基础上还比较准确地测算了大地的大小。西方在自然地理学方面后来居上，超过了东方各文明古国，这是大地认识史上的第二个阶段。进入中世纪以后，西方的古典文明被破坏，在神学桎梏和宗教迷雾笼罩下，西方对大地的认识停滞不前并严重倒退。而东方的中国、印度、阿拉伯等国家和民族则继续前进，超过了这一时期的西方，在某些问题上还超过了古希腊的认识水平(如海陆比例，测算方法等)。到了中世纪晚期，西欧产生了资本主义，兴起了文艺复兴运动，中世纪的阴霾在新文化运动的光芒下消退了，古代的地理学、天文学、造船术、航海术、制图学等都得到恢复和长足的发展。

2. 地圆学说的进一步发展

在球形大地观重获重视的情况下，西欧人冲入大西洋，开始零星地寻找新陆地和到亚洲的新航路。尽管如此，首批航行的哥伦布在定位上仍旧出现了错误，如龚缨晏在《欧洲人东亚地理观的演变与麦哲伦的环球航行》(载《世界历史》，2012 年第 6 期)一文中所指出的那样，根据旧的计算方法，哥伦布估计，最多 28 天就可以横渡大西洋抵达亚洲沿海。因此，当他经过三十多天的航行于 1492 年 10 月 12 日到达巴哈马群岛时，就很自然地将其认定为亚洲沿海。1494 年 6 月，哥伦布第二次航行到美洲期间，还曾强迫所有船队成员“宣誓承认古巴是大陆”。但是通过实地考察，到了 1520 年之前，欧洲人越来越清楚地意识到，从中美洲开始向南是一片延续的陆地，一直伸展到南纬 40 度一带。面对这一事实，一些欧洲人开始认为，这是一块托勒密等古人所不知道的“新大陆”，与亚洲没有联系；而另一些人则更加坚信，这就是亚洲东部地区。

显而易见的结果是，地理大发现使得古代社会的地球形状、大小的学说、海洋优势论等真理逐步浮现，例如美国学者帕尔默《现代世界史》(何兆武等译，205 页，北京：世界图书出版公司北京公司，2008)一书中给出的不同时间段人类认知中的世界地图就直观地揭示了这一过程：

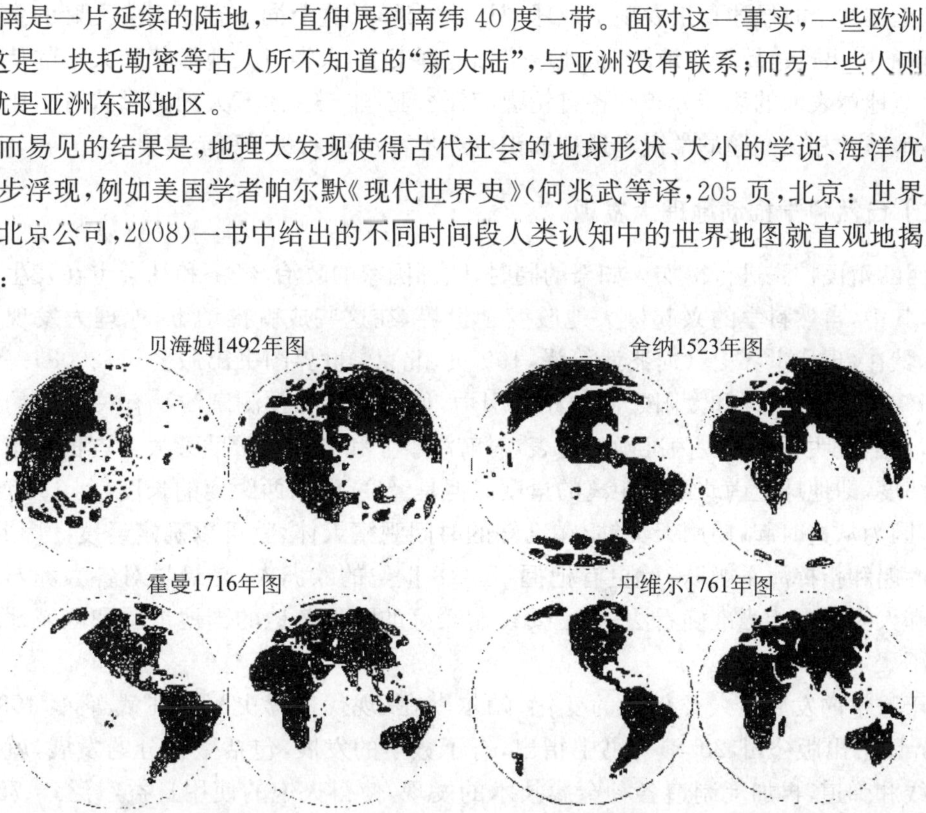

这四幅地图显示了各自年月中的最佳科学知识。贝海姆对美洲的存在一无所知，在欧洲另一边半球上填上一大堆岛屿，以此表示他听说过的东印度群岛和日本，他还相当清楚非洲的界限范围。舍纳1523年填上美洲，分清了两个美洲大陆，他知道墨西哥湾，他知道麦哲伦海峡，他希望在北半球填上一条相对应的西北通道。两个世纪以后，霍曼相信各大洋和各大洲的大小形状已经众所周知了，他对北美洲西北海岸用一条立线来表示无知。丹维尔在1761年图上还没有塔斯马尼亚岛(位于澳大利亚东南海城)，还不了解阿拉斯加是个半岛，还相信美洲南北极地区被海水覆盖，难以通行。除此之外，他的地图与今天相同比例的地图已没有什么差别。

3. 地圆学说的最终证实及意义

关于地圆学说被证实的过程，张箭在《大地的形状、大小与地理大发现》(载《四川大学学报(哲学社会科学版)》，1992年第4期)一文中提出，地理大发现是指欧洲人在这一时期(15世纪末到17世纪中叶)发现了全世界进入文明时代的各民族均前所未知的大片陆地和水域，开辟了前所未有的重要航路和通道，把各大洋、各大洲(南极洲除外)、各地区联系起来，形成、充实和初步完善了反映地球表面基本地理概貌的科学的世界地图。

回顾整个新航路开辟的过程，张箭继续指出，从哥伦布航渡美洲起，欧洲自然地理学的发展就超过了东方，并大大走在前面。麦哲伦环球航行则是自然地理学发展史上古代中世纪与近代的分水岭。如果没有地理大发现，没有环球航行，球形大地说就只能是科学猜想和假定。恩格斯也高度评价地理大发现在地理学方面的重大意义，他说："旧的地环界限被打破了；只是在这个时候才真正发现了地球。"从此，"地球"这个词才有了确凿无疑的意义。地理大发现的成果迅速反映在地图册、地球仪和地理书上，人类对大地形状和大小的认识发生了飞跃，对地球表面的海陆分布和各自轮廓，对欧、亚、非、美、澳五大洲的形状有了比较正确的认识，地球及相关问题的学说和地理知识也逐步普及到全欧洲和全世界。

(二) 自然科学推动地理大发现

在西欧殖民扩张进行得如火如荼的同时，欧洲国家的政治、经济和社会也在发生着巨大的转变，其中，自然科学的兴起极大地改变了世界，在这些成就推动下，地理大发现不断深入，帕尔默在《现代世界史》(何兆武等译，199页，北京：世界图书出版公司，2008)一书中指出，由于知道地球、月球和太阳之间的相互引力，便能了解和预测潮汐。有关天体的准确数学知识，加上发明了报时更为准确的钟表，对航海事业和制图学帮助甚大。古代希腊人已知道测量纬度，即地球上南北两极距离的量度。但是经度，即东西距离的长度，到18世纪才测定出来，因为从这时起，使用天文钟，在已知的时间观察天体，就可以确定经度。因此，在海上驾驶商船和指挥海军舰队，就更有把握了。18世纪的欧洲人，是最早对各大洲与各大洋的形状和大小具有相当准确看法的人，要绘制较好的欧洲各地的当地地图和区域地图也可以办到了。

关于数学的发展给人类带来的变化，帕尔默在《现代世界史》(何兆武等译，199页，北京：世界图书出版公司，2008)一书中指出，有了数学的发展，包括微积分的发展，就可准确论述曲线和弹道，再加上制造各种金属技术的发现，使得火炮的使用日益广泛。1750年的军队平均每个战士使用的大炮数比1650年的翻了一番。海军军械也有所改进，有了改良火器，使得军队在镇压暴动者和擅自寻衅闹事的团体时更占上风，因而强化了国家的统治权。它们也使欧洲人拥有军事优势，凌驾于美洲、印度或其他各地的民族之上。

随着自然科学的迅猛发展，掌握着当时最先进生产力、使用着最新科学成果的欧洲人所向披靡，而其他地区的墨守陈规的国家便逐渐走向没落。世界舞台的聚光灯转向了欧洲，其他地区从此成为配角。

三、新航路开辟对各区域文明的影响

（一）殖民主义时代的到来

赵林在《大航海时代的中西文明分野》（载《天津社会科学》，2013年第3期）一文中指出，航海活动和地理大发现导致了一个殖民主义时代的来临，海外贸易和殖民扩张所带来的经济、政治、文化利益，进一步推动了西欧资本主义社会结构的变化和综合实力的增长，从而使西欧基督教社会从亚欧文明地带的僻陋边陲，一跃而成为整个人类文明世界的中心。这个由西方列强所推动的殖民化过程，也逐渐打破了农耕时代各大文明体系彼此隔绝的封闭状态，以一种暴戾的方式开辟了全球化进程。

杰里·本特利等则在《新全球史——文明的传承与交流（下）》（魏凤莲译，766页，北京：北京大学出版社，2007）一书中指出，从到达美洲开始，欧洲人就对当地的历史发展产生了深远的影响。而东亚则不同，直到19世纪，东亚社会一直在很大程度上控制着自己的事务。欧洲人对这些地区的内部事务几乎没什么影响。中国因其卓越的政治和文化，保持着在东亚的统治地位。在近代早期，中国因其众多的人口、巨大的生产能力和对白银的强劲需求，成为驱动世界贸易主导经济动力。而印度则没有中国这样强大的抵御能力，于是它便迅速陷入了被西欧殖民国家蚕食鲸吞进而沦为殖民地的局面。

（二）对欧洲的影响

陆伟芳在《试论地理大发现的前因和后果》（载《扬州师范学院学报（社会科学版）》，1992年第4期）一文中指出，经过15世末的地理大发现，欧洲从落后、封闭状态中走出来，走上了发展资本主义的道路，它也立即就给欧洲的经济发展带来了重大的转机。

1. 带来了商业革命

本来到15世纪末，欧洲各地通过贸易往来，正朝着经济生活一体化的方向迈进，从落后、封闭中走出来，商品货币关系也得到了一定的发展，资本主义萌芽茁壮成长，使欧洲站到了发展资本主义的门槛上。但是，各种客观因素仍制约着社会的发展，资本主义总的发展速度仍很缓慢，而地理大发现恰逢其时，给西欧商品经济拓宽了市场，使正在发展着的资本主义有了十分广阔的活动场地。在各大洋活动的商船使一个全新的世界市场开始形成，美洲、非洲和东亚各地渐次被卷入欧洲贸易圈中。人们的商业观念也进一步更新，重商主义思潮席卷各国。随之信贷业也发达起来，票据、汇票日益流行，使国际贸易更加便利。马克思指出："在16和17世纪，由于地理上的发现而在商业上迅速促进了商人资本发展的大革命，是促使封建生产方式向资本主义生产方式过渡的一个主要因素。"由此欧洲的生产方式有了根本变化。中世纪后期从手工业所发展起来的制造业体系已经不能适应变化了的形势，在旧的行会体系之外产生了有活力的不受行会束缚，采用手工工场形式的新兴工业，如采矿业、冶金业等，而技术的不断进步也刺激了这些事业的发展。

2. 进行资本原始积累

由于征服和掠夺海外殖民地的庞大事业的需要，在欧洲出现了按资本主义原则组织或行事的商业组织，出现了商品和证券交易所，他们用发行股票的办法来集资。欧洲人以对新世界的殖民掠夺进行资本的原始积累，“美洲金银产地的发现，土著居民的被剿灭，被奴役和被埋葬于矿井，对东印度开始进行的征服和掠夺，非洲成为商业性地猎获黑人的场所：这一切标志着资本主义生产时代的曙光。这些田园诗式的过程是原始积累的重要因素，跟踵而来的欧洲各国以地球为战场而进行的商业战争。”正是这样的原始积累使落后的西欧成了近代先进的资本主义西欧、今天的发达地区。

3. 改变了欧洲的地位

地理大发现极大地改变了欧洲的经济、政治地位。在地理大发现以前的漫长岁月里，西欧仅仅是辽阔的欧亚大陆的西部边睡。世界文明的中心在东方，西欧在世界上几乎没有什么特殊的重要地位。然而，继哥伦布 1492 年到达美洲后，1497 年，达·伽马航行到了印度，到 1522 年麦哲伦率领的船队完成了环球航行，从此，西欧的商品找到了新的更大的市场，西欧的剥削者们开拓了更多的殖民地，在这种经济、政治、文化的扩张当中，它与世界各地发生了碰撞和接触、交流，并因其正在发展的资本主义的本性和活力把自己的触角伸向全球各地。故而在相当长的一段时期里，世界上许多国家和地区受到影响，不同程度地被卷入到了欧洲的经济体系之中。

（三）对美洲的影响

1. 对北美的影响

谢天冰在《新航路开辟与北美社会再建》(载《世界历史》，1992 年第 4 期)一文中指出，新航路开辟直接导致了人类历史上第一次规模巨大的国际人口的迁移，并且完成了世界史上从保守型移民向变革型移民的转变。保守型移民是“受生态驱使”的原始移民，在前工业社会，尤其在欧亚大陆频繁发生。变革型移民虽有强制移民、被迫移民和自由移民之分，但都不过是资本主义兴起，近代工业的出现，科技水平的提高，世界市场的扩大，尤其是新航路开辟消除世界各大洲、各种族间相对隔阂状态的结果。北美或后来的美国是一个承袭欧洲自由移民血缘主流的国家，欧洲白人一直是北美社会或美利坚民族的主要成分。经历过早期资本主义阶段的英国殖民者与北美印第安人的原始性和落后性形成强烈的反差，为维护“白种人优越论”，北美统治者推行了把印第安人驱逐到偏远“保留地”的绝灭政策。新航路开辟还直接导致了世界往来的扩大和大西洋奴隶贸易。大西洋奴隶贸易把非洲黑人强制移民到美洲，给美洲各个新崛起的民族注入了新的成分。受新航路开辟激发的来自不同国度、由不同肤色组成的移民，在来到北美之前都各自经历过不同历史阶段的社会，要再建一个新的社会，不但要经历一次再社会化的过程，而且也是个体将社会经验再生产出来，做出自己新的补充和贡献的过程。这儿有被新航路开辟激发来到北美的不同肤色人民所带有的不同社会文化的冲突和交融的过程，也有新旧大陆文明汇合产生更高层次文明的过程，还有“产生与以前的社会化不一致的价值观和行为的社会化过程”，这些正是北美社会再建的主要内容。

2. 对拉丁美洲的影响

杨启藩在《浅论哥伦布“发现新大陆”对拉丁美洲人口发展进程的影响》(载《河北大学学报(哲学社会科学版)》，1992 年第 2 期)一文中指出，伴随哥伦布“发现新大陆”而来的征服战争及殖民统治，使拉美土著人口濒于灭种边缘，引发了流向拉美地区的国际人口迁移浪潮，推动了不同人种和民族在拉美地区的混杂和融合。同时，由哥伦布“发现新大陆”开创的全球经济大交流促进了拉美“两种生产”的相对协调发展，欧洲殖民者进入“新大陆”后，为了开拓殖民地的需要，源源不断地从欧洲本土运去了大麦、小麦、葡萄、柑桔、柠檬等农作物，以及牛、羊、马、猪等家畜和各种农具，传去了牛车、印刷机以及先进的炼铁、制糖、养蚕、建筑等技术。而且，随着国际人口迁移浪潮的日益扩大，属于不同种族和民族的广大移民都远涉重洋，带去了各地的农产品和生产技术，以及各自的语言、宗教、风俗习惯和文化艺术。因此，在一定意义上同样可以说，如果没有来自欧、非、亚、澳各洲物质文明和精神文明的输入，没有外来移民和土著居民的共同参与，拉美的社会经济不可能发展得在第三世界处于相对领先地位，独具一格的拉美文化也不可能形成，增长迅速的拉美人口就有可能像亚洲、非洲那样构成对物质资料生产的沉重压力。

(四) 对非洲的影响

裴耀鼎在《从奴隶贸易看哥伦布发现美洲的影响》(载《杭州师范学院学报》，1992 年第 4 期)一文中指出，历时 400 年的血腥奴隶贸易，给美丽富饶的非洲带来了空前的浩劫，造成了巨大的破坏，损失难以估计。

第一，几百年的奴隶贸易使非洲损失了大量的人口，社会生产力遭到严重破坏，阻碍了非洲社会的正常发展。西方殖民者从非洲究竟贩卖了多少人口到美洲，恐怕是永远难以准确统计出来的，据著名黑人学者杜波依斯的统计，共约损失 1 亿非洲人的生命。奴隶贸易中断了非洲社会的正常发展进程，使非洲走上了一种畸形的、不正常的发展道路。非洲的大部分地区变得一蹶不振，混乱不堪。一些非洲的国王、酋长及部落贵族，为了得到更多的武器、商品，迅速发财致富，并加强自己的权力，将政治、经济、社会、法律转入适应奴隶贸易需要的轨道，使社会动荡不定。奴隶贸易破坏了非洲人部族内部的组织，瓦解了村社之间的联系，加速了财产分化和社会分化的过程。在这种情况下，工农业已经完全没有发展的可能。

第二，奴隶贸易严重破坏了非洲各部落之间的团结和友好往来，影响了非洲民族国家的形成和发展，从而削弱了抵抗殖民者侵略的力量。部族间的战争是劫掠奴隶的一种古老方法，原先只是局部现象。欧洲殖民者为了获得大量的黑奴，唆使一个部族去袭击另一个部族，挑起无休止的内讧战争，迫使非洲人把自己的同胞劫掠为奴，从而分裂非洲各个民族，使他们互相侵犯，互不信任。非洲部落之间的敌对情绪，是欧洲殖民者加剧和煽动起来的，而他们从中渔利，以得到大批的战俘奴隶。奴隶贸易使非洲部落不能联合起来，共同对付西方殖民者，而使人们陷入分裂和孤立。

第三，种族主义是奴隶贸易造成的最可怕的“遗产”，它一直影响到今天。西方殖民者臆造出非洲黑人比白人低劣，是“次等”种族的理论，上帝专为热带气候创造黑皮肤人，诬蔑黑

础。”马克思这个精辟科学的结论，既适用于英国对印度的统治，也适用于整个近代资产阶级殖民制度。这里所说的破坏性使命，当然是指对亚洲式也就是前资本主义的旧社会结构的破坏。西方殖民者在进行这种破坏性活动时，给东方殖民地、半殖民地人民带来了空前的灾难。

(2) 殖民时期印度的经济情况

刘宗绪在《世界近代史》(207 页，北京：北京师范大学出版社，2015)一书中指出，英国殖民者通过在征服地公开洗劫国库珍宝，抢劫黄金、白银，勒索战争赔款，进行不等价交换，实行垄断贸易，商品专利，征收各种苛捐杂税等种种残暴的手段，掠夺了难以数计的财富。1757—1815 年东印度公司从印度榨取的财富就达 10 亿英镑之多。工业革命后，西方殖民者除保留原有剥削方式外，更着重于销售商品，进一步把东方国家变为商品销售市场和原料产地。剥削方式的改变，给东方各国带来了更大的社会灾难。廉价商品的涌入，摧毁了东方各国的手工业，大批手工业者破产，昔日繁荣的城市衰落了。英国殖民者直言不讳地承认：“棉织工人的白骨把印度平原都漂白了。”与此同时，农业也遭到严重破坏，大片土地荒芜，饥荒不断发生。1770 年孟加拉发生大饥荒，饥饿而死者达 1 000 万人，占孟加拉人口的 1/3。19 世纪前半期，印度先后发生 7 次大饥荒，约有 150 万人饿死。

徐蓝在《世界近现代史　1500—2007》(256 页，北京：高等教育出版社，2012)一书中指出，18 世纪英国工业革命开始后，东印度公司把印度变成了英国机织棉纺织品的倾销市场，印度原有的手工纺织业遭到灭顶之灾。

郭家宏在《论英国对印度殖民统治体制的形成及影响》(载《史学集刊》，2007 年第 2 期)一文中指出，除了殖民者给印度带来的苦难，实际上英国的殖民统治在破坏印度原有的社会经济结构的同时，也改变了印度历史发展的方向，铁路的铺设，水利的兴修，工厂的建立，使印度经济的发展有了质的变化，印度告别了手工生产时代，开始了现代化大生产。由铁路产生的现代工业，必然会瓦解印度种姓制度所凭借的分工方式，而种姓制度则是印度进步和强盛道路上的基本障碍。

(3) 殖民时期印度的文化情况

林承节在《殖民统治时期的印度史》(3 页、116 页，北京：北京大学出版社，2004)一书中指出，英国人起初认为基督教较印度教先进，决定在印度设置大主教区，通过大力传教，使印度基督教化。英国人还妄图通过实行西方教育，可以把印度一代代年轻人塑造成数典忘祖、崇拜西方一切的洋奴。

林承节指出，印度民族大起义粉碎了使印度基督教化的狂想。事实表明，官方的宗教热情只能给他们带来灾难性的后果，英国统治者认识到这个危险性，决定改弦易辙，官方不再直接鼓励传教。基督教此后继续传播，那主要是传教士的事。关于印度社会改革，因涉及宗教习俗而反应强烈，当局也决定不再由官方参与推动。

对此，郭家宏在《论英国对印度殖民统治体制的形成及影响》(载《史学集刊》，2007 年第 2 期)一文中指出，以英国对印度的统治为例，英国在征服印度，改善对印度殖民统治，确立新的统治机制时，也破坏了印度原有的社会结构，给印度人民带来了深重的灾难。英国在印度殖民地兴办教育，改革管理，修建公共工程，客观上促进了印度经济社会的发展，但实际上这只是为了更好地统治它。

四、新航路开辟对世界的影响：由分散走向整体

（一）世界逐渐连为一体

汤因比在《人类与大地母亲》（徐波等译，43 页，上海：上海人民出版社，2012）一书中指出，近代的西方人正是通过海洋这个“宽阔的跳板”而征服了整个世界。他们以“海洋”代替了“草原”，以劈波斩浪的船队代替了迅急奔驰的马队，最终完成草原上的游牧民族几千年来始终未能完成的宏伟业绩，将整个世界都置于西方文化的影响之下。

斯塔夫里阿诺斯在《全球通史——1500 年以后的世界》（吴象婴等译，3～4 页、239 页，上海：上海社会科学院出版社，1999）一书中指出，公元 1500 年前后，当西方进行海外扩张时，这种传统的地区自治便开始让位于全球统一。各个种族不再互相隔绝，因为成千上万的人自愿或不自愿地移居到新的大陆。由于欧洲人在这一全球历史运动中处于领先地位，所以正是他们支配了这个刚刚连成一体的世界。实际上，严格的全球意义上的世界历史直到哥伦布、达·伽马和麦哲伦进行远航探险时才开始。在这以前，只有各民族相对平行的历史，而没有一部统一的人类历史。公元 1500 年之后的时代是具有重大意义的时代，因为它标志着地区自治和全球统一之间冲突的开端。在这以前，不存在任何冲突，因为根本就没有全球的联系。

杰里·本特利等在《新全球史——文明的传承与交流（下）》（魏凤莲译，663 页，北京：北京大学出版社，2007）一书中指出，由于欧洲水手探索世界海洋并建立起远洋贸易的航线，全球贸易和物种交流发展起来。对通往亚洲航线的寻找，把他们带到了西半球和辽阔的太平洋。地理知识的积累使他们能够把世界各地区通过便捷的贸易网络连接起来。然而，商业交流并非是全球网络的唯一结果。粮食作物、牲畜品种、病菌与人类移民也漂洋过海，极大地影响着全世界的各个社会。农作物的移植和牲畜的传播改善了人类的营养状况，增加了东半球的人口。外来的病原体引发的传染病使美洲和太平洋岛屿上的土著人口大量减少。大量移民和人类群体的迁移改变了美洲的社会文化图景，加速了世界人民的融合。欧洲的航海探险、远洋贸易网络以及哥伦布交换使得世界各地区相互依存，推动了全球一体化进程。

于文杰等在《从生产方式变化角度理解 1500 年以来的世界历史》（载《学海》，2007 年第 3 期）一文中指出，1500 年以后，世界在空间结构上逐步连成一个整体。政治、经济、技术、宗教、文化的交流也具有国际化和世界性的历史空间。随着东西方日益紧密的学术交流，以人类社会整体发展进程为叙述对象，努力从整体上对我们所在的球体进行考察的全球史，开辟了史学家们研究世界历史的新视角，建立了编纂世界历史的新框架。

（二）世界市场开始形成

李吟枫在《世界市场的形成及历史作用》（载《世界历史》，1986 年第 2 期）一文中指出，地理大发现促成了国际贸易的革命性突破——欧洲商业革命。就欧洲社会而言，世界的地理概念突然扩大了，商业观念也急剧膨胀。大批冒险商人涌到能够发财致富、通商贸易的各个

地方，他们组织众多的商业公司，从事掠夺性贸易、不平等交换，并强占大片殖民地，所到之处的民族与国家都被迫与之有了贸易往来，被强行卷入国际交换领域。国际经济联系空前扩大，涉及的国家骤然增多，国际市场“已经可能扩大为而且规模愈来愈大地扩大为世界市场”。

杰里·本特利等则在《新全球史——文明的传承与交流(下)》(魏凤莲译，662页，北京：北京大学出版社，2007)一书中指出，到16世纪晚期，正如欧洲水手把世界上的海港城市永远地连在一起，并建立世界贸易网络一样，人类对世界上的自然资源和农业资源也进行了坚持不懈的探索。在接下来的两个世纪中，全球贸易急剧增长，英国、荷兰、法国以及其他国家的商人为世界市场的发展做出了贡献。例如，在17世纪，荷兰商人从南非进口小麦，从印度进口玛瑙贝，从巴西进口蔗糖。小麦提供给国内不断壮大的商人、银行家和手工业者阶层，从事农业的人越来越少了。英国、荷兰以及其他国家的商人热切地购买玛瑙贝，这是撒哈拉以南的非洲许多地区的货币。他们用贝壳交换奴隶，运往西半球的种植园。蔗糖被运往阿姆斯特丹，然后在欧洲市场上销售。18世纪，由于咖啡、糖和烟草等大宗商品的出现，世界贸易变得更加错综复杂了。

李吟枫在《世界市场的形成及历史作用》(载《世界历史》，1986年第2期)一文中指出，世界市场的革命具体表现为：

第一，国际市场已向全球扩展。商品流通、贸易往来、货币支付等经济活动，随着早期欧洲冒险商的足迹而遍及五大洲。西欧新开拓的通商地区有南非和东非的好望角、莫桑比克等沿海国，亚洲的波斯湾沿岸国，印度、锡兰、中国、日本各口岸，东南亚的马来半岛、摩鹿加群岛、印尼、菲律宾各地，美洲的中美加勒比各国，北美从纽芬兰经新英格兰至佛罗里达，墨西哥，南美的秘鲁、巴西、智利等地。十六世纪欧洲了解的世界由原先的五千万平方英里，一跃为三亿一千万平方英里，这时海外市场的规模，远非昔日可比。以前世代隔绝、相距极遥远的地区和民族，从此发生了各种经济交往。

第二，进入国际流通的商品种类与数量大增。大批非洲黑人被贩卖到美洲大陆作为奴隶商品出售。自1501年第一船非洲奴隶被贩运到新大陆起，至十七世纪初，非洲输出的奴隶每年达一万多人。大宗烟草、玉米、橡胶等新物产出现于欧洲市场，原来在近东贸易中数量极少的商品如香料、茶叶、大米、蔗糖等成为大宗商品，进出口量骤增，仅每年运往里斯本的胡椒即达七千吨，是当年威尼斯进口量的三十多倍，许多昔日的奢侈品成为大众日用品，商业不仅有新的规模，而且具有新的性质。

第三，已开始出现有固定组织的市场——商品交易所、证券交易所、拍卖市场等。商品交易所从事品种划一、规格标准的大宗商品交易，最早的一家于1531年开业于安特卫普，是供所有国家和民族操各种语言的商人使用。此后，阿姆斯特丹出现了粮食交易所，伦敦办起了综合交易所。十七世纪后，伦敦的证券交易所成为国际证券交易的中心。

第四，世界贸易及航远中心的变更。因海上新航路的开辟，洲际贸易由陆路转向海路，由地中海取道诸大洋，君士坦丁堡、意大利北部城市及南德诸城等皆因远离国际商路而很快衰落凋敝，而葡萄牙的里斯本，西班牙的塞维尔，尼德兰的安特卫普和阿姆斯特丹，法国的蒙彼里埃，英国的伦敦相继更迭为国际贸易与航运中心，通商范围遍及五大洲。如伦敦在1500年仅有五万人口，到1605年已有二十二万五千人，而到1700年时，更是拥有七十多万人的大都市了。

教学设计

设计一：文明史视野下的疾病传播

设计意图

在漫长的历史时期，战争、灾荒、疾病给人类社会带来了无尽的痛苦和灾难。其中疾病，特别是危害重大的传染病，就曾给人类文明的进程带来了重重困难，即便在生物科技高度发达的今天，各种传染病还依然威胁着人类社会。本设计旨在把疾病带入历史解释的领域，引导学生认识疾病与人类相伴相生的过程，理解疾病在人类历史进程中所扮演的角色，感悟人类文明演进的艰难，形成对大自然的敬畏之情，培养历史责任感。

设计方案

导入新课： 无论疾病大小，人们无不避而远之。然而疾病往往悄无声息地降临，小则造成不适，重则危及生命。尤其是当疾病能够在人与人之间大肆传播时，其危害将被无限放大。

材料呈现：

材料一　瘟疫夺去了我们这个星球上数以十亿计的生命，蹂躏着人类创造的财富，摧残了曾经辉煌的古罗马文明、玛雅文明、印加文明，许多国家的毁灭，都与瘟疫相关联。而另一面，黑死病葬送了古罗马帝国的同时，也催生了欧洲的商品经济，破和立总是相辅相生，这就是历史的独特逻辑。大大小小的瘟疫影响了整个人类的变迁、民族的兴衰、战争的胜败、社会的荣枯、文化的起落、宗教的盛灭，乃至政体的变革、产业的转型和科技的进展。虽然，瘟疫不是历史变迁的动力，但它确实改变了历史。

——叶金：《人类瘟疫报告：非常时刻的人类生存之战》，1页，福州：海峡文艺出版社，2003

教师引导学生分析： 放眼人类历史，瘟疫带来的巨大杀伤力非常恐怖，一旦这个潘多拉的盒子被打开，扩散性极强的它对一个民族、国家乃至地区都会造成毁灭性的威胁。2003年非典肆虐期间出版的《人类瘟疫报告》一书中指出，“瘟疫在古代是坟场，在近代是战场，在当代是考场”。该表述形象地反映了瘟疫给人类历史不同时期带来的伤害。我们首先从瘟疫的历史源头去窥探这个恶魔的秘密。

一、古代坟场：与人类文明伴生的瘟疫

材料呈现：

材料二　农业的采用和向定居社会的转变，将人类暴露于以前从未遇到的大范围疾病面前，结果是健康的严重退化。定居社会的发展意味着渐多的人口最终得挨在一块生活，或者至少得时常地相互接触，这一点对人类的直接环境和他们的疾病都有深远的影响。主要的变化是人类日益暴露于传染性疾病之下，这些疾病的爆发构成世界大部分地区复杂社会演化的永久背景。

——[英]克莱夫·庞廷:《绿色世界史:环境与伟大文明的衰落》,王毅等译,254页,上海:上海人民出版社,2002

问题设计: 随着农耕文明的演进,人类社会的生产生活方式出现了什么新变化?这些变化对疾病传播造成怎样的影响?

教师引导学生分析: 人类在农耕文明进化过程中逐渐定居、聚居下来,并开始蓄养动物,这样便增加了人与人之间的亲密接触,也增加了人畜之间的近身交往,仅此两样就为很多病毒的诞生乃至疾病的传播起到了推波助澜的作用。很快,瘟疫开始了在人间的肆虐。由此可见,人类文明的发展为疾病的传播提供了温床。

材料三 公元6世纪中叶,拜占庭帝国皇帝查士丁尼野心勃勃地计划征服旧罗马帝国的所有地区……然而就在那时,公元542年,即查士丁尼当上皇帝15年的时候瘟疫爆发了……59岁的查士丁尼也染上了瘟疫……当瘟疫消退,城中40%的居民已经死亡。能让半数居民死亡的瘟疫,其后果绝不仅仅是人口的消减,因瘟疫引起的饥荒和内乱,粉碎了查士丁尼已经接近实现的野心,古罗马帝国从此衰败。

——叶金:《人类瘟疫报告:非常时刻的人类生存之战》,7—8页,福州:海峡文艺出版社,2003

问题设计: 根据材料分析瘟疫的流行对拜占庭帝国带来了怎样的影响。

教师引导学生分析: 在古代社会,由于医疗水平不发达,一旦瘟疫爆发并失去控制,将造成广大人群的感染并死亡,整个地区的正常秩序被迫中断,政府失去管理能力,犯罪与动乱随之而来,于是经济建设无人顾及,思想文化也趋于悲观厌世。公元6世纪东罗马帝国爆发的瘟疫给君士坦丁堡造成了将近一半人口的死亡,俨然一副人间地狱景象,查士丁尼统一罗马帝国的雄心壮志难以实现,成为遗憾。

二、近代的战场:文明交融过程中的殖民帮凶

教师讲解: 在漫长的中世纪,黑死病的肆虐曾让欧洲人口消失三分之一。当中世纪的阴霾逐渐消散,新的大陆被发现,世界逐渐连成一个整体。在这一新旧文明冲突与融合的过程中,传染病又扮演了一个什么角色呢?

材料呈现:

材料四 哥伦布的到来使这颗行星上原本分离的两半球重新相逢,美洲印第安人便有生以来第一次,迎面遇上他最可怕的大敌:不是那个白人,也不是这位白人的黑人仆从,而是那些看不见的杀手,潜伏在这些人的血液内,气息中,被他们带上岸来。这些潜伏杀手就是疾病。

——[美]克罗斯比:《哥伦布大交换:1492年以后的生物影响和文化冲击》,许有民等译,20页,北京:中国环境科学出版社,2010

材料五 印第安人原来的人数在2 000万左右。就整个新大陆来说,据估计在哥伦布来到后的一两个世纪中,印第安人口减少了95%。主要的杀手是旧大陆来的病菌。印第安人以前从来没有接触过这些病菌,因此对它们既没有免疫能力,也没有遗传抵抗能力。天花、麻疹、流行性感冒和斑疹伤寒争先恐后地要做杀手的头把交椅。

——[美]贾雷德·戴蒙德:《枪炮、病菌与钢铁:人类社会的命运》,谢延光译,211

页，上海：上海译文出版社，2016

问题设计：西方殖民者踏上新大陆后迅速征服了美洲大陆，在这一过程中，疾病扮演了什么角色？为什么这些“看不见的杀手”杀伤力如此之大？

教师引导学生分析：西方殖民者利用自身先进的武器与装备对土著居民展开了疯狂的屠杀和残暴的奴役，除此以外还有让人不寒而栗的“看不见的杀手”，这便是跟随殖民者一同来到新大陆的疾病，这些疾病不自觉地充当了殖民帮凶。因为新大陆上的美洲土著居民们没有欧洲传染病的抗体，所以这些疾病传染起来死亡率非常高且传播速度非常迅猛，为入侵的西方殖民者征服新大陆提供了一条捷径。此外殖民者对印第安人的残忍屠杀，加速了印第安人人口的急剧减少，险些造成几千万印第安人灭绝。

三、现代考场：人类与病毒的战争

材料呈现：

材料六　在《美国被遗忘的传染病》中，克罗斯比探讨了1918—1919年大流感对美国和世界历史的影响。他认为，这场大流感从美国传播到世界各地，尤其是传播到以欧洲国家为主的第一次世界大战参战国，造成了大量士兵和平民的死亡。据保守估计，大约有55万美国人死于这场流感，而“美国军队在第一次世界大战、第二次世界大战、朝鲜战争和越南战争中死亡的人数总计才42.3万人，远远少于这个国家在10个月之内死于西班牙流感的人数”。

——刘文明：《从全球视野与生态视角来考察历史——克罗斯比治史方法初探》，载《史学理论探究》，2011年第1期

材料七　日本侵华期间，在中国北方哈尔滨建立起庞大的细菌武器研制基地，由臭名昭著的731部队在平房“死亡工厂”使用大量中国人、苏联人、蒙古人、朝鲜人等做极其残酷的人体试验，研制出鼠疫、霍乱、伤寒、炭疽、赤痢等多种细菌武器……中国南方则是受日军细菌战之害的重灾区。据2005—2010年国内完成的“抗战时期中国人口伤亡和财产损失调查”的初步统计，中国南方浙江、江西、湖南、云南、广东、广西、福建等省区因日军细菌战攻击而死亡的人口约30万，是东北地区细菌战受害死亡人数43 900人的7倍。若这“30万人”的死亡数字获国内外学界公认，那便又是一个“南京大屠杀”。

——陈致远：《侵华日军在中国南方实施的细菌战》，载《军事历史研究》，2015年第1期

问题设计：一战期间的大流感给美国带来了怎样的影响？日本侵华期间对我国开展细菌战产生了怎样的影响？

教师引导学生分析：从材料可知，1918—1919年大流感中美国死亡的人数高出历次战争死亡人数的总和，可见人类之间的战争死亡率远不及大流感这类传染病，传染病的死亡速度更令人感到惊悚。随着科技的发展，人类本该更好控制病毒的传播，但是，病毒控制情况似乎并不能让人类安心。如日本在侵华战争中，利用先进的生化技术制造新型武器，催生病毒，残害我国同胞，令人发指。

材料八　“同人类争夺地球统治权的唯一竞争者就是病毒”，这是诺贝尔奖获得者莱尔德堡格说的一句有些让人诧异的话，而瘟疫背后的几乎所有真相都让人吃惊……人类可以从容地对付咆哮怒吼的雄狮和虎豹，却奈何不了无声无息的蚊子和跳蚤。任何和我们亲密

的动物都可能成为我们致命的杀手。寄生物在人和动物之间的游移以及它独特的潜伏本领让人类痛苦不堪，所谓的抗体在很多情况下都是我们自欺欺人。

——叶金：《人类瘟疫报告：非常时刻的人类生存之战》，86页，福州：海峡文艺出版社，2003

问题设计： 在科技日益发达的现代社会，为什么说"同人类争夺地球统治权的唯一竞争者是病毒"？

教师引导学生分析： 虽然人类科技不断向前进步，却又被某些阴暗的人性所桎梏，正如现在风靡全球的生态危机题材的影片，不就是对高度发达的人类文明背后隐藏危机提出的严峻思考吗？因此，在当代社会，与病毒的斗争是对人类的新考验：这既是科技的考场，即如何运用科学技术战胜病毒；这又是人性的考场，即人类掌握关于病毒的技术是为了造福人类还是祸害人类？

教师指导学生小结： 正如香港科技大学教授丁学良博士在接受《21世纪经济报道》采访时所说："在世界历史上，任何一次传染病的大流行，都是人类文明进程所带来的；反过来，每一次大规模的传染病又对人类文明本身产生极其巨大而深远的影响。"① 人类文明发展的过程就是一个与病毒伴生的过程。纵观人类文明历史，病毒的肆虐造成了历史上多次人口锐减。如今，尽管大多数病毒已经被人类控制，但人类文明越发达，新出现病毒的威力也可能随之提升，目前仍然有未能解决的病毒。一旦有疾病突破了人类可以掌控的范围，那么传染病将使得我们面临真正的世界末日。思考人类与病毒斗争的历史过程，我们更应该保持对病毒的高度警惕，避免潘多拉的魔盒被打开，更要保持对大自然的敬畏之心，运用高科技造福人类而不是祸害人类，唯有如此方能让人类文明长盛不衰。

设计二：从印度森林变化看英国殖民活动

设计意图

印度曾经是一个森林资源丰富的国家，而现如今的森林面积已远不如前，究其原因，除了印度历代的粗放砍伐外，英国的殖民活动对印度森林也产生了巨大影响。本设计从环境史的视角出发，以印度森林的发展为主线，通过印度森林不同时期的变化所反映的英国殖民活动与殖民政策对印度的影响，引导学生运用马克思主义关于殖民主义双重使命的理论分析英国在印度的殖民活动，培养学生运用唯物史观分析历史问题的能力。

设计方案

导入新课： 印度历史上曾经是一个森林资源非常丰富的国家，早在公元前3000年，90%的南亚次大陆为郁郁葱葱的森林所覆盖。

材料呈现：

材料一　跟地球上许多其他地区一样，印度的环境史也以毁林烧荒为开端，这个时代使

① 龙希成：《人类文明进程中的传染病：肆虐与征服》，载《21世纪经济报道》，2003年4月17日。

恒河平原的大部分森林毁灭殆尽……即随着森林的消失，河流或者逐渐干涸，或者在雨季泛滥成灾。传说中的印度第一位国王马努砍伐林木，开垦田地，而第十位国王就必须要在汹涌的洪水面前躲避逃命了。

——[德]拉德卡：《自然与权力：世界环境史》，王国豫等译，201页，保定：河北大学出版社，2004

教师引导学生分析：进入农耕文明时代，印度盛行毁林开耕，这种方式使得印度森林大面积被焚毁，进而导致印度的水土环境遭到巨大破坏。在认识到滥砍滥伐的危害后，印度虽然实行过保护森林的措施，但保护效果不理想。随着英国人踏上印度这块肥沃的土地，印度森林将面临怎样的命运呢？

一、殖民早期被疯狂开采的森林

材料呈现：

材料二 英国人趁着印度内忧外患之际，通过殖民战争，逐渐把印度变为其殖民地。在殖民背景下，英国人构筑军事要塞、建造海军船舶以及修建铁路的军事活动对印度森林造成直接破坏；清理林地、扩大耕地面积的生产活动同样给印度森林带来巨大破坏。

——孙中华：《英国殖民统治对印度森林的影响(1757—1947)》，载《全球史评论》，2016年第1期

材料三 木材是早期殖民地送往欧洲的最重要的产品之一……当英国于1801年建立了对戈勒克布尔地区的控制之后，在随后的20年中，超过100万棵树被砍伐掉。到19世纪50年代时，在这整个区域，严重的森林损失已经很明显了。由于修建横穿印度的铁路以便把粮食运到向欧洲出口的码头地去，枕木的需求量猛涨。随着木材价格的上升，砍伐森林越来越深入到内陆山区，到了19世纪70年代时，单是为了提供枕木，就每年都有50万棵树被砍掉。

——[英]克莱夫·庞廷：《绿色世界史》，王毅等译，243页，上海：上海人民出版社，2002

问题设计：根据材料，在殖民早期，英国殖民者采伐森林的目的是什么？

教师引导学生分析：英国通过其殖民统治地位使用卑鄙手段来搜刮、勒索印度的资源与财富，利用印度的森林资源建造军事要塞、打造海军的船舶以及修建铁路等军事活动，还大肆毁林开耕以获得印度的原料投入英国的工业生产。自英国踏上南亚次大陆始，印度森林的所有者便开始添上了英国人的名字。在英国这一“疯狂伐木机”的滥砍滥伐下，印度森林破坏率快速增长，印度森林面临着巨大危机。

材料四 英国的森林保护意识和相关教育都相对滞后。相对于英国来说，欧洲大陆国家比较早地形成了保护森林资源的意识……英国人来到印度之后，并没有改变他们对待森林资源的态度，对印度森林进行无节制、无计划的开采。

——宋云伟：《英国殖民统治期间对印度森林的管理开发状况研究(1858—1947)》，载《世界历史》，2014第1期

材料五 18世纪中期，英国资本主义发展还处在原始积累阶段，工业革命刚要开始。东印度公司在印度的掠夺是服务于原始积累的需要的。这一时期，它的统治和剥削政策也

无处不体现原始积累时期那种赤裸裸的暴力掠夺的特点。

——林承节:《殖民统治时期的印度史》,40页,北京:北京大学出版社,2004

问题设计:为何自诩为先进文明代表的英国,在统治印度的早期采取竭泽而渔的方式对待印度森林?

教师引导学生分析:首先,英国的森林保护意识淡薄,在欧洲国家中处于落后地位,这样的观念自然也带到了殖民地;其次,英国控制印度的早期是依靠东印度公司进行统治,当时英国尚处于资本原始积累阶段,对于殖民地资源的强烈欲望更促使他们不顾一切地投身于资源掠夺中。由此可见,在殖民早期,英国对印度森林的肆意掠夺也不足为奇。那么,这样粗放的森林管理方式真的可以延续下去吗?

二、殖民后期逐步恢复的森林

材料呈现:

材料六 1857年,印度民族大起义爆发。这是印度历史上第一次出现的由部分封建主和下层人民共同进行的争取印度独立的全国性武装起义,是英国统治以来不断发生的反英武装起义的发展顶峰。卷入起义的地区占全印面积的1/6,人口占1/10。起义持续两年多,对英国殖民统治是个严重的震撼和打击。

——林承节:《殖民统治时期的印度史》,101页,北京:北京大学出版社,2004

材料七 在经历了半个多世纪的滥砍滥伐后,殖民政府终于认识到"过去六十年的愚蠢错误和漫不经心所酿酒的恶果",并表达了对"保护和改善森林的巨大忧虑"。因此,殖民政府在孟买、马德拉斯、缅甸、西北省、中央邦、奥德等地建立了森林管理机构。森林管理机构的两大目标是保护森林、获得税收。

——孙中华:《英国殖民统治对印度森林的影响(1757—1947)》,载《全球史评论》,2016第1期

材料八 那个时期在森林管理方面德国居领先地位,在德国专家的帮助下,帝国林业部于1864年建立。首位森林总监是迪特里希·布兰迪斯。他被派到印度之前曾是波恩大学的一位植物学家。检讨过去几十年森林采伐的艰巨任务要求:首先也最重要的是要建立法律机构去维护和捍卫国家对森林的控制。

——[印]马德哈夫·加吉尔等:《这片开裂的土地:印度生态史》,滕海键译,75页,北京:中国环境科学出版社,2012

问题设计:根据材料,分析为何英国改变了对印度森林的管理方式?这样的改变对印度森林产生了什么影响?

教师引导学生分析:英国在印度长期的殖民统治遭到了印度人民的顽强抵抗,1857年的印度民族大起义便是给英国殖民者强有力的一击,虽未达到推翻英国殖民统治的目的,却也给予殖民者以沉重打击,迫使英国统治者调整了在印度的殖民政策。另外,殖民者疯狂地掠夺印度的森林资源,但任何资源都有限度,为了使殖民利益最大化,他们也开始吸收世界先进的森林保护理论,对森林开发政策做出新的调整。为此,英国人在印度专门设立林业部门,邀请德国的森林专家管辖印度森林,出台林业管理相关法案,这些为保证森林能够被持续使用而采取的措施,客观上使印度的森林管理步入了世界先进的规章制度

管辖体系。

三、殖民主义的双重使命

材料呈现：

材料九 英国在印度要完成双重的使命：一个是破坏的使命，即消灭旧的亚洲式社会；另一个是重建的使命，即在亚洲为西方式的社会奠定物质基础。

——[德]马克思：《马克思恩格斯选集》第一卷，中央编译局，768页，北京：人民出版社，1994

材料十 大起义冲击的一个直接结果是东印度公司统治印度的终结。1858年8月2日，英国议会通过《印度政府法》，规定结束东印度公司对印度的统治，印度由英国女王接管并以她的名义统治……英国接管后，第一位的任务是从大起义吸取教训，巩固对印度的政治统治。为此就要对统治体制和政策作相应的调整并修补漏洞。

——林承节：《殖民统治时期的印度史》，113页，北京：北京大学出版社，2004

材料十一 19世纪30年代殖民政策进入新阶段后，其破坏性和建设性双重使命都逐渐明朗；到了帝国主义阶段，两者的显现更加突出。但殖民者对破坏性和建设性两个使命的完成都不彻底，一般说都是在进行一定阶段后半途止步。这同样是由其卑鄙私利决定的。为了巩固殖民统治，它需要谋求殖民地半殖民地原有封建势力的支持，为此就需要自觉地与旧势力妥协，人为地保留某些旧的制度与结构；而说到建设性使命，殖民者虽然不得不实行，却绝不愿看到殖民地半殖民地真正出现一个新社会。道理很明显：如果是那样也就宣告了他们为所欲为的剥削时代的终结。

——林承节：《殖民统治时期的印度史》，3页，北京：北京大学出版社，2004

问题设计： 根据以上材料，运用马克思主义关于殖民主义双重使命的理论分析殖民者对印度森林的所作所为。

教师引导学生分析： 纵观印度森林的发展历史，英国的殖民活动给整个印度带来了巨大的变化，殖民者压迫殖民地人民、榨取殖民地的资源财富，致使印度森林一度濒临毁灭。随着英国殖民者与印度人民的矛盾不断激化，1857年印度民族大起义极大地改变了英国人在印度的态度。在艰难平定起义后，为了使掠夺成果最大化，英国人开始重新审视在印度的殖民政策。于是，英国在一个落后文明的地区引进并实施了先进森林保护方法，以更具计划、更科学的方法对印度森林实行管理。

由此可见，英国的殖民侵略一方面破坏了印度原有的森林面貌，但在人民的压力下，也促进了印度森林的管理。正是这种历史的双重性，虽然殖民者极其不情愿，但是因掠夺森林而修建的印度铁路最终使分裂的印度各邦逐渐联系起来，对后来推翻英国殖民统治产生了重要影响。在先进国家与落后国家的碰撞中，印度传统的事物不可避免地遭到破坏，而新事物则正在这片古老的土地上蓬勃发展。

教师指导学生小结： 综上所述，森林作为印度生态环境的重要部分，它见证了外来文明与印度本土文明冲突后的惨烈状况，遭到前所未有的疯狂掠夺，同时，也见证了两种文明融合萌生出的新事物。尽管很多举措都不是英国在印度殖民统治的初衷，但殖民活动本身的“双重性”的特性助推了印度的近代化。

教学资源

资源 1：西方人的航海活动与殖民扩张

15 世纪由中国人率先开启的海外探险和地理大发现活动，不久以后就被后来居上的葡萄牙、西班牙殖民主义者所主宰，拉开了一个全新历史时代的帷幕。这场富有传奇色彩的大航海活动，其结果不仅推动贫穷落后的欧洲国家走上了一条繁荣昌盛之路，而且从根本上改变了亚欧大陆乃至整个世界的政治、经济、文化格局，使得西方资本主义列强在未来几个世纪里成为人类文明的领航员。当西方的航海家们最初开辟海上航路时，他们大多数人对传说中富饶而神秘的东方世界抱着一种敬仰之心，在追求财富和服务上帝的动机指引之下，历尽艰辛来到东方去寻找香料和基督徒。然而，随着通往印度、东南亚、中国等地航路的开辟以及对新大陆的发现，西方的探险家们日益从东方文明的仰慕者转变为贪婪傲慢的掠夺者，他们的目的也不再局限于寻找香料和发现基督徒，而是要蚕食、鲸吞欧洲以外的其他地区，乃至于彻底征服和瓜分整个世界。

——赵林：《大航海时代的中西文明分野》，载《天津社会科学》，2013 年第 3 期

资源 2：清朝"重陆轻海"的海洋观

第一，立国思想上以农为本，重视农桑，轻视海洋。台湾归入大清版图后，清王朝部分开放海禁，但又严格限制民间制造海船，规定沿海各省渔船只许用单桅，梁头不能超过一丈，舵工水手不得超过 20 人，甚至连出海船只每船所带船员的粮食也有严格的限量规定，只许近海作业，不准开海远航。清王朝对海洋造船事业的种种限制，从表面上看，只是对民间海外贸易活动的一种控制手段，而实际上其思想根源仍然在于传统"重农抑商"、"重陆轻海"的观念意识。在清统治者看来，开放海禁，虽能增加一些财源，缓和因禁海所造成的社会矛盾，但"商船一出外洋，任其所之……恐至海外诱结党类，蓄毒酿祸"，很可能会形成新的海上反清势力。因此，最稳妥的办法还是立足于农本，极力宣扬"四民之业，士之外农最贵……故农为天下之本，而工商皆其末也"。可见，清统治者的立国思想始终难以摆脱重农抑商、重陆轻海之传统观念的深层影响。

第二，是国防战略上以"禁海"代替海防，且倾向"防内重于防外"。作为以弓马骑射得天下的清王朝，素以游牧民族的剽悍驰骋疆场，而对波涛无常的海洋水战则不谙习。因此，对于占踞海岛、海战能力较强的郑氏海上武装力量，首先是采取"防海"、"禁海"、"迁界"、"限制夷船"、"杜绝接济"等陆上防御措施，将兵力收缩于内陆防守，而不注重掌握在海上的主动权，结果在以"禁海"代替海防的同时也就等于自动放弃了制胜海上的长远策略。这种禁海迁界、毁船内缩，把陆上防御套用到海上防御的"禁海"、"防海"思想也鲜明地体现在国防战略上倾向"防内重于防外"的特点。

第三，是国家海防战略指导思想上的"守土防御"。清初为了对付郑氏集团的海上抗清活动，清军水师成立伊始即强调"沿海各省水师，仅为防守海口、缉捕海盗之用，辖境虽在海疆，官制同于内地。"实际上是缺乏放洋出海，制胜于海上的战略思考。后来虽然重用郑氏降将施琅等人，操练水师越海攻台而一统版图，但随着郑氏海上势力的消失，清朝的水军建设

未受到应有的重视。“国初海防，仅备海盗而已。”在这种思想指导下，国家海防战略一直是立足于海岸、海口的防御，鲜明地体现了“守土防御”的基本特色。

——黄顺力：《“重陆轻海”与“通洋裕国”之海洋观刍议》，载《深圳大学学报(人文社会科学版)》，2011 年第 1 期

资源 3：中国人没有参与地理大发现的地理原因

地理发现应指文明民族的代表首次到达了或最早了解了各文明民族均前所未知的地表的某一部分，或率先确定了地表已知各部分之间的空间联系。中国人没有参与地理大发现，是由于中国缺乏参与地理大发现的理想的自然地理条件和位置，因为从中国横渡太平洋到美洲的距离是从西欧或西非横渡大西洋到美洲的距离的几乎三倍。中国缺乏从事地理大发现的合适的政治地理环境。中国人难以向南航海去发现澳洲，因为文明的东南亚把中国和澳洲隔开。如果明王朝要向北探险去发现北亚—西伯利亚，又被游牧民族如蒙古人、女真人-满人、维吾尔人、哈萨克人等锁闭。中国优越的经济地理状况在地理大发现方面反而起了负作用。中国自来是个大国，地域辽阔、物产资源丰富、经济发达，而且其人口直到明末清初仍不多。中国在经济上不需要外贸和外国，因此在中国，海陆探险和地理发现缺乏经济刺激和人口压力。

——张箭：《论中国人没有参与地理大发现的地理原因》，载《南开学报(哲学社会科学版)》，2005 年第 1 期

资源 4：舶来传染病对土著居民的“屠杀”

伊斯帕尼奥拉岛的印第安人口，从哥伦布于 1492 年到达时的 800 万左右减少到 1535 年的零。麻疹于 1875 年随着一位访问澳大利亚归来的酋长到达斐济，接着把当时仍然活着的所有斐济人杀死了四分之一(在这之前，大多数斐济人已在 1791 年死于随着第一批欧洲人的到来而开始的流行病)。梅毒、淋病、肺结核和流行性感冒于 1779 年随库克船长的到来，接着于 1804 年又发生了一场斑疹伤寒大流行以及后来的许多“较小的”流行病，把夏威夷的人口从 1779 年的 50 万左右减少到 1853 年的 84 000 人。

——[美]贾雷德·戴蒙德：《枪炮、病菌与钢铁：人类社会的命运》，谢延光译，211 页，上海：上海译文出版社，2016

资源 5：哭泣的森林

尤其是在 19 世纪时，可以从英国在印度和缅甸的活动上看出。19 世纪初期，英国商人已经使得印度马拉巴尔海岸一带的柚木森林完全被毁，需要去找新的供应来源了。对于英国在 1826 年进行的征服来说，尚未被开发的缅甸森林是一个强大的诱惑，首先被打开的地区(德林达依省)，那里的柚木森林在 20 年中就被采光了。低地缅甸在 1852 年成为英国的附属地，使得伊洛瓦底三角洲的大片森林被砍伐，以便向欧洲市场提供硬木。到 20 世纪结束时，有 1 000 万英亩左右的森林被砍掉。在喜马拉雅山西部，当英国于 1801 年建立了对戈勒克布尔地区的控制之后，在随后的 20 年中，超过 100 万棵树被砍伐掉。在这一地区的其他地方，商业性的砍伐森林是随着当地统治者把砍伐权卖给了欧洲商人后开始的。到 19 世

纪50年代时,在这整个区域,严重的森林损失已经很明显了。在那10年中,由于修建横穿印度的铁路以便把粮食运到出口欧洲的码头地区,枕木的需求量猛涨。随着木材价格的上升,砍伐森林越来越深入到内陆山区,到了19世纪70年代时,单是为了提供枕木,就每年都有50万棵树被砍掉。

——[英]克莱夫·庞廷:《绿色世界史》,王毅等译,243页,上海:上海人民出版社,2002

资源6:人类日常饮料由来——全球化的产物

1. 啤酒。啤酒是美索不达米亚和埃及的第一批农业社会用驯化的谷物直接制造的产品。很长时间内,它一直都是城市社群中最受欢迎的饮料,因为水的质量并不太可靠。啤酒在20世纪真正成为了一种世界性饮料。

2. 红酒。红酒是地中海希腊和罗马文化的象征,曾长期是西方精英所偏爱的饮料。红酒后来成为世界贸易的一部分,并突出体现于非西方世界精英"西化"上。

3. 烈酒。蒸馏是阿拉伯人的发明。许多种烈酒在欧洲扩张时期得到传播,特别是用甘蔗酿造朗姆酒。

4. 咖啡。咖啡由阿拉伯人引入欧洲,这种异域饮料首先经由咖啡屋在精英中得到普及。19世纪时取代啤酒成为最流行的饮料。咖啡与茶、巧克力一道,推动了对另外一种"异域"产品的需求:糖。

5. 茶。茶是由英国人和荷兰人从东方进口的,在18世纪变得十分流行。

6. 可可。可可树原产于中南美洲,16和17世纪时被移植到东南亚和非洲。18世纪时可可在欧洲成为一种非常受欢迎的饮料。

7. 可口可乐。跟许多流行饮料一样,可口可乐最初是一种药用饮料。可口可乐是美国的"国民饮料",象征着20世纪的美国化、商业化和全球化。

8. 水。直到不久前,水一直都是公用的、非商业物品。瓶装水如今已是增长最快的商业饮料。本世纪的一个主题将是对适于饮用的水的争夺,因为它既是普遍可用的物品,又是新的利润来源。

——[比]埃里克·范豪特:《世界史导论》,沈贤元译,88页,北京:新华出版社,2015

资源7:大航海与西方的崛起

十五世纪,在西方发生的两件大事就是,大洋航道的开拓和新大陆的发现。

十四世纪以后,中东的霸权转移到土耳其奥斯曼帝国,终于在十五世纪中叶灭了拜占庭,掌握了地中海东岸、红海和波斯湾。这一条路是东方和欧洲贸易路线的必经之途,欧洲地中海的商业城市,都经由东西贸易维生。欧洲的商业城市无路可走,必须寻找新的出路,于是欧洲和其他海洋国家开始寻找新的航道。

这些在海上探寻新路的水手,由地中海沿岸君主们和城邦支持,远航探道。西班牙和葡萄牙是其中最为热心的两个国家;他们寻找的海道只想沿着非洲进入印度洋,再从印度洋进入太平洋。这条途径和过去东西的航路不一样。传统上,东西的航道是沿着海岸边航行,从中国的南海，借着季候风和洋流，绕过马来半岛，进入印度洋，再沿岸向北行驶，跨过孟加拉湾，经过锡兰，横渡一小段海路，到达波斯湾或红海，再起旱路，进入地中海或是经过波斯湾西岸，转运到欧洲。这两条航路，相当地近，而且不需要跨越大洋。

西班牙和葡萄牙的水手，却是尝试从非洲绕入印度洋，从下方跨入印度洋，再进入太平洋。两个大洋的南端都是欧洲和亚洲人从来没有航行过的地区。中国人发明的指南针，这时候已经传入欧洲，成为茫茫大海导航的重要工具。达·伽马等人，都从这个方向的方式，经过新航路，到达东方，绕过海湾好望角当然是其中最重要的路标，从那里才能进入印度洋，另外一阶段就是从印度洋跨入太平洋。麦哲伦则绕过大西洋南端，进入太平洋。在十五世纪下半段，海上航行的水手们，把这两条路打开了。不过，新航道道路迂回，而且中间常常碰到赤道无风的地带，使得航行极为困难。可是，在这一路开拓的过程中，欧洲人尤其葡萄牙人，也已另外开拓了新的利源，例如说，在非洲沿海建立殖民地，种植咖啡和蔗糖产业，而且他们也开始掳掠非洲人为奴，使用无偿的劳力。

更大的事件却是，哥伦布发现新大陆，哥伦布相信地球是圆的，假如从东往西航行，总有一天会走到东方。他的理论没有错，对于地球球面距离的估计，却有不小的误算。1492年，哥伦布到达了美洲东岸的西印度群岛，直到死亡，他一直坚信他到达了印度，下一步就到达了中国。

新大陆的发现，是人类历史上一件重大的事件。旧大陆的人类，因为新大陆的发现，忽然得到了一大批财富。发现这批财富的西欧白人，利用这一大批财富，发展了资本主义和工业革命，然后发展为近代的帝国主义。

——许倬云：《大航海与西方的崛起》，载《新京报》，2013-12-20

资源8：大航海时代英国后来居上的原因

英国强大的工业文明保证了本国的商人能不断扩大海外市场。1600年，英国比荷兰和法国还要早地成立了东印度公司。三国的东印度公司各具特点，荷兰的公司要抢占西班牙和葡萄牙的殖民地，需要国家的保护，公司的职员具有政府官员的色彩。法国的公司带有更深的国家印记，“政府不仅习以为常地参与组建乃至创建公司，而且由政府招募人员、任命主管人员、积累所需资本（至少募集其中的大部分）”。英国的各种贸易公司，最初也要得到国王授予的贸易特许权，但是政府对公司的干预和控制不像荷兰与法国那么严格，英国的国王只是“希望以其私人身份从大型公司的岁入中获得利益”。经过1642年革命和1688年二次革命，王室的各种专制特权被剥夺或削弱。在威廉三世（1650—1702）和玛丽二世（1662—1694）共同执掌王权时，其最早的一个法令，就是取消伦敦冒险家们对纺织品的垄断。这是走上自由贸易的重要一步。之后英国经过工业革命，人人可从事跨国贸易。从此，英国的商品涌向世界各地。自美国独立战争后，英国海外贸易的总量以惊人的速度增加，甚至快于国民生产增长的速度。1801年左右，出口商品的总值相当于国民生产总值的40%，出口贸易已成为英国经济增长的最重要的引擎。英国没有像西班牙和葡萄牙那样掠夺美洲殖民地的金银，而是依靠它的强大的工业和对外贸易使国家的财富迅猛地增长起来。

英国的海外贸易之所以能蒸蒸日上和它有一支强大的海军分不开。贸易需要海军的海上保护，海军需要贸易的经济支持，贸易和海上力量是互相依存的。英国有重视海军的历史传统。1514年，亨利八世(1491—1547)开始着手建立王家船队和王家船坞，经过英国历代王朝的努力，到17世纪时，英国的海军力量超过葡萄牙和西班牙，到17世纪末，英国的海军力量超过荷兰，上升至海洋的主导地位。在1895年时，英国拥有全球远洋运输船只总吨位的73%，它的造船厂支配着世界的造船市场。1902年，英国的轮船总吨位几乎比德国、美国、挪威、法国、意大利和荷兰等国轮船吨位的总和还多1/3。

——张椿年：《地理大发现后西方海洋霸权大国的兴衰交替》，载《海洋史研究》，2014年第1期

资源9：大航海时代后西方掌控东亚海权的影响

17世纪后期，中国退出东亚海域，意味着西洋完全主导东亚海权的开始，东亚地区传统国际体系的瓦解和被西洋列强殖民地半殖民地化也开始无可逆转。

第一，东亚各国与西洋的社会发展差距迅速拉大。在1400—1600年的东亚自由贸易时代，东亚的区间贸易及与印度洋的贸易，造就了东亚各国商业和手工业的普遍繁荣。在16—17世纪初，亚洲城市的规模一般都超过欧洲城市。在1600年，北京和江户的人口都达到100万；东南亚的阿俞陀耶、文莱、淡目、马六甲、升龙(河内)、万丹、马大兰、望加锡等城市，人口也在10万—50万。由于欧洲人在东亚的商业霸权，这些地方在17—19世纪都发展停滞或急剧衰落。……虽然欧人东来使东亚商品成为全球市场的畅销货，促进东亚商品经济的发展并创造巨额财富。但东亚各国丧失海权后，商品流通和贸易利润为西洋人所控，东亚各国不能再通过"海贸而裕国"。财富的减少还迅速降低了本地的工艺和军事技术发展能力，后者又使防御能力降低而使当地的权益进一步丧失，当地财富累积不足是导致社会发展停滞的重要原因。

第二，东亚各国日益沦为欧洲市场的资源和手工业商品的提供者。由于欧人对贸易权的掌控，东南亚海岛地区日益成为香料和其他热带产品及手工业制品的供应者。欧人获取这些产品在欧洲市场和东亚区间贸易的最大利润，贫困化使当地的社会经济进一步依赖欧人的需求。欧人主导东亚海权及东西方贸易后，先进工艺和知识传导至东亚比17世纪以前更为滞后。即使在陆权强大的中国、日本、越南、缅甸和暹罗，欧人带来的全球贸易并没有提升当地的工艺和生产管理水平。当欧洲各国陆续进行工业革命时，中国出口的丝绸、瓷器、茶叶和其他商品，其制造工艺和管理水平与16世纪基本相当，只是因全球贸易市场的形成而提高产量。工业革命从根本上拉开了东西方的军备差距，即使是拥有强大陆权的国家，也无力抵御欧人的海上武力侵略。

第三，西洋列强相继占领重要港口和航道，形成便于调配资源和军队的战略优势，使其有能力通过武力开辟和扩展其殖民地。西班牙和荷兰主导东亚海岛地区的海权后，遂从沿海据点向内地扩张，菲律宾群岛、印尼群岛逐渐开始殖民地化。18世纪后期，挟工业革命之威的英国强势回到东南亚，在1786年占据马来半岛的槟榔屿，开始对马来半岛进行殖民扩张。1795年，英国以荷兰的海外殖民地被法国控制为借口，占领马六甲港。从而控制马六甲海峡。虽然英国在1818年根据《亚眠条约》，将马六甲还给荷兰，但隔年即占领新加坡，将新加坡经营成取代马六甲地位的东南亚核心商埠。1811年，英国60余艘船只组成的舰队载12 000多名远征军，攻占荷印总督所在地巴达维亚，荷印政府投降，统治权移交给英人。

1824年，英国发动英缅战争获胜，开始了对缅甸的殖民进程。至此，东南亚海权尽归英国。……到19世纪末，除日本以外，东亚的陆权国家都相继被殖民或半殖民。

对外贸易是濒海国家积累财富、吸收先进文明和富国强兵的主要途径。17世纪东亚海权时代的开启，结束了之前东亚海域的自由贸易时代。海权竞争无不以武力为决断。欧人挟船坚炮利的优势，在17世纪陆续将东南亚的海岛地区殖民化，使这些原本贸易繁荣的地区在17世纪以后发展停滞，很大程度上疏远了近代先进的制度和技术文明。欧人尽管尚无力以武力征伐东南亚的半岛国家和中日两国，但半岛国家和中、日海权的丧失，对外导致难以吸收先进文化和技术，失去直接并大规模参与不断创造巨大财富的世界贸易市场；对内则导致海洋商贸意识淡化而大陆型专制和集权意识强化，社会经济发展相对停滞，与外部世界的差距进一步拉大。东亚历史发展就此改写。当握有东亚海权的西方国家挟工业革命后的优势兵临东亚陆权国家城下，东亚传统武装再也无力抵御逼至家门的侵略，东亚国家开始沦为殖民地或半殖民地。

——庄国土：《17世纪东亚海权争夺及对东亚历史发展的影响》，载《世界历史》，2014年第1期

资源10：大航海时代后人类文明的多样性并没有消失

在1500年前后，人类进入一个新时代，它以西方崛起为标志，翻转了东方“先进”、西方“落后”的布局。从那个时候起，西方就成了世界的牵引机，“西方中心论”从那个时候开始，“普世”之说也由此而来。普世主义的真正含义是将西方等同于世界，由此一来，文明的多样性就不复存在。

从大航海时代起，西方开始了抢夺殖民地的过程。到19世纪末，西方的霸权终成定局。人类文明自古以来多种并存的局面似乎走到了尽头。事实上，一直到殖民扩张开始时，世界上各种文明基本上处于相互平等的状态。但是当资本主义的触角伸向整个世界时，西方的优势越来越明显。文明间的平等关系被打破，众多文明面临着生死抉择。

汤因比曾说：挑战与应战是文明生存的机制，决定着文明的消失与延续。且不论这种理论正确与否，我们看到的事实是：恰恰在西方霸权登峰造极、众多文明存亡危殆时，一个全球性的运动形成了，这个运动叫“现代化”。今天，西方已经普遍完成了现代化，但文明的多样性却没有消失，即使在“西方”国家范围内，情况也是这样。

首先，现代化道路不同，英国和平渐进，法国用革命暴力；德国走了另一条路，美国需要先独立。其次，各国制度不同，“三权分立”，真正遵循的只有美国，因此，把美国的制度说成为“普世”，就如同把伯里克利的雅典说成“普世”一样。经济和社会制度更不同，欧洲国家喜欢福利制度；美国却把福利看作是懒惰的温床，由此我们发现：凯恩斯是由英国制造的，弗里德曼则由美国生产。最后，西方国家在发展的过程中不断变换道路与制度，即使在同一个国家内，也会有不同的社会形态，文明的多样性是一种常态。

西方国家尚且如此，那么当现代化浪潮冲向非西方地区时，现代化的多样性就更加明显了。不同国家有不同的现代化模式，所有成功又都是不可复制的，我们很难想象甘地的策略在阿尔及利亚可以奏效，也很难想象曼德拉的办法能够拯救土耳其。美国革命不可能衍生出拿破仑，正如同印度国大党无法在埃及立足。多样性是成功的保证，每一个国家根据自己

出，欧洲的中世纪表面上看起来是一个板着面孔的、非常严肃的、阴森森的一千年(500 年到 1500 年)，但实际上却是孕育了西方近代文化的重要时期，特别是中世纪后期(12、13 世纪以后)，这是"欧洲为什么是欧洲，中国为什么是中国"的重要时期。

1. 天主教会与文艺复兴

钱乘旦在《西方那一块土》(135 页，北京：北京大学出版社，2015)一书中指出，中世纪的教会是有功绩的，在那样一个文盲的时代，是教会保存了文化。只有教士特别是修道院里的人是识字的，我们今天看到很多中世纪流传下来的书籍，大多是修道院修士们一字一句抄下来的，教会的书籍，教堂中墙壁上的绘画，为后来文艺复兴提供了出发点。

张绪山在《试论经院哲学与文艺复兴的关系》(载《史学月刊》，1989 年第 3 期)一文中指出，经院哲学借助哲学来论证神学的教条和教义，驱使哲学为神学服务，所以它就不能将理性完全彻底地束缚死。随着经院哲学的发展，理性也在发展，怀疑精神必然随之产生。上帝的存在尚需证明，那么上帝权威的绝对性和当然性，以及其他神学教条的力量必然受到怀疑，这是不以经院哲学家的意志为转移的。经院哲学中蕴含着理性这一因子，而哲学理性一旦跨出神学教条限定的门槛，再前进一步，就可到达文艺复兴要求的境界了。

程显煜在《罗马教皇与罗马文艺复兴》(载《历史研究》，1988 年第 1 期)一文中指出，罗马文艺复兴的主要成果之一就是兴起研究古代文化的高潮，收集和整理了大量古代手稿，在这个方面有些教皇做出了重大贡献。例如尼古拉五世宣称要建立一所教廷图书馆，随即派遣许多学者分赴雅典、君士坦丁堡及英国、法国等地，全力收集古典手稿，他还在梵蒂冈设立了一个翻译、抄写和编纂中心，招募各地知名学者前来服务。这些书籍内容广泛，包括古希腊、罗马的文学、哲学著作，各类宗教和神学著作，其中有荷马、希罗多德、修昔底德、亚里斯多德和柏拉图等古代名家的作品，也有不同文版的圣经和福音书以及希腊教文和拉丁教文的作品，客观上保护和抢救了许多珍贵的古代文化遗产，扩大了文艺复兴的成果，有利于文化思想的发展。

2. 中世纪的城市与文艺复兴

钱乘旦在《西方那一块土》(150—152 页，北京：北京大学出版社，2015)一书中指出，中世纪的城市是商业中心，是市民从事制造业或者做买卖的地方，所以市民就成了不同于领主、农民的第三类人。市民在从事新的经济活动方式的时候产生了新的生活态度和价值观念，即出身是次要的，金钱和财富才更加重要，决定着人们的身份和地位。同时城市居民在与封建领主斗争过程中，逐渐获得了城市的自我管理权利，这叫做"自治权"。到 12、13 世纪，这样的自治城市越来越多，城市居民不再受庄园法庭管制，可以自己去选市长、议员、法官等等，组织自己的市政府，建立自己的法庭，甚至组织自己的军队。这种不同的生活态度、价值观及自治活动，最终会导致封建社会的瓦解，推动新的文化的产生。

张椿年在《从信仰到理性：意大利人文主义研究》(14—15 页，北京：方志出版社，2007)一书中指出，城市的生活与农村不同，市民脱离了土地，以经商和手工业为生，不同的生活状况，必须养成新的习惯，逐渐形成与传统的价值观念相抵触的心理状态。市民心理拥有这样一些特征：善于创新，因为如果因循守旧，不提高产品的质量就会在竞争中失败；重视自由，因为没有自由就不能携带商品走南闯北；敢于冒险，因为害怕漂洋过海，商品就缺乏广阔的市场；主张宗教容忍，因为不敢和异教徒接触，必然会失去可观的利润；重视理性，因为对行情、国情的估计不建立在事实的基础上，不作冷静的、理智的分析，就会遭受破产；崇拜财富，因为财富给他们带来了荣誉和地位；要求享受，因为财富的增长，使他们有可能享受生活的乐趣。变化了的心理状态要求相适应的、新的文化——人文主义是对市民思想的提炼和升华。

法国学者弗朗索瓦·梅南在《文艺复兴的序幕：12—14世纪意大利城市的教育与文化》(傅亮译，载《首都师范大学学报(社会科学版)》，2009年第4期)一文中指出，拉开文艺复兴序幕的城市，在许多方面与中世纪欧洲的其他地方截然不同，文化的发展是其重要特点。贵族统治着意大利北部和中部的城市，如米兰、威尼斯、热那亚、锡耶纳、卢卡、比萨、维罗纳、阿斯蒂、皮亚琴察等，实际上都是独立的城市国家。从12世纪初开始，这些城市国家就精心设计出一种特殊的政府模式——城市公社。城市公社的意识形态继承了古罗马共和国时期"自由公正"的理念，同时这些城市公社还主宰着欧洲和地中海的经济，所以市民需要精通法律、拥有撰写公证合同、行政文件的能力，懂得一些会计工作等，在私人生活领域中意大利人对文化的渴求，这也就有利于市民形成先进的理念和思维方式。在城市公社的政治领域中对新文化的渴求更明显，为了让市民了解并支持城市统治者的政治抉择，解释引领城市公社政治走向的意识形态，政治宣传在城市公社体制中是不可或缺的，例如在13世纪末14世纪初，绘画与雕塑艺术的变革为政治宣传提供了有力手段。所以从某种角度来说，文艺复兴正是为城市公社政治宣传的目的而创作出来的。

3. 学校教育与文艺复兴

中世纪大学在传承古典文化，培养一批具有一定独立思维、追求个性、热衷于文化传播的人才方面，发挥了积极作用，推动了文艺复兴。

王挺之在《欧洲中世纪的教育》(载《四川大学学报(哲学社会科学版)》，2001年第3期)一文中指出，中世纪的学校教育在欧洲文化的传承中起了重要作用。修道院学校虽然为神学服务，但是在战乱的巨大破坏之后保存了一些古典文化的遗产，在这里的学生通过学习这些知识，为进一步的学习做好了准备，同时这些学生自身也成为文化的传播者。11世纪，工商业的繁荣和城市的兴起推动了社会对教育的需求，新型学校出现，这些学校与教会的联系削弱，而直接与城市的世俗生活紧密结合。新型的学校有两类，一类是城市或行会的拉丁语学校，另一类是城市或私立的写作和算学学校。这两种学校共同推动了欧洲教育的发展，使人们对科学、医学、法学、哲学和神学进行了广泛的学习。到12世纪，在一些教育普及程度较高的城市中兴起了中世纪的大学。这些大学虽然是精英教育，但是它具有政治和经济上的独立性和司法权，能够控制自身的组织和成员：在经济上并不依赖于城市政府，反而对所在的城市经济繁荣大有好处，所以大多数城市都欢迎大学在该城建校，并且在各方面给大学提供方便；由于中世纪大学在城市中是一个自成体系的小社会，因此在大学内部也是依靠一些自治性的团体进行运转，教师和学生都分别组成行会来维护自身的利益，同时也对大学的教学和各种事务进行管理。所以虽然宗教思想在中世纪教育中依然占主导地位，但是大学却为新时代文化的出现和知识的飞速增长奠定了基础。

周明博在《全球通史》(189—190页，北京：当代世界出版社，2015)一书中指出，"大学"一词来源于拉丁文"Universitas"，指综合性的研究场所，或指有权决定学校事务的学生和教师会(联合会)。就是说，教师和学生为保障自己的权益，组织一种特殊的行会，负责训练教师，准许教师授课颁发文凭。到15世纪末，欧洲已有40多所大学，基本都设有4个学科：文艺、医学、法律和神学。文艺学科属于普通科，学习“七艺”：语法（包括拉丁语和文学）、辩证法（即逻辑学）、修辞（包括散文、诗的习作和法律知识）、几何（包括地理和自然历史）、算术、音乐，以及天文学（包括物理学和化学）。在大学里，最使教师、学生感兴趣的是参加辩论会，要想获取学位的学生，必须经过公开的答辩。辩论的气氛非常热烈，有时双方情绪十分激动，甚至互相扭打起来。大学的学科设置和学术辩论的氛围为文艺复兴的出现奠定了基础。

（二）文艺复兴时期人文主义的内涵和表现

1.“人文主义”的内涵

陈新在《“人文主义”的兴起——一个有关史学认识的个案分析》（载《世界历史》，2003年第1期）一文中指出，“人文主义”（humanism）一词最早出现在19世纪初，是德国教育家们在讨论古典研究在文艺复兴时期教育中的重要地位时，从拉丁文humanitas（意指“教育”或“学问”）中衍生创造出来的。在文艺复兴时期，humanitas意指一种理想，它代表人类美德的全面发展，这个词不仅包含着仁慈、宽容、审慎、毅力等个人应具有的品质，更重要的是，它还意指一种积极的生活方式，即人们应该投身于社会生活当中，而不应像中世纪修道士那样整日深思默想，过着与世隔绝的生活。所以它只是文艺复兴时期曾经存在着的诸多观念与理想中的一种，并不是这个时期思想中最普遍的特征。19世纪随着工业革命的开展和自由主义思潮的影响出现了极端个人主义，致使人性完全发展的文明人变成实质上的野人，弱肉强食成了社会的生存法则，所以如何看待个人与社会之间的关系成为当时的研究者不可回避的问题。于是文艺复兴时期对个人道德的追求和积极的生活方式这样的一种主张就满足了研究者的需要，至此“人文主义”（humanism）出现并成为文艺复兴时期的主流思想和核心。

杨寿堪在《人文主义：传统与现代》（载《北京师范大学学报（人文社会科学版）》，2001年第5期）一文中指出，文艺复兴时期humanism主要是指以人为中心，通过文学、艺术等形式体现人性与人文精神，因此，译为“人文主义”，与中文意思相吻合。

法国学者费尔南·布罗代尔在《文明史》（常绍民等译，364页，北京：中信出版社，2014）一书中指出，文艺复兴时期的人文主义就像罗马与罗马的一场对话，这场对话在异教徒的罗马与基督教的罗马之间、在古典文明与基督教文明之间进行。它是西方有史以来经历的最富有效果、最持续不断的争论之一。

英国学者阿伦·布洛克在《西方人文主义传统》（董乐山译，2页、15页，北京：群言出版社，2012）一书中指出，人文主义不是一种思想流派或哲学学说，而是一种宽泛的倾向、一个思想与信念的维度，以及一场持续性的辩论。即人文主义者针对某些共同的假设以及对某些具有代表性的、因时而异的问题的共同关切，并各持己见，甚至针锋相对的社会现象的概括，它并没有一套完整的思想体系。所以从文艺复兴开始，人文主义的特点就表现为观点多元、莫衷一是。人文主义者永远不会在同一问题上得出一致的意见，其包含的思想也极其丰富，但是在逻辑层面上依然有共同倾向：那就是对人的价值的珍视态度，以及对人的经验与理性的信任。

2. 人文主义的表现

(1) 关于宗教问题的思考

杨寿堪在《人文主义：传统与现代》(载《北京师范大学学报(人文社会科学版)》,2001 年第 5 期)一文中指出,14 世纪文艺复兴的思想家以文学、诗歌、戏剧、绘画、音乐等艺术形式,反对基督教神学统治,反对上帝主宰一切,主张以人为中心,歌颂人的伟大、人的创造力和人的价值,以及对未来美好世俗世界的向往。他们留下许多不朽的作品,成为人类重要的精神财富。

赵立行在《宗教与世俗的平衡及其相互制约——意大利人文主义者的宗教观》(载《历史研究》,2002 年第 2 期)一文中指出,文艺复兴时期人文主义者对教会进行了攻击和嘲讽,他们揭露和攻击的对象是教会出现的弊端,要求恢复到基督教原始真义上,提倡将人的价值纳入到神学体系中,为人性和人的生活的价值在宗教中找到应有的地位,从而达到人性与神性的统一。所以人文主义者的宗教观是在不放弃宗教的前提下纯洁宗教,想为人性和世俗生活的价值找到生存的空间,从而为两者找到一个平衡点。但是这样的平衡点是不存在的。在宗教的前提下,人文主义者的世俗生活更多地停留在心灵的层面上,世俗观念的过度发展又使得人文主义者找不到实际的约束力量。人文主义者通过宗教批评来纯洁宗教,他们在宗教方面否认的东西恰恰又是他们在设定世俗生活时所大力提倡的。所以人文主义者一直纠缠在宗教和世俗的两端,表现出人文主义者宗教观的矛盾性和复杂性,但是这样的复杂性和矛盾性恰好体现了文艺复兴时期处于一个过渡时期,同时具有时代的新和旧的双重特色。

(2) 关于人的价值实现途径的争论

阿伦·布洛克在《西方人文主义传统》(董乐山译,25、29、30 页,北京:群言出版社,2012)一书中指出,在人文主义的讨论中,"积极入世"的生活与"沉思默想"的生活哪一个更值得提倡,是一个永恒的话题。被公认的第三代人文主义者的领袖意大利学者布鲁尼、意大利著名的建筑师和建筑理论家阿尔伯蒂公开对沉思默想的生活的优越性提出质疑。布鲁尼对"忙于事业的生活"和修道式的"无所事事的生活"进行了对比,从而将公民对城邦的忠诚视为最高的美德。阿尔伯蒂认为人只要拥有足够的胆量,是可以战胜命运的;人不是生来虚度光阴的,而是应当积极地创造丰功伟业,这就是倡导"积极入世"的"公民人文主义"的代表。文艺复兴时期新柏拉图主义的代表人物,意大利的学者费其诺认为世间的一切事物都有可能沐浴到神圣之光,而其中最接近上帝光芒的就是人的灵魂,所以人可以通过沉思默想的"出世"生活使自我提升,从而与上帝沟通。"新柏拉图主义"和"公民人文主义"之间的矛盾无法调和,但是两者都肯定了人的价值和能力,都从古代文化中汲取了营养,因而他们都自称"人文主义者"。

(3) 关于财富价值的困惑

张椿年在《意大利文艺复兴时期财富观念的变化》(载《世界历史》,1987 年第 3 期)一文中指出,人文主义者从理论的高度、从伦理道德的角度来阐明财富的意义,财富观是他们伦理观的一个重要方面。人文主义者对财富的肯定始于布鲁尼,布鲁尼认为财富本身并没有好坏的属性,它不过是完成某种行为的工具;财富是一种外在的幸福、外在的力量。新的财富观冲击了基督教的禁欲主义,批判了基督教的伦理道德,它引导人们追求积极的理想,鼓励人们创造更多的物质财富。它把社会的繁荣同物质财富的生产联系起来,从而把人类从禁欲主义的精神枷锁下解放出来,树立了人的尊严,反映了一个新的时代,商品经济和资本主义发展的需要。但是新的财富观在文艺复兴时还未占统治地位,而且富有者的精神常常陷于混乱和矛盾的困境,他们一方面积极追求有意义的尘世生活,同时又对自己不能遵循宗教要求奉行虔敬守贫的生活而自责。为了求得内心的平静,富有者通过馈赠财产、兴建教堂、举办慈善事业以表示对来世的关心,这样的困惑和矛盾也表现在人文主义者身上。

(4) 关于时间价值的新见解

张椿年在《论意大利文艺复兴时期人文主义者的时间观》(载《世界历史》,1986 年第 7 期)一文中认为,教会的时间观将人的思想引向来世,把人的时间看成是人们忍受苦难的过程。人文主义者确定了人的价值,规定人生的目的在于从事伟大的事业,而人的事业必须有时间作保证,因而时间就被赋予了价值,成为人类的宝贵财富,不再是无意义的生命的简单延续。同时经济的发展使市民的力量有了很大增强,他们与封建主的斗争不断取得胜利,这一系列的胜利使市民们觉悟到个人力量的伟大,而社会谋生道路的开拓、社会财富的增长又使人们,特别是那些巨商大贾感到尘世不再是苦难的历程。他们把工作当作享受,把建功立业当作人生目的,把科学探讨、冒险活动当作人生乐趣。由于建功立业、学术研究是在一定的时间内进行的,所以重视时间被视为人们的一种高贵品德。虽然人文主义者还未能从哲学的高度对时间的概念给予科学的解释,又因为他们本身还未完全摆脱宗教的思想影响,在理论上还不能彻底克服教会时间观的二元论矛盾。但是,无论如何他们对时间的思维方式已是现实主义的了,他们对时间的新见解,标志着一个时代的转折,为后世留下了宝贵的财富。

人文主义者在宗教问题、人的价值实现途径、财富问题以及时间价值问题上的持续探讨,影响了西方的思想和社会的发展方向,也必将影响政治和经济领域。

(三) 文艺复兴的影响

1. 世界和人的发现

雅各布·布克哈特在《意大利文艺复兴时期的文化》(何新译,311—390、495 页,北京:商务印书馆,2015)一书中指出,文艺复兴使意大利人摆脱了中世纪精神的束缚,达到了高度的个人发展,于是他们的思想就转向于外部世界的发现。第一,富有进取精神的意大利人开始了广泛的航海事业和世界活动,世界的另一半就好像新发现一样展现在他们眼前。在航海过程中意大利人开始用自己的观察和见闻来写风景、城市、风俗习惯、政治情况等,表现出从一个客观的观点来观察和对待这个世界上的事物。第二,由信仰、幻想和幼稚的偏见织成的纱幕一旦消失,对于国家和这个世界上的一切事物做客观的处理和考虑成为可能。这推动了意大利人研究和考察自然,并最终走上了科学研究的道路。第三,文艺复兴使意大利人发现了自然美,拥有了欣赏自然美的能力,这是在欧洲古代和中世纪的文学和艺术作品中是找不到的,是一个全新的概念,对西欧的艺术思想产生很大的影响。

陈乐民在《欧洲文明十五讲》(109—110 页,北京:北京大学出版社,2004)一书中指出,文艺复兴的影响首先体现在对人生态度的影响。把人与神剥离,是一种人生观的态度,也是个人主义的一个基础。就是个人(individual)成为社会的组成部分,基本的部分,要表现为人。在这以后的一些文艺作品也好,所写的哲学的文章,社会学的文章也好,都比较突出以人为本。"文艺复兴"，说得硬性一点，是一个从神本主义转向人本主义的关键时刻，一个起步时刻，把人当作人来认识。

2. 思维方式的创新

陈乐民在《欧洲文明的进程》(151页、153页、157页，北京：生活·读书·新知三联书店，2014)一书中指出，文艺复兴的伟大之处在于它体现了一种富于创造力的"时代精神"：欧洲人开始"发现"本来是未知的世界，哥伦布和达·伽马本人，未必知道他们的行动是一个新时代的开始。任何看似偶然的、技术性的成就，一旦与历史命运结合，就可能刻上里程碑的印迹，而且随着这成就的连锁影响向纵深扩展，不仅引发其他类似的行动，而且推动人的思维方式的更新：将人与神剥离的人生观、学术上的批判意识、科学思维等的出现，这预示着时代的进步与变革。人们从此开始学着用新的眼光看待世界，并由此发现理性是属于"人"的。

阿伦·布洛克在《西方人文主义传统》(董乐山译，48页，北京：群言出版社，2012)一书中指出，文艺复兴时期的人文主义就其性质而言是个人化的：它既不是一种信条，也不是一个哲学体系；既不代表任何利益集团，也不想把自己组织成一场运动。它仅以受过教育的人为对象，基本限制在城市贵族与统治精英的范围之内，而不是像马丁·路德、约翰·诺克斯以及后来的反天主教宗教改革派那样，以没有教育背景的广大人民群众为对象，因此，作为一种历史力量，人文主义具有明显的软弱性，尤其是当一些人组织起来将其说成是异端邪说加以压制时，这种软弱性就更加表露无遗了。然而人文主义所表达的思想，以及它对人的经验的首要价值这一人类尊严的坚守，却蕴含着无限的能量。这个火种一经点燃，便永没有熄灭之日，后来的历史告诉我们：未来是站在人文主义者这一边的。

姜天明、廉惠斌在《伟大与进步的变革——欧洲文艺复兴》(载《辽宁大学学报(哲学社会科学版)》，2001年第3期)一文中指出，文艺复兴运动是欧洲由封建制度向资本主义制度过渡时期的一场伟大的思想文化运动。它产生于当时的社会条件下，符合历史发展进程，促使人们文明开化，为继而发生的资产阶级革命奠定了思想舆论基础。

3. 近代民族国家意识的产生

陈乐民在《欧洲文明的进程》(155—156页，北京：生活·读书·新知三联书店，2014)一书中指出，文艺复兴时期的人文主义者虽然是少数的"精英分子"，但是小小的意大利分裂得几乎是一城一国，这些"精英分子"与群众接触并不是很难的事，所以他们能与群众的心声相应，并在他们的看法中融进普通市民的情感。这种普通市民的情感，对未来欧洲社会具有长远意义：即民族的认同性和反映这种民族认同性的民族语言。"民族语言"是时代的要求，这对人民的生活习惯、精神状态有非常大的影响，代表着民族和民族统一的一种半自觉的向往。

李宏图在《论近代西欧民族主义和民族国家》(载《世界历史》，1994年第6期)一文中指出，在文艺复兴运动中，资产阶级举起人文主义的旗帜，把斗争矛头直指以罗马教会为代表的封建制度，他们以人性来代替神性，以人的世俗世界来代替神的天堂，以人的个人奋斗来代替宗教宿命论，以人权代替神权。一元的普世主义为新的多元主义所取代，从而促进了民族意识的成长。当宗教不再成为人们的最高主宰时，他们就寻求君主，也就是说，人们不再把自己的情感和忠诚贡献于宗教权威，而是转移到世俗的王权，他们关注、效忠与认同自己所在的民族和国家。中世纪末期，由于王权的加强、较为统一的国家的形成，西欧一些民族在文化层面上取得了民族的共同认同，这主要表现在每个民族都在执著地追求使用自己的民族语言，培养和形成自己的风俗习惯和行为方式，增进整个民族的共同情感。

二、宗教改革

英国学者阿利斯特·麦格拉斯在《宗教改革运动思潮》(蔡锦图等译，3、5 页，北京：中国社会科学出版社，2008)一书中指出，宗教改革运动是针对 16 世纪初教会的可悲情况——偏离了基督教信仰的独特观念、失去了智性的身份认同、未能掌握基督教的真正本质，思想家们用"重回本源"为口号，改正这些弊端，以重回更纯正和清新的基督教形态的运动。宗教改革包含了四个要素：信义宗、加尔文主义、"重洗派"和"天主教的改革运动"。

美国学者雅克·巴尔赞在《从黎明到衰落：西方文化生活五百年，1500 年至今》(林华译，4、25 页，北京：中信出版社，2013)一书中指出，宗教革命严格来说并不是宗教革命，而是神学革命。基督教并未让位于另外一个宗教，西欧人仍然笃信《旧约》中的奇迹。但宗教革命使几百万人改变了信仰的形式和对命运的认识，更重要的是它改变了围绕信仰慢慢形成的思想体系，即意识形态，它提出了观念和信仰的多样性这两个问题，培育了一种新的国家感，提高了方言的地位，打消了西方人同宗同祖的一体感。

(一) 16 世纪欧洲社会的概况

1. 16 世纪德意志的经济

修海涛在《德国宗教改革的起因》(载《世界历史》，1982 年第 6 期)一文中指出，15 世纪德国跃居欧洲商路中心。以奥格斯堡为轴心的南德是意大利和东方商品的集散地，北德以汉萨同盟为主体构成了东、西欧贸易的桥梁，纵贯德国南北的水陆交通把地中海和北海两大商业区串连了起来。中介贸易加强了德国各地的经济联系，大大促进了德国商品经济的发展，使大批城市繁荣起来，当时一万人口以上的城市共有十六个。日渐壮大的资本主义关系正在瓦解着封建自然经济，全国性的交换体系开始形成。

美国学者威尔·杜兰在《世界文明史——宗教改革》(225、228 页，北京：东方出版社，1998)一书中指出，一件具有事实的革命正在日耳曼的工商业中进行。大多数的工业仍是手工业，但已被那供应原料资本和买卖产品的企业家逐渐地垄断。采矿工业正在迅速的发展，从开采银、铜及金矿获利甚丰，金块和银块已成为宠物；皇族为了采矿权付款给边塞地区的王侯，使得某些王侯能反抗教皇和皇帝。铸造可信赖的银币、钱币倍增了，通往货币经济的大道大致完成。在达·伽马及哥伦布的航行后，逐渐增多的日耳曼出口和进口沿着大的河川移向北海，波罗的海及大西洋，财富与权力逐渐转移到了科隆、汉堡、不来梅，尤其是安特卫普。金钱与贸易的向北转移使日耳曼的北部与意大利经济脱离关系，从而使得它足能保护路德不受皇帝与教皇的侵袭。

周明博在《全球通史》(205 页，北京：当代世界出版社，2015)一书中指出，德国的商业相当繁荣，从意大利到北欧的商道要通过德国，商道附近城市密布，在波罗的海南岸和多瑙河、莱茵河沿岸城市就有 2 300 个到 3 000 个，其中有 20 多个大中城市。许多的富商手中积累了大量货币，拥有巨额资本，一旦机会合适就投资矿山，组织资本主义生产。在政治上，德国保持着从中古以来所形成的政治割据局面，它有 7 大选侯，十几个诸侯，200 多个小诸侯，上千个骑士团和 100 多个自由城市统治者。它没有统一的军队、法庭和货币，甚至没有明确的疆界。政治的分裂阻碍了经济的发展，资本主义的进一步发展迫切要求结束封建割据的局面。

2. 文艺复兴与宗教改革

阿利斯特・麦格拉斯在《宗教改革运动思潮》（蔡锦图等译，43 页，北京：中国社会科学出版社，2008）一书中指出，文艺复兴时期思想家所发展的新语言学和文学方法，被视为重拾古典时期活力的途径。对许多基督教徒来说，这是打开了一个新颖、刺激和充满挑战的可能性——那就是《新约圣经》描述的第一代基督徒的经验，可以重拾并转移至后世。人们似乎可以透过对《圣经》的研读，形成一种新的、充满活力的且动态的形式取代中世纪基督教贫乏的形态。所以文艺复兴的"回到本源"不只是一句口号，更是对中世纪晚期教会状况感到绝望的人的一条救生索。

何光沪在《宗教改革中的基督宗教与人文主义》（载《复旦学报（社会科学版）》，2006 年第 4 期）一文中指出，从茨温利到布塞尔再到加尔文的神学，其实都有明显的人文主义因素，实际上，有些宗教改革家本身就是当时重要的人文主义者。第一，人文主义者和宗教改革家总体而言都反对当时的教会状况，对教会尤其是教廷的弊端提出了严厉的批判。第二，本来意义上的人文主义者（研究和传授古典学问的人），尤其是"基督教人文主义者"和"圣经人文主义者"在许多年之中所做的大量工作，为宗教改革做了学术上的铺垫或准备。文艺复兴时期对古典文化的热衷，必然要求学者们"返回原文"，也就是要抛弃许多"注疏"的"过滤"，直接阅读古典文献。这就造成了对中世纪神学家的大量注疏抱批判态度，回归圣经和古代教父的思潮，这是宗教改革运动所需的思想氛围。第三，由于宗教改革在学术上对人文主义的倚重，它也自然带上了人文主义者所特有的批判精神甚至自由主义精神。所以"本来意义的人文主义"如修辞、逻辑、古典文学等的研究渗透到了宗教改革家的思想之中，广义上的人文主义所包含的思想或精神也被宗教改革家们所继承，而且被他们推进到一个新的阶段，并落实到社会政治制度之中去了。

3. 印刷术与宗教改革

张炜在《印刷术促成人文主义思潮兴起》（载《中国社会科学报》，2016 - 2 - 2）一文中指出，中世纪主要的传播媒介需要耗费大量人力和物力，价格不菲的羊皮纸手抄本，而学生大都囊中羞涩，根本买不起这样的书籍，他们在课堂上只得以教师根据手抄本进行的宣讲内容作为权威。同时，手抄本占用空间较大，而当时学院图书馆本身的空间有限，所以藏书有限，更新的速度也很慢。再者，很多牛津的学院图书馆的手抄本是不能外借，仅高层级教师和学生可以阅览，所以一般本科学生很难有机会接触到手抄本，这是基督教会能够实现知识垄断的重要因素之一。但自 15 世纪后，伴随着文艺复兴人文主义思潮的兴起，这种知识垄断地位开始受到强有力的挑战。人文主义者不愿轻易接受正统权威的观点，转而直接研究并自由讨论教父及异教作家的原始作品，因此人们对于便宜易得的传播媒介的渴求越来越强烈。印刷书作为一种便宜易得的传播媒介，使读者可以直接阅读经典作品，并使阅读成为一种个

的人文背景主要包括两种人文文化：一种可称为文学人文主义，另一种可称为科学人文主义。这两种人文主义共同为科学的产生创造了极其有利的文化氛围。文学人文主义大多是由对古典文学抱有浓厚兴趣的诗人、文学家以及教会中的开明学者所开创和支持的人文主义，它直接改变了西方自中世纪以来的文化和思想的基调，为当时科学的产生提供了一片开阔的文化空间；它撼动了中世纪经院哲学和古典学术的无上权威，促使人们到自然中寻找知识和真理；它也孕育了摆脱书本教条，主要依据自然经验来进行自由探讨的科学精神。由于文学人文主义自身的局限性，到16世纪衰落，之后科学人文主义逐渐取代了它为推动科学的产生和成长所扮演的角色。科学人文主义试图将自然科学知识和人文主义结合起来，以此来捍卫人性的价值和尊严。科学人文主义强调实用的工匠传统，进一步加强了自然与人的关联。工匠的技艺注重知识的运用对现实生活产生的实际效应，这就将人们的注意力进一步引向自然经验，并逐步唤醒人们主动干预、操纵自然的意识，有利于科学的实验方法的发展与成熟。科学人文主义继承下来的毕达哥拉斯传统，通过绘画、音乐等艺术方面的巨大成就和影响，为数学方法在科学中普遍运用提供了思想和观念上的准备。文艺复兴为科学的产生创造了一个既注重普遍理性，又注重具体经验，既强调数学推导，又强调实验干预的在多极间保持张力的人文土壤。

宗教改革又进一步解放了人们的思想，推动了自然科学的发展。何光沪在《科学革命中的基督宗教与人文主义》(载《中国人民大学学报》，2008年第3期)一文中指出，现代科学诞生在17世纪的西欧的一个重要因素是由基督宗教尤其是宗教改革后的基督宗教的一些特点所决定的。第一，相信上帝具有理性，因此它所创造的自然世界是合乎理性的，即有秩序、有规律的，这样，具有理性的人也才有可能认识和理解自然世界。换言之，世界是由单一的、理性的人格性上帝所创造和维系，因而具有内在的和谐与普遍齐一的法则，这样一种世界观是现代自然科学产生的基础。第二，相信世界只不过是上帝的造物，它本身是"好的"，但并不具有神性，上帝已将它交给人类"管理"。因此，探索和利用自然世界并不是冒犯和亵渎神圣的行为，而是一件好事。这样一种世界观为探索和利用自然放开人的手脚提供了某种神圣的核准。第三，相信上帝创造世界是完全自由的，因为上帝全知全能而又具有完全自由的意志，所以他创造万物时并不受任何高于上帝的法则或必然性所限制。这一信念大大有助于形成科学活动中一项比理性更加重要的特质——对事实的尊重，这一特质是科学的生命或灵魂。这也直接导致了经验主义和观察归纳方法的地位上升，从而促成了现代科学的兴起。

2. 流动的社会结构

斯塔夫里阿诺斯在《全球通史：从史前史到21世纪》(吴象婴等译，480—482页，北京：北京大学出版社，2012)一书中指出，科学革命是西方文明独有的产物。第一，只是在西方，哲学家、科学家与匠人才实现联合，互相促进，这大大促进了科学在西方世界的空前繁荣。在近代以前的所有人类社会，匠人关心的是技术上的实际知识，而不是科学上的潜在原因。而哲学家关心系统概念，但是对日常生活中的问题不了解，也无能力处理，思想家与劳动者朝着分离的方向发展。文艺复兴的人文主义学术成就和有利的社会环境缩小了匠人和学者之间的鸿沟，引起了一个爆发性的联合，使知道实际知识与了解潜在原因结合，奠定了科学的基础。第二，地理大发现和海外地区的开辟也促进了科学的发展。新的植物、新的动物、新的恒星甚至新的人们和新的人类社会相继被发现，所有这些都向传统的思想和设想提出了挑战。第三，欧洲的科学革命在很大程度上应归功于同时发生的经济革命。近代初期，经济上的进步导致技术上的进步，后者又转而促进了科学的发展和受到科学的促进。例如，远洋贸易引起对造船和航海业的巨大需求。为了制造罗盘、地图和仪器，出现了一批新的、有才智的、数学上受过训练的工匠。航海学校在葡萄牙、西班牙、荷兰和法国相继开办，天文学由于其明显的实用价值而得到认真的研究。

方在庆在《近代科学得以产生的社会根源》(载《科学》，2014 年第 3 期)一文中指出，近代科学的诞生除了文艺复兴、宗教改革奠定了基础之外，还得益于社会壁垒的消除和科学组织机构的建立。在 17 世纪以前，逻辑训练留给上层阶级的学者，实验、因果兴趣和定量方法则留给平民工匠，科学所依赖的两个方法被社会屏障所隔离。直到 1600 年左右，曾分属不同社会阶层的自然哲学和技艺手艺彼此之间的距离才开始消解，这些群体之间社会壁垒的消除也迫使科学家放弃了他们的傲慢态度，屈服于工匠向他们揭示的自然事实。这种社会结构的变迁构成了科学兴起的必要条件。

3. 组织化的科学活动

吴国盛在《科学的历程》(241 页，北京，北京大学出版社，2013)一书中指出，新的实验精神，激励越来越多的才智出众的人士加入探究自然奥妙的行列。他们起初是单干，但后来感到了交流、讨论与写作的必要性，他们自己的个人成就也需要发表，需要得到承认。于是，他们自发组织起小团体，共同研究问题，科学共同体悄悄地诞生了。此外，新兴的资产阶级在发展生产和经济时，也深深地感到掌握自然知识的迫切性，开明的君主和政府开始支持自然科学研究，他们出资建立科学社团、实验室、天文台，主持制订大规模的研究计划，这使科学活动的组织化迅速发展到了一个较高的水平。

王顺义在《近代科学革命的社会文化动因》(载《历史教学问题》，2002 年第 2 期)一文中指出，一大批专门进行科学研究的“科学家”这种社会角色在英国出现之后，起初这些科学家是在家里进行科学研究，并三三两两私下进行学术交流。1661 年，国王恩准“英国皇家学会”成立，它成为科学家们进行科学研究第一个特定的社会团体，科学家在其中进行交流、作学术报告、进行演示实验。皇家学会举办学术杂志，公开发表科学家的科学发现成果；皇家学会会章还规定了科学活动的性质、规范，这样就导致了英国科学家共同体的形成。科学研究活动也就变成了一种特殊的有组织的社会活动，英国科学事业因此形成和发展，科学的社会建制初步形成。英国科学事业的繁荣大大地促进了科学家科学研究活动的开展，导致了众多的科学发现，推动了科学理论的大发展。1666 年法国由国王恩准，在巴黎成立了“法兰西科学院”，这个科学院比英国皇家科学院更进一步，它是职业化和专家化的。在这个科学院工作的科学家，由国家给薪金，配助手，提供仪器和场地，而且薪金高得令人羡慕。由于国家给高工资，因此在科学院工作的科学家人数不可能太多，只有真正的专家才能够被聘入围。法兰西科学院的办院模式意义非同一般，它开启了科学研究活动职业化的先河，之后不久欧洲一些国家如德国、俄国等都沿袭这种办院模式。

(二) 科学革命中人文主义的内涵和影响

1. 人的独立思维的形成

陈乐民在《欧洲文明的进程》(162—168 页，北京：生活·读书·新知三联书店，2014)一书中指出，17 世纪是一个沉思的世纪，是独立的、科学的思维形成的世纪。独立就是“独立”于神学，即思维独立地对待存在，是人在认识上的革命。哲人们、科学家们想用科学来验证上帝，要用“科学的方法”驱散世俗对宗教的怀疑，尽管没有找到答案，但是在反复“论证”的过程中却为思想解放、理性解放开了路。“人”的本位，曲折但顽强地表现出来，一点一点地摆脱旧的精神枷锁。17 世纪也可以说是方法论觉醒的世纪，无论当时的英国经验派还是大陆的理性思辨派都强调不再是以“神”为本位、用“神”的眼光去观察世界，而是自觉或不自觉地以人的体验、人的独立思维为本位，自觉或者不自觉地用“人”的眼光去从世界本身认识世界。

2. 新的世界观的形成

江晓原在《科学史十五讲》(136—137 页，北京，北京大学出版社，2015)一书中指出，17 世纪一个新的世界观在逐渐形成。第一，中世纪、文艺复兴以及宗教改革时期的思想家都认为过去的知识是最可靠的智慧源泉，而 17 世纪以来的思想家却不盲从古代权威，决心依靠自己的才智领悟知识，他们以“大胆求知”为座右铭，强调科学的自主性和思想的自由活动。第二，古代思想家认为，智慧越抽象就越伟大，因为这种智慧有助于使人类的思想远离尘世的“污浊”，就像永恒的神性一样能给人类带来幸福，但是，新型的思想家坚信，如果知识不能被利用就毫无价值。第三，古代思想家以及大多数人，认为宇宙是由神秘的力量所驱使，除巫师外，人类对这种力量几乎无法理解且肯定无法控制。但是，在 1660 年前后，一种机械论的自然观荡涤了神秘主义，此后，自然界被认为像最精致的机械钟一样运转，天体运动规律可以被准确无误地预测，大自然本身可以被人类充分理解。

3. 现代精神的起源

程倩春在《论近代科学革命的人文意蕴》(载《学习与探索》，2005 年第 5 期)一文中指出，科学革命有着巨大的人文意蕴，它是现代世界和现代精神的真正起源。程倩春先是指出了近代科学革命对人的发现的影响。第一，它改变了上帝的观念，上帝由万事万物的永恒的统治者转变为神圣的钟表匠和第一推动者，使人和自然的关系变为了真正的“主体”与“客体”的关系，使人和自然的关系真正得以明确，把自然真理交由经验、观察和逻辑推理去解决，并以后者作为它们的基础。这一过程也被后人称之为“祛魅”的过程，是人类摆脱蒙昧状态的首要的、基本的前提。第二，它改变了人的观念，理性不仅成为了人所具有的特殊认识能力，而且是理解包括自然在内的一切事物的最强有力的武器，是征服自然、改造自然的最强有力的武器。因此，人由于拥有强大的理性能力而享有尊严，人由于其卓越的理性能力不仅能够理解自然，也能在理性的指导下，把美好的理想变为社会现实。第三，近代科学以理性的权威战胜并取代了古代权威，这是对传统社会等级制度发出的最大挑战，逐渐确立了以合理性、功利性、普遍主义、个人主义和信仰进步等为基本价值观念的现代价值观。合理性价值力图对所有的人类存在现象进行更一致、更有序、更概括化的理解，它要求人们力求合乎理性地认识和控制所有的事物，这一价值构成了现代社会的基础；功利性价值使人变得更真实、更有活力，使社会更发达、更进步；普遍性价值即在科学面前人人平等，并日益扩大到其他的社会生活领域，给了所有社会成员以产生梦想的权利和实现梦想的机会，从而极大地激发了人们的创造热情和活力，不断推动社会的向前发展；个人主义价值主张的是个人按照自己的理性和道德意识而非任何外在于人的权威来认识和变革人和外界事物，这种价值观也要求人们遵守社会的法律制度，最终内化为一种基本的深层心理意识，并成为了现代民主社会最重要、最基本的价值判断。

四、启蒙运动

康德在《历史理性批判文集》(何兆武译，17页，北京：商务印书馆，1990)一书中指出，启蒙运动就是人类脱离自己所加之于自己的不成熟状态。不成熟状态就是不经别人的引导，就对运用自己的理智无能为力。当其原因不在于缺乏理智，而在于不经别人的引导就缺乏勇气与决心去加以运用时，那么这种不成熟就是自己所加之于自己的了。Sapere aude!(敢于认识)要有勇气运用你自己的理智。

李宏图在《什么是启蒙运动》(载《史学月刊》，2007年第9期)一文中指出，启蒙思想家正是真诚地想要启发民智，要把潜藏于每个人自身之中的理性召唤出来，使人类走出不成熟的依附和奴役状态，成为敢于运用自己理性的独立的和自由的人；要用理性来批判专制王权、封建特权和宗教神权，追求和实现人的权利、自由和平等，这就是启蒙思想家所掀起的启蒙运动的主要内容，也是启蒙运动的内在精神。

(一) 18世纪欧洲社会概况

陈乐民在《欧洲文明的进程》(171页，北京：生活·读书·新知三联书店，2014)一书中指出，启蒙运动是文艺复兴、宗教改革的逻辑延伸，或说是它们不可缺少的、也是不可避免的“续篇”。文艺复兴好像是一个酣睡的人在慢慢苏醒；宗教改革进一步表现在“上帝”问题的一种突破；在经历了笛卡尔以来整个世纪的沉思后，西欧进入到了自觉运用理智的阶段。所以启蒙运动是文艺复兴以来思想运动不断深化、不断让理性脱离羁绊的渐进、积累的必然结果。同时18世纪是一个商业革命、产业革命、思想革命相互推动的时期，没有一定的物质条件，精神领域不可能有这样的变化。西欧社会从重商主义启动，产业革命为之插上翅膀，物质文明大为改观，生产和消费非常活跃，近代市民城市已经出现，文化教育开始有了欣欣向荣的气象，发明创造迭出，欧洲人的日常生活质量和生活环境与以前大不相同，这是精神领域变化的社会根源。

1. 经济发展机制化的推动

侯建新在《西欧崛起：经济与社会互动的历史及相关学科》(载《社会科学战线》，2008年第4期)一文中指出，近代资本主义并非商品贸易量的简单增加，而是意味着整个社会，首先是生产领域运用商业机制进行运作，即生产与流通一体化，进而在此经济基础上的对内对外贸易是中世纪流通领域的一场真正革命。实际上，它是一系列社会、经济指标发展的结果，如劳动力、土地、资金等生产要素的逐渐市场化，又如新型产权组织的确立、农业雇佣经济的普遍发展等。近代西方流通机制以生产生活过程改变为基础，最终取决于剩余产品的增加和有效积累，而社会财产积累又依赖于法律保障机制。

新的经济发展需要新的管理机制和法律保障，正如美国学者彼得·盖伊在《启蒙时代(下)：自由的科学》(王皖强译，10页，上海：上海人民出版社，2016年)一书中指出，在行会没落和修道团体式微使工商业资本主义成为主要受益者的同时，“自由放任”的队伍后面却跟着行政管理官员。时代呼唤这些新科学,这是一个行政管理发生重大变革的时代。

2. 科学精神和原则的推广

斯塔夫里阿诺斯在《全球通史：从史前史到21世纪》(吴象婴等译,482—483页,北京：北京大学出版社,2012)一书中指出,牛顿已发现了一个数学上能证实的根本的宇宙定律,这定律可适用于整个宇宙,也可适用于最微小的物体。实际上,自然界就好像是一个巨大的机械装置,按照通过观察、实验、测量和计算可予以确定的某些自然法则进行运转。人类的各门知识似乎可缩减为有理性的人所能发现的少数简单的、始终如一的定律。因而牛顿的物理学的分析方法不仅被应用到物理世界,而且应用于整个思想界、知识领域及人类社会。

张钢在《科学文化与法国启蒙运动》(载《浙江大学学报》,1996年第4期)一文中指出,启蒙运动的真谛,即将科学精神、原则和方法推广到社会生活的各个方面,用一种理性的、哲学的眼光来看待一切。所以近代科学就成为启蒙思想家们彻底批判宗教神学和封建专制的有力武器。科学在这里已不单纯是一种自然知识体系或满足人类生存需要的工具,而是代表了一种崭新的精神、一种独特的文化。18世纪,随着以牛顿思想为代表的近代主流科学文化的植入,法国思想文化传统发生彻底变革,一方面,用更能代表近代主流科学文化的牛顿理论代替包含相当形而上学成分的笛卡尔理论做为启蒙运动的"通用教材";另一方面,不仅用科学来扫除迷信,而且用科学来召唤民主,驱逐专制,例如启蒙运动中的百科全书派的共同纲领是：崇尚科学,坚信科学,认为科学可以合理地阐明自然现象和社会现象,增进人类知识,促进人类社会不断进步,任何违反科学原理的东西,都应该予以否定。

医学发展成为一切真知的必备基石。彼得·盖伊在《启蒙时代(下)：自由的科学》(王皖强译,13页、22页、26页,上海：上海人民出版社,2016年)一书中指出,18世纪的明眼人看得很清楚,医学成为人们自信最直接的源头,也是牛顿学说众多借鉴中发展最兴旺的学科。医学成为普遍进步最直观、最鼓舞人心的指标。毕竟,最能够激发人们生活热情的,莫过于他们对寿命本身的期望日益提高,医学是启蒙哲人借助经验检验其哲学的试金石。在这个世纪,医学理论出现重大创新,解剖学、正确的助产术、明智的疾病分类、外科的专业化取得惊人进步,新鲜的空气和正确的饮食对于健康的重要性得到进一步认识,最值得赞许的是破除迷信,推翻了很多流行的错误的观点,民众乐于思考和讨论医学问题。18世纪,至少在受过教育的人看来,世界正在褪去神秘的色彩。伪科学让位于科学,对奇迹神力的膜拜受到怀疑主义强酸的侵蚀和科学宇宙观的遏制;宗教狂热退潮,常识大行其道;各教派对理性主义的接受,凡此种种,无不由内而外地颠覆了神圣,所以在启蒙哲人看来,祛魅不仅涉及教会及其教义,也渗透到社会生活领域。

3. 多种文化传播方式的助推

阿伦·布洛克在《西方人文主义传统》(董乐山译,52页,北京：群言出版社,2012)一书中指出,在历史上,欧洲的知识阶层从未形成过如此具有世界主义色彩的团体,他们以法语为共同语言,并且在18世纪上半叶这一相对和平的时期频繁地出国游历。在思想的传播方面,报纸与期刊在17世纪末的出现弥补了此前单靠书籍流通的不足。从此以后,凡是在巴黎、伦敦或阿姆斯特丹出现的有意义的出版物,马上就会被翻译成其他的欧洲语言进行传播。以孟德斯鸠1748年出版的《论法的精神》为例,这本书到1751年仅法语就印刷了22版,同年在匈牙利推出了拉丁语版,到1773年已经出现了十种不同的英译本,荷兰语、波兰语和意大利语版先后在70年代出版，德语和俄语版分别于1789年和1801年推出。

彼得·盖伊在《启蒙时代(下)：自由的科学》(王皖强译，49—50页，上海：上海人民出版社，2016年)一书中指出，这种方兴未艾的新精神有一个最为有效的表达渠道：定期刊物。18世纪初，期刊首先出现在英国，随后传播到欧洲大陆。欧洲各地的这些每周或每日出版的期刊通常刊载一些肤浅的、有时是严肃的世俗道德说教，它们拥有成千上万的购买者，销量与坊间的布道文不相上下。这些刊物内容和风格完美统一，精心选择表达方式，把常识与艰深的哲学探讨有机地融为一体，让文化程度不高的人也能看懂。这些杂志持论公允，专注于移风易俗、提升品位，同时避免表现出政治敌意，故而能成为教化推动者。

18世纪形式多样的公共和私人阅读方式使得启蒙思想能够迅速传播开来。法国学者丹尼尔·罗什在《启蒙运动中的法国》(杨亚平等译，194页、408—419页，上海：华东师范大学出版社，2010)一书中指出，18世纪城市居民的阅读是多样化的。18世纪大量涌现出来的图书机构，它们为公众阅读提供了方便，公共图书馆比以前更具有开放性。1784年的《法国文学》制定了一个排行榜，其中巴黎凭借着既有宗教的也有世俗的18座图书馆名列榜首，在法国有20多座城市至少拥有一座公立图书馆，比如里昂学院图书馆、鲁昂的修道院图书馆。第二种阅读渠道是阅览室和开办"文学陈列馆"的书店，在那里人们可以尽情阅读而无需购买。之后在私人的倡导下很多地方出现了"阅读会所"，它聚集了以阅读、讨论、沟通为目的的捐资者。阅读的渴望、学习的激情激发了创新行为，按天出租图书这一创新行为让一些畅销书比如《新爱洛伊丝》到了各种读者手中。

丹尼尔·罗什还指出18世纪一种新的社交思想团体出现，这些新社团的原则是自愿结社、拒绝社团封闭、拒绝排他主义、平等要求和参照常规等级体系相结合。新的社团的创立，为所有无法进入学术机构的人开创更加广阔的社交空间。人们可以交流新鲜事物，评判报刊中登载的政府行为，这里可能存在整个社会等级，并接纳越来越多的人。制造舆论的不再是学术院，而是私立社团，它开启了一个广泛传播参考文化和统一实际做法的进程，为批判性思考提供了一块领地和一种敏感性。最后18世纪的沙龙网络的构建带来了信息的传播和批判精神的扩张，因为人们可以在因循守旧和弃旧更新之间选择自己的定位。我们看到在金融资本家、知识分子和政治家的管理下，沙龙诞生了集会圈、宣传圈和组织运动圈。

(二)理性主义对人文主义的继承与升华

1. 敢于依靠自己

阿伦·布洛克在《西方人文主义传统》(董乐山译，51—52页、57—58页、63页，北京：群言出版社，2012)一书中指出，启蒙运动的哲学家们看来，道德观念、善与恶的意义，均产生于与人类经验有关的愉快或痛苦的感觉，所以人们可以像牛顿发现自然世界的规律一样发现人类心灵的规律，从而开拓一条在比较理性的路上对人类社会进行改造的途径。启蒙思想家们认为对教会的批判可以采用去神秘化的方式来扫除障碍，即借助自然主义宇宙观、科学方法，以及由此产生的批判、怀疑和经验主义的思维方式，并将这种新的思想方法扩大应用于对人类社会的改造，从而创立一种对人和社会进行研究的科学。在启蒙思想家的头脑中有一种新的自我信念，那就是人类能够从迷信与恐惧中解脱出来，他们能够在自己的身上发

2016)一书中指出，启蒙时代是一个学会的时代，医学学会、农业学会和文学学会如雨后春笋般涌现，各种学会竞相设立奖项，创办与会者众多的会议、自学会、工厂、作坊和咖啡馆，才智之士挣脱了传统的束缚，往往不再顾忌审美禁忌和宗教限制，转而全神贯注追求实效，他们与科学家保持联系，推动技术革新。1660—1760年的100年间，英国的专利数量平均每10年就有60件。1760—1790年的30年间，平均每10年达到325件。启蒙时代提倡的务实哲学不仅推动了机械发明，也催生出使新发明的广泛应用变得切实可行、有利可图的新制度，像蒸汽机和飞梭一样，工厂制度、细致分工、工人与管理者的工业纪律、信用和运输的改善，这些制度发明都是深思熟虑和理性的产物。

4. 理性极端的反思：浪漫主义的出现

舒绍福在《德国早期浪漫主义的反抗及其启示》(载《中国人民大学学报》，2010年第3期)一文中指出，越来越多的学者逐渐认识到德国早期浪漫主义不单纯是一场文学审美运动，也是一种社会政治思潮。德国早期浪漫主义是对法国启蒙运动的反抗、对理性主义的不满、对专制国家的批判、对市民社会失范的解构。第一，浪漫主义对启蒙普遍主义进行了全方位的攻击，赞美不受理性法则约束的民族集体意志，希望个人都参与到这种民族集体的政治活动中去，建构一个能够消弭伤痛并具有反抗力的抵抗中心，以民族的独特性反抗启蒙的普遍性。第二，浪漫主义对启蒙理性进行了多方面的批判：认为启蒙理性的过分张扬和冷酷无情违反了人性，束缚了人的热情和诗意；批判理性解构一切，但没有能力建构新的合法性权力，所以使得新旧权力之间留下了真空。他们认为在启蒙理性主义、科学主义和进步主义的影响下，人的主体性得以突显，但对他人、社会和自然的工具化、功利化利用，使得人与人之间、人与社会、人与自然之间失去了和谐，人也因此成为无根的浮萍，没有了归属感。第三，浪漫主义也对自由契约型国家进行了批判。他们认为自由契约型国家过度夸大了个人自由，个人拥有最大的自由去追求最大的幸福，政府不能干涉公民的私生活，以至于共同体的价值都被抹杀。这种普遍的利己主义，这种追求私利最大化，造成了人与人、国家与国家之间的残酷战争。第四，浪漫主义第一次揭示了市民社会的异化与失范，认为市民社会造成了德性沦丧、文化式微、物欲膨胀和利己主义，同时疏远、分裂、猜疑、碎片化等一系列现代性的弊端都应当归咎于市民社会。所以浪漫主义是对一元论和决定论的反思与反叛，对理性盲目乐观的纠正，有助于人们思想观念的变革，质疑理性的狂妄和僭越，理智地、多角度地看待和处理问题。

教学设计

设计一：文艺复兴：一场关于"人"的持续辩论

设计意图

文艺复兴时期是西欧社会由中世纪向现代文明的过渡时期，是新旧更替的转型时期，其核心思想"人文主义"更是点燃了西方人思维革命的火花，成为近代西方精神发展的主线，影响深远。本设计创设了文艺复兴时期"三场辩论"的历史情境，带学生重回历史现场，帮助学生理解人文主义在文艺复兴时期的丰富内涵，从而体会社会转型时期思想的多元性和复杂性。培养学生认识不同史料所具有的不同价值，在阐述史事时，能够运用史料作为证据论证自己的观点，以及在动态的历史进程中把握史事的能力。

设计方案

导入新课：

问题设计：首先请同学们谈谈你理解的文艺复兴运动是怎样的？

教师讲解：同学们对于文艺复兴运动的理解各不相同，有的同学说文艺复兴是古希腊罗马文化的再现，有的同学说文艺复兴是批判教会和教皇的运动，还有的同学说是近代文学艺术发展的运动，等等。虽然大家的观点不同，但是大家的出发点却是完全相同的，即在谈论"你所理解的文艺复兴"，这其实就是人文主义思想的一种表现，即每个人从自己的角度去理解世界、社会和人。正因为以个人为出发点来看待事物或世界，呈现出迥然不同的观点，因此，历史上的文艺复兴运动也就像是一场辩论赛，或激情慷慨，或针锋相对。现在就让我们一起去领略文艺复兴这场辩论赛的风采，认识人文主义的内涵。

辩论一：人的价值如何体现？

材料呈现：

材料一　辩论方：天主教会 VS 阿尔伯蒂（公民人文主义代表）、费其诺（新柏拉图主义代表人）

观点陈述如下：

天主教会：人类从亚当开始失去了自由意志，再也不能做出任何取悦于上帝的事情。作为对亚当的罪的惩罚，所有人类也理应受到地狱的惩罚。人活在世上的唯一目的是赎罪。

阿尔伯蒂：人不是生来虚度光阴的，而是应当积极创造丰功伟业。只要不是彻底懒惰成性或头脑迟钝的人，大自然都给他注入想要获得荣誉与赞美的强烈愿望。

费其诺：在宇宙层级体系中，人虽然处于物质的较低层次，但是认识创造的中心，人可以通过沉思默想，提升自我，最终拥有与上帝沟通的能力。

——[英]阿伦·布洛克：《西方人文主义传统》，董乐山译，25—26页、30页，北京：群言出版社2012

问题设计：这场辩论中天主教会与人文主义者的观点有何不同？比较阿尔伯蒂与费奇诺观点的异同。

教师引导学生分析：从材料中我们知道，天主教会强调人的唯一价值就是赎罪和取悦上帝，一切应该以神为中心。以阿尔伯蒂和费奇诺为代表的人文主义者却充分肯定了人的价值，觉得应该以人为中心，提升自我，创造现世的价值。阿尔伯蒂和费奇诺两人虽然都是人文主义者，但是他们之间也有分歧：那就是关于人的价值是通过积极参与现世生活，创造丰功伟业来体现，还是通过沉思默想，提升自我来体现。他们之间关于"入世和出世"的争论也一直持续着，并表现得针锋相对，从而形成了文艺复兴时期"公民人文主义"和"新柏拉图主义"两个思想派别。

辩论二：人追求财富是否有罪？

材料呈现：

材料二　辩论方：天主教会 VS 彼特拉克（14世纪"人文主义之父"）、布鲁尼（15世纪第

三代人文主义者的领袖）

观点陈述如下：

天主教会：世人应该抛弃尘世的财产，积累财产与信仰上帝是对立的，财产越多离上帝越远，只有守贫才能接近上帝。由于人的贪婪产生了现世的财产，从而使人不爱上帝，不爱人类，所以贪婪应该受到永世的诅咒。

彼特拉克：财富智慧带来危害，是不幸的根源，人们叫做财富的东西，对真正的哲学家来说，既不是幸福，也不是值得尊敬的东西。

布鲁尼：财富本身并没有好坏的属性，它不过是完成某种行为的工具，在政治斗争中财富是一种巨大的力量。……财富是哲学家的朋友。哲学家只有有了丰富生活的必需品，从恐怖的精神状态中解脱出来，才能潜心研究。

——张椿年：《意大利文艺复兴时期财富观念的变化》，载《世界历史》，1987 年第 3 期

问题设计：指出这场辩论中天主教会和彼特拉克观点的相同点，并结合所学知识分析原因。彼特拉克和与布鲁尼的观点又有何不同？结合材料谈谈你对这场论战的认识。

教师引导学生分析：从材料中可知，作为“人文主义之父”的彼特拉克，他的财富观竟与教会的主张一致，同为人文主义代表的布鲁尼却开始肯定财富的价值，与前两种观点截然相反，这是商品经济和资本主义经济发展的必然结果。对于财富的价值问题，人文主义者们存在着困惑和矛盾，这是时代特点所决定的：文艺复兴时代是天主教的理想与生活的现实发生剧烈冲突的时代，新的观念开始形成的同时，旧的生活准则仍继续对人们的精神起着深刻的作用，于是人文主义者也常常陷入混乱和矛盾的困境。文艺复兴时期新的财富观虽然没有占到统治地位，但是它冲击了天主教会的禁欲主义，树立了人的尊严，推动了社会的进步。

辩论三：人是否应该有宗教信仰？

材料呈现：

材料三　辩论方：天主教会 VS 彼特拉克、马基雅维利（意大利著名的政治家）

天主教会：追寻上帝就是向往幸福，得到上帝（的恩典）就是幸福。

彼特拉克：当这颗心灵思考或谈到宗教时，即在思考和谈到最高真理、真正幸福和永恒的灵魂的拯救时，我肯定不是西塞罗主义者或柏拉图主义者，而是基督徒。

马基雅维利：维持宗教的基础并维持它们，是共和国或一个王国的统治者的职责；如果他这样做了，就会很容易保持他们的共和国虔诚，结果会保持国家的完美和团结。

——赵立行：《宗教与世俗的平衡及其相互制约》，载《历史研究》，2002 年第 2 期

问题设计：根据材料概括天主教会、彼特拉克和马基雅维利对待宗教的态度，并结合所学知识谈谈你对这种态度的理解。

教师引导学生分析：从材料中我们知道作为人文主义代表的彼特拉克和马基雅维利，他们和天主教会一样依然相信上帝的存在，是虔诚的基督教徒。所以人文主义者对天主教会黑暗腐败的批判并不意味着他们反对宗教，反对信仰，其实他们更多地是希望通过批判构建一种宽容的、将人性与神性统一的理想的宗教结构。新的出发点总是在对过去的关注中形成的，也必将会慢慢地取代过去。

问题设计： 结合三场辩论，谈谈你对文艺复兴时期“人文主义”的认识。

教师指导学生小结： 由上述三场辩论，我们可以这样理解人文主义：它是文艺复兴时期意大利特定的政治、经济、文化背景的产物；它不是一种思想流派，也不是一种主流思想，它是一种思考的维度和倾向，即从人的角度出发，不断关心着人可以变革和改善命运的可能性，是人性不断走向完善的过程；它是新旧时代交替时期思想变化的轨迹，表现出了矛盾性和复杂性；它是一场持续性的辩论，点燃了思维革命的星星之火。这一认识丰富了我们对文艺复兴的内涵与过程的理解，有利于我们在变化的历史中把握过去。

设计二：追溯理性勇气之源

设计意图

启蒙运动的理性主义是对文艺复兴、宗教改革、科学革命中人文主义的继承和发展，构建了未来社会的蓝图，为资产阶级革命奠定了舆论基础，对中外资产阶级民主革命产生了深远的影响。本设计为学生架构了 17—18 世纪西欧社会的全景图，引导学生从历史的长镜头中认识和理解理性主义产生的必然性和可能性，并从中感悟到思想是一定时期社会政治、经济等的综合产物。

设计方案

一、“一个喧闹的家族”

材料呈现：

材料一 如果说启蒙哲人是一个家族的话，那么这是一个喧闹的家族。他们是战友，而且常常有深厚的私人友谊，但是，除了以推动共同的事业为最大乐事外，其次就是以批判战友为乐事了。他们彼此展开无休止的论战，有些完全是唇枪舌剑，毫不客气。

——[美]彼得·盖伊：《启蒙时代(上)：现代异教精神的兴起》，刘北成译，2 页，上海：上海人民出版社，2014

问题设计： 依据材料一，概括“启蒙家族”的特点。

教师引导学生分析： 启蒙哲人们有着共同的理想和目标——追求自由、平等，但又是那样的争锋相对，毫不畏惧地表达自己的观点，在唇枪舌剑的争吵中一场翻天覆地的思想革命——启蒙运动开始了。

材料呈现：

材料二 启蒙运动就是人类脱离自己所加之于自己的不成熟状态。不成熟状态就是不经别人的引导，就对自己的理智无能为力。当其原因不在于缺乏理智，而在于不经别人的引导就缺乏勇气与决心去加以运用时，那么这种不成熟就是自己所加之于自己的了。Sapere aude！要有勇气运用你自己的理智

——[德]康德：《历史理性批判文集》，何兆武译，17 页，北京：商务印书馆，1991

问题设计： 根据材料二，概括启蒙运动的内涵。

教师引导学生分析： 启蒙运动的内涵是“有勇气运用你的理智”，即相信自己的思考，敢于公开质疑和批判，不迷信权威，反对天主教会和君主的教条主义。那么这股理性的勇气从何而来？

二、追溯“理性勇气”之源

1. 勇气源泉之一：16世纪以后西欧的社会变化

材料呈现：

材料三 16世纪以后，尽管传统的封建等级以及沿着等级擢升的方式依然存在，但包括贵族制度在内的身份等级制度已不那么显赫，出现了非特权身份的普通人以实业求发展的道路，无论务农、从工还是经商，同样使人发达与荣耀，可以和贵族一样体面，一些人甚至比贵族还富有，他们同样可以送子弟进牛津、剑桥读书，从中同样可以产生像培根那样的著名国务活动家。

——侯建新：《西欧法律传统与资本主义的兴起》，载《历史研究》，1999年第2期

材料四 在行会没落和修道团体式微使工商业资本主义成为主要受益者的同时，“自由放任”的队伍后面却跟着行政管理官员。时代呼唤这些新科学，这是一个行政管理发生重大变革的时代。

——[美]彼得·盖伊：《启蒙时代(下)：自由的科学》，王皖强译，10页，上海：上海人民出版社，2016

问题设计： 结合材料三和四，分析16世纪以后的西欧发生了怎样的变化？并说明这些变化产生的影响。

教师引导学生分析： 16世纪以后的西欧悄然发生着变化：社会等级的逐渐淡化、社会结构的开放使人们对自己的信心增加，对于重构民主、平等社会的渴望越来越强烈。陈旧的行会管理阻碍了资本主义经济的进一步发展，新的经济发展要求新的管理方式和法律体系，需要营造有利的社会氛围。社会的政治、经济发展成为“理性勇气”的源泉。

2. 勇气源泉之二：17世纪科学的发展

材料呈现：

材料五 17世纪力学的建立和发展使人们深信可以运用力学原理说明一切，不仅钟表是机器，动物、人类甚至国家也不过是一部机器，他们都可以用力学原理加以解释。把本来只适用于描述机械运动的科学提升为一种哲学观点——机械论。……它告诉人们支配人类社会的法则依靠人的理性也可以为人们所发现。

——姜守明等：《西方文化史》，192页，北京：科学出版社，2004

问题设计： 结合材料五，分析科学技术的进步对人们的理性思考产生了怎样的影响。

教师引导学生分析： 科学的进步让人们进一步相信人的理性力量可以发现自然和人的规律，所以依靠理性思考也能够发现社会发展的规律，能够制定出更加完美的法律和制度，实现幸福生活。

3. 勇气源泉之三：17世纪的哲学沉思

材料呈现：

材料六 笛卡尔说：“那么我究竟是什么呢？是一个在思维的东西。什么是一个在思维的东西呢？那就是说，一个怀疑，在领会，在肯定，在否定，在愿意，在不愿意，也在想象，在感

觉的东西”。

——[法]笛卡尔:《第一哲学沉思集:反驳和答辩》,庞景仁译,27页,北京:商务印书馆,1986

问题设计:材料六中笛卡尔思想的核心是什么?有何价值?

教师引导学生分析:笛卡尔思想的核心是敢于“质疑”和“思考”。在一个全民信仰和盲从的时代,他号召人们用怀疑和思考去发现知识、发现生活,建立起了崭新的哲学体系,提供了最锐利的思想批判的武器,成为了“理性勇气”的思考原则和保障。

4.“勇气”源泉之四:18世纪的信息传播

材料呈现:

材料七 18世纪大量涌现出来的图书机构和实践活动,为公众阅读提供了方便。……在阅览室和开办“文学陈列馆”的书店里,人们可以尽情阅读而无需购买。之后在私人的倡导下很多地方出现了“阅读会所”,它聚集了以阅读、讨论、沟通为目的的捐资者。按天出租图书这一创新行为让一些畅销书比如《新爱洛伊丝》到了各种读者手中。

——[法]丹尼尔·罗什:《启蒙运动中的法国》,杨亚平等译,194页、408—419页,上海:华东师范大学出版社,2010

材料八 新闻作为一个形式多样的制度是在1630—1650年间出现的。到1715年,西方大部分国家都有了“日报、时事报”或“杂志”,它们就道德和社会的题目提供新闻、杂评或短文、或集新闻报道及评论于一身。

——[美]雅克·巴尔赞:《从黎明到衰落:西方文化生活五百年,1500年至今》,林华译,328—329页,北京:中信出版社,2013

材料九 18世纪的法国,还远未解决扫盲问题,对于占人口大多数的文盲和半文盲来说,图书馆和阅览室都毫无意义,而更方便,更大众化的去处是咖啡馆。……18世纪最大胆的思想,也因而有了最畅通的传播渠道,在浓郁的咖啡刺激下,启蒙时代的各种新思想、新观念在咖啡馆里相遇、交流、互补,逐渐形成了一股股潮流。

——张克毅、邢娜:《论文化传播在法国启蒙运动中的作用》,载《牡丹江大学学报》,2008年第2期

问题设计:依据材料七、八、九,归纳启蒙思想传播的途径有哪些?他们各自的受众主要是哪些人?这些传播途径在当时有何作用?结合所学知识谈谈你对思想传播的认识。

教师引导学生分析:对于知识分子和社会精英来说,图书机构、私人阅读会所、沙龙等为其提供了接触新思想,发表见解的渠道;对于普通大众来说有咖啡馆、酒馆这样的公共信息渠道,了解新的思想和观念;新闻、日报、杂志等不仅及时传播了信息,同时也营造出敢于思考、敢于质疑的积极氛围。这些都为18世纪的法国织就了一张纵横交错、四通八达的传播网,理性主义思想正是通过这些渠道,迅速传向外省,传向国外,影响到整个欧洲。所以,一场具有社会变革意义的思想运动要想真正为当时的人所接受,并能够指导社会实践,必须要有合理的信息传播渠道,使新的思想观念顺利渗透到社会的各个角落,引起共鸣。

教师指导学生小结:16世纪以后欧洲的社会政治、经济、科学和哲学的进步孕育了理性主义,18世纪法国四通八达的信息传播网络又将理性主义宣扬至社会的各个角落,于是,一场以知识为人类谋福利的思想运动最终改变了整个世界的面貌。

教学资源

资源1：欧洲的“市民社会”

首先，中世纪，或者叫做欧洲的封建时代，对欧洲历史有一个大的贡献，这个贡献就是促使欧洲，特别是欧洲西部，在近代时期成为民族国家的欧洲。……民族国家这个观念、这个方向，在欧洲中世纪的时候形成，而且固定下来。当时的人们意识到自己民族的前途必须是一个有主权的、独立的民族国家，有自己的文化，有自己的语言。……与民族国家的产生结合在一起的是什么呢？是产生了“市民社会”的萌芽。……这些地方小，容易产生“自治”的思想，这个在欧洲也相当普遍。……这形成了一个历史的习惯。……与民族国家的成立和观念的形成、市民社会的形成相伴随的是工商业的发达、发展。如果没有工商业的发展，很难谈上市民社会。欧洲的商业发展得比较早，中国其实也是比较早的。当然欧洲有欧洲不同的情况，比如很早它就有很多“联盟”，完全是商业联盟。河道又比较多，又靠大西洋、地中海、北海这些地方，很早它就同阿拉伯世界、同北非等都有贸易往来。欧洲到了近代，它的眼光、它的视野，更有一个很大的转变，它是从向内转向向外。这是中世纪和近代世界一个很大的分界线、分野，是观念上的分野。

——陈乐民：《欧洲文明十五讲》，83页、88页，北京：北京大学出版社，2004

资源2：人文主义者的特点

从文艺复兴开始，人文主义的特点就表现为观点多元、莫衷一是，这也是古代世界的特点所在。一切以权威自居的论断——无论是宗教还是科学方面——都不会得到人类经验的支持。如果说人文主义者永远不会再同一问题上得出一致意见的话，那么值得称道的奥妙就在于他们所认为有必要讨论的话题之广泛，以及他们那种对话式的讨论方式。彼得拉克在十四世纪中叶就曾经写道：“只有傻瓜才自以为是，他们不是抱着谦卑的态度去接受，却妄图了解大自然的奥秘以及较之难上加难的上帝的奥秘。”人类的当务之急是探索内心与经验的丰富性——蒙田在200年后的文艺复兴晚期对彼得拉克的这一观点回应道。

古希腊思想最大的魅力在于人，而不是以上帝为中心。而苏格拉底之所以受到后人的极大推崇，就是因为他将哲学“从天上召唤下来”。历代人文主义者所反复重申的一点是，哲学应当是人类生活的学校，致力于为人类解决所面临的普遍问题。……彼特拉克就曾经指责经验哲学总是想教给人们一些“正确而无益的东西”，而对“人的本质、生命的目的以及‘我们到哪里去’”这种关键问题漠不关心。他们认为人们应该将注意力转向到道德、心理与社会问题，而不要在经院哲学的抽象思辨上浪费时间。文艺复兴时期的人文主义绝不是想用另一套思想体系来代替经院哲学，他们的目标不过是想把被经院哲学忽视的另一个功能给恢复起来。

——[英]阿伦·布洛克：《西方人文主义传统》，董乐山译，15—16页，北京：群言出版社，2012

资源3：伊拉斯谟：人文主义之王

伊拉斯谟是荷兰最杰出的人文主义者……他的文学作品妙趣横生，学术著作充满智慧，目的是为了宣传“基督哲学”。他崇拜早期教会拉丁文学者奥古斯丁、哲罗姆和安布罗斯的权威，出版了他们的全部著作和《新约全书》的权威译本和注释。伊拉斯谟深受人文主义思潮的感染，并以其经历和思想直接面对复杂的中世纪社会现实，因而赢得了“基督教人文主义者”的赞誉。他的著述分为机智风趣的讽刺作品、严肃的道德论文和学术版基督教经典三类。《鄙世论》描写了修道院隐居者的快乐生活；《非蛮论》以对话的形式批评了宗教生活的陋习；《基督教君主教育》告诫君主如何有效地实行统治；《论自由意志》反对马丁·路德的信仰即得救理论，反对新教的宗教狂热；《格言集》从古典作品中选取精华，成为学习拉丁文的范本。

1511年第三次访问英国期间，伊拉斯谟在莫尔的寓所写出了著名的《愚人颂》。他站在人文主义立场上，采用讽刺手段把“愚蠢”拟人化，假借“愚蠢”之口，揭露了统治阶级的愚昧无知、贪婪欺诈和荒淫无耻，还把教皇、主教、修士、经院哲学家统统描绘成狂妄之徒……伊拉斯谟引导人们走出中世纪的精神解放的先驱，他的思想对北方人文主义者和宗教改革家都产生了重要影响。

——姜守明等：《西方文化史》，151—152页，北京：科学出版社，2004

资源4：宗教改革与科学进步

故此，加尔文可以说是为了自然界的科学探究提供了一个新的宗教动机。这在现今被视为洞悉上帝在创造中的智慧之手的途径，因而提高了对他的存在的信念，以及他在其中所有的被尊重的信念。《比利时信条》(1561)是一份加尔文派的信条，在低地国家(这地方尤其以植物学家和自然科学家著名)特别具有影响力。它宣称自然界是“在我们眼前的一本佳作，在其中的一切受造之物，无论大小，都引导我们观摩上帝不可见的事”。上帝是可借着对他的创造之详细研究，从而辨别出来。

这些观念由皇家学院充满热情地采纳，皇家学院是英国提升科学研究与学习的最重要的机构。它的早期成员许多都是钦佩加尔文的人，熟悉他的著作，以及它们与其研究领域的潜在关系。……加尔文在此清楚明白地暗示宇宙是一座“上帝荣耀的剧院”，人类在其中是一个心存赞赏的观众。对于受造界的详细研究，导致人更多地留意它的创造者的智慧。

——[英]阿利斯特·麦格拉斯：《宗教改革运动思潮》，蔡锦图等译，266页，北京：中国社会科学出版社，2008

资源5：宗教改革与思想解放

整个16世纪几乎被宗教革命的浪潮所占据了。文艺复兴和宗教革命是先后交错的两篇“文章”；在这以后，西欧社会面目真的改观了。文艺复兴是人性与理性的解放，宗教革命的冲击力则在于对社会性的愚昧发起了攻击。欧洲人几乎没有不是基督教徒的，所以席卷欧洲的宗教大分裂就涉及了每一个人，要他们做出选择。

……

宗教分裂到处引起激烈冲突、流血事件、教派迫害，直至大规模屠杀，宗教史上颇多记载。……从它的社会意义讲，则是以极大的震撼力松动了思想束缚，教廷神权一统天下的局面从此被打破。

……

宗教革命是“护神”的，要回归本源的基督教义，马丁·路德反对的是教廷包办教务，主张直接与上帝沟通，而不是通过炙手可热的各级神职人员。从这个意义上讲，也可以说，宗教分裂后的新教比旧教更忠于上帝和《圣经》。因此，从神本论的意义上看，宗教改革的发端是反对教权压迫，所以一开始便具有政治的和社会的革命意义。

——陈乐民：《欧洲文明的进程》，158—159 页、161 页，北京：生活·读书·新知三联书店，2014

资源 6：路德改革的困惑和困境

直到晚年，像他早年在修道院的时候一样，他(路德)都承认情感和信仰一直在内心的深处交战。他最宠爱的女儿死了以后，他呼喊道：“亲爱的莉娜，你是好了。我精神上为你快乐，肉体却难忍悲伤。”他的不快乐逐年增加——对新教教义的背叛，他影响力的减弱、各种贪婪现象的加剧(“王公们就是牟利者”)，世界“对福音不感恩”，土耳其人“百战百胜”，皇帝不断打败新教盟军，等等。简而言之，他终身为之奋斗的事业开始瓦解。世界的末日一定快来临了。有人看见了幻象，说天上出现了血、人影和燃烧着的十字架。恐怕尾声已到，世界就要完了。

路德在他的“论纲”登出不到 30 年后，于 1546 年溘然长逝。一年之后，维登堡遭到围剿，萨克森选帝侯被捕，财产全部没收。路德发动的革命失败的命运就此注定。又经过八年的斗争，才缔结了和平条约。条约承认了新教的独立，但只能是集体独立。任何一个王公(和城镇)都可以选择新教和天主教，而臣民必须服从王公的选择，也可以自己离开；反抗者的唯一选择就是自我流放。最后一条暗示了，而且是部分地实现了个人主义。革命虽然没有在整个西方取得普遍的成果，但它已是既成事实，使西方生活的众多方面发生巨大的变化。

——[美]雅克·巴尔赞：《从黎明到衰落：西方文化生活五百年，1500 年至今》，林华译，22—23 页，北京：中信出版社，2013

资源 7：科学革命与社会进步

17 世纪是一个以科学标识其特征的时代。……机械论成了 17 世纪科学的显著特色……这些领略时代风气之先的人们有理由忧虑，因为：从这一原则出发，人们很容易得出结论，即自然界的每一个事物都受普遍规律所制约，这些规律能够像数学原则那样精确的用公式加以阐明。科学的任务是发现这些规律，人的责任是使这些规律不受阻挠地起着作用。以仁慈为准则的中世纪的宇宙观已经过时了；人们现在生活在一个世界里，在那里，事物的进程犹如钟摆自动摆动。牛顿的哲学并没有排除上帝的意思，但是他的哲学使上帝失去了权利，不能指引星辰运行的路程，也不能命令太阳静止不动。上帝创造了世界，而牛顿发现了上帝创造世界的法则。牛顿没有否定上帝，但从此理性替代或接管了上帝行使权力。……看来科学对社会发展所造成的冲击悠远绵长，而 17 世纪则开始了理性思潮的最初涌动。

……

17世纪是西方社会从中世纪向近代转变的实质性时期，它以本身的科学成功影响并成就了这一实质性的转变。自然科学给这个时期的文化打上了深深的烙印，科学孕育的理性思维及其原则在哲学、宗教、文学艺术乃至政治经济社会领域都引起了新的变革。17世纪推动社会发展的动力并非仅仅归结为科学技术，而是科学精神。科学在改观旧世界面貌的同时，也紧紧依持当下的社会史境。尤其是科学与宗教，它并不是没有时间性的、普遍的、与社会结构和社会价值无关的。在17世纪它只是一种基于神学的根据而进行的分化，而对神学的摆脱则可能表明科学已经取得了同科学的女王（神学）的分离。科学精神并不排斥宗教信仰。17世纪历史的中心点乃是科学精神的旭日东升，它以鲜艳的理性的光辉照耀着将临的未来。

——赵立坤：《论17世纪科学革命时期的理性思潮》，载《湘潭大学学报（哲学社会科学版）》，2010年第6期

资源8：机械自然观

近代科学的显著特征是它的数学化，但它根源于自然的数学化。哥白尼的宇宙体系只因比托勒密体系有着数学上的优越性，就激起了开普勒、伽利略等人为之辩护，最后导致了牛顿力学的诞生。自然的数学结构是近代科学的先驱们深信不疑的真理，它也是机械自然观最重要的组成部分。

机械自然观作为一种全新的自然观，首先是中世纪盛行的亚里士多德的自然观相对立的。它主张，自然界并不是处处充满了形式和质，而是由质上完全同一的微粒组成。决定自然界物体千差万别的，是为力量和空间排列不同；运动不是物质属性的一般变化，而本质上是位置的改变；一切运动包括生物的生长不是受神秘的力的驱使，而是机械位移和机械碰撞的结果。机械自然观还主张，科学的任务不是寻求最终的目的论的解释，而是对运动做出数学的描述；机械模型可以说明包括人体在内的一切自然事物；自然应该成为人类理性透彻研究的对象。

——吴国盛：《科学的历程》，239页，北京，北京大学出版社，2013

资源9：启蒙运动的阶段性

可以说，启蒙运动乃是相互交叠而联系密切的三代人的共同成就。第一代人以孟德斯鸠和长寿的伏尔泰为领袖，为以后的两代确定了基调。这一代是在洛克和牛顿的著作还是备受争议的新鲜事物的时期成长起来的，在1750年以前完成了大部分成果。第二代是在18世纪中期进入成熟阶段：富兰克林……卢梭……狄德罗……正是这批作家把已经变得时髦的第一代的反教权主义和科学思想融合成一套自圆其说的现代世界观。霍尔巴赫……杰斐逊……康德……属于第三代。他们与第二代以及第一代的长寿者交往密切，受前两代人的喝彩、鼓励和挑动。他们进入了新的领域，包括科学的神话研究、唯物主义的形而上学、政治经济学、司法改革乃至实际的政治斗争。批判也通过对自身和自身成果的批判而不断推进。

因此，启蒙运动不仅仅表现为一致性，而且也呈现了一种独特的演进过程，思考风格的连续性以及激进主义的成长。启蒙哲人的观念基础没有发生重大变化：从孟德斯鸠年轻时论述古代罗马的专著到狄德罗晚年为塞涅卡做的辩护，时隔半个世纪，其间世人对古代建筑

和雕塑的兴趣明显高涨，但对于这两位启蒙哲人而言，古为今用的思路却是始终如一。再如，启蒙运动晚期对现代科学的热情和对基督教的敌视，也与启蒙运动早期别无二致。启蒙哲人的这种辩证思维没有改变。改变的只有启蒙联盟里的力量平衡：新人接踵而来，论战持续不断，于是，批判变得越来越深入广泛，影响越来越深远，态度也越来越强硬而不妥协。

——[美]彼得·盖伊：《启蒙时代(上)：现代异教精神的兴起》，刘北成译，14—15页，上海：上海人民出版社，2014

资源10：18世纪文明的要素与启蒙运动

启蒙哲人从英国学到的一个经验是：勇气的重振具有连锁反应，一个领域的进步会带动另一个领域的进步。新生的力量从科学家和医生、商人和政府官员传播到整个文明社会。启蒙哲人关于社会由相互依赖、相互影响的各部分组成观念并不新鲜，他们的独创指出在于运用这种观念来证明自身的重要性。毕竟，如果进步具有连锁效应，那么，宣扬真理、揭穿谬误，树立自信——这些无疑就是启蒙哲人确信自己正在做的事情——就是传播理性，让光明普照，直至照亮未知的领域。于是，启蒙哲人依托那个时代的开明环境，推动启蒙运动向前发展。

……

每一天人们都创造出有用的新事物，抛弃无用的旧东西。毫不夸张地说，《百科全书》收录了大量关于艺术与工艺、哲学与政治、神学与语言的条目，以及彼此呼应、增进知识的参照条目，无不生动地反映出勇气的重振，展现了18世纪文明的多元化、丰富性和活力。

1752年，休谟列举了18世纪文明的要素，阐述了这个时代的风尚。他认为，时代的教化和幸福有赖于政治自由与工业发明的珠联璧合。“工业与机械艺术的改进”通常会“带来自由艺术的提升；从某种程度上说，两者相互依存，缺一不可，否则两者都无法臻于完善。一个时代如果能孕育出伟大的哲学家和政治家，著名将军和诗人，通常也拥有大量熟练的纺织工人和造船工人。我们很难想象，一个能制造出精美毛呢的国家会不了解天文学，会忽视伦理学。各门艺术都受到时代精神的感召；人类心灵一旦从昏睡中苏醒，开动起来，就会四面出击，带来艺术和科学的改良”。

———[美]彼得·盖伊：《启蒙时代(下)：自由的科学》，王皖强译，24—25页，上海：上海人民出版社，2016

第六单元

改变世界面貌的工业革命

学术引领

一、第一次工业革命

（一）发端于英国的原因分析

1. 英国积累了两个世纪的发展基础

(1) 农业革命的稳步推进

英国农业革命是工业革命的基础，为工业革命的发生创造了条件并促进其发展。王章辉在《英国农业革命初探》(载《世界历史》，1990年第1期)一文中指出，英国的农业革命肇端于15世纪最后30年开始的圈地运动，结束于19世纪中叶英国集约化农业的建立。在农业革命的过程中，土地所有权的变更得以通过圈地运动实现，农业生产技术譬如新作物的栽培、耕作制度的进步等得以发展。

何洪涛在《论英国农业革命对工业革命的孕育和贡献》(载《四川大学学报(哲学社会科学版)》，2006年第3期)一文中指出，英国的农业革命经历了几个世纪的演变，逐渐由国民经济的"主导部门"让渡给工业，工业成为"主导部门"，英国经济实现了"起飞"。这一过程是劳动力、粮食、市场、资金等资源经过长时期的累积由农业部门向工业部门转移的过程，是农业革命孕育工业革命的过程。

刘金源在《农业革命与18世纪英国经济转型》(载《中国农史》，2014年第1期)一文中进一步指出，英国的工业化是由原工业化时期的乡村工业转化而来，而假若没有英国农业革命的铺垫，没有农业产出积累的增长，英国的工业化与经济发展无从实现。

(2) 全国性统一市场的逐步形成

英国学者约翰·希克斯在《经济史理论》(厉以平译，25页，北京：商务印书馆，2002)一书中指出，"新世界的起点是商业的专业化"。商业交换的频繁与市场体系的广阔成熟对于工业革命的起步具有重要意义。

李新宽在《浅析重商主义与英国市场经济体制的形成》(载《东北师范大学学报(哲学社会科学版)》，2006年第3期)一文中指出，从16世纪到18世纪中叶，英国的国内市场网络由村庄市场、城镇市场、市集以及商场和店铺这样的室内市场等构成，多种贸易组织形式由点成线，再成面，并在伦敦这一中心的整合下，形成了全国统一市场。

英国学者埃里克·霍布斯鲍姆在《工业与帝国：英国的现代化历程》（梅俊杰译，17—36页，北京：中央编译出版社，2016）一书中指出，曾经被拿破仑嘲讽为“店小二民族”的英国，其国民在18世纪就已经开始为了市场销售而进行生产，大家更是成为相互的消费者。至18世纪中叶，伦敦居民可能已占英国人口的15%，伦敦居民对食物和燃料永难满足的需求完全改变了整个英国南部和东部的农业，况且经由水路运输，引来了远自威尔士和北方最偏僻地区的稳定供货，此外还激发了纽卡斯尔的煤矿开采。同时埃里克·霍布斯鲍姆还认为，英国国内市场的主要优势在于其规模的庞大和蓄势待发，它可能并没有直接促成工业革命，但无疑稳定地促进了经济增长。更重要的是，英国国内市场永远现成可依，使得生机勃勃的出口行业能够缓冲自身因活力四射所难免的大起大落和轰然崩塌。国内市场或许没有提供点火的火苗，但它提供了足够的燃料及风力来保持火势。

(3) 重商主义传统

瑞典学者伊·菲·赫克歇尔在《重商主义》（转引自李新宽《论英国重商主义政策的阶段性演进》，载《世界历史》，2008年第5期）一书中指出：“国家是重商主义经济政策的主题和目标。”英国都铎王朝时期（1485—1603年），随着商品经济的不断发展，逐渐形成了保护工商业的重商主义政策。国家通过对经济广泛而深入的干预和控制，促进国家财富不断增长。

李新宽在《试析英国重商主义国家干预经济的主要内容》（载《史学集刊》，2008年第4期）一文中指出，英国重商主义国家干预，不仅是国家职能的自觉扩张，更是应商业资本和社会的要求进行的，不同的经济发展阶段，国家干预的重心也因之而异。

另外，李新宽在《论英国重商主义政策的阶段性演进》（载《世界历史》，2008年第5期）一文中进一步将英国重商主义政策演进分为三个阶段，逐个分析，最后得出结论，认为英国重商主义政策的阶段性演进是市场力量和国家权力合谋和不断博弈的结果，这一政策以国家之手和市场之力推进了商业化进程，促进了英国商业的繁荣、财富的积累和经济的增长。

(4) 较为独特的三层式社会结构

钱乘旦在《谈谈英国工业革命中人的欲求因素》（载《南京社会科学》，1993年第1期）一文中指出，从17世纪末开始，一种追求进取的精神开始在全英国弥散，并得到社会的承认与鼓励，结果激发了人的创造力，引发出技术大革命，这是工业革命重要的文化和社会因素。到18世纪，英国的手工工场已经非常普遍。随着英国社会经济结构出现的变动，社会阶层结构的变动也在原有等级结构的外表下缓缓进行。到18世纪中叶，英国基本模糊地形成为土地贵族、中产阶级和劳动者这样较为独特的三层式社会阶层结构。

许洁民在《工业革命为什么起源于英国》（载《世界历史》，1993年第2期）一文中指出，英国由于存在着日益增大且层次复杂的中间阶层，社会各阶层间的界限相对变得比较模糊，社会具有更多的开放性和流动性。在这里学徒晋升、商业冒险、金融投机、海外掠夺等都会造成社会地位上升或下降的垂直流动。手工业者、农民可能因为发明或投机上升为企业主或富商，地主、商人会因为经营不善而沦为雇工。就连英国贵族也广泛参与矿业开采和商业投机。

王晋新在《论近代早期英国社会结构的变迁与重组》（载《东北师范大学学报（哲学社会科学版）》，2002年第5期）一文中指出，英国社会结构在保持完整的等级结构和森严的等级秩序的同时，等级之间呈现出开放流动的特性，让英国的等级结构具有相当程度活力；在经济利益、政治权益重新分配过程中，获得利益权势的依旧是英国的贵族、乡绅、富商和资本家。普通民众，尤其是下层民众依旧是被损害者和被侮辱者。

(5)“合理谋利”的工业民族精神

钱乘旦等在《在传统与变革之间——英国文化模式追溯》(84—90页，杭州：浙江人民出版社，1996)一书中指出，“合理谋利”精神主要起源于新兴的市民等级。市民等级是一个复杂的组合体，它包括手工艺匠人、商人、雇工、作坊老板，以及所有居住在城镇中的人，市民在英国的社会经济生活中，是一个极有活力极为重要的群体，从这个市民等级中，发展出后来的城市中等阶级。城市作为自由、自治的市民社会，它取代了原有庄园而成为新的文明与经济的火种，它创造出一种可以引发农民的市场兴趣、把他们的富余产品出售到市场从而为自己增加收入的新机制，进而形成国内市场，并产生了两方面的后果：其一是促进了加工产业的专业化分工，最终产生出英国的民族工业；其二是孕育出一种与原农业社会完全不同的精神追求和价值体系，正是由于这种追求和价值体系，才产生出工业民族精神。城市中等阶级对自由的追求与他们对财富的追求紧密相连，而英国的社会经济结构恰好适时地为他们施展抱负提供了条件，使得市民想要发财的欲望极易转入合理谋利的轨道。这样城市中等阶级形成合理谋利的传统，并理所当然地成为这种传统的执行人。除此之外，英国清教的新宗教意识在形成新的道德规范方面发挥着不可忽视的作用，它既鼓励人们为“上帝”而追求财富，又反对人们用“不正当的手段”去发“不义之财”。这种“合理谋利”的宗教意识显然也有助于英国工业民族精神的形成。

(6)具备技术创新的条件

机器的发明必须以自然科学的进步为基础。同时自然科学的进步还需要和熟练技术工人的联合存在才能使机器的产生变得可能。王铭、王薇在《英国工业革命的前提条件》(载《辽宁大学学报(哲学社会科学版)》，2004年第1期)一文中指出，英国手工工场不断发展的结果，使技术分工更加精细，操作分成各种细节，专门工作日益精巧、熟练。第一，手工工场分工的发展，把工具改良成为许多只适合专门动作的工具，因而提供了把这些工具联合在一起成为机器的可能性；第二，手工工场训练了大批有技术、有经验的工人，他们积累的生产经验也直接推动了各种机器的发明；第三，当英国手工工场的生产不能满足广大国内外市场的需求时，“可望可及”的技术改革就成为那时最迫切的需要。

徐奉臻在《英国科技思想史研究的阐释与思考》(载《河南大学学报(社会科学版)》，2004年第6期)一文中指出，英国工业革命的科技前提，是英国自然科学和工场手工业的发展。科技体制的完善是科技进步的重要保障。1623年的“发明垄断法”，是英国专利制度的肇始，也使英国工业革命中的技术发明成为可能。而1660年英国皇家学会的成立，则标志着西方科学作为一种社会体制的初步确立，该学会不仅开创了学术自由传统，而且深受培根学术思想的影响，注重实验、发明和实效性研究，强调“增进关于自然事物的知识”和“一切有用的技艺”。

柴晨清在《资本、企业组织和科学革命的启动——浅论英国前工业化时期“大工业”的发展》(载《理论界》，2011年第11期)一文中指出，英国前工业化时期兴起的采煤业、冶铁业等“大工业”部门的发展是18世纪工业革命的前奏，启动了近代资本、企业组织和科学革命的出现。"大工业"在前工业化时期充当着资本转化器的作用，成功地将商业资本、贵族资本、金融资本转化为工业资本，为工业革命的发生积累了资金支持。同时，也为资本主义性质的企业组织、工业技术的革新和近代自然科学的发展准备了条件。

2. 其他优势

(1) 较早确立资本主义政治制度

张玲玲、姜守明在《英国兴衰的启示：制度创新的行与废》(载《学海》，2006 年第 1 期)一文中指出，在当时欧洲的大多数国家还处于分裂或专制王权统治之下的时候，英国率先通过光荣革命建立起一种现代意义上的政治制度，为资本主义经济的快速发展创造了一个稳定而平和的社会环境，保证了英国的上升趋势。如果说之前英国所具备的条件只是为英国的崛起准备了最基本的必备条件，那么光荣革命则为现代英国奠定了第一块基石，英国在向现代社会转变的起跑线上就取得了领先优势，这是它后来能够快速发展，并一路领先的关键所在。统一的民族国家，合理谋利的思想意识，工商业的不断发展，不断完善和走向成熟的君主立宪制度，和平的国内环境，以及积极的对外殖民扩张，使英国具备了诸多优势。正是在这样的情况下，英国才率先开始了工业革命。

(2) 出口增长

出口增长是英国经济起飞的强有力助推器。贺立平在《英国历史上出口增长对其经济起飞的推动作用》(载《世界经济》，1988 年第 1 期)一文中指出，出口增长对英国经济起飞的重要推动作用，主要表现在三个方面：第一，在英国经济起飞前夕，英国出口贸易已经开始某种"先行发展"，为英国技术革命的大规模开展提供了需求刺激；第二，英国出口贸易的增长，尤其是新兴制造业产品的出口有力地支持了这一时期英国经济结构的调整，从而使英国在 19 世纪初奠定其在国际经济关系中的领先工业国地位；第三，英国工业的出口系数在整个工业革命中基本是不断提高的，这表明国外市场比国内市场更多地吸收了英国工业技术革命的效应，从而有力地支持着英国国内的工业革命和经济增长。

埃里克·霍布斯鲍姆在《工业与帝国：英国的现代化历程》(梅俊杰译，37 页，北京：中央编译出版社，2016)一书中指出，1700—1750 年，英国国内产业增长 7%，出口产业却增长了 76%；1750—1770 年，二者又分别增长了 7%和 80%。最早启动工业化的棉纺织业与海外贸易连在一起。

美国学者斯塔夫里阿诺斯在《全球通史：从史前史到 21 世纪(上册)》(吴象婴等译，488 页，北京：北京大学出版社，2012)一书中也指出，英国在 1698 至 1775 年，进口商品和出口商品都增长到 500%至 600%之间。而且据估计，英国在 18 世纪从印度和西印度蔗糖殖民地所榨取的资金的总量与 1800 年在英国工业上投入的资金总量大体差不多。

(3) 商业战争

17 世纪英国在资产阶级革命胜利后，发动了一系列争夺海上霸权的商业战争，特别是 18 世纪，英国在与法国的争霸战争中获胜，取得了海上霸权和世界贸易的中心地位。钱乘旦在《资本主义体系下的"世界强国"问题》(载《世界历史》，2004 年第 6 期)一文中指出，1688 至 1815 年间英、法进行了七次较量，其中除第六次(法国帮助美国独立那一次)法国略占上风外，英国都取得了决定性胜利。英国的胜利带来的是市场需求的扩大，刺激了经济，推动了工业革命的到来。

陈晓律在《第一个工业化民族的民族主义》(载《世界历史》,2008 年第 3 期)一文中指出,英国在光荣革命之后的 100 年间,从一个无足轻重的国家一跃成为一个在军事和外交上拥有重要地位的世界大国。导致这种变化最重要的原因是英国对外扩张时与贸易和国家联系在一起的战争。在此期间,英国公共开支的 75%用于了战争,而更高的税收也花在战争运转及战争期间的借贷方面。从光荣革命以后到 19 世纪,英国国家的主要功能就是战争。议会至上成为宪政的基本框架,税收使英国的国家政权成为当时整个欧洲最有效率的战争机器。在通向现代化的闸门开启之际,投资民族国家成为英国发展的一个重要特征,这一投资的丰厚回报就是使英国成为了世界上第一个工业化国家。

埃里克·霍布斯鲍姆在《工业与帝国:英国的现代化历程》(梅俊杰译,38 页,北京:中央编译出版社,2016)一书中指出,英国在 18 世纪的政策是系统的好战政策,这一个世纪断断续续的战事造就了任何国家至此从未赢得的最大胜利。英国在欧洲列强中,实现了对海外殖民地的实际垄断,以及对世界性海军力量的实际垄断。特别是英国海军这一着眼商业的中产阶级组织借助于战争,更直接地为技术创新和工业化作出了贡献。

刘晋在《英国式有限战争理论的起源与流变——基于朱利安·科贝特有限战争理论的分析》(载《国际政治研究》,2016 年第 4 期)一文中征引哈特的观点指出,从伊丽莎白时代开始,英国的对外战争中存在独特的“英式大战略”。在与西班牙和荷兰的战争中,在西班牙继承战争、1740 年战争、七年战争、法国大革命和拿破仑战争中,英国都采取了间接性的战略,利用自身的地理位置与优势海军所带来的海洋机动性夺取敌人的海外殖民地,封锁敌人的港口,破坏敌人的贸易,只在大陆上投入极其有限的武力。在这些战争中,英国利用间接的经济压力获取了最大限度的收益,逐渐成长为首屈一指的经济强国,获取了广大的殖民地。英国的作战方式从根本上来说是“经商一般的”,英国的历史实践建基于通过海权所施加的经济压力。

(4) 广阔的国际市场

李新宽在《浅析重商主义与英国市场经济体制的形成》(载《东北师范大学学报(哲学社会科学版)》,2006 年第 3 期)一文中指出,英国在整合国内市场的进程中,一方面依靠国家的力量,通过以特许贸易为核心的殖民政策和以争夺国际市场保障国际贸易为内容的外交和商战政策,不断开拓海外市场和殖民地市场;另一方面,英国也主张通过市场的力量,发展海外贸易,开拓世界市场。大航海时代,英国政府通过战争和外交手段,给予海外探险和殖民活动积极支持。英国很快后来居上,殖民地和海外市场不断向外扩展和延伸,逐渐遍布欧洲、美洲、非洲和亚洲。正是因为英国市场版图的不断扩大和一再改写,为英国商人打开了一个广阔的天地,形成了一个世界市场网络。殖民地和广阔的国际市场,对工业革命的发生和深化起到了不可低估的作用。

(5) 消费社会兴起

李新宽在《18 世纪英国奢侈消费大讨论》(载《世界历史》,2016 年第 6 期)一文中指出,18 世纪英国人关于奢侈消费的大讨论,让英国人逐步摆脱了消费道德意识形态困扰,促进了英国人消费观念的转变。同时促使英国人重新思考本国生产的消费品特点,让英国人认识到有必要生产出与众不同的奢侈品和新的消费品来满足急剧增长的社会多样化的需求,从而促进了消费品的设计和生产的创新,因此也就成了工业化的动力。

消费的巨量增长，使得一个以中间阶层为主体的消费社会逐渐兴起。李新宽在《17世纪末至18世纪中叶英国消费社会的出现》(载《世界历史》，2011年第5期)一文中指出，英国消费社会出现的原因，除了更加重视国内市场这一消费观念的转变外，通过一系列产品和工艺革新实现面向大众的生产，来满足社会尤其是中产阶级的需求更是成为当务之急。而英国通过高关税等国家政策保护和鼓励本国的产品创新，进一步推动了消费的兴盛。正是基于诸多经济和社会因素的相互作用，英国消费社会脱颖而出，从而为工业革命奠定了坚实的社会基础。

随着消费主义盛行，英国民众“勤勉革命”大兴。英国学者罗伯特·艾伦在《近代英国工业革命解密：放眼全球的深度透视》(毛立坤译，17—22页，杭州：浙江大学出版社，2012)一书中指出，17世纪开始出现的经济全球化浪潮使得大批海外商品如潮水般涌入欧洲各国市场，而民众为了购买新兴消费品开始狂热地，乃至不择手段地来增加收入。在社会浓厚趋利风气冲击之下，“唯有那些工作最勤奋、头脑最灵活、生活最吝啬的家伙才能成为最终的赢家”。尽管巴黎和其他一些国家的首都也出现了消费主义盛行和民众“勤勉革命”大兴的现象，但英国和低地国家(对欧洲西北沿海地区的荷兰、比利时和卢森堡的统称)才是此类现象的中心舞台。这些现象渐渐在文化层面产生了一种刺激，最终推动了工业革命闪亮登场。

(6) 自由主义经济思想的孕育

钱乘旦在《资本主义体系下的“世界强国”问题》(载《世界历史》，2004年第6期)一文中指出，18世纪的英国在全世界发展殖民地，构筑成了“第一帝国”的基础。国内手工业蓬勃发展，市场不断扩大，以毛纺织业为支柱的对外贸易与日俱增，为了满足日益增长的市场需求，技术革命一触即发。更重要的是，“光荣革命”给英国人创造了自由、宽松的社会环境，让一切人都可以去努力追求财富。在18世纪，英国已存在合适的政治和社会环境，由英国发动工业革命，水到渠成。

蔡金娣在《工业革命诞生于英国的原因再探析》(载《学理论》，2010年第35期)一文中指出，工业革命之所以出现在英国，主要原因是英国的综合优势在市场经济的逐利行为下导致了工业革命的发生。英国具有发生工业革命的综合条件和土壤，然而工业革命之种只有得到促进其发芽成长的雨露——经济自由主义思想之后，才真正轰轰烈烈地诞生了。自由主义的市场经济思想缘于亚当·斯密提出的著名“自由放任”或“不干涉主义”思想，在他那里，追求利润现在已变成正常的伦理，而自私可以造成社会的福利，做生意可能有罪或者有失绅士尊严的那种潜在的负罪感一去不复返了。正是在这种对财富的强烈追求的欲望引导下，人们急切地扩大生产，从而激发了工业革命。

贾根良等在《重商主义与英印“大分流”——被古典经济学篡改的全球史》(载《政治经济学评论》，2016年第6期)一文中指出，印度近代早期的纺织业曾横扫西方市场，令英国纺织品难以招架，只是因为采取了重商主义政策，英国棉纺织业才得以顶住印度进口货的压力，同时为技术变革赢得了缓冲时间，最终实现了工业革命的突破。到了18世纪末，之前还高呼国家必须出面保护的英国棉纺织品制造商，开始转变态度，成为棉纱和棉布自由贸易的支持者。正是基于国家重商主义对棉纺织工业保护得羽翼丰满，所以到了振翅翱翔，席卷海外市场的时刻，英国纱厂的老板们又开始高呼神圣的自由贸易了。思想是会随着利益的改变而不断变化的，因此，古典经济学在当时的迅速传播，与其说是因为亚当·斯密发现了经济运转的规律，不如说是因为斯密及其继承者的学说能最有效地迎合英国工场主们在新形势下的利益。

（二）第一次工业革命的发展进程

1. 棉纺织业的发展

英国工业革命最先从棉纺织行业开始。张箭在《论工业革命的开端》（载《自然辩证法通讯》，2009年第4期）一文中指出，棉纺织业技术群的发明链和工业革命的步骤如下：凯伊飞梭（1733）→怀亚特纺纱机（1738）→哈格里夫斯珍妮机（1765）→阿克莱特水力纺纱机（1769）→克朗普顿骡机（1779）→卡特莱特水力织布机（1785）→卡特莱特蒸汽动力织布机（1791）→维特尼轧棉机（1793）。这些发明的链条和革命步骤一环扣一环，一步撵一步，互相刺激，彼此适应，你追我赶，不断提高，共同造就了工业革命中的棉纺织业革命。1774年，英国明令取消了1721年颁布的禁止买卖和穿着棉纺织印染制品的禁令，棉纺织工业发展更加迅猛，后来居上，18世纪末赶上传统的优势行业呢绒行业，19世纪初超过呢绒行业。据统计，到1811年，纺织工业的产值和出口值占了英国制造业总产值和总出口值的一半以上，纺织工业带来的国民收入占了英国国民收入的13%，棉纺织行业带来的国民收入占了英国国民收入的7%以上，以棉纺织业为龙头的纺织工业崛起为英国的“民族工业”。

罗伯特·艾伦在《近代英国工业革命解密：放眼全球的深度透视》（毛立坤译，289—299页，杭州：浙江大学出版社，2012）一书中，将珍妮纺纱机和水力纺纱机作为新式机械率先登场的两个代表，并一一呈现了哈格里夫斯发明珍妮纺纱机和阿克莱特发明水力纺纱机的研制过程和传播机理。哈格里夫斯和阿克莱特都是富有工作经验的工人，在研发过程中都获得了赞助商的经济支持。他们经过不断研发，获得了专利，进而推动了这些重大发明的生成。

2. 瓦特的万能蒸汽机

由商业需求引起发明的创新模式在工业革命的进程中表现得非常明显。罗伯特·艾伦在《近代英国工业革命解密：放眼全球的深度透视》（毛立坤译，156—181页，杭州：浙江大学出版社，2012）一文中指出，工业革命首先发生在棉纺织行业，是因为当时摆在棉纺织行业的首要问题就是如何充分加速纺纱和织布，以满足巨大的、受保护的国内市场的需求。因此，到1830年，一系列棉纺织行业当中的此类发明完成了纺织业的机械化。同样在英国，为了从矿井里抽水和转动新机械的机轮，急需一种新的动力，这种需要也引发了一系列发明和改进，直到最后研制开发出商业用途的蒸汽机。

斯塔夫里阿诺斯在《全球通史：从史前史到21世纪（上册）》（吴象婴等译，491页，北京：北京大学出版社，2012）一书中指出，新的棉纺机引起对动力的需要，这种动力应当比传统的水车和马车所能提供的动力更充裕、更可靠。詹姆斯·瓦特对1702年由托马斯·纽科门制成的原始蒸汽机作了多项改进。到了1800年，已有500台左右的瓦特蒸汽机投入使用，其中约有38%用于抽水，剩下的用于为纺织厂、炼铁炉、面粉厂和其他工业提供旋转式动力。

罗伯特·艾伦在《近代英国工业革命解密：放眼全球的深度透视》（毛立坤译，156—181页，杭州：浙江大学出版社，2012）一书中指出，纽科门式蒸汽机堪称一项令人炫目的科技成就，但实际工作效率却奇低无比，相对于它所提供的动力而言，运转过程中的耗煤更是惊人，因此这项发明成果的应用前景取决于煤炭工业规模的大小。尽管托马斯·纽科门发明的蒸汽机在其问世之后不久就已经成为尽人皆知的技术创新奇迹，但蒸汽机在英国以外的国家却非常少见。英国在煤炭工业领域的领先优势非常明显，英国的煤炭产量占欧洲煤炭总产量的 80%，若以产值计算，则占 59%。正因为纽科门式蒸汽机如此明显的高耗能特性，只能是英国独擅其利的发明成果。英国得以以这项发明成果为起点，不断投入持续的后续技术改良，最终在"集体性发明活动"的推动下，18 世纪 80 年代瓦特的改良蒸汽机取得了真正堪称革命性的技术突破，使蒸汽机可以向所带动的机器提供非常匀速且平稳的动力。瓦特之后，蒸汽机技术还经历了持续的改良和完善，运转成本大幅降低，越来越多的工业部门、越来越多的国家都可以使用蒸汽机作为动力源了。在 1830 年以前，尽管蒸汽机的使用量一直保持着稳步增长的势头，但水车和风车依然是占主导地位的动力源。大约在 19 世纪 40—60 年代时，随着高压复合式蒸汽机的问世，最终使蒸汽机完全超过了水车和风车，成为最重要的动力源。

3. 蒸汽机车和轮船

随着蒸汽机技术的不断改进以及运转成本的持续下降，交通运输业也逐渐成为蒸汽机大显身手的新领域。1830 年 9 月 15 日，利物浦—曼彻斯特铁路的通车营运，标志着"铁路时代"的开始。张廷茂在《英国铁路运输与工业革命进程》(载《世界历史》，1992 年第 4 期)一文中指出，正是因为铁路"不仅以私人利润，也以社会福利"作为经营动机，这使得铁路运输拥有坚实的社会基础和广阔的发展前景。截止到 1870 年前后，英国通车铁路长达 15 500 英里，囊括全英的近代化铁路运输体系大体建成。速度之快，实属罕见。

铁路运输从起步阶段开始就采用了耗煤量更低的高压蒸汽机作为动力源，最适合用来拖曳机车远距离行驶。19 世纪，采用蒸汽机作为动力源的轮船被广泛应用于全球商业性远洋运输领域。罗伯特·艾伦在《近代英国工业革命解密：放眼全球的深度透视》(毛立坤译，156—181 页，杭州：浙江大学出版社，2012)一书中指出，利用蒸汽机驱动船只航行，当时有很多国家都在进行着类似的实验，最终美国人罗伯特·富尔顿首先设计出采用蒸汽机驱动、并可以进行大规模商业性运输的轮船。美国人在这一领域取得的成就无疑应视为一组重要实例，除了轮船的发明，还有美国工业企业广泛使用的克利斯式蒸汽机，无论从技术创新的角度、还是从商业营利的角度来审视，美国都堪称最能代表"引进—吸收—消化—再创新"这一技术跃进模式的经典范例，其他国家鲜能如此。

4. 1851 年伦敦世界博览会

王浩强在《工业革命的盛宴——1851 年伦敦万国博览会》(载《科学文化评论》，2009 年第 3 期)一文中指出，有人对博览会期间的伦敦和北部工业重镇曼彻斯特进行了比较：前者人山人海，后者的大街上冷冷清清，许多店铺门上挂着牌子"去展会了，两周后回来"。还有来自 493 所学校的 35 000 名学童有组织地参观了水晶宫。水晶宫不仅是科学、进步和文明的展示，它还是一所学校，将新的原料介绍给制造商，并把工业及其意义传达给广大民众。

邵雍在《马克思、恩格斯与伦敦世界博览会》(载《安徽史学》，2011 年第 5 期)一文中指出，伦敦博览会期间，马克思以无产阶级革命导师特有的敏锐的眼光看到了伦敦世博会的意义以及它所蕴藏的东西。马克思说："在 1849 年，当整个大陆还醉心于革命的时候，英国资产阶级就以令人赞赏的冷静宣布举办这个博览会。"马克思明确指出了世博会集中展示现代工业的生产力，在打破民族藩篱，逐渐消除生产、社会关系、每个民族的民族性方面的地方性特点的巨大作用，即世博会有利于加强国际合作，推动全世界生产、科技与社会经济发展。

（三）第一次工业革命的历史影响

1. 推动了英国社会的近代化

埃里克·霍布斯鲍姆在《工业与帝国：英国的现代化历程》（梅俊杰译，71—86页，北京：中央编译出版社，2016）一书中指出，工业革命既是舒适品的提供者，也是社会的改造者。正常而言，自身生活被改造最少的阶级也是物质上收益最显著的阶级，反之亦然。英国的贵族和乡绅属于既得利益者，50年的工业化对于有土地、有头衔的英国人而言，终究是一个黄金时代。成功的中产阶级以及那些志在效仿的人士感到心满意足，但对劳苦者而言，工业革命摧毁了他们的传统世界和生活方式，却没有自动带来可以替代的东西。

钱乘旦在《英国工业革命中的人文灾难及其解决》（载《中国与世界观察》，2007年第1期）一文中指出，英国在工业革命时期，是世界上最富裕的国家，但全社会一味崇尚利润，生产合理化主导一切，使得财富越多贫富差距越大，工人的生存毫无保障，社会的人文纽带被拧断。工人的激烈抗争，社会的动荡，迫使有产者和统治集团出台了一系列的立法，寻求解决贫穷问题和把工人整合到体制之内，从而弥补撕裂的社会。

潘迎华在《19世纪英国现代化与妇女家庭法律地位的演变》（载《世界历史》，2007年第6期）一文中指出，在现代化影响下，19世纪英国妇女在家庭法律地位表现出双重性：一方面她们在家庭中仍然处于从属地位。另一方面，英国家庭法律制度逐渐向性别平等的方向发展，英国妇女享有更多的自主权，家庭地位有所提高。现代化为妇女提供了更多的机会进入公共领域，以赢得自己的话语权和独立的人权。政治现代化推动民主平等精神的发展，进一步唤醒了妇女的权利意识，融合了女性主义和自由主义力量，推进了家庭两性关系的变革。

王晓焰在《工业革命与英国妇女社会地位边缘化》（载《中国社会科学报》，2011-3-31）一文中也指出，工业化的过程是一个伴随着性别社会化的过程：它建构了积极为社会做出贡献的女性的边缘性地位；同时它提供了建构女权主义意识形态的前提，觉醒的女性开始与男性展开争取同等社会地位的斗争。

邓云清在《新大学运动与英国高等教育的近代化》（载《高等教育研究》，2008年第1期）一文中指出，19世纪，在英国首都和地方城市诞生了一批高等院校，这些新式大学以功利主义为导向，取消教派限制，提供职业教育与科学教育，力图面向全社会培养实用人才。新式大学的创建过程，史称19世纪英国“新大学运动”。新大学运动使得英国高等教育的目标和职能、学科与课程等方面做出重大调整，以伦敦大学为代表的新大学，不仅加快了高等教育对象平民化、课程泛智化的进程，而且启动了英国高等教育世俗化的进程。

2. 加速了生产力的发展与工业化的扩展

马克思指出：“资产阶级在它的不到一百年的阶级统治中所创造的生产力，比过去一切世代所创造的全部生产力还要多，还要大。”①

---

①《马克思恩格斯选集》（第1卷），中共中央马克思恩格斯列宁斯大林著作编译局编译，277页，北京：人民出版社，1995年。

潘润涵、张执中在《工业革命与英国社会近代化》(载《历史研究》,1983年第6期)一文中指出,英国工业革命是整个社会前进的推动力。它的最直接的结果是工业生产的集中和工厂制度的诞生。在工业生产组织以及内部生产关系方面,英国由于工业革命摆脱了传统。而工业生产率的迅速增长和工厂的发展,使得英国整个工农业生产的比重发生了根本性变化。在工业革命完成之时,英国已经是世界上第一个工业国家了。

王章辉在《欧美大国工业革命对世界历史进程的影响》(载《世界历史》,1994年第5期)一文中指出,欧美大国工业革命对世界历史进程的影响有四个方面,一是生产力的一次巨大飞跃,采用机器仅仅是工业革命的一个方面,生产组织和管理的科学化对提高生产效率也起了重要作用。新材料的发现和发明对发展生产力的作用也是不可低估的。生产过程的机械化和组织管理的科学化,使劳动生产率成倍提高,工业生产量和贸易额以前所未有的速度增长,各项社会经济指标都明显改善。二是全球交通网及世界市场的形成,工业革命时期,蒸汽机与船运和陆地轨道运输的结合,使社会进入汽船和铁路运输时代。交通运输革命从根本上改变了地球上各地区彼此隔绝的状态。联结各大洲和大洋的海路的开通,使海上运输网和陆上运输网互相衔接,形成全球性的交通运输网络,导致世界市场的形成。三是先进技术的扩散,工业革命中产生的新技术是全人类的共同财富,必然要从它诞生的地方向周围传播,尽管这种传播会受到各种政治因素和社会条件的影响,但最终还是会推动世界各地区经济的发展。四是欧美国家工业革命对亚、非、拉国家的双重影响,一方面加快了这些地区弱小国家沦为殖民地和附属国的过程,另一方面在欧美列强对亚非拉进行殖民掠夺和经济开发的时候,也不可避免地把欧美先进的工业技术带到这些地区,使这些国家缓慢地走上了工业化的道路。

3. 开启了大动荡、大裂变的新时代

赵秀玲在《工业革命——世界整合与裂变的双刃剑》(载《山东大学学报(社哲版)》,1999年第3期)一文中指出,工业革命改变了世界格局,确立了资本主义生产方式的主导地位,但又造成了国际范围内社会主义与资本主义两种社会制度的对抗。人类社会必然在这种对抗和裂变中发展并逐渐融合,走向更高层次的一体化。

谢丰斋在《中西方的经济差距何时拉开?——谈安格斯·麦迪逊的"千年统计"》(载《史学理论研究》,2012年第4期)一文中指出,中西方的差距早在1300年前后就已经拉开,但是因为之后很长一段时间亚洲一直占据世界GDP的大部分份额,下降的幅度不大,因此,在日常生活中,中国人体会不到西欧带来的压迫。但是自1820年以后,情况开始急剧变化,1820至1870年仅50年的时间内,亚洲GDP在世界总份额中的比例就突降20个百分点,从59.2%跌至38.3%,相反欧美国家则从50年前的34.3%上升到55.5%,亚洲明显感受到了来自欧美的压力。1850年,西欧12国GDP总值与中国的GDP持平,1870年,与整个亚洲的GDP持平。按人均GDP值计算,1870年时,西欧人均财富占有率是亚洲人的4倍,亚洲人变成了欧洲人眼中的"病夫"。

4. 出现的环境污染问题及治理

英国人曾戏称泰晤士河为"泰晤士老爹",它曾经是一条美丽的河流。但随着工业革命的进行,环境污染日渐加剧,英国人心目中的"泰晤士老爹"——"最高贵的河流"却成了"最卑贱的臭水沟"。梅雪芹在《"泰晤士老爹"的落魄与新生》(载《环境保护》,2007年第14期)

一文中指出，1847 年 7 月，英国历史上著名的幽默画报《庞奇》刊登了一副名为《肮脏的“泰晤士老爹”》的漫画，并将泰晤士河描绘成一个外表污秽的“流浪汉”，并赋诗哀叹：肮脏的“泰晤士老爹”，污秽的河流，污秽的河流，从伦敦到诺尔哪儿都臭，你为何物，一道宽宽的沟，一条臭名昭著的岸？你面前流淌污浊的水，你浑身披挂腥臭的泥，多少基督徒呼吸着，你冒泡的河面散发的臭。甚至于 1858 年的泰晤士河作为“大恶臭”年而留在了英国人的历史记忆之中。

梅雪芹在《英国环境史上沉重的一页——泰晤士河三文鱼的消失及其教训》（载《南京大学学报（哲学·人文科学·社会科学）》，2013 年第 6 期）一文中还通过对泰晤士河里三文鱼的变迁历程的分析，认为英国因在人类历史上率先进行工业革命，成为“世界工厂”和第一个工业化社会，从而迎来了工业繁荣、商贸发达和人口剧增的局面。包括泰晤士河在内的众多自然水体，不仅作为运输货物的商贸航道得到了充分的开发利用，而且作为消纳废弃物的藏污纳垢之所也发挥了巨大的作用。然而，就在人类的有意利用和无意加害之间，像泰晤士河这样的令英国人自豪的“高贵的河流”，不免成为公共的污水沟。其结果，既是河流本身的生命力的枯萎和众多水生生物的消亡，到头来，英国人自身也为之付出了“命丧黄泉”的惨重代价。

李宏图在《英国工业革命时期的环境污染和治理》（载《探索与争鸣》，2009 年第 2 期）一文中指出，英国是世界上第一个发生工业革命的国家，但从生态环境的视角来考察，工业革命也造成了人类历史上第一次大规模的环境污染。环境污染主要体现在三个方面：一是煤烟滚滚，烟雾弥漫。正是工业革命时期煤炭的广泛应用，导致了英国历史上最为严重的大气污染时期。煤在燃烧时释放出来的含有二氧化硫等有害物质的滚滚浓烟，成为了人们津津乐道的蒸汽机的特色和工业革命的特征；二是河流的污染。到 1830 年，英国的大工业城市没有一个安全的饮用水供应，河流均受到严重的污染。最典型就是伦敦的泰晤士河；三是自然环境和城市环境的恶化。

梅雪芹在《工业革命以来英国城市大气污染及其防治措施研究》（载《北京师范大学学报（人文社科版）》，2001 年第 2 期）一文中还指出，英国在先于其他国家创造辉煌的工业城市文明时，也率先踏上先污染而后治理的现代文明的环境历程。英国的经历表明，当今人们所关注的包括大气污染在内的各种环境问题，其实具有很长的历史，并且在工业化、城市化以后日益加重。工业经济的迅速发展、能源的大量消耗、城市人口的不断增加等因素，无一不给自然环境带来负面影响；到头来，这种负面影响又殃及人类自身。因此，在全球环境形势异常严峻的今天，人类应该在深刻认识人与自然相互关系的基础上，重新审视人类文明的足迹，并带着历史的悔悟与自然对话。

二、第二次工业革命

（一）第二次工业革命的概况

1. 科学成为技术的先决条件和动力

现代世界的一个本质特征是科学、技术和经济的密切关联，第二次工业革命以前所未有的方式建立了这种关联，科学开始对技术产生大规模影响，成为技术的先决条件和动力。范雄白在《关于科技革命新高潮的观点综述》(载《世界经济文汇》,1984 年第 2 期)一文中指出,科学技术是生产力的独立要素和组成部分,现代科学技术革命作为科学和技术相互依存和互相联系的综合变革的总和标志着社会生产力的重大飞跃。一般认为,这种质变形式一共发生过三次,或者说科学技术进步作为经常性的社会经济活动,一共有过三次高潮。以蒸汽机、纺织机为代表的第一次科技革命使人类社会跨进了工业化大生产时代;内燃机、电力、钢铁、化工和现代运输工具构成了第二次科技革命的中心内容;发生于 20 世纪 50 至 60 年代的第三次科技革命的核心技术是电子工业、原子能和空间技术。

余建华在《世界市场和科技革命:经济腾飞的两个巨轮——世界经济强国盛衰的历史启迪》(载《世界经济研究》,2004 年第 7 期)一文中指出,与工业文明相伴而生的世界市场形成初步把世界经济联成一体,为人类社会生产力的进一步发展提供了保障和基础。英国以其在工业革命上的捷足先登,在 19 世纪中叶成为世界头号经济强国。美国和德国则抓住第二次世界科技革命和统一世界市场的机遇,成功实现工业化的跳跃式发展,成为后来居上的世界经济大国。由此,重视世界市场、依靠科技革命,成为造就世界经济强国的历史道路和宝贵经验。

2. 科学技术的成就

埃里克·霍布斯鲍姆在《工业与帝国:英国的现代化历程》(梅俊杰译,172—173 页,北京:中央编译出版社,2016)一书中指出,19 世纪下半叶的重大技术进步本质上以科学为基础。要想实现那些技术进步,首先需要一定程度上了解纯科学最近所取得的原创发明,需要大量系统地进行科学实验并检测结果,需要在实业家、技术人员、专业科学家、科学机构之间建立日益密切的联系。工业化新阶段有两个重要的成长性行业,那就是电力和化工行业,他们完全以科学知识为基础。第三个行业涉及内燃机的开发,该行业有赖于化工行业的两个分支,即石油和橡胶的炼制和加工。到 19 世纪末,技术进步的成就取决于投入系统研究项目中符合科学要求的人力、设备和资金,引领世界的德国化工产业的经验尤其证明了这一点。在美国,爱迪生从 1876 年起在曼洛园以更加实证的方式,展现了大规模发明实验室所能创造的成果。

高剑平在《近代科学技术革命:"实体"对象及对"实体"的认识》(载《学术论坛》,2007 年第 10 期)一文中指出,电力时代是继蒸汽动力革命后人类历史上的第二次技术革命。它以 19 世纪 30 年代的电磁理论的建立为发端,以 19 世纪 60 年代电机的制造和电力应用为主要标志。近代第二次技术革命是使"科学—技术—生产"相互关系发生根本改变的一个转折时期。在第二次技术革命中,作为"实体"的自然科学理论的突破成为技术革命的先导,自然科学理论已经走在生产实践的前边。学术传统和培根的"工匠"传统达到了完美的统一,实现了科学与技术的完美结合,确立起技术理论体系;科学研究出现社会化的趋势,催生了形形色色、各种各样的研究"实体",科学研究走向"实体化"——建制化;电力革命的突出成果表现在对"物质""能量"的开发和利用上,建立起开发利用电力能源为核心的技术工程体系。

(二) 第二次工业革命的特点

1. 电的广泛应用最为突出

王志林等在《恩格斯晚年书信中对第二次工业革命揭示的经济学意义》(载《理论月刊》,

2010年第5期)一文中指出,以"电"的发现和应用为代表的第二次工业革命兴起,资本主义世界乃至整个人类社会迎来了"电气时代""重工业化时代""城市化时代"和"垄断时代"。恩格斯在晚年书信中对于第二次工业革命的经济学意义揭示在于,以"电"的发现和应用为代表的第二次工业革命的兴起是社会生产力和科学技术发展的必然结果;第二次工业革命为人类经济社会的发展开辟了新的发展道路;对于资本家来说"时间就是金钱",由于新的生产技术和新的生产手段大量地采用,资本家对于工人阶级的态度和剥削方式发生了巨大的改变,"资本家靠对工人偷偷摸摸的办法来相互竞争已经不合算了",资本家开始因"讲道德了"而变得文明起来了。

2. 以重工业发展为重点

周有光在《"第二次工业革命"浅论》(载《武汉大学学报(社会科学版)》,1985年第5期)一文中指出,从19世纪后半期到20世纪初的第二次工业革命过程中,资本主义工业化发展到了以重工业为重点的新阶段,其主要任务是改造、扩大和创新重工业的各个部门,并利用重工业的雄厚力量,确立大工业在国民经济中的统治地位。第二次技术革命是技术发展史上的一次飞跃,科学已经能够通过先进的技术直接转化为强大的生产力,从而为工业开辟了空前广阔的领域和提供了空前的发展速度。它对工业发展所起的巨大推动作用,是第一次技术革命无法比拟的。19世纪后半期到20世纪初的第二次工业革命,从一开始就具有新的发展方向、新的技术装备和新的规模。工业生产力在资本主义制度所能容纳的范围内,继第一次工业革命之后,实现又一次历史性的飞跃。正是在这个时期,人类由纺织时代跨进钢铁时代,由蒸汽时代跨进了电气时代。同样,人类也是在这个时期才真正跨进了火车和轮船的时代。随之,重工业终于在世界经济中取得了主导的地位。重工业、交通运输业的突飞猛进和新技术装备的广泛采用,这些工业发展的总趋势,体现了这一时期"物质生产资料、生产力的变化和发展",导致了垄断制的最终确立。第二次工业革命作为巨大生产力的体现,对于资本主义工业化的完成,起了决定性的作用,极大地促进了世界经济整体化的趋势。在垄断资本主义统治的条件下,第二次工业革命在极大地推动工业发展的同时,又不能不空前地加剧、扩大资本主义世界经济中的各种矛盾。正是这些矛盾,成为帝国主义阶段劳资矛盾、宗主国与殖民地矛盾,列强之间矛盾日益广泛、尖锐的深刻经济根源。第二次工业革命,实际上是20世纪初以俄国十月革命为代表的世界革命风暴的经济导言;或者反过来说,20世纪初的世界革命风暴,是第二次工业革命在政治上的总结。

3. 大规模生产技术的出现

埃里克·霍布斯鲍姆在《工业与帝国:英国的现代化历程》(梅俊杰译,173—174页,北京:中央编译出版社,2016)一书中指出,第二次工业革命将工厂制度系统地延伸到此前从未涉及的领域,把制造过程分解为一系列简单环节,每一环节都由动力操作的某一专门机器来完成。在这个过程中,有两个关键步骤促成了大规模生产技术的问世,一是标准的、可互换的零件的出现;二是流水生产线。从长远看,这其中所涉及的一个最重要领域当属机器本身的制造,这些机器即现代所谓"耐用消费品"。有关变革部分是技术性的,部分是组织性的,此进展被称为"批量生产",生产出来的产品即是标准的、可互换的零件。而当实际生产流程中人力使用降至零点时,就被称之为"自动化",整个生产流程即流水生产线。流水生产线的最早实验可以追溯到18世纪末那些天才的北美技术员,例如,奥利佛·埃文斯兴建了一家完全自动化的面粉厂，并且发明了传送带，但这项技术有待于1890年代在芝加哥的肉类包装等领域得到真正开发，而且一直要到1900年代初在亨利·福特的汽车厂才趋于成熟。

4. 垄断组织的出现

胡才珍在《浅议第二次科技革命和大工业文明的建立》(载《世界历史》，1996年第2期)一文中认为，以电力技术为主要标志的第二次科技革命，发生在19世纪70年代。在它的推动下，人类社会发生了一场深刻而又巨大的变化：世界大工业文明诞生了。以金融资本为网络的世界体系是与大工业文明的建立紧密联系在一起的，尽管他们的结合充满了殖民主义、帝国主义和霸权主义对弱小民族的侵略和奴役，但在客观上，它消灭了民族闭关自守的状态，使整个世界联成了一个密不可分的整体。大工业文明是一种社会化的大生产，需要集中巨额资金，企业规模也越来越大。在生产和资本集中的基础上，垄断产生了。垄断作为由生产力发展所引起的资本主义范围内的生产关系的调整，在一定程度上促进了科学技术的进步和生产的社会化。

埃里克·霍布斯鲍姆在《工业与帝国：英国的现代化历程》(梅俊杰译，175—176页，北京：中央编译出版社，2016)一书中指出，集中化是竞争的逻辑产物。第二次工业革命时期企业的规模、生产和所有权的集中度都有了提升，经济中形成了若干大块头，如托拉斯、垄断企业、寡头企业等。在德国和美国，集中化这一过程早在1880年代便清晰可见，当然，在这一阶段及后来的发展中，经济经营规模的扩大体现为私有企业巨头及其联合体的兴起，而不是政府企业的兴起，但间接而言，政府的角色变得越来越具有决定意义。然而，有充分的理由可以相信，"大企业"实际上是更好的企业，至少长远看是如此，它们终究活力更大、效率更高，更能承担愈发复杂和昂贵的开发任务。

(三) 第二次工业革命的影响

1. 资本主义生产管理制度变革

(1) 泰罗制

郭英在《泰罗制百年流变探析——兼纪念泰罗制100周年》(载《外国经济与管理》，2011年第12期)一文中指出，泰罗制一般泛指泰罗(又译为泰勒)在20世纪初创建的科学管理理论体系，这套理论体系也被称为"泰罗主义"。泰罗制使人们认识到管理学是一门建立在明确的法规、条文和原则之上的科学，它适用于人类的各种活动，从最简单的个人行为到经过充分组织安排的大公司的业务活动。

张永忠在《论泰勒制中的现代管理理念——〈科学管理原理〉的重新认识》(载《经济界》，2004年第4期)一文中指出，泰勒所创立的科学管理原理与方法不仅在当时起了重要的作用，直接推动了科学管理运动的兴起和社会生产力的提高，而且对以后的管理理论的发展也有着深刻地影响。泰勒的《科学管理原理》所体现的科学管理、人本管理和和谐管理等管理理念反映了现代社会化大生产的要求，是从思维和存在的角度对管理的本质和发展规律所作的哲学概括，具有现代意义。

王毓敏在《理论与实践的悖论：应用于美国工业的泰罗制》(载《河南师范大学学报(哲学社会科学版)》，2012年第4期)一文中指出，泰罗制是将人从小农意识、小生产的思维方式转变为现代社会化大工业生产的思维方式的一场革命，没有这次革命就不可能真正进入现代文明社会。但泰罗制作为古典管理理论的代表，它在思想上的革命性更胜于它的科学性。在第二次工业革命时期的管理改进热潮中，美国企业试图利用泰罗制来削减成本，提高效率，但受到多种因素的制约，泰罗制并未如传统观点所认为的那样获得大规模的广泛运用，其在美国工业实践的具体效果也不理想。

(2) 福特制

福特制是美国汽车制造家和管理学家亨利·福特首创的一种生产管理制度。刘晓君在《福特制(Fordism)的百年》(载《自然辩证法研究》，2001 年第 3 期)一文中指出，20 世纪，工业化国家取得不可思议增长速度的一个重要原因得益于工业化大生产。从 19 世纪开始，美国经济快递增长，但美国劳动力尤其是技术工缺乏，这为美国采用大生产技术提供了条件。到 1850 年，标准化部件的机器制造业被广泛地称作“美国制造体系”，即“通用制”或零部件可换的体系。随着汽车工业的大规模发展，机械化、精确化、标准化、可互换性、同时化和连续性等诸多要求有机地结合在一起，福特的装配流水线生产标准化产品，每 10 秒生产一辆汽车，创造了世界汽车生产史的奇迹。作为一种管理方式的变革，福特制广泛地应用在汽车生产中，节省了时间、降低了成本，增加了产量，提高了工人的工资，也使汽车的售价能为广大公众所接受，商品生产者有能力购买他们自己生产的产品，大规模生产和大众消费紧密结合在一起。资本主义工业生产进入大规模生产阶段之后，社会具备了为消费者提供大量物质产品的生产能力，一方面为大众消费创造了物质条件，另一方面也需要大量消费的支持，大众消费因为大规模生产的需要而成为一种强烈的社会需求。

王蒲生等在《产业哲学视野中全球生产方式的演化及其特征——从福特制、丰田制到温特制》(载《科学技术与辩证法》，2008 年第 3 期)一文中指出，福特制是指以福特公司为代表的建立在流水线作业和高度分工基础上的劳动组织方式和大批量生产方式。福特制在 1925 年创造了 10 秒生产一辆汽车的产业史奇迹之后，很快在汽车制造业推广，并被推延到家用电器制造等其他产业，到 20 世纪 20 年代，已经成为广泛盛行的生产方式。福特制不仅仅意味着一种工业模式，还容涵于整个资本主义的经济社会制度，是以大批量、标准化生产和大众消费为基础的生产和生活方式的集合。

杨发琼等在《美国二次工业革命及泰罗制、福特制背后的经济增长逻辑》(载《时代金融》，2017 年第 1 期)一文中指出，19 世纪末 20 世纪初，泰罗创建了“科学管理理论体系”，以提高劳动生产率为目的，将科学引入到工业管理中，形成了一个较为完整的管理思想体系，被称为“泰罗制”。泰罗制的应用极大地促进了美国工业的发展，使得美国很多行业的劳动生产率提高了 2—3 倍，工人的工资增加了 30%—100%。福特制是一种以流水线作业和高度分工为基础的劳动组织方式和大批量生产方式，以福特公司为代表。福特制将效率置于首位，选用最佳方案来实现既定目标，其最大特征是产品生产的标准化和计量的数字化。泰罗制和福特制都是在第二次工业革命的基础上建立起来的，尤其其产生的历史背景，泰罗制和福特制经常被联系在一起，但二者的出发点是不一样的：泰罗制是在生产过程既定的条件下，分析这一过程中的不同工作任务，对其进行优化调整；而福特制则是完全改变了生产过程本身，实现了生产的变革和劳动的优化。

2. 资产阶级国家职能的日益完善

美国学者大卫·克里斯蒂安在《极简人类史：从宇宙大爆炸到21世纪》(王睿译，142—157页，北京：中信出版社，2016)一书中指出，随着工业化的推进，工业社会中的城市工薪收入群体和作为雇主的企业家阶层一样，对只有国家能够提供的法制秩序和经济管理体系依赖度越来越高。对国家职能要求的多样化和复杂化，使得各国政府也反过来更依赖于社会各阶层的共同合作。更加民主的治理方法开始向更广泛的人群赋予政治影响力。民主和民族主义的发展使得现代政府更多地使用行政和强制权力，而权力很大程度上取决于其势力范围内社会的经济生产力水平，以至于现代政府必须充当有效的经济管理者。

龚淑林在《美国第二次工业革命与联邦政府的政策》(载《江西大学学报(社会科学版)》，1989年第1期)一文中指出，美国在第二次工业革命中成为最发达的国家，其中联邦政府行使了资产阶级国家职能是极其重要的原因。美国在南北战争以后，政府干预经济事务活动开始增多。第二次工业革命期间，为了促进工业革命迅速发展和追求超额利润，联邦政府逐步加强了宏观控制，通过一系列的政策实现对经济的干预。其中，联邦政府重视培养科技人才，大力开展科学技术研究，积极鼓励创造发明，对第二次工业革命具有决定意义。另外，联邦政府实行保护关税政策，对第二次工业革命起着保护和促进作用。

3. 资本主义国家大众消费主义兴起

王晓德在《美国现代大众消费社会的形成及其全球影响》(载《美国研究》，2007年第2期)一文中指出，20世纪初，美国就已展现出现代大众消费社会的特征，到了20年代以后，大众消费社会在美国居于支配地位。这种新的生活方式在美国形成之后很快向境外蔓延，欧洲工业国家最先感到了“美国化”的威胁，但却在美国这种发展模式的影响下逐步过渡到了现代大众消费社会。大众消费主义不是“有闲”阶层的消费观在范围上的简单扩大，而是在资本主义框架之下一个社会发生深刻转变的标志之一，在这方面，美国远远走在了其他西方工业国家的前面。20世纪的美国展现出一种受大众消费经济秩序控制的全新的生活方式，以更适合其效率功能的新价值观取代了传统价值观。在这一过程中，曾经主宰美国社会的传统新教主义的节俭观念受到巨大挑战，最终在来势迅猛的消费主义大潮的冲击下几乎荡然无存。“金钱万能”主宰了人们的一切活动，商业化气息更为突出，赚钱就是为了享受已经成为人们生活中的基本信条。在美国现代大众消费文化的强大冲击之下，欧洲工业国家在力图保持传统生活方式的同时选择了向现代大众消费社会大踏步的迈进，这一过程到了第二次世界大战之后最终完成。

4. 国际形势动荡

(1) 国际格局变化

隋玉龙在《科技革命、产业革命及其影响》(载《国际研究参考》，2013年第6期)一文中指出，以电力、铁路为代表的第三次科技革命及其引发的“第二次产业革命”，造就了美、德等国的世界强国地位。反观英、法两国，由于失去了继续对科技革命和产业革命的引领，实力下降。英、法的衰退和美、德的膨胀，引发国际格局重组，对“协约国”和“同盟国”两大军事集团的力量对比产生了重要影响。

大卫·克里斯蒂安在《极简人类史：从宇宙大爆炸到21世纪》(王睿译，154—155页，北京：中信出版社，2016)一书中指出，19世纪后期，财富和权力的地区差异急剧扩大。1820

年至1913年，中国国内生产总值在世界的占比从33%降至9%，印度的占比从16%降至8%，而英国的占比从5%上升至超过8%，美国的占比从约2%上升至超过19%，德国占比也达到9%。直至19世纪末，印度被英国统治，中国遭到欧洲、日本等列强的商业以及一定程度上的军事支配，南北美洲、大洋洲大规模涌入欧洲移民，拉丁美洲的大部分地区处于欧洲的财政支配和商业统治下，非洲和东南亚的大多数国家也已划入欧洲帝国的势力范围。国家之间的政治和经济不平等像国家内部的不平等一样引人注目，这在人类历史上尚属首次。全球帝国主义和第三世界也在19世纪后期诞生了。

(2) 英国相对衰落

埃里克·霍布斯鲍姆在《工业与帝国：英国的现代化历程》(梅俊杰译，131—147页，北京：中央编译出版社，2016)一书中指出，到1890年初，在钢铁这一工业化关键商品的生产中，美国和德国双双超过英国。从此以往，英国仅为一组工业强国中的一个，不再是工业化的领头羊。事实上，在工业列强中，英国的地位最为疲软，而且显露出最明显的相对衰落的迹象。在第二次工业革命时期，英国并未致力于本国经济的现代化，而是利用传统格局中尚存的可能性，力图避免诸强崛起之际的国际挑战。新兴工业强国的崛起、英国竞争力的衰退，一方面削弱了英国的工业生产，另一方面，这一进程却助长了英国金融和贸易的成功。英国作为航运商、贸易商以及国际支付体系中介商所提供的服务变得更加不可替代。

邓久根等在《英国因何丧失了第二次工业革命的领先地位》(载《经济社会体制比较》，2015年第4期)一文中指出，英国在第二次工业革命中工业力量衰落的根本原因就在于对自由贸易的迷信，英国关注市场规模扩大的同时，市场质量却在下降，从而导致了新工业革命的主导产业领先市场的丢失。英国因保护主义在第一次工业革命中技术领先进而国家强大，并自恃技术领先和国家强大而选择了自由贸易。在当时，英国出于其国家利益，选择自由贸易无可厚非，但英国国家精英们对自由贸易和自由放任的迷信，使得英国在第二次技术革命新的主导产业上被后进国家所超越，进而导致英国的衰落。美国和德国的历史经验说明，赶超并不是沿着既定技术轨道持续发展的问题，在技术经济范式变革的年代，赶超主要是关乎路径创造的问题，这也是第二次工业革命的主导产业这一新物种异地形成于德国和美国的秘诀。

(3) 美国、德国的崛起

贾根良在《第三次工业革命与新型工业化道路的新思维——来自演化经济学和经济史的视角》(载《中国人民大学学报》，2013年第2期)一文中指出，美国和德国工业之所以出现跳跃式发展、迎头赶上并超过英国这个老牌工业化国家的决定性因素就在于它们抓住了第二次工业革命的“机会窗口”——新技术革命。美国和德国并没有按照比较优势的原则，重复英国的工业化道路。他们从技术革命浪潮的新技术和新产业入手，走了一条截然不同于英国的新型工业化道路。而美国、德国对“机会窗口”的把握，主要取决于两个因素：第一，通过自主创新，在新技术经济规范发展的早期，在核心技术和关键设备的发明上取代先行者的领先地位；第二，国内市场的重要性。除了英国的自由贸易政策为德国合成染料提供了特殊的历史机遇外，美国、德国在其他新兴产业上都是通过国内市场为其核心技术和关键设备的创新创造领先市场，从而实现了跳跃式发展。

贾根良在《美国崛起为何能抓住“机会窗口”——第二次工业革命时期美国经验借鉴》

(载《人民论坛》,2013年第6期)一文中进一步指出,美国在第二次工业革命时期的经济崛起得益于五个方面:第一,美国抓住了新技术革命的机会窗口;第二,美国巨大的国内市场规模起到关键作用;第三,美国排斥外国直接投资,独享巨大国内市场为美国提供的技术创新租金;第四,美国的高工资战略,在技术创新和工资增长之间形成了一种正反馈的良性循环;第五,发明创造和企业家的创新精神深深植根于美国民族文化的血脉之中。

尹朝安在《19世纪中后期德国经济的发展与制度创新》(载《德国研究》,2003年第1期)一文中指出,德国在19世纪中后期出现了跳跃式的快速发展,这种经济起飞的深层次原因是德国制度的创新,表现在三个方面:第一,以李斯特经济学为代表的资产阶级的理论创新,主张国家干预经济、奉行贸易保护主义并强调国家在经济发展中的重要作用。第二,容克势力的制度创新,资产阶级化的容克势力不仅在政治上完成了德国的统一,而且在实践中形成了德国独有的现代化发展道路,譬如德国的农奴制改革,强有力的国家干预所缔造的帝国特色,表现在宪法制度、教育特色、垄断组织、全能银行、社会保障等等。第三,德国道路的二重性,既具有适合快速发展的历史合理性,又具有一定程度的劣根性,资产阶级化的容克势力,其天生的封建性、军国主义并未消除,反而在新的历史条件下与现代化结合,一方面促进了本国经济的迅速发展,但两次世界大战的结局也证明了其劣根性带来的可怕后果。

仇海燕在《容克与德国高速工业化》(载《历史教学问题》,2003年第5期)一文中指出,德国工业化是属于后来赶超型的,容克主导下国家政权的干预作用是德国能够在经济上实现赶超其他资本主义大国的重要前提。但是,容克的领导权也给德国工业化带来了显著的消极影响。“自上而下”干预经济政策的成功,既推动着容克自身的转化和新兴阶级力量的壮大,推动着德国的现代政治化进程,同时也有利于在一定程度上保留容克特权和各种保守主义色彩,延缓政治现代化尤其政治民主化的进程。譬如容克力图保留的普鲁士专制主义、军国主义,使德国的政治现代化进程面临了极其严峻的形势,并因此一度中断了德国的现代化进程,对德国和世界历史进程都产生了一定的消极影响。20世纪上半叶,德国成了主动挑起两次世界大战的国家,这正是德国现代化进程遭遇曲折和步入歧途的表现,从某种意义上说也是德国现代化“特有道路”发展的必然结果。

5. 西方文明中心化与非西方文明边缘化

刘文明在《19世纪末欧洲国际法中的“文明”标准》(载《世界历史》,2014年第1期)一文中指出,19世纪末,欧洲国际法学家明确地以欧洲“文明”来衡量世界各国的国际行为及法律权利,从而在国际法中形成了一套规范国际关系的“文明”标准。按这一标准,世界上的国家被划分为“文明”、“野蛮”和“蒙昧”等不同类别,不同类别的国家获得不同的国际承认,具有不同的法律人格和法律地位,在国际法上享有不同的权利和义务。“野蛮”和“半野蛮”(或“半文明”)国家被排除在国际法适用范围和西方国家主导的“国际社会”之外,从而建构出一种国际法意义上的等级性世界秩序。这一秩序是西方列强向帝国主义过渡时为其瓜分世界和殖民统治寻找法理依据而建构起来的,通过西方列强与非西方国家的互动而形成。它是将欧洲特定“文明”普世化的结果,在本质上服务于当时的西方霸权体系。

菲利普·李·拉尔夫等在《世界文明史(下卷)》(赵丰等译,401页,北京:商务印书馆,1999)一书中指出,1870年到1945年之间,西方在全球事务中处于中心位置。西欧和美国在工业上具有优势地位,从而借此拥有一种比有史以来任何国家或帝国都要大的组合力量。

西方国家的经济实力一方面导致西方有能力去统治地球上较不发达的地区，另一方面也导致西方非常担心他们中的一位会压倒其他各位。旧有的权力平衡体系旨在通过确保没有一个国家可以以邻国为代价取得压倒性优势来维持和平，但这种体系由于遍布全球的经济竞争而处于崩溃边缘。与此同时，在各个国家，受到动乱威胁的地主阶级和中产阶级力量力图平息那些要他们在政治上做出让步的日趋高涨的喧嚣，结果导致内部关系日趋紧张。在1914和1939年，在国际和国内双重压力下，世界大战两度爆发。

魏明孔在《探索世界经济史的发展轨迹与逻辑演变——〈世界经济通史〉评介》(载《史学理论研究》，2009年第4期)一文中指出，高德步主编的三卷本《世界经济通史》体现了中国世界经济史学科的最新进展，认为社会不同生产方式的逻辑演进规律是“竞争—趋同—创新—分化”，这一演进规律表明了人类社会单线式发展和多线式发展的统一。经济的现代化是在传统经济的基础上起步的，竞争和分化是经济的常态，世界经济中心随着条件的变化不断转移。尤其是两次工业革命是以欧美工业国为经济中心，自此长期以来统治世界历史的“自我中心论”和“西欧中心论”大行其道。“自我中心论”导致民族自大心理和经济孤立、保护主义，影响世界经济的平稳有序发展；“西欧中心论”则是欧洲人带着强烈的民族优越感来看世界，看历史，以西欧的发展代表世界整体的发展，不断推行经济霸权，最终引至世界大战的漩涡。

李艳艳在《欧美西方文明中心思想的历史嬗变与评析》(载《思想教育研究》，2012年第6期)一文中指出，进入19世纪，西方科技革命、工业革命、政治革命的成功带来了经济、政治、文化领域的快速进步，资本主义进入加速上升期，这一时期凸显了西方社会对于资本主义文明发展模式的极度自信和无限憧憬，担负着对内巩固资产阶级统治、对外进行殖民传播的历史使命。总体来看，18—19世纪的西方文明中心思想作为资产阶级革命运动以来世界历史框架下的理论产物，摈弃了文明彼此隔绝的狭隘世界观，极大地拓展了人们的世界视野，对资产阶级文明在世界范围内的传播起到了助推作用，因而在其时代条件下具有历史进步意义。然而，各类西方文明中心思想往往被用来巩固国内资产阶级统治，为扩张海外殖民活动服务，一厢情愿地使“一切民族甚至最野蛮的民族都卷到文明中来了”。在18—19世纪的旧殖民主义时代，西方国家往往借文明的名义发动侵略战争。到了19世纪末20世纪初，由于西方国家在经济政治实力上处于无与抗衡的唯我独尊地位，他们妄自尊大地以为自身文明是唯一的、普世的。这种西方文明中心思想狂妄至极的体现就是世界大战。

教学设计

设计一：从家庭到社会——英国女工的前尘往事

设计意图

19世纪中期，工业革命让人类进入蒸汽时代，生产力得到极大的提高，工业革命给英国乃至全世界带来了巨大的改变。本设计旨在引导学生从女工视角探讨工业革命，了解英国女工在工业革命后身份地位的转变，理解工业革命让女性从家庭走向社会，成为工厂制度下的女工。进而了解女工在男性掌握话语权的工厂的处境与斗争，认识工业革命让女性走出家庭，为提高社会地位带来了可能性，同时，现代化政治运动进一步唤醒了妇女的权利意识。在学习的过程中，培育学生史料实证素养，提高学生运用唯物史观、在特定的时空框架下解释历史的能力与水平。

设计方案

导入新课：工业革命前，英国仍有男尊女卑的传统，妇女没有自主权，只能依附于家庭，伴随着蒸汽机轰鸣声，英国妇女从家庭走向社会，但是在社会生产中又遭受着各种不平等的待遇，随着妇女在生产中地位的提升，她们逐渐提出诉求，希望改善自身的处境，然而这是一个曲折的斗争过程。

一、地位与处境：工业革命中英国女工镜像

材料呈现：

材料一　1851年英国进行了一次人口调查，大不列颠(不包括爱尔兰)10岁以上的人口有1 576万，就业人口达709万，其中妇女就业人口243万，占就业总人数的34.3%。各纺织部门更是妇女的天下，1839年棉纺织工厂里女工占总数的56.4%，毛纺织工厂女工占69.5%，丝织工厂女工和麻纺织工厂女工都占70.5%。

——赵晓兰：《论英国工业革命对女工的影响》，载《浙江师范大学学报》，1996年第2期

问题设计：根据材料，女工在英国工业发展中占据怎样的地位？女工在哪个工业部门贡献最大？

教师引导学生分析：通过阅读材料可知，英国就业人口中女工所占比例为34.3%，纺织部门中女工所占比例达到一半以上。由此可见女工在英国工业发展中占据重要地位，尤其在纺织部门贡献最大。

问题设计：请结合纺织业发展的特点，分析为什么女工在纺织部门占据如此重要地位。

教师引导学生分析：当时纺织业是最早实现机械化生产的工业部门。1769年，阿克莱特的水力纺纱机开创了革命性的变革。1770年，哈格里夫斯发明了珍妮多轴纺纱机。1780年后，克朗普顿发明了“骡子”纺纱机。这些发明使传统的家庭式和作坊式的生产方式被淘汰，逐渐走向集约化的工厂生产，水力以及后来蒸汽动力的应用，促进了集约化的趋势。所以女工在纺织部门占据重要地位的原因是工厂普遍地使用机器，原来工艺复杂、消耗体力的技术工作被机器分解成简单、单调、对体力要求较少的工作，过去由熟练男工操作的工作，现在则可以由女工和童工代替。工厂主为了获取更大的利润，便雇佣工资低又容易控制的女工。

问题设计：英国女工在英国工业发展中占据如此重要地位，可以说是英国工业革命中的重要劳动力，那女工在工厂中的处境如何？

材料呈现：

材料二　许多早期的工厂都是可怕的地方，工作条件极其恶劣。改革者震惊于这种可怕的工作环境，尤其抨击了工厂中已婚女工的待遇。有人报道说：“我们曾经多次看见，怀孕

数月快要生育的已婚女工仍然从早到晚地像奴隶般在不停运转的机器旁工作……当她们实在无法坚持,坐下稍事歇息时,假若被工头看见,就要被罚款。"

——[美]杰克逊·J. 斯皮瓦格:《西方文明简史(下册)》,董仲瑜等译,532页,北京:北京师范大学出版社,2008

材料三 1830年,妇女和儿童占棉花工业中总劳动力的三分之二。然而,随着1833年《工厂法》的出台,童工雇佣量下降,童工位置逐渐被女工所接替,妇女成为早期工厂中主要的劳动力。1870年以前妇女在纺织业(棉纺和毛纺)中占了总劳动力的50%。她们都是熟练工人,其收入只及男工的一半甚至不足一半。

——[美]杰克逊·J. 斯皮瓦格:《西方文明简史(下册)》,董仲瑜等译,551页,北京:北京师范大学出版社,2008

问题设计:以上两则材料,反映当时女工的工作环境和待遇如何?

教师引导学生分析:通过材料不难看出,一是当时英国女工的工作环境十分恶劣,劳动时间长,劳动强度大;二是当时的工厂还有各种严厉的规定;三是许多女工由于长期在没有保障的环境下劳作,职业病情况严重,没有得到相应的医疗保障和及时救治,生存状况令人担忧;四是女性逐渐成为早期工厂中主要的劳动力,是熟练工人,但是却没有得到相应的报酬。当然,工业革命时期所有工人的处境和待遇普遍不理想,工作环境较为恶劣,而女工既要承担家庭生儿育女的责任,又要接受工作的压力,跟男工相比却是同工不同酬,所以女工的处境便显得更为悲惨。

二、悲惨之源:被动融入并承受不公

材料呈现:

材料四 工业革命时期,整个英国社会盛行男女天生有别,妇女应该从属于男人的观念;在家中相夫教子、作"家庭天使"的资产阶级妇女成为各阶层妇女的楷模。当时的工厂女工外出工作,乃生活所迫,并非自觉自愿……工厂女工并不是为了自身的解放主动地走出家庭,外出工作,而是因为生活所迫,具体地说是因为父亲或丈夫的薪水不足以养家糊口,才不得已走出家门,进工厂做工。

——宋严萍:《论工业革命时期英国工厂女工的状况》,载《史学月刊》,2003年第9期

问题设计:女工处境这么悲惨,工作条件这么恶劣,为什么还有这么多女性走向社会成为女工?

教师引导学生分析:工业革命期间英国社会依然盛行男尊女卑的观念,没有完善的法律制度保障妇女的权益,所以英国普通女性社会地位较低,甚至可以说是社会的最底层。女性成为女工的原因是底层女性为生活所迫,不得已走出家庭,走向生产领域。当时的英国,上层家庭不会让女性进入社会,这其实也是当时英国社会男女不平等的体现。

教师讲解:既然女工生存环境这么恶劣,女工又不是自觉自愿进入社会劳动,那女工自然会有所抗争,我们一起来了解英国女工的艰难抗争。

三、改善处境:英国女工的艰难抗争

材料呈现:

材料五 1847年,《十小时工作法》将13到18岁之间的孩子的工作时间压缩到每天10

个小时。《十小时工作法》也适用于女工。1842 年通过的《煤矿法》禁止在煤矿中雇佣 10 岁以下的男孩以及任何女工。最终,男人们也将在限制工作时间的运动中受益。

——[美]杰克逊·J. 斯皮瓦格:《西方文明简史(下册)》,董仲瑜等译,554 页,北京:北京师范大学出版社,2010

材料六 英国工厂法保护女工是多种综合因素共同作用的结果:第一,成年男工支持工厂法保护女工,女工工作时间缩短了,男工工作时间也相应缩短;第二,工厂主之间、工厂主与农场主之间的竞争在保护女工中的作用;第三,女工的斗争在工厂法保护自身中的作用。除女工自身外,其他两者支持工厂法保护女工,是因为把她们当作为本阶级或阶层谋取利益的工具,要么是把更多的社会责任强加给她们。

——宋严萍:《论工业革命时期英国工厂女工的状况》,载《史学月刊》,2003 年第 9 期

问题设计:根据材料五和材料六,你认为当时女工处境改善的原因是什么?

教师引导学生分析:材料五、材料六反映出女工处境改善的原因是外部环境的改善,成年男工的支持,社会竞争和女工的斗争。但是成年男工和工厂支持保护女工并非是真切想去改变女工的处境,而是从各自利益出发。

材料呈现:

材料七 19 世纪英国女工的斗争多呈现出盲目、分散、无组织的特点……但我们仍然可以从仅存不多的资料中找到妇女为工厂法的进步而斗争的例子。例如:1888 年 7 月,在伦敦勒·博火柴厂,有 672 名妇女(其中有少量未成年的女工)为了改善劳动条件、提高工资水平而进行了一次独立的罢工。这场罢工最终不仅取得了胜利,而且也导致了 19 世纪英国历史上最早的妇女工会组织——“火柴制造者工会”的诞生。

——王秀毅:《试论英国工厂法对女工的保护》,载《河南师范大学学报(哲学社会科学版)》,2008 年第 3 期

问题设计:材料七反映出初期女工斗争中的哪些问题?

教师引导学生分析:女工的维权行动跟英国的工人运动紧密联系在一起,女工在为自己争取合法利益的主观意志上还不是特别强烈,女工运动具有盲目、分散、无组织的特点。在斗争中,女工也逐渐形成了一支独立的斗争力量,成立了妇女工会,并争取到了工厂法的保护。但是,当所有的英国男子都获得了选举权以后,妇女还是被排除在英国的政治之外,直到 1918 年,在多次努力争取下,英国妇女才获得了选举权。

教师指导学生小结:工业革命时期产生的工厂制度,为妇女走出家庭、走上社会创造了的条件。虽然工厂女工并不是因为女性意识的觉醒而主动离开家庭、走上社会的,她们进入工厂大多是因生活所迫,一旦生活好转,她们仍然要回到家庭。但是,进入公共领域的妇女享有更多的自主权,家庭地位也有所提高,这就为 19 世纪后半期中产阶级妇女形成女性意识,走出家庭、走上社会作了铺垫。同时,在工业革命中,女工发挥了重要作用,但是女工没有获得平等的待遇和较好的工作环境,为此,觉醒的女性开始展开了与男性争取同等社会地位的斗争,英国工厂法对女工的保护在客观上极大地促进了妇女的解放,具有历史进步意义。由此也可以看到,女性意识的觉醒与女性的解放是一个漫长的过程。

设计二：从人才环境看英国工业革命的发生

设计意图

英国工业革命的开展离不开良好的人才环境，良好的人才环境为英国工业革命获得源源不断的动力。本设计从人才的孵化、培养与流动等角度，引导学生深入剖析工业革命中英国成为领头羊的原因，认识工业革命前后英国人才环境的变化，理解科技革命、教育制度、专利制度、信息交流等系列因素优化了英国人才环境，更好地理解世界近代的转型。培养学生围绕主题探究历史问题的能力与素养，学会运用不同的史料对问题进行论证，能够从历史的角度解释现实问题。

设计方案

导入新课：18世纪60年代发端于英国的第一次工业革命，是人类历史上重要的发展时期，那工业革命为何首先爆发在英国？英国为什么能够成为工业革命的领头羊呢？18世纪60年代的英国工业革命并非偶然，它是英国自然条件、社会政治、经济环境、生产技术以及科学研究等多方面发展的必然结果。下面我们从人才环境角度探讨到底有哪些独特的因素影响着工业革命首发英国。

一、科技革命孵化人才

材料呈现：

材料一 其实早在工业革命正式亮相前的17世纪，一场科学革命已然捷足先登。这场科学革命肇始于意大利，终结于英国，双方的杰出代表人物分别是伽利略和牛顿；而扮演欧洲经济领头羊角色的国家也随着这场科学革命主战场的转移而发生改变，英国取代了意大利成为领先的经济体。

——[英]罗伯特·艾伦：《近代英国工业革命揭秘》，毛立坤译，9页，杭州：浙江大学出版社，2012

问题设计：根据材料并结合所学知识，概括17世纪的科学革命给英国带来的变化。

教师引导学生分析：17世纪的科学革命主战场转移到英国，欧洲经济中心也转移到了英国。科技革命为英国培养出众多的科技人才。1687年牛顿提出万有引力定律和三大运动定律；1774年英国化学家普利斯特里发现氧气的存在；1803年，英国化学家、物理学家道尔顿提出原子的概念；19世纪30年代，英国物理学家法拉第提出“力线”和“场”的概念来解释电磁感应现象。科学技术对于推动社会进步的作用有目共睹，自然科学的进步不断提升人类征服自然的能力，近代自然科学的进步，无疑对于推动工业革命的爆发起到了至关重要的作用。

二、教育培养人才

材料呈现：

材料二 英国既有的私立教育系统和学徒制的工业教育方式产生了工业化的基础，并实现了英国工业化的飞跃。良好而完善的宗教和慈善教育制度保证了英国初等教育的普及化，导致工业革命在英国首先出现。工业革命后期，英国也开始注重国家干预教育的过程，产生了教育国家主义。

——周详：《工业革命与英国教育的兴衰》，载《高等工程教育研究》，2013 年第 4 期

问题设计：根据材料二，英国的教育为何能为工业革命培养众多人才？

教师引导学生分析：英国私立教育系统、学徒制工业教育方式、宗教和慈善教育制度的完善为工业革命在英国首先发生创造了很好的条件。英国的私立教育系统主要是贵族教育，如著名的伊顿公学，而宗教和慈善教育制度则是面对平民的教育，提高平民的文化程度。为工业革命生产线培养人才的主要是学徒制工业教育方式，以师傅带徒弟的方式教徒弟生产经验和技巧。归根到底，教育的普及培养出众多的科技人才，工业革命在英国首先爆发是科技人才发挥了重要作用。

材料呈现：

材料三　随着海外商业殖民扩张活动而来的高工资经济模式，使得越来越多的英国人有能力承受昂贵的教育开销。对处在社会阶层顶端的上流阶层而言，出巨资聘请高级教员专门为自己(或子女)授课的现象已很常见，而且这一阶层的成员估计有很多最终进入大学接受高等教育。而对于其他阶层的成员而言，接受中小学教育的机会也变得越来越多；在16—17 世纪的英国，各类新建的学校如雨后春笋般地涌现出来，以满足民众求知的欲望。

——[英]罗伯特·艾伦：《近代英国工业革命揭秘》，毛立坤译，412 页，杭州：浙江大学出版社，2012

材料四　(18 世纪的英国)高工资现象意味着英国大多数人口的生存条件都比较优越，有能力支付接受教育或相关培训的费用，而在世界其他地区，大部分民众恐怕无力负担此类开销。英国人通过接受教育和培训提高了他们的读写能力和计算能力，最终促使各种新发明、新技术、新工艺层出不穷。

——[英]罗伯特·艾伦：《近代英国工业革命揭秘》，毛立坤译，205 页，杭州：浙江大学出版社，2012

问题设计：16—17 世纪英国人普遍有能力接受教育的原因及其影响是什么？

教师引导学生分析：教育的平民化、普及化让英国人有机会接受教育，而高工资现象让英国人有能力接受教育，这提高了英国劳动者的素质。众多科技人才在接受教育和实践中脱颖而出，发明创造层出不穷，从而实现了生产力的飞跃。

三、社会环境鼓励人才

材料呈现：

材料五　英国早在 1662 年就成立了以促进自然科学为宗旨的伦敦皇家学会，这使发明创造活动也非常活跃；1754 年成立的“技艺、制造业及商业奖励会”，也大大促进了一系列发明创造。14 世纪英国就有了保护专利的专利权垄断的法律，1642 年的垄断法中不仅有禁止王室垄断的条文，也包含了一个鼓励任何真正创新的专利制度。

——罗松山：《英国工业革命的制度基础、法制环境与启示》，载《山东师范大学学报》，2002 年第 1 期

材料六 当时的科技劳动者包括大大小小的发明家、科学家和技术人员。他们有学者教授、农夫工匠、地主官吏、水手和作坊主、牧师和理发匠等，具有社会广泛性的特点。瓦特、戴维和法拉第都是学徒出身，焦耳是酿酒工人，卡特莱特曾是牧师，卡文迪许是贵族，达尔文是名门之子，道尔顿是织工后代。这种情况从一个侧面反映英国社会的开放性和流动性。

——张瑾：《工业革命时期英国人才环境探究》，载《郑州大学学报》，2015 年第 1 期

问题设计：为什么英国科技人才发明创造如此活跃？

教师引导学生分析：因为英国用财富和社会阶层流动来鼓励科技人才进行发明创造。英国给科技人才创造了一个良好的社会环境，奖励发明创造，用专利法在法律上保护科技人才的发明创造，让科技人才可以依靠发明创造发财致富，营造了鼓励创新的社会氛围。同时，科技人才可以依靠发明创造让自己进入上流社会，提升自己的社会阶层。在金钱和地位的吸引下，英国科技人才紧紧抓住机会，对生产的每个部门进行全面的技术改造。

材料呈现：

材料七 “工业启蒙运动……为知识分子和制造商、专家和工匠之间搭建了一座又一座沟通信息的桥梁。”这类“桥梁”可以有很多种表现形式，包括各种正式和非正式的会议、讲座等等。最高级别的信息交流机构为英国皇家学会。不过大多数人是通过参加各种地方性的“科学协会”来交流资讯，例如伯明翰月亮协会就是一个名气颇大的地方性科学协会；此外，还有“专门性研究所、共济会驻各地分会、定期举办讲座的咖啡馆”等诸多类聚会地点可供人们相互交流信息，取长补短。

——［英］罗伯特·艾伦：《近代英国工业革命揭秘》，毛立坤译，372 页，杭州：浙江大学出版社，2012

问题设计：工业革命时期，英国社会通过什么方式促进科技发明和创造？

教师引导学生分析：英国科技人才和制造商、工匠通过信息交流来促进科技发明和创造，社会为科技工作者和商人、技术工人之间营造了宽松的交流环境。在沟通交流中，当科技人才的发明创造得到制造商的认可，很快就能投入生产，进入市场。这样一个宽容的文化交流的环境，有利于发明创造投入实际生产，文化的交流可以产生智慧的火花，可以促进思想的进步。英国评论家萧伯纳曾经说过：“如果你有一个苹果，我有一个苹果，彼此交换，我们每个人仍然只有一个苹果；如果你有一种思想，我有一种思想，彼此交换，我们每个人就有了两种思想，甚至多于两种思想。”信息的交流，思想的碰撞，在创新的路上显得尤为重要。

材料呈现：

材料八 1824 年前，英国议会和政府三令五申严禁人才、技术和机器外流，以没收家产、褫夺国籍、高额罚金和坐牢等法律严惩违令者。如 1765 年法令禁止英国技工受雇外国，违者褫夺国籍没收家产，并对招募者处以一年内的监禁和 100 英镑罚款。1788 年，对招募者的惩处加重到 500—1 000 英镑罚金和 5 年监禁，输出工具或机器者处以 500 英镑罚金。以后又多次颁布类似法律，直至 1824 年英国工业优势已经确立时才撤销。

——张瑾：《工业革命时期英国人才环境探究》，载《郑州大学学报》，2015 年第 1 期

问题设计：英国为了保证技术垄断和优势，采取了哪些措施？这些措施起到了怎样的

作用?

教师引导学生分析：英国议会和政府为了保证技术垄断的优势，三令五申严禁人才、技术和机器外流，以没收家产、褫夺国籍、高额罚金和坐牢等法律严惩违令者。英国在工业革命后的人才垄断和技术垄断政策，在短时段内有利于英国的工业优势的确立，但是从长时段来看，人才垄断技术垄断不是当时世界发展的大势，也不利于英国工业的长远发展。

教师指导学生小结：一个国家的崛起，一个时代的到来，一个世界的改变，是多重因素相互作用的结果，工业革命爆发在英国有其必然性，如自然环境、重商主义思想、科学技术的发展、社会法律等制度层面的因素外，还包括君主立宪制的确立、圈地运动和农业基础的奠定、原始资本的积累、对外贸易的发展等。当然，工业革命首发在英国最主要的原因是英国独特的社会经济环境，煤炭等原材料相对低廉而人力成本相对昂贵，所以才亟需新的发明创造来提高生产力，以减少人力成本的投入。一个国家民族要想崛起，必然要立足于本国国情，求实创新，充分发挥人才的作用，给人才提供优良的环境。

教学资源

资源1：西欧工业化的起源

工业化是指从为市场而生产的专业化和市场化的中世纪工业向现代工业，进而从传统农业社会向现代工业社会长期而复杂的转变过程，期间经历了起源、成长和完成等一系列历程，也经历了多次渐进与突变的波浪式或螺旋式交替，研究这种长期性和复杂性无疑有助于深化对西欧工业化转变特征与发展规律的认识。具体研究表明，西欧工业化起源于中世纪中期以来城乡工匠为市场而进行的生产，市场不仅促进了专业化，还加速了技术和生产组织的变革。至少从中世纪中期以来，服务于本地市场的个体工匠劳动在西欧城乡获得前所未有的发展，磨面、漂洗和冶铁工业或工序的机械化逐渐普及，以家内制毛纺织业为主的农村工业异军突起。市场、技术和生产组织的创新推动了西欧工业化的萌芽，并由此走上了工业化之路。在此阶段，英国从中世纪中期西欧的二流工业国家跃升为工业强国，在毛纺织业上更是后来居上，超过低地国家和意大利等传统的毛纺织业中心，为早期现代原工业化和工业革命创造了条件。由此可见，西欧工业化不是突然爆发的，而是经历了中世纪中晚期的起源、早期现代的成长和工业革命期间的完成的大致过程，其中，中世纪中晚期为早期现代工业化的成长和工业革命期间工业化的完成奠定了必不可少的历史基础。只有认识到这一点，才能避免对西欧工业化进程的简单化理解，以及对西欧工业化转变特征与发展规律的片面认识。

——徐浩：《西欧工业化的中世纪起源》，载《历史研究》，2017年第1期

资源2：18世纪英国服饰消费与社会变迁

18世纪服饰消费的生产变化直接促进了英国棉纺织业的革新和经济的发展。随着资本主义工业的发展，上至国家政策下到工场主，都意识到应当从注重海外贸易的流通环节转向生产供应领域，强调从生产领域来研究财富的增长，提倡自由放任，从而建立了古典政

治经济学理论。以亚当·斯密为代表的古典政治经济学家认为消费是一切生产的目的，政府应该鼓励和进行生产技术革新。在强大的市场需求推动下，英国本土棉纺织业迅速崛起。

——王洪斌：《18世纪英国服饰消费与社会变迁》，载《世界历史》，2016年第6期

资源3：哈格里夫斯与阿克莱特的研发成就

哈格里夫斯是一名娴熟于手工织布机设计原理的织布工人，年收入不超过50英镑。研制珍妮纺纱机，花费了他整整三年的时间。珍妮纺纱机并不算一项尖端科技成就，据估算，研发费用上限500英镑左右。哈格里夫斯研发之初，得到一名叫罗伯特·皮尔的农场主的赞助，他无偿提供了一处可以开展研发和实验活动的场所，是在拉姆斯克隆这个位于兰开夏郡远郊的乡村。期间几次搬迁研发场所，原因无一例外，均是遭受到当地下层民众的暴力冲击而不得已中断。即便如此，哈格里夫斯并没有因为一系列挫折而气馁，还找到托马斯·詹姆斯作为合伙人兼赞助商。1770年哈格里夫斯成功申请了珍妮纺纱机的专利。18世纪晚期，珍妮纺纱机在英国各地已经得到大规模仿制和盗用，但对于发明者哈格里夫斯本人，由于之前他错失高价转让专利使用权的良机，他并没有从中赚到什么钱。据统计，截至1788年，全国全境累积共有20 070架珍妮纺纱机先后投入使用。水力纺纱机的发明者阿克莱特在1769年为自己的发明成功申请到了专利，这是他一生中取得的第一项重大发明成果。第二项是梳棉机。1772年，阿克莱特在父母的帮助下在克罗姆福德筹办了一个以水力为动力源的正规纺纱厂。历经四年反复摸索，最终在1776年建立第二家更为正规的纺纱厂。该纺纱厂堪称全英国乃至全世界棉纺织行业当中设计理念最先进、管理模式最科学的样板工厂。在阿克莱特的研发过程中，斯特拉特是项目赞助人之一。早在1774年，斯特拉特就向外界宣称他已经在阿克莱特的研发工作中累积注资13 000英镑。正是因为不间断的巨额资金保障，阿克莱特的研发工作才能顺利完成，并且最后获利。

——[英]罗伯特·艾伦：《近代英国工业革命解密：放眼全球的深度透视》，毛立坤译，289—299页，杭州：浙江大学出版社，2012

资源4：工业革命的结果

工业革命的结果可以归结为三个比例的变化，即工农业比例、手工业和大工业比例、城乡比例，其中，工业压倒农业，农业国成为工业国是最深刻最根本的变化。这些比例变化引起阶级关系的变动：工业超过农业说明工业资产阶级的经济实力压迫贵族地主阶级；大工业挤垮手工业意味着工厂主排挤商人对生产的控制，因而商业资本让位给工业资本；工厂的兴起和城市的昌隆则表明工业无产阶级的诞生和壮大。

——钱乘旦：《论工业革命造成的英国社会结构变化》，载中国英国史研究会编：《英国史论文集》，99—112页，北京：生活·读书·新知三联书店，1982

近代工厂制在英国的兴起，是工业革命时期技术变革的产物。作为一种全新的生产组织形式，近代工厂制是对原工业化时期生产组织形式的重大突破，它的兴起促使作坊制或家内制生产逐渐消亡，而手工工场也逐渐开始向近代工厂过渡。近代工厂制的建立，实现了资

从各国实践看，现代化至少包括三方面内容：建立现代国家，发展现代经济，建设现代社会。它们之间相互衔接又彼此重叠，没有现代国家就不能发展现代经济，而经济发展又必定要求建设现代社会。综观推进现代化比较成功的国家，无论是发达国家还是发展中国家，都是这三方面进行得较为顺利的国家。

——钱乘旦：《从全球视阈看现代化进程》，载《人民日报》，2017-11-22

第七单元

近代民主政治的开创与发展（一）

学术引领

一、思潮涌动：近代民主政治思想

（一）自由主义

1. 内涵

英国学者里奥纳德·特里劳尼·霍布豪斯在《自由主义》（朱曾汶译，8—85页，北京：商务印书馆，1996）一书中指出，自由主义应该包含九个要素：（1）公民自由。首先要争取的自由是按照法律规定所享有的权利，自由的第一步正是要求法治。（2）财政自由。百姓在财务方面的自由意味着要对行政机关施加限制，这不仅要依靠明文规定的法律，还要依靠更加直接和经常的监督，建立责任政府制。（3）人身自由。人身自由的基础是思想自由，包含言论自由、著作自由、出版自由、和平讨论的自由以及宗教自由等，充分自由意味着充分平等。（4）社会自由。个人应有平等的职业选择权、受教育权，反对性别限制。（5）经济自由。反对垄断和关税。（6）家庭自由。要使妻子成为一个完全承担责任的人，拥有相应的权利；要建立基于契约的婚姻；父母对儿童有监护责任。（7）地方自由、种族自由、民族自由，主张实行有原则的自治。（8）国际自由。主张反对使用武力和反对武装力量的残暴专横。（9）政治自由和人民主权。争取和保持权利需要政府负责，争取自由的运动其实也是争取平等的运动。

英国学者约翰·格雷在《自由主义》（曹海军等译，2页，长春：吉林人民出版社，2005）一书的导论中指出自由主义包含四个要素：第一，它是个人主义的，主张个人对于任何社会集体之要求的道德优先性；第二，它是平等主义的，赋予所有人以同等的道德地位；第三，它是普遍主义的，肯定人类种属的道德统一性；第四，它是社会向善论的，认为所有的社会制度与政治安排都是可以纠正和改善的。格雷的这些观点得到了自由主义传统的不同流派的一致认可。

李强在《自由主义》（8—19页，北京：中国社会科学出版社，1998）一书中指出，自由主义既是一种学说，一种意识形态，又是一种运动，而且在许多国家成为一种占主导地位的制度。它是多样化的、不断发展的许多学说的总汇。自由主义自17世纪以来逐步获得了四方面的内涵：第一方面是政治自由主义，早期的自由主义面临的主要任务是反对绝对主义、争取个人的政治权利，争取宪政政府。第二方面是经济自由主义理论，自 18 世纪起，经济自由主义理论开始形成，其核心内涵是对经济与财产权利的强调。第三方面，从 19 世纪中后期起，自由主义开始关注社会问题、社会正义、弱智的基本生存条件。第四方面，自由主义是一套关于个人、国家、社会的基本理论，自由主义者在很大程度上一直坚持个人主义的立场，坚持个人至上的观点，它强调社会的法律、政治、经济原则是这一基本道德原则的贯彻与实现。

2. 原则

自由主义理论是随着历史的发展而得到不断丰富的，其理论价值主要体现在它所倡导的理念或原则。李强在《自由主义》(147—234 页，北京：中国社会科学出版社，1998)一书中指出，自由主义的原则主要有六个方面：一是个人主义原则。该原则认为个人主义是自由主义的基础与出发点，个人主义的本质在于强调个体的权利、价值、尊严、利益。二是自由原则。该原则认为自由是自由主义最核心的原则。三是平等原则。该原则是个人主义原则的必然引申，强调所有人在法律面前有同等的权利。四是民主原则。该原则强调的重点是由大众或大众的多数控制乃至行使政府的强制权力。五是有限政府原则。该原则是自由主义国家的组织原则，是自由原则的必然延伸。有限政府强调国家较少干预社会、干预市场，强调社会的自发性，强调政府除了保护个人的权利之外，还至少应该实现某种程度的社会正义，为社会提供某些服务。六是法治原则。该原则在政治上最重要的体现就是宪政，宪政的核心特征是分权，其实质是对政府权力实行有效的、有规则的制约。

3. 影响

顾肃在《自由主义基本理念》(241—254 页、344—346 页，北京：中央编译出版社，2003)一书中探讨了自由主义的影响。顾肃认为，1688 年的"光荣革命"从法律上为英国政府确立了自由主义的基础，从而为英国直到 20 世纪的一系列独特的妥协和不流血的政治改革打下了基础。洛克系统地论述了天赋财产权利的神圣性、自然法理论、社会契约论和政治分权学说等，对世界产生了重大影响。18 世纪早期，洛克的学说风靡一时，被当作一种常识来推崇，英国的宗教宽容和信仰自由都忠实地执行了洛克的原则，这些思想传给整个 18 世纪，在欧洲大陆特别是革命的法国，并在谋求独立的美国都开花结果。法国启蒙思想家孟德斯鸠积极宣传并改造洛克的分权学说，系统地提出了立法、行政和司法权力分立的主张。法国人的自由主义和人民主权思想都是洛克自由主义的继承和发展。洛克和孟德斯鸠的自由主义和分权思想传到美国，成为设计合众国宪法和政府结构的根本原则。到 19 世纪，自由主义发展成一场运动，并且迅速地影响到西欧乃至美洲，政治自由主义由此成为一场世界性的轰轰烈烈的运动。在英国，自由主义理论逐渐转向功利主义，主张妥协和改良主义，并把按自由主义原则建立起来的代议制政府当作医治资本主义社会弊端的主要政治手段。自由主义原则不仅被强大的自由党所接受，也被广大民众所接受。随着工人运动和社会主义思想的兴起，统治的资产阶级大都选中了自由主义作为自己的思想武器，在贯彻和执行过程中发挥了世界性的重要影响。

除此之外，美国学者杰里·本特利等在《新全球史：文明的传承与交流(下册)》(魏凤莲等译，847—853 页，北京：北京大学出版社，2007)一书中对自由主义思潮的影响还作了如下阐述：一是推动了奴隶制的废除。在欧洲和美洲社会活动家的积极努力下，巴西于 1888 年废除奴隶制，历时百年的废奴运动最终取得了胜利。二是促进了妇女地位的提高。废奴运动胜利的经验启发了争取妇女权利的斗争，19世纪的女权运动在有限范围内取得了成功。虽然许多妇女在职场上、政治上仍未被平等对待，但很多妇女受到了正规的教育，欧洲与北美的妇女更是参与到学术、文学活动以及公民组织中。19世纪的社会改革者们为20世纪更大范围内的社会变革奠定了坚实的基础。

（二）保守主义

1. 内涵

朱德米在《自由与秩序：西方保守主义政治思想研究》（21—28页，天津：天津人民出版社，2004）一书中指出，保守主义是近现代西方主要的政治思潮，其基本主张是要求维护社会现状和历史传统，反对重大社会变革。但从具体来看，人们对保守主义的认识又是不同的。在法国学者看来，保守主义指称的是与宗教相结合的旧政权、秩序、权威、中间性团体、反对启蒙运动。在英国学者看来，保守主义指称的是高度尊重宗教和君主立宪制，以此为社会确立精神和世俗的权威；热爱民族（国家）；重视个人权利和私有财产，维护自由，反对平等；社会是有机体而非机械体，历史发展是个连续的过程。在德国学者曼海姆看来，保守主义指称的是官僚阶层、贵族阶层及其所信奉的一套意识形态、文化和民族精神；在美国学者柯克看来，保守主义指称的是传统、秩序、道德和宗教、有财产的自由、缓慢有序的变革。

刘新成、刘北成在《世界史·近代卷》（286页，北京：高等教育出版社，2007）一书中明确指出，保守主义是在法国大革命期间兴起的一种思潮，是对激进革命运动的一种抵制。保守主义思想家或者要维护现存秩序，或者要求回到更早的社会政治状态。

2. 原则

刘军宁在《保守主义》（23—26页，北京：中国社会科学出版社，1998）一书中指出，数百年来，保守主义的基本信条和一般原则都是一致的，主要有六条：一是超越性的道德秩序。保守主义者认为存在着一个超越性的、客观的道德秩序，在基督教和社会中，保守主义的信念来自自然法和上帝。这个秩序超越了人的主观意志的作用范围，是否承认这一原则是衡量保守主义者的基本准绳。二是社会连续性的原则。认为秩序、正义和自由是漫长而痛苦的社会经验的产物，任何变革只能是渐进而审慎的变革。三是传统的原则。认为传统是比任何个人和派别远为重要的智慧来源。解决问题的途径多靠经验和模仿，少靠创新。四是审慎的原则。认为人的知识不仅有限而且会出错，因此必须审慎。五是多样性的原则。认为没有多样性，自由就失去基础，文化和社会生活也会随之陷于贫困。没有多样性就没有人类的文明。六是不完善的原则。认为人的本性总有一些缺陷，由于人自身的不完善，就不可能有完善的社会秩序。除此之外，保守主义的基本原则还有人性不变的原则、有限政府的原则、自由优先于平等的原则、财产权的原则等。

3. 影响

自1790年英国政治家埃德蒙·柏克发表《法国大革命反思录》后，保守主义就开始登上各国的政治舞台，对西方各国政治产生持久而重大的影响，也赋予各国保守主义不同的特色。刘军宁在《保守主义》（7页、237—238页，北京：中国社会科学出版社，1998）一书中指出，长期以来，柏克所倡导的保守主义思想对英国的政治传统和各种思潮、美国的政治传统和政治制度以及主流的意识形态一直产生着潜移默化且重大的影响，可以说，英语国家的政治制度和政治思想无不打上保守主义的烙印。不同的政治传统造就了各国保守主义的不同特色。在英国，保守主义强调对现有制度和传统的维护，反对剧烈变革的政治哲学。美国的保守主义具有更浓厚的经济自由主义和平民主义的色彩，更具有强烈的自由主义倾向。在法国，凡是同情、坚持古典自由主义思想的人，都被认为是保守主义者。自由主义与保守主义几乎是同义词。德国的保守主义在早期通常具有民族主义和威权主义的双重特征。第二次世界大战后，德国的保守主义出现了新的变化，高度认同自由民主和宪政法治，坚持实行社会市场经济，同时具有浓厚的基督教色彩。现代东方的保守主义一方面高度认同自由民主、基本人权、宪政法治、自由市场经济等西方保守主义的政治、经济的价值观，另一方面又主张维护秩序、权威和传统在社会生活中的重要地位。

（三）民族主义

1. 内涵

李宏图在《论近代西欧民族主义和民族国家》（载《世界历史》，1994 年第 6 期）一文中指出，民族主义是建立在民族情感基础上的一种思想观念，它是民族共同体的成员对本民族的一种热爱忠诚，对民族统一、独立和强大即生存与发展的追求和理想。一般意义上的民族情感还不能属于民族主义的范畴，只有在近代民族形成的实际过程中，经过一定的政治、经济和文化的历史运动，人们在这种情感的基础上表达出对整个民族的热爱与忠诚，确立起追求本民族统一、独立和强大的思想，这些才构成为民族主义的基本内容，可以称之为近代民族主义。

2. 发展

民族主义的产生、发展和变异有一个历史过程。美国学者斯塔夫里阿诺斯在《全球通史：从史前史到 21 世纪（下册）》（吴象婴等译，532—534 页，北京：北京大学出版社，2012）一书把这一过程概括为四个阶段：第一阶段，民族主义并不存在于中世纪，只是近代欧洲历史上的一种现象。中世纪时，所有西方基督教徒都属于天主教会，民众对应忠于国家缺乏认知。第二阶段，各种方言的兴起和这些方言在文学表达方面的运用，若干国家教会脱离了天主教会，西欧的一些王朝建立，这些为民族主义的兴起打下了基础。第三阶段，直到 18 世纪，西欧资产阶级以国家的名义开始分享或获得全部权力时，民族主义才呈现出其近代的形式。民族主义的这种近代的形式在法国革命和拿破仑时期得到了最大的促进。希腊、比利时先后获得了独立，意大利和德意志也实现了统一。到 1871 年，民族主义的原则已在西欧获胜。第四阶段，19 世纪后半世纪，民族主义的性质发生了变化，变得愈来愈沙文主义和军国主义。随着第一次世界大战结束，民族主义已在整个欧洲获胜。民族主义的思想开始使欧洲海外殖民地的亿万人民觉醒并行动起来。

3. 影响

对于民族主义的影响，杰里·本特利等在《新全球史：文明的传承与交流（下册）》（魏凤莲等译，854—860 页，北京：北京大学出版社，2007）一书中指出，早期的民族主义思想经常以各种方式深化民族群体对本民族历史的感情，利用民族所取得的文化成就来培养民族自豪感。在民族主义思潮的推动下，一批国家获得了独立或实现了统一，具体有：1821 年，巴尔干半岛爆发了第一场民族起义，希腊人民发动起义，要求民族独立，并在 1830 年摆脱了奥斯曼土耳其帝国统治而赢得独立。1830 年，在欧洲各地不断爆发起义。在法国、西班牙、葡萄牙和一些德意志诸侯国，自由主义思想激发了革命，革命者要求成立以人民主权为基础的立宪政府。在比利时、意大利和波兰，起义者要求实现民族独立，建立人民主权的民族国家。巴黎革命推翻了查理十世，比利时的起义使它摆脱了荷兰统治，赢得了独立。到1848年，新一轮的革命浪潮再次席卷欧洲，虽然革命火花最后被扑灭，但民族独立和人民主权的倡导者依旧十分活跃。19世纪中后期，意大利和德意志先后利用民族主义理想和热情实现了国家统一并建立了帝国。

钱乘旦在《思考中的历史：当代史学视野下的现代社会转型》(221—222页，北京：北京师范大学出版社，2015)一书中指出，民族主义在欧洲几百年的历史证明，它既有功勋，又有罪责。功勋在于它保证了各个国家的现代化发展，罪责在于它造成了长久的动荡不安，既可给本民族造成灾害，也可给其他民族带来苦难。民族主义并不是绝对地有利于现代化，从民族主义出发也可以引申出强烈的仇外情绪，拒斥一切外来文化，封闭自己，使自己沉湎于民族自大狂妄的迷幻之中。就其罪责而言，欧洲几百年动荡的一大根源就是民族主义，多少次震憾欧洲的大战起源于民族主义，就连现在的东欧动荡，亦是迷失了方向的民族主义负面性质在起作用。

罗福惠在《关于民族主义的若干思考》(载《中南民族大学学报(人文社科版)》，2009年第1期)一文中指出，鉴于民族主义的两面性，人类应该把民族主义引向合理的方向和道路发展。因为在人类历史上和现实中，民族主义既有压迫剥削他人的民族主义，也有反抗压迫和剥削的民族主义；既有追求民族团结的民族主义，也有鼓吹民族歧视、分裂的民族主义。合理的民族主义是民族和民族国家的凝聚剂，是维护和保卫各民族传统文化精华，从而使世界文化丰富多彩的重要元素，是形成内部全体成员共同的经济、文化和政治基础的发展取向和精神动力，也是尊重彼此的民族文化、价值观念和各种实际利益的民族平等、民族互利的道义和原则。

二、英国君主立宪制的建立和发展

(一) 英国君主立宪制的内涵及起源

1. 内涵

英国学者S.李德·布勒德在《英国宪政史谭》(陈世第译，57页，北京：中国政法大学出版社，2003)一书中解释了英国君主立宪制的概念：国王是国家的元首，其地位与权力来源于国会，故元首之权威国会得以限制之，所谓限制者，并未完全屈服于国会之意，但其权威之施行，须经由国会或国会认可之原则上以运用之，君主的统治之权，须依照宪法中所规定之章则及习尚而行之。

王荣堂在《英国君主立宪政体的建立》(载《史学集刊》，1987年第1期)一文中指出，英国资产阶级革命后，英国开始建立了资产阶级议会制度，而英国的议会制度是由国王、议会、内阁和政党四者之间的相互关系和相互作用加以体现的，因此又称之为英国式的君主立宪政体。

阎照祥在《英国政治制度史》(3—4页，北京：人民出版社，2012)一书的前言指出，作为名义国家元首和政府首脑的国王，渐渐蜕变成为政治偶像，而实际上领导内阁制政府、控制立法权力的首相，却在很长时间里只拥有"财政部首席大臣"的名义，直到1937年才得到首相称号。一部近代英国政治制度史，是议会逐渐取代国王统治国家的历史，是内阁对议会负责之原则产生、发展直至确立的历史，是政党在其内部起源、成长的历史，离开议会制度谈不上君主立宪、责任内阁和两党制。而在议会发展史中，下院地位尤其突出，它从无到有，从略有权力到权力至高无上，然后又越过顶峰，逐步失势，成为取得下院多数席位的政党的驯服工具。可见，英国的君主立宪制是一个动态的概念，其内涵是不断发生变化的。

2. 起源

(1) 习惯法："王在法下"的开始

钱乘旦在《思考中的历史：当代史学视野下的现代社会转型》(5—6页，北京：北京师范大学出版社，2015)一书中指出，在盎格鲁-萨克逊时代，英国的王权确实是从不开化人的军事领袖开始的。在盎格鲁-撒克逊入侵早期，存在着许许多多的"王"，在"王"刚出现的时候，它并不需要复杂的文化建制方面的支持，它既不具备神性，也不讲究血统，"王"的出现完全是社会职能的需要。此时谁能指挥战争，赢得胜利，谁就能取得"王"的合法权力，武力是"王"的合法性基础。在"王"的早期阶段，"王"从部落的军事首领转化而来，部落为维持生存，扩张地盘，必须在混沌的野蛮状态下长期征战，战争成了部落最紧迫的事业，于是战争胜利便是"王"唯一的合法性基础，王权依靠的是不加掩饰的赤裸裸的武力，因此"王"产生于野蛮人的军事首领中。

阎照祥在《英国政治制度史》(10—12页，北京：人民出版社，2012)一书中也持同样观点，盎格鲁-萨克逊王权最重要的是军权。王权受到原始社会军事首领选举习惯、教会和法律(包括习惯法)等限制，这是因为英吉利人是在原始社会解体的基础上直接进入封建社会的，公众民主意识仍以残余形式被顽强地保存着，而长期被公众认可的习惯法有着深厚久远的社会基础，对社会所有成员，包括国王及其王室，个别违反习惯法的国王还受到惩处。

(2)《大宪章》："王在法下"的坚持

阎照祥在《〈大宪章〉的重读和思考》(载《历史教学(中学版)》，2011年第9期)一文中指出，《大宪章》可以说是由"叛乱者"制订并强迫国王接受的，除了强制性之外，它还借助了成文制定法的程序和形式，这就使它在一定程度上具有了契约含义，并通过这一行动体现了"王在法下"宪政原则。《大宪章》制定时还着眼未来，采取了预防性措施。该宪章第61款规定：为了防止国王的反悔，保障《大宪章》的执行，从大封建主中选出25名代表组成委员会，以监督国王执行《大宪章》。一旦发现国王有违反该宪章的行为，便要求国王立即改正。如果40天内不见国王有改正的表现，委员会便有权采取一切手段，包括使用武力，夺取国王的城堡，没收其土地、财产等，直到破坏《大宪章》的行为被纠正为止。《大宪章》还按照当时通行的法律条文的书写惯例，一是不必直接写明国王不得如何如何，否则有伤国王尊严，而是采用委婉的表达，使人们明白其真实含义即可；二是它用词宽泛，在行文中采用了"不得将任何人"如何如何的字样，这就为当时和后世人们做广泛的解释提供了文字依据，也为1628年的《大抗议书》、1679年的《人身保护法》和1689年《权利法案》的制定提供了重要的历史文本。

(3) 英国资产阶级革命前后："王在议会"的演变

程汉大在《17世纪英国宪政革命的博弈分析》(载《南京大学学报(哲学·人文科学·社会科学版)》,2004年第1期)一文中指出,当时英国的政体称之混合君主制,其形成于16世纪都铎王朝,主要由国王、上院(贵族)、下院(平民)三部分组成,以国王为主导,英国学者称其为"国王在议会中"。这种混合政体结构萌芽于13世纪,其标志是议会的产生。在混合君主制下,国王和议会一方面相互依存,谁也离不开谁,谁也吃不掉谁;另一方面又彼此冲突,谁都渴望在政治运作中发挥主导作用,甚至企图控制对方。就16世纪的整体情况看,国王在混合政府结构中一直稳固地保持着核心地位。但从英国资产阶级革命初期到"光荣革命"前的几十年中,先是国王对议会采取不合作策略,继而是革命阵营内部各派政治力量之间互不妥协,再后是议会妥协过度,君主专制复辟而结束。最后在"光荣革命"中,国王、辉格党、托利党以及两党内部各派,对各方利益要求理性地加以综合权衡,并在关键时刻和问题上适时地作出必要而适度的让步,终于完成了建立君主立宪制的历史伟业。

阎照祥在《英国政治制度史》(193页,北京:人民出版社,2012)一书中指出,17世纪英国处在重要的社会转折时期,其主要内容表现为围绕着英国政体的选择,议会同以国王为首的封建势力之间、议会内部革命力量与反革命保守势力之间、议会两院之间,以及辉格党和托利党的斗争。妥协现象也处处可见,并与革命交替发生,或纠集在一起,表现为议会与国王之间的妥协、议会向军事独裁势力的妥协、议会两院之间和两党之间的妥协,尤其是"光荣革命",它既是辉格党和托利党的共同杰作,又是英国资产阶级、新贵族在与封建阶级经过长期和反复的政治较量之后,在特定的重要的历史关头,所作出的慎重的双重性选择。英国社会经过了若干曲折迂回的发展阶段,终于找到了它的政治归宿。而革命的总趋势促使英国政治制度发生本质的变化,使封建专制君主制演变为资产阶级议会制,使议会从一个权力颇小的封建等级会议,较快地转变成为资产阶级反对封建阶级的革命领导机关和代议制机构。妥协行为则使英国政治制度的发展速度和程度减弱,使资产阶级和封建势力在绝大多数情况下总能在议会中占有一席之地,使中古时期议会中的贵族成分、选举制度和立法程序基本上都保留下来,使英国经历了一个漫长的螺旋式发展过程,才最终建立了君主立宪政体。

(二) 光荣革命

1. 光荣革命的背景

(1) 宗教因素:天主教与新教的矛盾交织

刘祚昌、王觉非在《世界史·近代史编(上卷)》(133页,北京:高等教育出版社,2001)一书中指出,1685年查理二世去世,他的弟弟詹姆斯继位,是为詹姆斯二世。詹姆斯是一个傲慢而狂热的天主教徒,刚一继位,就立刻决定给天主教徒以信仰自由平等的公民权利。这一决定违背了宗教改革后英国历史的传统,引起了英国国教领袖们的强烈不满,也引发其他各阶层人士的反对。同时,信奉天主教的詹姆斯二世的第二个妻子生了一个儿子,这样,原来人们认为詹姆斯二世死后,他的信奉新教的女儿将继位的希望破灭了,于是,人们决定采取行动。

英国学者哈里·狄金森在《"光荣革命"第一场现代革命》(载《英国研究》,2011年第2期)一文中指出,英国资产阶级革命爆发后,在交战双方妥协的条件下,1660年,查理二世建

萌芽阶段：17 世纪末到 18 世纪初，是责任内阁制的萌芽阶段，当时的国王还有权根据个人好恶任免大臣，还没有出现两党制度下的责任内阁。

形成阶段：18 世纪前期，是英国责任内阁制的形成阶段。1714 年，汉诺威王朝建立，沃波尔先在政府中任主计大臣，不久升财政大臣。到 18 世纪，财政部已成为各部门中最重要的一部，是国家行政方面的核心部门，财政部首席大臣通常也是部级主管大臣中地位最高、作用最突出的。沃波尔被称为英国第一位首相，逐渐以首相之名行阁揆职权，成为惯例。

发展阶段：从 18 世纪中期沃波尔下台到 1832 年第一次议会改革之前，英国的内阁制缓慢而持续地发展着。1783 年，国王任命 24 岁的小皮特为财政大臣，建立新政府。小皮特主政时期形成了新的宪法惯例：内阁失去议会多数支持时可以不辞职而解散议会，实行新的大选，即抛弃原来议会，直接求得选民的认可和支持。此后，英国王权持续衰落、政党组织水平提高、议会作用加强，为责任内阁制的确立提供了必不可少的前提。

确立阶段：1832 年第一次议会改革后，英国的责任内阁制最终确立。推动这一体制确立的人物中，首推罗伯特·皮尔。他在宪政史上的重大建树是于 1841 年 6 月率领保守党获得大选胜利，迫使维多利亚女王命其组阁。此事标志着英国责任内阁制的确立和两党制的形成。皮尔是 19 世纪英国首相中的典范，他的一些行动，后来成为宪法惯例，形成若干新原则：其一，首相和内阁需从下院多数党中挑选，并依靠其多数优势以保证执政党政策和法令的顺利实行。其二，所有阁员均须对政府集体负责，并与首相共进退。其三，政府在大选失败后必须立即辞职。这些原则标志首相和君主、内阁和议会等多项关系基本固定，责任内阁制的各项重大原则都已具备。

(3) 新发展

近代以来，英国的政治制度缓慢但持续地变动着，责任内阁制也在不断发展变化，这一变化集中表现为内阁权势的扩张。阎照祥在《英国责任内阁制的确立和职能强化》(载《历史教学(中学版)》，2012 年第 3 期)一文中指出英国责任内阁权势扩展的表现：第一，内阁加强了对议会立法工作的控制。第二，内阁对议会选举的控制。第三，内阁和政府规模的扩大。第四，“影子内阁”的出现。所谓“影子内阁”，是由反对党上层领导集团组成的后备政府。它有公认的党魁，可以随时出面组阁，可以从反对党高层人物中任命“预备性”的内阁成员和政府其他重要官职。影子内阁的出现和发展，强化了集体负责的原则，增强了内阁的权势和效能。第五，首相地位的上升。

阎照祥还对内阁权力扩张的原因进行了深入探讨。他在《英国政治制度史》(318 页，北京：人民出版社，2012)一书中指出，内阁权力扩张的原因主要有六个方面：第一是英国政党政治发展到较高水平的产物。第二是选民和院外组织对本党议员所造成的“压力政策”。第三是同议会委员会的发展和内阁委员会的创立有关。第四是两大政党之间合作基础扩大、阶级区别越来越模糊。第五是英国国际地位的变化和对政府工作效率的追求。第六是国王和贵族势力的衰落。在这些因素的综合作用下，责任内阁的权力在不断扩大。

2. 议会改革

钱乘旦、许洁明在《英国通史》(158 页，上海：上海社会科学院出版社，2012)一书中指出，光荣革命后，英国议会议席分配沿用中世纪定式，议席分配不合理，选举权狭小，选举手段腐败，这种不合理的议会制度只适合光荣革命后英国农业社会的状况。但随着工业革命的发展，土地的重要性逐渐减弱，工业成为财富的主要来源。社会孕育出两个新的阶级，工厂主阶级和工人阶级，这两个阶级在“旧制度”下都没有选举权，无法在现存政治体制内提出自己的要求。因此，议会改革是历史的必然。

钱承旦等进一步指出，1832 年议会改革把英国选民从 48.8 万增加到 80.8 万，从人口总数的 2%增加到 3.3%。中等阶级的多数获得了选举权；取消了一批衰败的选邑，重新分配了 143 个议席，这些席位有许多分配给工业市镇，进一步加强了工业资产者的地位。但 1832 年议会改革只是一次小小的变动，它并没有造成重大的体制改革，贵族依然掌握政权，土地的利益仍然占优势，选民增幅不大，不少男子和所有女性依然排斥在选举权之外，但它开启了政治改革的阀门，英国进入改革时代。19 世纪变革被社会各界所普遍认可，自觉的变革逐渐成为风气，在这一社会风气的影响和工人运动的推动下，英国又进行了第二次和第三次议会改革。1867 年的第二次议会改革大大扩大了选举权，在城镇，凡交纳济贫税又拥有住房（无论是产权所有或仅仅是租用）的人都可以成为选民；寄居者只要房租达到每年 10 英镑，也可以参加选举。在农村，具有年值 5 英镑的财产或租用年值 12 英镑地产的人都可以有选举权。这些规定使选民的人数几乎增加了一倍，工人阶级的主体都得到了选举权，被排斥在外的是两大职业集团：矿工和农业工人。1884 年的第三次议会改革，基本上实现了成年男子的普选权。到 20 世纪初，英国民众经过长期而艰巨的斗争，终于实现了成年人的普选权。

3. 政党政治

(1) 形成

刘成在《英国现代政党政治的确立》（载《历史教学（中学版）》，2011 年第 8 期）一文中指出，英国政党政治在 19 世纪经历了一个漫长的逐步走向成熟并得以最终确立的过程。随着议会改革的进行，为了更多地获得选民的支持，辉格党（自由党）和托利党（保守党）竞相改革。政党能否组阁执政，关键看其在下院的议员数量，无论是保守党还是自由党，为了组织全国范围的选举工作，操纵本党选民进行投票，必须加强中央的领导力度，突出党魁个人的影响力，发展党监制度，着手地方党组织的建设。政党在大选中获胜上台，失败则辞职，内阁共进退。反对党在野期间也要形成一个影子内阁，随时准备在议会中击败对手并出面组阁。20 世纪初，“劳工选举委员会”（1906 年改名为工党）成立了，工人阶级为了维护自己的经济利益，希望有一个自己的政党在议会内为本阶级说话。但是，两大政党轮流坐庄的态势不变，现代政党体制在英国已经成熟。

许洁明在《论近代英国政党制度的形成与特征》（载《历史研究》，1997 年第 4 期）一文中指出，英国政党政治发展的最重要阶段是 18 世纪下半叶和 19 世纪上半叶。到第一次议会改革时，英国的两大政党、政党政治和两党制度都已经形成了。此后，经过 1832 至 1867 年间的发展和巩固，两党制度便成为一种不可更改的权力交替制度，迄今一直为英国各阶级与政治势力所遵循。

(2) 特征

许洁明在《论近代英国政党制度的形成与特征》（载《历史研究》，1997 年第 4 期）一文中指出，英国两大政党在形成和发展过程中表现出三大特征：第一，两大政党的内生性。所谓内生性是指政党萌生于议会，并在其中成长壮大。它不同于后来其他国家的一些政党产生于议会之外，英国的两大政党与议会政治有血肉相连的关系。第二，二元性与可变性。两大政党始终处于一种竞争的状态中。两党制度并不是一个固定的、静止的结构，随着政治形势的变幻，迫使政党随时重组。第三，两党在形成和发展过程中，其利益和政策的趋同性且伴随着两党高层人物相互流动的现象。这些特征使其能够按统治阶级的意志，不断地改头换面，始终控制着英国民众和左右着英国的政局，从而成了现代国家中最具效能的政治实体。

王燕在《政党竞争模式与英国共识政治》(载《当代世界与社会主义》，2005 年第 3 期)一文中指出，英国的政党体制是竞争性的两党制。但就二战后的英国而言，基于社会变革的需要和对主流意识形态的认同，其政党政治经历了对抗—共识—新一轮对抗—新一轮共识的发展历程，其间每一次共识的达成都是两党审时度势、灵活转变竞争模式、适时调整变革的结果。这一调整不仅解决了政党自身的生存危机，而且维持了英国现存政治秩序的稳定，促进了社会经济发展。

4. 文官制度的改革

文官制度改革是政治改革的内在要求，是推进政治民主化、现代化的必然要求。阎照祥在《英国史》(289—291 页，北京：人民出版社，2014)一书中指出，英国文官制度改革的原因主要有五点：第一，工业资产阶级崛起的要求。19 世纪中叶，英国完成工业革命，生产规模、技术水平和商品贸易均居世界首位。议会改革使工业资产阶级开始占据统治地位，代表工业资产阶级的自由党人要求建立一个廉洁、高效的政府，促进本国经济发展。第二，英国政党政治的发展要求建立新型文官制。第三，英国文官系统的状况迫切要求实行根本性改革。文官的快速膨胀给恩赐官职造成可乘之机，显官贵胄、执政党魁竞相在政府中安插亲近，文官素质每况愈下。第四，19 世纪前期印度殖民政府和牛津、剑桥大学先后进行的人才选拔、奖惩改革，为全面实行文官制改革提供了宝贵经验。第五，克里米亚战争成为文官制改革的催化剂。战争暴露了政府机构混乱、官员玩忽职守等问题，民间团体和群众呼吁建立廉洁高效的文官体制。

对于 19 世纪英国文官制改革的过程和内容，阎照祥在《英国史》(291—292 页，北京：人民出版社，2014)一书中指出主要经历了两次：第一次是 1855 年以枢密院名义颁布《关于录用王国政府文官的枢密院命令》，成为不列颠现代文官制度建立的起点。法令规定成立文官制度委员会，审查文官候选人的年龄、身体、品格等条件是否合格，对考试合格者颁发证书，分配到各部用人机构，经过 6 个月的试用期后，再决定是否正式录用。第二次是 1870 年颁布文官制度改革的第二个枢密院命令。规定：多数重要文官职位必须通过公开竞争考试择优录用；委员会委员在财政部的监督下，有权独立决定被录用文官的基本条件；外交部和内政部例外，某些高级官员的职位可不经考试而由内阁直接任命。此外，对文官的录用、分级、薪酬、晋升和组织管理等诸多方面逐渐修正和补充。

对于 19 世纪 50—70 年代英国文官制改革的评价，阎照祥在《英国史》(292 页，北京：人民出版社，2014)一书中指出主要有三点：第一，改革不彻底。公开竞争考试未成为文官录用的唯一方式，恩赐制在一定范围内仍然存在。第二，巩固了议会改革的成果。文官制改革是工业资产阶级在政治领域已经开始占据统治地位的自由主义时代进行的，它巩固、扩展了 19 世纪中期两次议会改革的成果，重创土地贵族和金融资产阶级的政治势力，加强资产阶级自由派在政府行政机构中的优势地位，有助于英国资本主义的发展。第三，确定了文官不得参与党争的惯例，有助于减弱英国政界腐败风气，防止朝着美国式的“政党分赃制”方向发展。

齐世荣等在《15世纪以来世界九强兴衰史(上卷)》(169页，北京：人民出版社，2009)一书中进一步指出，1850—1870年的英国文官制度改革使文官体制发生了根本性改变，颁布了现代文官制度的一系列规定，在很大程度上清除了文官体制的不合理和腐败现象，起到了节支增效的作用，确定了现代文官体制，为其他欧美国家的文官制度起到了示范作用。

三、美国联邦共和制的确立与发展

(一) 美国民主的基础

1.《五月花号公约》

祝捷在《外国宪法》(1页，武汉：武汉大学出版社，2010)一书中指出，今天的美国，是在1776年与英国决裂的13个殖民地彼此联合的基础上发展起来的，而这些殖民地在独立之前已经经历了100多年的缓慢成长。移居北美新大陆的殖民者以英国裔为主，因此自然也将当时英国国内所奉行的政治原则、社会风气和价值观带到了北美殖民地，其中代议制、权利观念、法治观念都为日后建立宪政国家埋下了种子。

杨生茂、刘旭贻在《美国通史》(115—116页，北京：人民出版社，2008)一书中指出，1620年，一群为了躲避国内宗教迫害的英国清教徒乘坐“五月花号”轮船经由荷兰辗转来到北美。由于船只没有按原定计划到达弗吉尼亚，在移民中萌生了不满情绪，离心倾向不断增强，有人扬言上岸后要自行其是，不服从任何管束。为了避免今后发生内讧和混乱，他们决定为未来定居的管理制定若干规则，以建立一个有序的社会，在离船登岸以前共同签订了一个协议。协议秉承宗教信念，表白对英王的忠顺，并本着契约的原则，自愿同意在上岸后组成一个“实行公民治理的政治团体”，制定公正平等的法律，服从合法的权威，以推进殖民地的共同利益。这一协议是出于避免社会失序的切身需要所采取的权宜办法，后来和更宏大的政治传统发生联系，显现出特殊的意义。

祝捷在《外国宪法》(2页，武汉：武汉大学出版社，2010)一书中指出，《五月花号公约》被认为是美国历史上第一个政治契约性质的文件，在美国乃至世界政治思想史上占有重要地位。这份文件出现的时间很早，具有开创性的意义，引领了之后众多的契约型政治共同体的建构。从内容上而言，《五月花号公约》是宗教规约转化为政治契约，上帝的国度转化为世俗政权的最有力证据。从文字上可以明显地感受到加尔文宗基督教教义对于清教徒的政治观点的深刻影响，但是这份文件绝不仅仅是用来建立教会的，而是奠定了殖民地自治性的政治共同体的基本原则。《五月花号公约》声明了建立政治共同体的目的，并赋予政府颁布法律和任命官员的权力，同时也认可了法律和政府的权威，这些都是近现代成文宪法的重要组成部分。

2.《独立宣言》

除了《五月花号公约》，《独立宣言》在美国立国的历史上也起到了非常重要的作用。白龙在《走出〈独立宣言〉》(载《环球法律评论》，2014年第6期)一文中指出，《独立宣言》在形成美利坚民族的独立意识、塑造美国的政治传统方面产生了非常重要的作用。《独立宣言》不仅是一份标志着美洲与宗主国英国正式分离的政治文献，还在于通过这一文献，当时美洲自由主义者的政治观念得到了充分表达。

祝捷在《外国宪法》(5页,武汉:武汉大学出版社,2010)一书中指出,《独立宣言》包含了社会契约论、天赋人权论、人民主权论和人民反抗暴政的权利等18世纪启蒙思想家所主张的政治理论。北美人民在反抗宗主国暴政、建立新生的独立国家和政府的过程中,将上述理论转化为现实的权利和政治革新的指导原则,使得欧洲的理论和思想在北美新大陆开花结果,这是《独立宣言》的真正价值所在。随着《独立宣言》的发表,北美13个殖民地与英国在法律上已经分裂。经过持续8年的战争,北美人民取得了独立和自由。

祝捷进一步指出,殖民地早期居民在争取自治权利的时候呈现出两个特点:第一是对成文法典的重视。为了填补北美新大陆的法律空白,成文的根本法是奠定政治共同体的基本原则和框架的最好选择,殖民者倾向于在其中明确规定建立政府的目的、方式和原则,这种做法直接预示了后来美国联邦宪法的出台。第二是契约精神在政治共同体的构建过程中充分展现。根据新教尤其是加尔文宗的教义,上帝与其选民之间的关系也是一种契约,双方是互有承诺、互负义务的,这种契约形式转而用于政府的建立,确保了契约精神得以传承,既神圣严肃又不乏平等和诚信原则,这对于后来的人民主权和有限政府原则的形成都是不可或缺的思想资源和历史依据。

(二)美国民主政治的保障

1.《联邦宪法》制定的背景

颁布于1787年的《联邦宪法》是美国民主政治的坚实保障。刘祚昌、王觉非在《世界史·近代史编(上卷)》(299—302页,北京:高等教育出版社,2001)一书中指出,影响美国《联邦宪法》制定的原因主要有:第一,谢斯起义的震撼。起义发生后,马萨诸塞州曾向邦联政府请求援助,但无兵又无钱的邦联政府却一筹莫展。起义震动了整个统治集团,越来越多的人认识到需要强化中央政府的权力。第二,邦联体制的弊端,各州保留了很大的独立性,中央权力极小,没有权力管理州际贸易和对外贸易,无权干涉各州内部事务。第三,经济上利害关系的刺激。各州各自为政,各州都有关税壁垒,币制不统一,市场不统一,国内贸易受到阻碍。软弱的邦联政府也无力在国外保护美国商人的利益。第四,独立后美国面临的国际形势。欧洲大国虎视眈眈,英国伺机寻衅,西班牙敌视美国,这些情况使美国的有识之士感到忧虑,他们认识到,为了使这个新生国家免于夭折,只有加强中央集权。

祝捷在《外国宪法》(7页,武汉:武汉大学出版社,2010)一书认指出,由于邦联国会缺乏权威和执行力,而各州之间的贸易纠纷和其他摩擦亟需某个有效率的全国性的政府来解决,于是若干个州之间绕开邦联的体制开始探索协商机制,而制宪会议就是在类似的这种多边会议中演变过来的。

雷芳在《美国邦联时期的宪政改革探索与联邦宪法制定》(载《史学月刊》,2014年第8期)一文中从邦联时期各邦宪政改革的探索与实践的角度对《联邦宪法》制定的背景进行了分析。邦联时期《邦联条例》所设计的体制无法应对新生国家国内建设的需要,人们在实践中和理论上进行探索,希望对《邦联条例》加以修正。这一不断修正的过程是邦联不断探索宪政改革的过程,并且直接导向了美国制宪会议的召开和联邦宪法的制定,从而为美国构建新的政府框架提供了崭新的机会。

李剑鸣在《美国早期的国家构建及其启示》(34—35页，载陈恒等：《世界历史评论》，上海：上海人民出版社，2014年)一文中从制约权力的角度进行了分析。18世纪美国人的政治思维中，普遍抱有"权力和自由二元对立"的思想。一方面，权力不仅是一种积极的、强大的力量，而且是一种天生倾向于腐败的因素，是一个很可怕的东西。另一方面，美国的建国者大多相信人性倾向于为恶。一边是天性倾向于恶的权力，一边是天性倾向于恶的人，因此，对于权力和掌握权力的人，都必须加以约束和限制。自由却好比一株精妙而脆弱的植物，要小心地爱护和浇灌才能生长。因此，在权力和自由的关系中，权力是主动的，居于强势的一方；自由则是被动的，居于弱势的一方；只有限制权力，才能保护自由。这是美国建国者为什么一心要限制权力的重要考虑。

李剑鸣进一步指出，限制政府的权力，并不是要剥夺政府的权力。美国宪法的精妙之处恰恰在于，一方面是授予政府很多的权力，同时又对授予的权力施加多方面的限制。

2.《联邦宪法》的基本原则

(1) 人民主权原则

李剑鸣在《美国早期的国家构建及其启示》(23—25页，载陈恒等：《世界历史评论》，上海：上海人民出版社，2014)一文中指出，美国立国体现的第一基本原则是人民主权的原则。首先，人民是有权利参与公共事务的白人成年男性。再者，在美国革命时期有一套切实可行的机制来体现人民主权，这些机制主要有立宪权、代表权、选举权和知情权。

祝捷在《外国宪法》(9—10页，武汉：武汉大学出版社，2010)一书指出，《联邦宪法》体现的第一原则是人民主权原则。宪法开篇的序言就采取了这样的表述："我们合众国人民，为了建立更完善的联邦，树立正义"，也就是说，联邦政府是人民创设的，组建政府是一个有着明确目的的、理性的行动，"人民"的出场则赋予了宪法极强的正当性。美国宪法第1条关于国会议员的选举方式也体现了人民主权的理念，即众议员是由人民普遍、直接地选出，议员名额的分配也是按照人口标准，除当时特殊的历史背景下对黑人的集体歧视之外，整部法律还是体现了相当进步的主权在民的思想的。

(2) 共和原则和宪政主义原则

李剑鸣在《美国早期的国家构建及其启示》(23—25页，载陈恒等：《世界历史评论》，上海：上海人民出版社，2014)一文中指出，美国立国体现的第二基本原则是共和主义的原则。在美国革命时期，共和主义既表现为非君主制的政体，没有世袭的权力，所有官员都经由选举或任命产生的政治体制；又表现为以平等、自由和美德为基础的共和主义社会理想。即社会是由相对平等的公民所构成的，他们生活的最高价值是自由，而保卫共和国、维护共和主义纯洁性的最可靠保障是公民的美德。

李剑鸣进一步指出，美国立国体现的第三基本原则是宪政主义的原则。在美国革命者看来，宪法的要义是：第一，宪法是掌权的人应时时遵守的规则，它用授予政府权力的方式限制政府权力，划出了官员行使权力的范围；第二，宪法是"保卫自由的永久宪章"，它通过限制政府权力来保护公民的自由和权利。但如何让写在纸上的宪法变成宪政。这就需要有一种宪政文化。美国革命时期形成了某种宪政文化，它的突出特点是宪法崇拜。以宪法崇拜为核心的宪政文化，对于宪法向宪政的转化至关重要。宪政也不是简单的有宪法的统治，只有采用以限制政府权力来保障公民权利的最高政治准则的统治体制，才能叫宪政。

祝捷在《外国宪法》(9—10页,武汉:武汉大学出版社,2010)一书中指出,《联邦宪法》体现了宪法至上原则。奠定宪法作为国家根本法或最高法的地位也是美国宪法的历史贡献之一。宪法的至上性或许只是当时支持强大的中央政府的联邦党人用以压制州权派政治家的武器,或许并没有系统的最高法论述,但是时至今日,宪法的崇高地位已经牢不可破,当时征服了各州,从此却征服了所有的国家公器和全体国民。

(3) 分权制衡原则

祝捷在《外国宪法》(9—10页,武汉:武汉大学出版社,2010)一书中指出,《联邦宪法》体现了分权制衡原则。从宪法文本的结构体例上即可看出强烈的分权主义理念,美国宪法第1条规定国会,第2条规定总统,第3条处理司法权问题,这是滥觞于17世纪至18世纪的分权理论的实际运用。应该说当时的政治家对于分权制衡的理念与今天我们的理解还是有很大不同,毕竟分权制衡体制成为主流是很多年以后的事情,而18世纪末可资借鉴的成例极少,英国的混合政体也是某种分权,但是美国宪法却进行了大胆的创新。虽然立法权、行政权、司法权分属三个不同的机关,彼此的权力来源也保持独立,但是在职权行使过程中却又互相交叉,甚至互为掣肘。国会两院通过的法律议案需要总统签署才能生效,而总统享有有限的否决权;最高法院拥有联邦法律案件的终审权,可是其诉讼管辖权限却可以由国会立法进行增删;总统虽然贵为合众国第一人,但是其若被国会弹劾,那么最高法院首席大法官将成为主审法官,有趣的是首席大法官是由总统提名的。宪法中诸如此类的制度设计很多,考虑到当时理论上对于分权制如何实现的方案有很多,那么这种三权之间你中有我、我中有你的权力架构的设计一定是有意为之的,反映了"用野心对抗野心"的假设。

李剑鸣在《美国早期的国家构建及其启示》(23—25页,载陈恒等:《世界历史评论》,上海:上海人民出版社,2014)一文中指出,美国的建国者设计的分权和制衡的体制,在18世纪是一件非常具有创造性的事情。当时英国实行的是等级分权,不同的社会等级掌握不同的权力,拥有不同的权力份额。美国人认为他们的社会是一个平等的社会,只有人民一个等级,因此,英国的等级分权对他们不适用,他们需要的是功能性分权体制。美国的建国者确定了三种权力分别交给三个不同的机构行使,同时强调三种权力的平等和平衡,在相互制约中实现合作,这是美国分权体制的突出特点。三种权力之间不是绝对的分立,三个部门中的任何一个部门都没有掌握某种完整的权力,实际上是通过权力的分享来实现分权,然后通过权力的相互牵制和制约来实现权力的运转。① 通过合理地分配权力、运用权力,以达到抑制权力为恶的倾向,保护民众的自由和权利的目的,体现了"限权政府"的理念。

罗荣渠在《美国历史通论》(76—77页,北京:商务印书馆,2009)一书中指出,三权分立并不意味着行政权、立法权与司法权的完全分离。实际上,与三权分立同时存在的,是行政权、立法权与司法权的彼此制衡。国会的立法权受以下的牵制:第一,法律须由国会参议院和众议院分别通过;第二,总统对国会通过的法律有否决权;第三,最高法院有法律复审权,判定其是否违宪(这一原则是后来才明确的)。总统的行政权力可受到的牵制是:第一,总统不能以行政支配立法和司法;第二,总统运用各项政府开支须按国会通过的预算和拨款案行事;第三,国会以三分之二的多数可取消总统的否决权;第四,国会有权弹劾总统;第五,总

① 李剑鸣认为,美国的体制不是简单的"三权分立""三权鼎立",而是非常复杂的分享、制约和合作的关系。

统签署的条约须经参议院批准；第六，高级官员的任命须经参议院同意；第七，法院有权审查行政命令及协定是否违宪。司法机关受到的牵制是：第一，联邦法官由总统任命，并经参议院同意；第二，国会有权弹劾法官；第三，国会有权规定法院的管辖权。

（4）联邦主义原则

祝捷在《外国宪法》(9—10页，武汉：武汉大学出版社，2010)一书中指出，《联邦宪法》体现了联邦主义原则。参议院的设置是联邦主义的最好例证，本来英国式的两院制议会在美国就缺乏相对应的政治背景，因为北美不存在欧洲的贵族阶层和封建残余。实际上，个别州曾经尝试过一院制的立法机关，但最后还是回归两院制(有的州至今还是一院制，如内布拉斯加州)。两院制的意义在于，各州在参议院中被平等地代表，这表明了一种理念，联邦政府并非是一个完全由直接民主授权的政府，州在这个体制中扮演了特殊的角色，且州早于联邦已经存在多年，因此建立联邦政府的自下而上的授权过程是两个授权的重合：人民的授权和各州的授权。这种二元体制下，联邦政府的不稳定甚至崩溃不会导致北美社会全盘性的失序，因为州政府仍旧稳定地运行着，所以联邦制是一个非常稳定的、允许政治上层建筑进行试验和冒险的政体。

张定河在《美国联邦制的基本原则及其历史演变》(载《文史哲》，1998年第1期)一文中指出，1787年美国宪法确立的联邦制，提出了四条基本原则，明确划定了新的中央政府即联邦政府与州政府的权力关系：第一，实行联邦政府权力主导的分权原则。宪法第十条修正案规定："本宪法既未授予合众国，又未禁止各州行使的权力，皆由各州或人民保留之。"第二，实行联邦政府与州政府的共有权原则。共有权是指宪法授予联邦政府但又未禁止州政府行使的权力。第三，实行联邦政府与州政府的权力禁区原则。联邦宪法对联邦政府和州政府的权力做出某些限制，明文规定了禁止它们行使的权力。第四，实行联邦宪法和联邦法律为最高法律的原则，凡是与联邦宪法和联邦法律抵触的州法律，一律无效。

3.《联邦宪法》的影响

李剑鸣在《美国早期的国家构建及其启示》(26—27页，载陈恒等：《世界历史评论》，上海：上海人民出版社，2014)一文中指出，美国早期国家构建及宪法的颁布，较好地处理了国家权力和公民权利的关系，公共利益和私人利益的关系。即形成了一个有适度能力的国家，又防止了国家权力为害，这一探索给后人提供了宝贵的政治智慧。

张定河在《论美国联邦宪法稳定性的原因》(载《山东师范大学学报》，1988年第5期)一文中指出，美国联邦宪法是巩固资产阶级民主制度的稳固基石。作为重要的政治文化遗产，一直教育着美国每一代新人，美国政府是一个法治政府，而非人治政府，法律不会因某个人的冲动而变化多端。它体现的早期美国人民争取民主、自由的革命精神，永远激励着代代人民为捍卫民主、自由而不懈地进行斗争。

刘祚昌、王觉非在《世界史·近代史编(上卷)》(304—308页，北京：高等教育出版社，2001)一书中指出，《联邦宪法》使联邦政府的权力大大加强；维护了资产阶级民主；反映了全民族的利益；调和保守派与民主派、中央集权派与地方自治派、大州与小州、南方与北方之间的矛盾(黑人奴隶人口按3/5计算，调和了南北之间的矛盾)，体现了宪法制定者的智慧。但对于人民的民主权利只字未提。

李宏图等在《世界通史·工业文明的兴盛》(68—69页，上海：华东师范大学出版社，

2001)一书中指出,《联邦宪法》是世界上第一部成文宪法,它确立的联邦制、三权分立制开创了世界的先例,有利于维护美国的独立和统一,有利于美国经济的发展。后来通过的宪法十条修正案规定了美国公民若干权利,用法律形式保证了公民的人身与财产安全,但印第安人和广大黑人并不能享受基本的人权,南北不同经济体制之间的矛盾未解决,联邦制和民主制仍有待完善。

(三) 美国民主政治的完善

1. 政党政治

白龙在《美国政党政治的诞生与宪法》(载《政治法学研究》,2015 年第 1 期)一文中指出,1796 年 9 月 19 日,美国首任总统乔治·华盛顿在他的告别演说中言之谆谆地警醒后来者,绝不要受到党派意识的毒害。华盛顿说,在民主政体的国家里,在一个纯粹经选举产生的政府里,政党和党派是不值得鼓励的风气,需要对此保持一致的警惕,防止它燃烧起来,燃尽一切。但到了 1801 年 3 月 4 日,刚刚在选战中得以胜出的美国第三任总统托马斯·杰斐逊,发表了他的第一次就职演说。对于刚刚过去的党派纷争,杰斐逊以一种宽宏大度的态度在演说中总结:“并不是每一种意见分歧都是原则分歧。我们就曾经用不同的名称去称呼相同原则的兄弟。我们都是共和党人,我们都是联邦党人。”一般认为,杰斐逊的演说是美国政党政治形成的重要标志。

高新军在《美国政党政治的特点和社会关系》(载《马克思主义与现实》,2005 年第 1 期)一文中指出,美国政党的产生是与总统的竞选相联系的,美国选举权的扩大,推动了美国政党的发展。美国政党的内部组织十分松散,在党内团结上表现出相当低的水平,党内权力结构分散。政党之争存在于联邦和州一级的政治机构中,在州以下的地方政府中,政党的色彩比较淡漠。在美国的党群关系中,存在一个政治市场。美国社会中对党派的不信任感,造就了约占总选民人数 1/2 的无党派选民,他们成为各党派在选举时努力争取的对象。当选的各党派议员都非常注重与自己选区选民的联系,定期回到选区征求选民意见,回答选民的投诉和意见。“9·11”恐怖事件以来,美国的“行政主导”力量大大加强了,但并没有对美国政党在美国政治生活中的作用起什么推动作用。总之,松散的政党组织形式,以选举为纽带的政党政治与选民的关系,行政权力大于政党权力,是美国政党政治的特点。

随着时代的发展,政党的功能也不断发生变化。徐斌在《政党在美国政治生活中的作用和影响》(载《当代世界》,2010 年第 3 期)一文中指出,政党为了不疏远选民,经常积极帮助解决争议,化解矛盾,最大限度争取选民支持。众多分散的社会阶层和利益群体正是在民主党或共和党的旗帜下形成了两大相对稳定的联合,从而在各方面找到了契合点,各种不同的利益诉求和理念也得以达成平衡。可以说,今天美国的政党已不再是简单的区分统治阶级内部不同政治派别的标准,而成为协调社会矛盾的重要工具。

2. 南北战争

(1) 宪法缺陷与南北战争

艾克文在《从宪法角度看美国内战的爆发》(载《武汉教育学院学报》,1997 年第 2 期)一文中从 1787 年宪法与内战关系的角度出发,分析了南北战争爆发的原因。艾克文指出,美国独立战争不是一场深刻的社会经济革命,因为在此之后产生的宪法中保留了蓄奴制,且未明确联邦权力与州权的关系；1787 年宪法的基本原则是保护财产权，基本精神是相互妥协。19 世纪上半期南北双方的斗争从根本上来说是两种不同经济形态的冲突，但常常具体表现为对宪法的不同解释。1787 年宪法对蓄奴制的承认为国家埋下了分裂的种子。

艾克文进一步指出，随着 19 世纪上半期美国领土不断地向西扩张，一个更加突出的问题——如何处理西部土地摆在合众国面前。当南北双方发生争执时，南部一再以退出联邦相威胁；斗争的结果是一系列的妥协案，总的来说是双方各有得失。但对南部来说，将蓄奴制对外扩张的欲望是没有止境的，政治上它要争夺国会，从经济角度来讲，种植园蓄奴制只有在仅仅需要简单劳动的天然肥沃的广大土地上大规模地使用奴隶的条件下才能发展，而西部土地最符合这些要求；关税问题和领土问题的核心都是蓄奴制问题。蓄奴制作为一种区域性的经济形态，中央权力任何形式的集中对其都是一个不祥的信号，南方决不能让中央有制定影响地方经济政策的权力，不管是关于关税还是新州的蓄奴制。妥协的结果不是皆大欢喜，而是各怀不满，妥协只是加深了双方的互不信任。北方认为南方要把蓄奴制扩展到全国领土上，南方认为北方的意图是用限制蓄奴制扩张的方式来围死蓄奴制，废奴主义者的宣传更加剧了他们的这种担心。南方脱离联邦是维护蓄奴制与州权主义的必然结果。

(2) 南北矛盾与南北战争

刘祚昌、王觉非在《世界史 · 近代史编(上卷)》(130—136 页，北京：高等教育出版社，2001)一书中指出，美国内战是在南北双方纷繁复杂的矛盾之中爆发的。随着 19 世纪美国领土扩张和海外掠夺，美国资本主义经济发展迅速。但美国工农业资本主义的发展只限于北部和东北部，南部却沿着另一条道路——奴隶制经济发展。南北两种经济制度之间具有不可调和的矛盾。北部需要大量自由雇佣劳动力，南部奴隶主却把几百万黑奴禁锢在种植园内；北部需要大量的棉花等工业原料，南部奴隶主却将产品多数输往英、法及其他欧洲国家；北部需要南部作为商品销售市场，一贫如洗的黑奴却无力购买任何工业品；北部资产阶级需要提高关税以保护自己的工业，控制联邦政府的南部奴隶主却极力降低关税，以购买廉价的外国商品。南北方的矛盾，随着美国经济的发展以及领土的扩大、废奴运动的发展和黑人反抗斗争的加强而日益激化。

美国学者詹姆斯 · M. 麦克弗森在《火的考验：美国南北战争及重建南部》(陈文娟等译，6—7 页，北京：商务印书馆，1993)一书中指出，美国在 19 世纪上半叶高速发展，造成了社会和政治上的紧张局势，这种紧张局势从一开始就主要与奴隶制有关。自由州和蓄奴州在地理上把这个国家分割开，每一方都形成了自己的体制和价值观，不同的价值观产生了不同的思想意识，每一方都认为自己的体制是正确的，同时谴责对方的体制。这就决定了危机将以地方性冲突的形式爆发。

(3) 南北战争的影响

余志森在《南北战争结束 150 周年记：美国崛起的开端》(载《第一财经日报》，2015 - 4 - 9)一文中指出，南北战争为美国崛起创造了政治前提。南北战争使美国避免了被分裂的危险，使美国宪法继续成为指导国家政治命运的根本大法，成为处理联邦政府与州政府之间关系的准则。同时，南北战争以后，联邦权力不断扩大。美国三权分立的权力重心开始由国会转向总统，总统的权力终于突破了平衡点不断扩大，国会的权力日趋削弱。总统在三权分立格局中的核心地位适应了美国 19 世纪末 20 世纪初垄断资本主义发展阶段的政治需要。

余志森进一步指出，南北战争为美国崛起提供了坚实的经济基础。黑奴制的废除直接扫除了发展资本主义经济的障碍，土地问题的解决直接推动农业资本主义经济的发展。北方工业资产阶级利用政权，通过"南方重建"，大力发展资本主义，在第一次工业革命的基础上又掀起了第二次工业革命，以经济建设为中心实现美国梦，美国经济很快进入一个飞速发展的时代。

艾克文在《从宪法角度看美国内战的爆发》（载《武汉教育学院学报》，1997 年第 2 期）一文中指出，南北战争彻底摧毁了南方。一方面，蓄奴制得到了法律和事实上的废除；另一方面，战争也表明了联邦是不容分裂的，这是用血与火写就的宪法的两个新原则。更进一步来说，南北战争通过否定阶级（种植园主）和地区（州）特权而重申了《独立宣言》中"人人生而平等"这一口号，从而在美国政治生活中确立了"民主"的原则。南北战争用武力的方式确立了民主制、自由雇佣劳动制及联邦不容分裂这三条美国社会政治生活的新原则。

3. 黑人民权运动

（1）矛盾积累与黑人民权运动

王为在《试析战后美国黑人民权运动》（载《外交学院学报》，1992 年第 3 期）一文中提出，战后黑人民权运动的爆发是长期的歧视和压迫的结果。自 1865 年废除奴隶制后，美国宪法及有关联邦法律承认了黑人平等、自由的社会权利。然而，事实上美国黑人在以白人占主导地位的社会中难以得到真正的平等权利，他们仍生活在社会的底层。战后他们斗争的主要目标是取消事实上的种族歧视制度和改变不平等的社会经济制度。黑人已不满足法律上的平等，而是争取实际的平等权利。

（2）城市化与黑人民权运动

胡锦山在《美国黑人城市化与五六十年代黑人民权运动》（载《厦门大学学报》，1998 年第 5 期）一文中指出，从 20 世纪初起，美国黑人开始了城市化的进程，黑人城市人口不断增多，这种人口构成变化对五六十年代的民权运动产生了深远影响。在城市聚居区中，黑人更深切地感受到了来自白人社会的歧视、隔离与各种不公正行为，这促使黑人民权意识不断增强，决心通过自己的力量来彻底改变种族主义制度，争取自由与平等的权利。

胡锦山进一步指出，非暴力民权运动对现代美国社会政治进程种族关系的演进具有深远的影响。其最直接的成果是在美国清除了种族压迫的法律基础，并由此增加了黑人参与政治生活的范围，黑人担任公职的人数也大幅度增加。1960 年代末黑人民选官员大幅度上升，南北各大城市中黑人担任市长已成为普遍现象。从这个意义上说，马丁·路德·金领导的黑人民权运动在争取黑人平等权利、促进黑人解放的历史进程中发挥了积极的作用。

教学设计

设计一：从 1787 年宪法的制定看权利意识的价值

设计意图

美国 1787 年宪法是人类历史上第一部比较完整的资产阶级成文宪法，它不仅为此后美国的自由、繁荣和稳定奠定了基础，而且对他国产生了广泛而深远的影响。本设计通过历史细节的运用，引导学生探寻1787年宪法制定的背景，带领学生深入制宪会议的历史现场，通过感受制宪历程，理解"主张权利、追求权利、尊重权利、保障权利"的权利意识在推动国家进步过程中的重要作用，进而培养学生"勇于争取自我权利、懂得尊重他人权利、理性维护自身权利"的权利意识。

设计方案

导入新课：美国1787年宪法及其所形成的新体制，注重保障公民权利，营造了自由、民主、平等、包容的社会环境。今天，让我们走进1787年宪法的制宪历程，感受它的时代价值。

一、当权利遭受压迫：制宪背景

材料呈现：

材料一 我们所有在下列文件上签署姓名的人……是为了荣耀上帝的神明、传播基督的信仰和我们国君的荣誉而远涉重洋，立志在弗吉尼亚北部地区建立第一个殖民地；我们面对上帝和相互之间而神圣地宣布：为了建立良好的秩序，保护我们的生命，推进上述的目的，我们在此立约组成一个公民的政治实体。

——《五月花号公约》，转引自祝捷主编：《外国宪法》，2页，武汉：武汉大学出版社，2010

材料二 我们认为下述真理不言而喻：人人生而平等，造物主赋予他们若干不可让与的权利，其中包括生存权、自由权和追求幸福的权利。

——《独立宣言》，转引自祝捷主编：《外国宪法》，5页，武汉：武汉大学出版社，2010

问题设计：《五月花号公约》《独立宣言》提出了哪些具体的权利主张？

教师引导学生分析：《五月花号公约》《独立宣言》提出人们有追求生命权、自由、平等、民主、幸福等权利。当面对英国的殖民压迫，这些权利主张遭受压制的时候，北美殖民地人民勇于追求权利，继而奋起抗争，独立战争爆发了。

材料呈现：

材料三 1781年，约克镇大溃英军的捷报传来，国库竟然穷窘到连支付递报佳音的信差费用都捉襟见肘。与会诸公只好各自掏腰包，每人拿出一块钱才应付过去。

弗吉尼亚不得不承认自己没有能力将支配权延伸到肯塔基一带，马萨诸塞甚至连首府外一百里的和平都无法维系……华盛顿将军大为愤慨：一个刚从一场艰苦战争中获胜的国家，竟然无法在和平时期维持秩序。

——[美]凯瑟琳·德林克·鲍恩：《民主的奇迹》，郑明萱译，5页、10页，北京：新星出版社，2013

材料四 邦联议会"并不是一个立法会议，也不是一个代议制议会，不过是一个外交大会而已"。

——[美]丹尼尔·J.布尔斯廷：《美国人殖民地历程》，时毅弘等译，508页，上海：上海译文出版社，1989

问题设计：根据材料三、四，指出独立后的美国形成了何种体制？这一体制的特点是什么？弊端有哪些？

教师引导学生分析：独立后的美国形成了邦联制；其特点是松散，未形成强有力的中央政府；无法稳定统治秩序，保护国家利益。美国人民所主张的生命权、自由、平等、民主、幸福等权利依然无法得到有效保护。为了改变这一现状，美国的政治精英们决定召开制宪会议商定国家的新体制。

二、为权利不懈追求：制宪历程

教师讲解：1787年5月至9月，各州代表云集费城，召开制宪会议。与会的各州，作风迥异，境况个别，偏见不一。这批代表大多是原来殖民地时代的政治家、律师、商人、银行家。他们围绕许多问题，展开了激烈的争论。

材料呈现：

材料五 （出席会议）55位代表，包括华盛顿、麦迪逊、汉密尔顿、富兰克林、梅森等人……他们几乎个个是青年才俊，平均年龄43岁……八位曾经在《独立宣言》上签名，七位担任过州长，二十一位打过独立战争……杰斐逊读了这份名单，不禁感叹，这可真是一场"半神大会"啊！

——[美]凯瑟琳·德林克·鲍恩：《民主的奇迹》，郑明萱译，10页，北京：新星出版社，2013

问题设计：材料五中这些年轻气盛的政治达人在一起开会，能谈妥吗？

教师引导学生分析：由于参会的代表总体来看年轻气盛且政治成就颇丰，很容易各执己见，较难达成一致意见。在会议过程中，他们围绕很多问题展开了激烈的争论。

材料呈现：

材料六 建国之父们所要解决的中心问题，是如何使这个国家的"权力结构"配置合理又运转正常的问题。这个问题又包括三个层次：一是国家与国民的关系，其实质是关于国家权力的来源问题；二是中央与地方的关系，其实质是如何处理"州权"问题；三是中央政府内部行政、司法和立法部门的关系。

——何顺果：《美国文明三部曲》，47页，北京：人民出版社，2011

问题设计：根据所学知识，指出材料六中代表们争论的这些问题是如何解决的？

教师引导学生分析：制宪会议通过确立人民主权原则解决了国家与国民的关系；通过确立联邦制原则解决了中央与地方的矛盾；通过确立分权制衡原则解决了中央政府内部行政、司法和立法部门的关系。但是这些问题的解决并不顺利。

材料呈现：

材料七 卢瑟·马丁在日记中写到："我们正濒临解散的边缘……尽管外界认为我们的意见极为一致，事实上我们正陷于千钧一发的关头。"华盛顿7月10日写信给汉密尔顿，说大会的情形"已经糟到无以复加，你简直看不出任何理想体制有望的曙光；总而言之一句话，我对大会几乎不抱任何希望，实在不觉得它还会有什么好的进展。我真懊悔跟这档子事沾上关系。"

——[美]凯瑟琳·德林克·鲍恩：《民主的奇迹》，郑明萱译，141页，北京：新星出

版社,2013

材料八　富兰克林对主席华盛顿表示:"大家在四五个礼拜里面,热心出席,不断讨论,却没有什么进展——我们都每件事的看法都不一样……可以说只要有人赞成,就一定有人反对……我冒昧地建议,从今天开始,每天早晨议事以前,都应该祷告恳求上苍,恩佑并祝福我们在此的讨论,并在本城请一两位牧师来主持这个仪式。"

——[美]凯瑟琳·德林克·鲍恩:《民主的奇迹》,郑明萱译,126页,北京:新星出版社,2013

问题设计:根据材料七、八,指出制宪会议面临怎样的局面?

教师引导学生分析:制宪会议困难重重,矛盾交织,数次面临崩溃、解散的局面。面对这样的困境,制宪会议的代表们应该怎样解决呢?

三、尊重权利适时妥协:制宪启示

材料呈现:

材料九　如果我们要做张大桌子,可是发现相拼的两块木板边缘不相配,通常匠人就得在两头分别去掉一些,才能拼得合适。我们在这里也是一样,双方都得让步些,才能在互有通融的提案下达成一致。

——[美]凯瑟琳·德林克·鲍恩:《民主的奇迹》,郑明萱译,131页,北京:新星出版社,2013

问题设计:根据材料九,概括富兰克林的主要观点,从中你得到哪些认识?

教师引导学生分析:富兰克林认为,为了共同的目标,代表们需要互相让步与妥协才能达成一致意见。这说明权利需要争取,但争取权利的过程中更需要懂得妥协。在付出艰苦卓绝的努力,经历了127天,四个余月,跨越了春秋,无数次的争论和569次表决后,1787年9月17日,宪法诞生。

材料呈现:

材料十　亚当斯:我走到了门口,不觉大吃一惊,我本以为来的是一个由独立主权州组成的联邦式组合,没想到却见到了一个国家级的中央政府。

华盛顿说:"大功告成","不啻奇迹"。

富兰克林说:"我终于可以欣慰地发现,这毕竟是旭日,不是落日。"

乔治·梅森说:"不曾就基本人权有所宣示","允许南部各州继续进口二十年奴隶……此令人大为泄气"。他拒绝在宪法的文本上签字。

——[美]凯瑟琳·德林克·鲍恩:《民主的奇迹》,郑明萱译,19页、266页、268页,北京:新星出版社,2013

问题设计:从材料十的代表们对待宪法文本的不同态度中,你得到了哪些认识?

教师引导学生分析:宪法诞生时刻,华盛顿、富兰克林等人为之欢呼,而乔治·梅森拒绝签字,我们可以体会到制宪先贤们对自身权利的捍卫以及对他人权利的尊重。

教师指导学生小结:在殖民地时代,当北美人民在追求的权利遭受压迫的时候,奋起抗争,勇于主张自身权利。美国独立后,当权利无法达成时,他们构建制度,努力保障权利;在宪法制定过程中,他们尊重他人权利,不同地域、群体的权利得到了充分的表达和尊重;面对错综复杂的矛盾，制宪会议的代表们表现出高超的政治智慧，在尊重各方利益的基础上，相互妥协，最终缔造了这部伟大的宪法，推动了美国国家的进步。通过这一过程，我们感受到，这种主张与追求权利、设计制度保障权利、尊重他人权利，以及适时、适度妥协的理性的权利意识在社会发展进步过程中发挥了重要作用。

设计二：妥协中孕育的和平渐进之路——英国1832年议会改革

设计意图

1832年是英国从贵族制转向现代民主政治的开端。本设计拟通过对英国1832年议会改革背景的分析，使学生了解议会改革的必然性。进而通过对社会各阶级、阶层之间冲突和斗争的梳理，使学生重回历史现场，身临其境地感受英国社会各阶层为获得政治权利或维护权利而进行的漫长而艰辛的斗争过程，从而深刻理解英国在斗争与妥协的实践中探索出的和平渐进政治转型创新模式，体会人类追求民主的艰辛、执著与智慧。

设计方案

导入新课：英国处于欧亚大陆的"天涯海角"，而且不管是从人口还是领土面积来看英国都是小国，但却在近代崛起为一个世界大国。英国为什么能够从地处"天涯海角"的"边陲小国"崛起为近代世界的大国？这与英国近代民主政治，即议会制度的改革与完善密切相关。

一、不得不改的议会制度

材料呈现：

材料一 从1688年光荣革命到19世纪前期，以上院贵族为核心的土地贵族始终控制着英国国家政权。从中央到地方，从枢密院、内阁、议会两院到军队，把持权力的主要是各级贵族和他们的子弟。

——阎照祥：《英国史》，201页，北京：人民出版社，2014

问题设计：根据材料一，指出光荣革命后英国政治体制的实质。

教师引导学生分析：光荣革命后的英国，贵族把持着国家权力，他们也是君主制的热烈拥护者。同时，贵族大地主长期占有英国大量土地，掌握着国家的经济基础，控制着国家的社会文化和意识形态。因此，光荣革命后的英国并没有建立现代民主制度，只是建立了贵族寡头制，国家权力从一个人（国王）手里转到了一群人（贵族）手里。

材料呈现：

材料二 特别是当时议会享有巨大权力，所以许多有权有势的人，想尽办法通过选举当选议员。贿买选民之事非常普遍，而且贿买的价格不断上升。在18世纪中叶，有192个议员席位的选举，实际上为大约106个有权有势的人物所操纵。有的选区人口多但是议员名额比较少，有的选区人口少，却分配了较多的议员名额。在萨里郡的加通地区，有的地方只有6间房子，一个居民，但该地区仍有选举一个议员的席位分配名额。

——刘祚昌、王觉非主编：《世界史·近代史编（上卷）》，143页，北京：高等教育出

版社，2001

问题设计：根据材料二，概括18世纪英国议会制度存在的问题。

教师引导学生分析：1765年工业革命开始后，英国社会逐渐发生变化，议会旧制度逐渐显露它的弊端，选民分布不合理、选举权狭小、选举手段腐败，出现贿买手段等，不再适应社会的发展，议会改革日趋紧迫。

材料呈现：

材料三 18世纪末到19世纪上半叶发生的英国工业革命不仅造成生产力的大发展和生产关系的变化，而且造成经济地理、社会阶级结构和政治领域的变化。这些变化为改造英国政治的贵族特征创造了条件。伴随着工业革命带来的工厂制度和近代资本主义剥削关系的确立，社会结构急剧变动，形成了新兴工商业资产阶级和工业无产阶级。资本主义工业化对政治上层建筑产生了新的要求。

——沈汉等：《英国议会政治史》，267—270页，南京：南京大学出版社，1991

问题设计：根据材料三，概括指出工业革命为英国1832年议会改革提供了哪些条件？

教师引导学生分析：工业革命促进了资本主义经济的发展，工业资产阶级的经济实力大大增强，以日益增多的财富昭著于世，改变了英国财富的阶级对比，政治上却几乎处于无权的地位，他们希望“有钱”的同时也“有权”。工业无产阶级以其日益增多的人数引人注目，他们希望能通过取得政治权利来改善当前每况愈下的经济状况，因此他们强烈要求改变贵族控制的议会制度，实现政治转型。资产阶级和无产阶级的壮大，为议会改革提供了物质基础和阶级基础。可以说，议会改革运动的实质就是打破贵族集团对权力的垄断，也就是否定光荣革命所构建的政治框架。因此，英国政治结构的资产阶级民主化改造是在工业革命后期才逐步开始的。

二、全民参与的议会改革

材料呈现：

材料四 从1830年开始，改革斗争进入决战阶段，当时中等阶级改革派组织动辄就能组织起数十万人的盛大群众集会，有极大的号召力。中等阶级的改革运动始终表现出平和、和平的色彩，它们的活动基本上就是请愿、集会、出版、宣传等，最剧烈的表现也就是经济挤压。

手工工人把苦难归咎于不合理的议会制度。在斗争手段上，工人激进派除使用集会、请愿、游行、鼓动等中产阶级也使用的和平方法外，也不排除尝试暴力的手段，如骚乱、密谋乃至发动武装起义。

辉格党是土地贵族的政治结盟，是统治集团中一个重要的派别，从18世纪下半叶起它就长期在野，结果是逐渐同情议会改革。议会改革运动兴起后一直充当改革派的盟友。人们一直指望：有朝一日辉格党重新掌权时就会提出改革的方案，实施改革。

托利党并不一概反对变化，只是反对走向民主制。

——钱乘旦：《思考中的历史：当代史学视野下的现代社会转型》，44—50页，北京：北京师范大学出版社，2015

问题设计：根据材料四，指出议会改革前英国的中等阶级、工人阶级进行斗争的手段有

资源 2：英国责任内阁制发展史上的“48 小时内阁”

与英国议会制密切相关的责任内阁制原则之一，是内阁全体阁员对政府事务集体负责，并与首相在政治上共进退。这种现象最早出现在亨利·配兰领导内阁时期(1743—1753)。

1746 年，乔治二世听取了卡特赖特勋爵和威廉·普特尼的意见，否决了由配兰提出的任命威廉·皮特(即老皮特)为国防大臣的建议。配兰等人毫不退让，于 2 月 10 日带领全体阁员和其他非阁员大臣集体辞职。乔治二世恼羞成怒。当时就任命巴思伯爵为财政大臣，受命组阁。巴思伯爵不是下院议员，又缺少一位能帮助他控制下院多数的得力助手，很难得到下院的必要支持。当他邀请上届内阁的阁员入阁时，被冷言回绝，无可奈何之下，他只好在 2 月 12 日辞职。就这样，他总共只当了两天“首相”，在英国近代政治史上创下了一个新纪录。他和卡特赖特组成的“双人内阁”被讥讽为“48 小时内阁”。乔治二世面临政治危机，只好再请配兰等人复职。他们立即向国王提出了相当苛刻的条件：不得继续听信“幕后人物”的意见；支持内阁工作等等。配兰等人的行动创下了内阁集体辞职的先例，对于以后内阁制的发展有着重要意义。

——阎照祥：《英国政治制度史》，218—219 页，北京：人民出版社，2012

资源 3：“光荣革命”后英国行政队伍问题

“光荣革命”后，政党政治日益成型，官员的问题则日益严重。政府由议会选举中获胜的多数党控制，一旦某党上台执政，官职立即成为论功行赏的筹码，被奖赏给那些在大选中立下功劳的人，或者被分给某些官员的亲戚好友、师徒门生，或者那些愿意出大价钱的人。18 世纪，官员中已开始出现“政务官”与“事务官”之分。政务官是正当从政治角度考虑任命的官员，他们从属于执政党，随选举的成败而进退；事务官是常任政府官员，负责政策的执行与日常事务的处理，没有重大过失，一般可以工作到退休。但官员的录用、考核、升等、酬薪、管理等等极为混乱，各部官员都由大臣或机构主管随心所欲加以选任，因此裙带关系、卖官鬻爵、收取佣金等现象公开盛行，造成行政队伍的依附现象，而且官员素质低下，影响政府工作效率。文官工资低，看起来很“清廉”，但无论办什么事都要收取“服务费”，实际上就是公开受贿，小费的数目远远超出正常的工资，有时超出 100 多倍甚至更多。此外，中高级官员中有不少人只是空挂虚名，其中有些人是因为对政党有功而获得奖赏，由此可以领取年薪；有些人则任职太多或不想干活，因此就雇人代职，花钱让别人干事。这些情况造成官员队伍庞大，阻碍政务的正常开展。工业社会要求一个廉洁、高效的政府机构，杜绝官员腐败现象，保障经济和社会的平稳发展。所以随着工业化的进展，对行政队伍进行全面的整顿和改革就显得非常迫切了。

——齐世荣等主编：《15 世纪以来世界九强兴衰史(上卷)》，152—153 页，北京：人民出版社，2009

资源 4：工人对 1832 年议会改革的看法

在世界上所有已提出的法案或是阴谋(除此别无适当的说法)之中，这是最骗人和最阴险的。这个法案建议广大选民的人数至五倍之多。表面上，这个措施似乎是最最大方的改革。

什么？把选民的人数从十五万增加到六十万或七十万？真是开明极了!!! 但是我们看到的大方是单方面的，那一边什么也没有——我们看到那些原有权势应该减少十倍的人将要扩大他们的势力十倍之多，而你们的势力本应增加十倍，却因敌对势力的扩大将要被无穷地削弱。这是古往今来所倡议的措施中最不开明的、最暴虐的、最可憎的、最不名誉的、最下流的。你们的人数占全国人口五分之四，因此你们的影响在选举时（加上你们有被选举的权利）本应该超出社会上其他人士四倍之多，然而现在却仅及那些依靠你们的劳动成果而生活的人的二十分之一。所以实际上，你们由于胆小和选民稀少，将丝毫不起作用。

——《一个工人的来信》，载1832年4月14日《贫民卫报》，转引自张芝联选译：《一八一五——一八七〇年的英国》，53页，北京：商务印书馆，1987

资源5：自由主义的演变

随着19世纪的逝去，自由主义同其他历史运动一样，在性质上起了明显的变化。在群众通过接受愈来愈多的教育和参加工会组织而变得更加自信的同时，自由主义不可能再继续主要关心资产阶级的利益。因而，早期的古典自由主义转为一种更加民主的自由主义。投票箱前的平等补充了法律面前的平等。到19世纪末叶，成年男子的选举权已在西欧大部分国家起作用。甚至备受推崇的自由放任主义原则也逐步得到修改。以往，政府对经济问题和社会问题的干预一向被看做是对自然法则的作用的干涉，是有害的、无效的。不过，就劳动者而论，这一理论上的主张与基本事实并不相符。公民自由权和选举权不能使劳动者免受由失业、疾病、伤残和老年引起的贫困和不安全，因而，他们利用选举权和工会组织迫切要求实行社会改革。在这种压力下，一种新的、民主的自由主义发展起来，它承认国家对全体公民的福利所负的责任。因此，西欧各国由德国带头，纷纷采纳了种种社会改革方案，其中包括老年养老金，最低工资法，疾病、事故和失业保险，以及有关工作时间和工作条件的法规。民主的自由主义的这些改革是已成为我们当今时代标志的福利国家的前奏。

——[美]斯塔夫里阿诺斯：《全球通史：从史前史到21世纪（下册）》，吴象婴等译，535—536页，北京：北京大学出版社，2012

资源6：保守主义的兴起

在欧洲传统的统治者——君主、贵族和僧侣——的心目中，法国大革命是一个大魔鬼，它给文明造成了几乎是致命的创伤。革命者处死了路易十六，没收了教会的土地，摧毁了贵族的特权并建立了恐怖统治。就欧洲传统统治者而言，这预示着混乱时代的到来。大革命之后是拿破仑的崛起，拿破仑废黜了一个又一个君主，接连不断地打击贵族，并寻求统治整个欧洲。那些传统的统治者对大革命所带来的暴力、恐怖和战争感到既厌恶又恐惧，他们企图驳倒孕育了法国大革命的启蒙思想世界观。在他们看来，天赋权利、平等、人类的善行以及社会的不断进步都是些异端邪说，也正是从这些邪说中产生了雅各宾"杀人犯"。他们在保守主义中找到了一种可与启蒙思想抗衡的政治哲学。

——[美]马文·佩里主编：《西方文明史（下卷）》，胡万里等译，95页，北京：商务印书馆，1993

资源 7：费城制宪会议召开前的艰难局面

(1787 年)5 月 14 日，星期一，大会揭幕之日——全场却只有宾夕法尼亚和弗吉尼亚的代表到会。那一整个礼拜都在下雨，道路深陷在泥泞之中，乔治亚来的四位代表，其中两名从设在纽约的国会前来，另两位得长途跋涉八百英里之外赶到。一直到 5 月 25 日，大会才凑足了法定的七州代表到场。……5 月 24 日，马萨诸塞的鲁弗斯金写信回去说，新英格兰的代表竟然只到了一位，真令他“痛心疾首”。“这种慢步调真不像话，拜托你们大家可不可以快一点来。”新罕布什尔由于州库拮据，没法子负担费用，本来有四位代表，到将近 8 月才来了两位。

——[美]凯瑟琳·德林克·鲍恩：《民主的奇迹》，郑明萱译，12、18 页，北京：新星出版社，2013

资源 8：乔治·梅森关于奴隶制的观点

白发皤皤却精神奕奕的梅森，在弗吉尼亚拥有五千英亩的土地。他自始至终都是州权的拥护者，不过他也认为美国亟需一个较好的政府。对于人性，他虽然有所怀疑，却对一般大众具有坚定的信心。于是针对格里贬斥老百姓的说法，老梅森站起来反驳了。他说，他最怕看到的事情，就是我们为了避免过多的民主，而走向了另一头极端。“我们必须兼顾到各阶层人民的权利……不管他们地位高低，我们都应同样用心地保障每位公民的福利。”……“我们立法机关的第一院，也就是我们所说的下议院……应该认识并同情我们社会中的每一分子”。最后，他说，我们自己的子孙，“在不久的将来不是也会加入所谓的一般大众吗？”

——[美]凯瑟琳·德林克·鲍恩：《民主的奇迹》，郑明萱译，48 页，北京：新星出版社，2013

资源 9：美国文官制改革

美国国会在舆论压力下，经过多次辩论，于 1883 年初通过了由参议员彭德尔顿提出的文官法案。从此，文官改革开始纳入法律程序之内。

彭德尔顿文官法吸取别国文官制的长处，总结并提出一整套美国的文官管理规则。这些规则直到目前仍保持稳定。其主要内容有：对官员选拔实行竞争性的公开考试和考核制，同时对高级要职实行选举制和任命制；按照各州人口比例分配政府官员名额；实行文官预备期制度；禁止现职政府官员介入党派活动；禁止以官职作为竞选诱饵；文官隶属于行政部门。彭德尔顿法的核心是实行竞争淘汰的考绩制，即根据公职人员的能力和政绩，按照公开竞争原则决定其录用和提拔降退。彭德尔顿法还规定了文官委员会的组成与权限，其职能包括举行文官考试、调查文官法执行情况以及制定各项细则。虽然文官委员会几度险遭撤除，但仍得到保持和发展，直到 1979 年才改组为联邦人事管理总署。

……文官制改革对于美国政治体制的调整具有深刻影响。首先，以功绩制取代分赃制，有利于统治阶级网罗人才，提高官员素质和政府效率，也相对体现了“机会均等”原则，使知识分子有较多机会进入政界，从而扩大了统治基础，缓和了社会矛盾。其次，逐步形成了由总统垂直领导的行政人事制度，将党魁把持的政治分赃转变为由总统进行的权力分配；总统成为两大党的实际领袖，使行政和立法的制衡关系发生新变化。其三，限制了官员直接介入党派活动，切断了政府对两大党提供的财源，客观上促使两大党更多地向垄断资本靠拢以取得竞选支持。……其四，政府官员中的党员忠诚分子越来越被技术专家所取代，国会和内阁开始大量聘用管理专家和技术人员，许多专业研究人员纷纷进入政界兼职，这甚至引起了大学课程设置和学术研究动向的一系列变化。总之，文官制改革引起了连锁反应，使资产阶级国家机器相对顺应了经济结构变化的要求。

——丁则民主编：《美国通史·第3卷·美国内战与镀金时代：1861—19世纪末》，217—218页，北京：人民出版社，2002

资源10：美国内战后的镀金时代

重建时期（1865—1877年）和镀金时代（1870—1890年）是美国历史上颇具矛盾色彩的两个时期。美国斯坦福大学历史学教授理查德·怀特在新书《共和的象征：重建时期和镀金时代的美国（1865—1896）》一书中对重建时期和镀金时代（该书中将镀金时代划定在1865—1896年）进行了独到的分析，并提出这两个时期播下了现代美国的“种子”，彼时美国的不平等和分裂问题与今日有诸多相似之处。

镀金时代在政治、经济、社会方面延续着与内战和重建时期的关联。战争期间通过的《宅地法》是美国农业资本主义化的至关重要的一步，《国家银行法》创立了美国国家银行系统，政府对铁路建设的资助促成第一条横贯大陆铁路于1869年完工，带动了西部经济和人口发展，这些都为经济和工业化创造了有利条件。战后北方试图作为全国重建的范本，其自身却从人口同质化的、以新教为主要宗教的乡村地区变成人口和文化多元的、工业化的城市地区。约翰逊政府的无能、格兰特政府的经济丑闻启发美国作家马克·吐温和查尔斯·达德利·沃纳将二人合著的一部小说命名为《镀金时代》（1873年出版），以讽刺美国内战后贪婪与政治腐败盛行，经济繁荣掩盖了严峻的社会问题。

镀金时代是美国经济突飞猛进的一个时期，铁路、工厂、采矿等重工业发展尤其迅速。这一时期，美国应用科技水平也跻身世界前列，大量发明专利获得批准。在工业化快速扩张的拉动下，1860—1890年美国工人实际工资增长60%。由于美国工资水平大幅高于欧洲国家，大批欧洲移民进入美国。一种常见观点是，镀金时代美国财富积累集中于北部和西部，南部“掉队”，而在怀特看来，南部仍是此时期美国经济繁荣的重要部分。当时南部出产的棉花是重要的出口商品，出口收入对财政系统十分重要；到19世纪80年代，南部经济增长率已和其他地区接近。然而，工业化和城市化并未改善普通美国人的生存状况，经济和技术进步没有惠及全体社会成员。

镀金时代是美国历史上贫富差距最大的时期之一。1860—1900年，美国最富裕的10%的家庭拥有全国约3/4的财富，最贫穷的40%的家庭没有私人财富；最富裕的1%的人拥有全国私人地产的51%，最贫穷的44%的人只拥有1.1%。怀特通过分析人口学数据发现，此时期美国人健康状况恶化，人均寿命缩短，身高下降，大量儿童死亡。另外，镀金时代美国政治腐败极其严重，商业巨头斥巨资贿赂政府官员，以期政府减少对大企业的管控，政治选举充斥着欺骗和操纵，领导人似乎对公然的腐败习以为常。

——王悠然：《重建时期和镀金时代孕育现代美国》，载《中国社会科学报》，2017-11-8

第八单元

近代民主政治的开创与发展（二）

学术引领

一、法国大革命

（一）大革命前的法国社会

1. 政治制度的危机

法国学者托克维尔在《旧制度与大革命》（冯棠译，305页，北京：商务印书馆，1997）一书中指出，1789年以前，法兰西呈现的便是这样一幅图画：王权已直接或间接地夺得一切事务的领导权，真正可以为所欲为了。在大多数城市和省份，王权已干净利落地取消了地方政府；在其他地方，王权也未留下更多东西。

法国学者阿尔贝·索布尔在《法国大革命史》（马胜利译，48页、51—52页，北京：中国社会科学出版社，1989）一书中指出，路易十四统治时期，法国绝对君主制的形式，至少是政治形式最终确定了下来。这位国王改善了政府体系，把政府的权威提到前所未有的高度。能对君主的绝对专制产生约束与制衡的三级会议在1614年最后一次召开，以后就被废弃不用了。原来拥有自治权的城市，自18世纪起处在监护之下。而对王权威胁最大的莫过于高等法院和其他最高法庭的政治权利。

庞冠群在《莫普司法改革与法国旧制度的崩溃》（载《世界历史》，2007年第3期）一文中指出，1770至1774年，法国首相兼司法大臣莫普进行了一场大刀阔斧的司法改革，旨在消除高等法院的反抗倾向从而强化王权，并使司法体系合理化。莫普改革引发了福隆德运动以来最严重的司法与政治危机，它在公共领域掀起的争论在某种程度上可视作大革命的预演。面对莫普的改革，法国的高等法院的法官们选择了退缩、保守，这使他们无法再起到限制王权、为民请命的作用，也渐渐失去了民意的支持，因此，革命前他们要让位于真正的代表性机构——三级会议来代表人民。更为重要的是，这场改革使人们发现强化王权的威权君主制道路走不通，以高等法院制衡王权的自由君主制也没有生存的空间，旧制度完全陷入了自身无法解脱的矛盾之中。至此，法国的绝对君主制已全面控制立法、行政、司法三种权力，正如法国学者孟德斯鸠在《论法的精神（上册）》（张雁深译，156页，北京：商务印书馆，1995）一书中指出，如果同一个人或是由重要人物、贵族或平民组成的同一个机关行使这三种权力，即制定法律权、执行公共决议权和裁判私人犯罪或争讼权，则一切便都完了。

路易十六政府推行的不彻底、半途而废的改革反而刺激了大革命的爆发。托克维尔在《旧制度与大革命》（冯棠译，230、234、210页，北京：商务印书馆，1997）一书中指出，大革命前夕（1787年），路易十六政府对司法部门、省级行政机构进行的改革“希图一举变革旧的方法，一下子匡正积年沉疴”，但是改革不仅打乱了权力秩序，还突然间改变了人们的相对地位，使各个阶级对立冲突起来。每一个公民由此所感到的是国家政府突然间更换了所有官员，更新了所有准则。所有法国人感受到了一种微小的特殊波动，每个人的地位都动摇了，每个人的习惯都被打破，每个人的职业都受到妨害。已经无人指导该听命于谁，办事该找谁，无人知道在那些构成每日社会生活的更细小的私人事务中该如何行动。既然国家的各个部分没有一处保持平衡，最后一击便使它整个动摇起来，造成了前所未有的最大的动荡和最可怕的混乱。托克维尔总结道，被革命摧毁的政权几乎总是比它前面的那个政权更好，而且经验告诉我们，对于一个坏政府来说，最危险的时刻通常就是它开始改革的时刻。

2. 财政亏空的危机

陈文海在《法国史》（176页，北京：人民出版社，2014）一书中指出，在路易十六面临的各种困境中，最棘手的仍是老生常谈的财政问题，它几乎已经成为一切矛盾的焦点。路易十六政府的开支是惊人的，在大陆及海外进行的旷日持久的战争、向特权显贵提供的名目繁多的年金、凡尔赛宫的奢华无度以及政府部门的日常开销等等，已经使得王室政府的财政收入陷入捉襟见肘的境地。对北美独立战争的支持也没有真正给法国带来多少实际利益，但法国却为之付出了20亿锂[①]的巨额资金。更为可怕的是，王室政府的这些巨额开支越来越多地是依靠借债来维持的，而债务利息高达8.5%—10%。为了支付已经到期的债款及其利息，王室又不得不再举新债。这种拆东墙补西墙的做法不仅不能缓和王室政府的财政困境，反而使之进一步陷入恶性循环之中。要想彻底改变这一局面，最根本的途径就是要对下层民众积怨已久、特权阶层死守不放的赋税征收体制进行脱胎换骨式的改革。路易十六为此的确作过不止一次的努力，但每一次努力都以“让步”而告终。

关于路易十六的努力，法国学者斯塔尔夫人在《法国大革命（上册）》（李筱希译，31页，长春：吉林出版集团有限责任公司，2015）一书中指出，1774年，路易十六任用杜尔戈为财政总监，这位大臣取消徭役，建议各省纳税平等，大胆提倡贵族、教士和其他阶层应当缴纳相同比例的捐税。这些方案极为公道、极得人心，却引起了特权阶级的不满，所以他们牺牲了杜尔戈。国王一开始迎合人民的呼声、做出正确的选择，随后又推翻一切、让人民失望，这实在错得离谱。

徐瑞娥在《法国大革命前的财政危机与财政改革》（载《经济研究参考》，2009年第40期）一文中指出，杜尔戈的继任者是瑞士银行家内克，他改革的重点是紧缩财政开支。他取消一部分宫廷中领取高俸的闲职，压缩了王室的财政开支、削减了军役税和盐税。这些措施迅速引起宫廷贵族们的反对。1781年他局部地公布了财政预算，尽管隐去了巨额财政赤字，但却透露了国王赏赐与恩给金的巨大数额，使王室与受赏者不能容忍。于是，内克被免职，这使社会上对王室的不满加深了。1783年，内克的继任者是卡隆。他一面用代替宫廷权贵偿

---

① 法国的古代货币单位名称之一。又译作“里弗尔”或“法镑”。锂最初作为货币的重量单位，相当于一磅白银。

还赌债和提高年金的办法争取特权者的支持，企图以阔绰的假象抬高王室威信，一面通过开挖运河、建筑港口、修建道路来刺激经济发展，增加财政收入。同时大量举债和增加税收，由于他以土地特征税取代人头税和什一税，要求所有臣民包括特权等级都要缴纳，招致了特权者的责难。在1787年2月至5月召集的显贵会议不仅没有支持他的政策，而且明确拒绝承认这个税则。就在会议期间，卡隆被免职。接任的布里埃纳因沿袭前任的方案，宣布征收印花税和土地税，依然遭到攻击。虽然路易十六亲自出面支持布里埃纳并对贵族们施加压力，但是高等法院拒绝为新税法登记，并提议召开三级会议以决定臣民如何自由地向国王纳税。贵族和教士们也支持法院，主张召开三级会议。连换了四任财政部长都无济于事，路易十六不得不承认“没有任何办法能够使国家摆脱财政危机，除非以三级会议的形式与国民协商”，“实在是没有办法可想了，只有召开那令人惊恐的三级会议了”。1788年7月5日，国王同意召开全国三级会议。

（二）共和维艰的原因

关于法国近代以来政体更替的大致过程，楼均信在《论法兰西第三共和国的久治长安》（载《世界历史》，1995年第2期）一文中指出，自从1789年大革命推翻了长达一千多年的君主专制统治之后，法国政体一直不稳固，先后出现了君主立宪制（1789—1792）、第一共和国（1792—1804）、第一帝国（1804—1814，1815）、波旁复辟王朝（1814—1830）、七月王朝（1830—1848）、第二共和国（1848—1852）、第二帝国（1852—1870）、第三共和国（1870—1940），接着又出现了贝当的法兰西国家和两个共和国，即第四共和国（1946—1958）、第五共和国（1958—至今）。共和国在法国历史的长河中为时短暂，至今总共只有130多年，最长的共和国只存在70年，最短的仅仅只有4年，其间3次被君主立宪和2次被帝制所取代，其形式之多样，反复之频繁，斗争之激烈，可谓世界之最。

1. 近代法国政体频繁更替的原因

（1）特殊国情

对于法国政体会出现多次反复的原因，楼均信在《论法兰西第三共和国的久治长安》（载《世界历史》，1995年第2期）一文中指出，这是由法国的特殊国情所决定的。众所周知，法国是一个封建专制特别强大、特别顽固、特别专横的国家，以国王为首的封建贵族特权等级是资产阶级与人民大众的死敌，他们之间誓不两立，没有丝毫调和的余地。所以，1789年的大革命更为彻底，它用真正革命的手段彻底摧毁封建制度，坚决打倒特权等级。因此，革命者在新政权中不允许保留代表封建势力的君主的位置。显然，就不愿长期建立君主立宪制。更重要的是，在法国每一次的反封建势力的革命斗争，都有人民群众的广泛参加和果断行动，而且起了决定作用，而自身并不强大的法国资产阶级为了战胜敌人，只得联合民众。革命胜利后，资产阶级为了本阶级的利益，不能也不敢与封建势力妥协，更不肯与其结成联盟。而人民群众要求民主共和的呼声高，力量大，参与意识迫切，也驱使法国资产阶级最终选择共和制而反对实现君主立宪制。共和制就成为历史发展之必然，封建残余势力则不甘心于自己的失败而退出历史舞台，这决定了法国政体演变的长期性和曲折性。

楼均信进一步指出，资产阶级共和制是与封建君主制根本对立的一种新体制。一种新体制要能够完全立足并牢牢扎根，还必须有经济、政治和社会的相关条件作保证，否则新的政体是很难确立和巩固的。法兰西共和制之所以多次反复，除上述旧势力的强大和顽固之外，还在于缺乏坚实的资本主义经济基础和强有力的工业资产阶级统治集团，也由于广大农民思想观念的保守性，使新社会阶级的基础相对薄弱。相反，封建专制主义历史传统的阴魂却长期不散，复辟势力时有反扑，国外反动势力又常有干扰，这种种因素就促使共和制在法国多次反复而迟迟未能巩固。

张芝联在《法兰西风格：大革命的政治文化》(4—5 页，杭州：浙江人民出版社，1991)一书的序言中指出，为了建立新的政体，在革命者中间展开了一系列政治辩论，涉及重权轻法与重法轻权之争，公意高于王权与王权高于公意之争，一院制与两院制之争，强制委托制与代议制之争，代议制与直接民主之争等等。但是争来争去，一直到拿破仑三世 1870 年在色当的投降，才最后摆脱君主制，这只能说明法国专制主义传统的根深蒂固和彻底决裂信念的不现实性。如果仅用法国小农经济的普遍性来直接解释这种政治保守现象，不顾政治文化的作用，恐怕是犯了简单化的毛病。

(2) 民族特性与革命心理

托克维尔在《旧制度与大革命》(冯棠译，241—242 页，北京：商务印书馆，1997)一书中有关法兰西民族特性的剖析，对于理解近代法国以来政体的更替原因具有一定的参考价值。托克维尔指出，法兰西民族在行动中如此充满对立，如此爱走极端，不是由原则指导，而是任感情摆布；它总是比人们预料的更坏或更好，时而在人类的一般水准之下，时而又大大超过一般水准；这个民族的主要本性经久不变，以至在两三千年前人们为它勾画的肖像中，就可辨出它现在的模样；同时，它的日常思想和好恶又是那样多变，以至最后变成连自己也料想不到的样子，而且，对它刚做过的事情，它常常像陌生人一样吃惊；当人们放手任其独处时，它最喜欢深居简出，最爱因循守旧，一旦有人硬把它从家中和习惯中拉出来，它就准备走到地角天涯，无所畏惧；它的性情桀骜不逊，有时却适应君主的专横甚至强暴的统治权，而不适应主要公民的正规自由的政府；今天它坚决反对逆来顺受，明天它又俯首贴耳，使那些最长于受人奴役的民族都望尘莫及；只要无人反抗，一根纱线就能牵着它走，一旦什么地方出现反抗的榜样，它就再也无法控制；总是使它的主人上当，主人不是过于怕它，就是怕它不够；它从未自由到决不会被奴役，也从未奴化到再无力量砸碎桎梏；它适宜于做一切事物，但最出色的是战争，它崇尚机遇、力量、成功、光彩和喧闹，胜过真正的光荣；它长于英雄行为，而非德行，长于天才，而非常识，它适于设想庞大的规划，而不适于圆满完成伟大的事业；它是欧洲各民族中最光辉、最危险的民族，天生就最适于变化，时而令人赞美，时而令人仇恨，时而使人怜悯，时而令人恐怖，但绝不会令人无动于衷。

高毅在《法兰西风格：大革命的政治文化》(314 页，杭州：浙江人民出版社，1991)一书中指出，大革命中空前规模的群众参与政治的现象，也将不可避免地给大革命后的法国政治注入较多的非理性因素，使政治往往更易于为人们的感情而不是理智所左右。比如人们对大革命时代政治象征物的感情，往往就能够有力地影响大革命后政治演变的进程。法国人民在 1814 年抛弃了拿破仑，是因为他无休无止的穷兵黩武使法兰西民族陷入了水深火热之中。然而当波旁王朝的白旗在巴黎重新升起的时候，人们顷刻间便又感到了一种难以名状的愤怒。

基于此认识，法国学者皮埃尔·米盖尔在《法国史》(蔡鸿滨译，320 页，北京：商务印书

街垒战和街头政治，使法国走出“没有进步，只有斗争”的死胡同，走向政治民主化、成熟化。

二、俄国“大改革”

（一）“大改革”的原因

1. 内因

美国学者斯塔夫里阿诺斯在《全球通史：从史前史到21世纪（下册）》（吴象婴等译，547—550页，北京：北京大学出版社，2012）一书中认为俄国“大改革”的原因主要有三方面：一是早期欧化改革的奠基。早在彼得大帝（1682—1725年在位）时，他就颁布了3 000多条法令推进改革，以西方的方式改革行政机关和军队，选派年轻的俄罗斯人到国外学习，甚至他还亲自去西欧学习外国的种种制度和惯例。后来的叶卡捷琳娜大帝（1762—1796年在位）继续推行欧化政策。二是社会分裂的推动。在欧化改革的影响下，造成了欧化的上层阶级与农奴之间的鸿沟不断扩大，深受西方自由主义思想和激进思想影响的军官对沙皇的独裁逐渐无法容忍，俄国的思想界也逐渐分裂成主张学习西方的西欧派和反对学习西方的斯拉夫派。三是克里米亚战争的催化。发生于俄国本土的俄国与英法之间的克里米亚战争（1854—1856年）的失败充分暴露了俄国旧制度的腐败和落后，也加剧了农奴不断上升的压力。亚历山大二世不得不把解放农奴当作代替革命的唯一办法。

美国学者沃尔特·G. 莫斯在《俄国史：1855—1996》（张冰译，24—26页，海口：海南出版社，2008）一书中对农奴制改革的动力作了简要归纳，他认为这些动力主要是：克里米亚战争的失败提升了人们对农奴制弊端的认识和废除农奴制的迫切性；一批官僚大臣和学者对废除农奴制改革的支持；农民骚乱的频发；起主导作用的舆论家和具有启蒙思想的激进派、保守派官僚阶层都拥护解放农奴；拥护改革的官员为拟定解放农奴法案积极工作；亚历山大二世废除农奴制的坚定决心和行动等。

2. 外因

邵丽英在《改良的命运：俄国地方自治改革史》（17—22页，北京：社会科学文献出版社，2000）一书中认为，俄国的改革一方面是俄国社会自身发展的产物，另一方面更为重要的是当时先进的欧洲国家英国、法国等的影响。它们为俄国历史的发展提供了新的方向和标准，主要有三个方面：一是发轫于18世纪60年代的产业革命。俄国在克里米亚战争中看到了英法国家坚船利炮的厉害，开始了工业革命的起步。二是以自由主义为核心的近代价值观，自由主义成为改革的主要思想资源。三是国家结构形式的中央集权化和行政机构的复杂化。工业革命使得社会分工越来越复杂，要求政府的职能也越来越多，政府行政机构就越来越多，人员也不断膨胀，这种趋势对俄国的行政体制的改革也产生了影响。

（二）内容

徐蓝在《世界近现代史：1500—2007》（104—105页，北京：高等教育出版社，2012）一书中对改革的阶段性和内容作了较详细的叙述，大致可以分为两个阶段，第一阶段：推进农奴制改革。1861年3月5日，经沙皇签署的《宣言》和《关于脱离农奴依附关系的农民法令》等

17个文件正式公布。主要内容有：一是农奴人身得到解放。他们可以自由处理个人和家庭事务，有权拥有动产和不动产，可以自由转换职业，从事工商业活动，并以自己的名字签订契约等。二是农奴可赎取一块份地和宅旁园地，有永久使用权。三是实行村社制。为加强对农村的统治和管理，在俄罗斯各州（乌克兰、白俄罗斯、立陶宛除外）保留了村社，政府把农民组织在村社中，实行连环保。村社在名义上由农民选举公职人员，实行"自治"，但又规定村社隶属于地方行政机构，必须执行政府的一切法令；地主有权否定村社的决议，有权要求撤换村社公职人员，甚至把农民开除出村社。四是特设一个由地方贵族担任的调停吏。名义上是为监督地主和农民签订契约文据、调解纠纷，实际上是为了保障地主对农民的剥削和控制。上述的改革法令，只适用于欧俄大部分地主农民，按该法令解放的农民共有1 025万人。1863年和1866年，沙皇又先后两次颁布法令，解放了100万采邑农民和950万国有农民，完成了农奴制度的废除。第二阶段：上层建筑领域实行资产阶级性质的改革。主要有：一是进行地方自治改革。建立了地方自治机构。二是实行司法改革。1864年建立了统一的各级法院，废除过去的等级法院，规定了司法的独立性，审判公开进行，有陪审员参加，允许律师辩护；三是实行军事改革。1874年实行普遍义务兵役制，年满20岁的青年不分等级都要应征入伍。四是实行财政改革。设立了财政稽核厅（署）。五是教育改革。颁布了初等国民学校条例、中学法规，实行大学教授自治等。

（三）评价

美国学者尼古拉·梁赞诺夫斯基等在《俄罗斯史》（杨烨等译，339—348页，上海：上海人民出版社，2007）一书中从七个方面对"大改革"进行了评析：一是政府的改革带动了经济的发展和社会的变迁。改革促进了俄国资本主义的发展，农民阶层的演变，贵族的衰落，中产阶级的上升，特别是专业团体和无产阶级的壮大，公共领域的发展。二是农奴的解放是一项伟大的改革。这次改革直接影响了约5 200万农民和2 000多万私有土地主的农奴的地位。相比较而言，同时代美国400万黑人奴隶在内战之后获得的解放，并不是经过和平的法律程序，农奴解放的道德价值，毫无疑问是非常巨大和不可估量的。俄国的农奴解放优于19世纪初普鲁士的改革，农民的土地分配也优于其他国家。然而，农奴解放的改革也深受批评。分配给以前的农奴的土地严重不足，农民难以取得森林区域或者靠近河流的土地，广大农民对改革感到失望，在废除农奴制以后，一连串农耕骚动风潮席卷而来，这种威胁一直持续到沙皇统治的结束。三是地方自治法律的颁布预示了地方政府强烈的现代化和民主化的趋势，激发了地方政府的积极性和主动性。但因自治系统没有顾及边疆地区而受到激烈的批评，中央政府保留了乡村中的治安和许多行政管理职能。区级"地方自治"议会机构过于庞大而无法有效应对大众的需要。四是改革为俄国农村作出了不少贡献，对大众医疗和教育所作出的贡献最为可贵。五是城镇政府的改革推进了选举制。六是司法制度改革，使现代公正代替了专政和混乱，使所有的俄罗斯人在法律面前人人平等，受到一样的对待。七是军队改革，推进了国家的现代化和民主化。

左凤荣、沈志华从现代化角度对亚历山大二世改革进行评析，他们在《俄国现代化的曲折历程（上册）》（15页，北京：社会科学文献出版社，2012）一书中指出，从积极意义来看，这些改革表明俄国开始向现代社会艰难而缓慢地演进，不同等级的公民实现了在法律面前平等。从局限性来看，这一改革并未触及君主专制制度本身，贵族实际上仍处于优势地位。由于改革的不彻底性，俄罗斯现代化进程中不平等和不公平现象突出，社会矛盾尖锐。农民在获得人身自由和份地时，被迫缴纳远远高于当时土地市场价格的赎金，使俄国农民长期处于贫困状态。这次改革没有废除中世纪的村社组织，反而加强了村社的经济职能。农民赎买份地，地主不是同农民而是同村社签订契约，村社在成员中定期重新分配土地。这一制度限制了个人的积极性和创造性，遏制了劳动力的自由流动。

对于俄国农奴制改革的评价，张建华在《俄国史》(108—109 页，北京：人民出版社，2004)一书中指出，农奴制改革是一场"自上而下"的资产阶级改良运动，是俄国现代化进程中的重大里程碑，它直接影响到俄国历史的发展。称其为资产阶级性质，是因为这场改革的客观作用在于部分否定封建制度，部分肯定资本主义制度；称其为改良，是因为它是一场由封建统治阶级"自上而下"所推行的运动，主观目的在于维护专制制度的统治，而且改革在极大程度上保留了农奴制的残余。农奴制改革为俄国资本主义工业的发展提供了大量的劳动力、广阔的市场，使俄国农民走上普鲁士式的资本主义农业发展道路。

三、日本明治维新

(一) 背景

内忧外患是 19 世纪中期日本面临的困境，倒幕运动可以说是日本进行维新改革的重要前提。美国学者杰里·本特利等在《新全球史：文明的传承与交流(下册)》(魏凤莲等译，953—954 页，北京：北京大学出版社，2007)一书中指出，外国势力的突然入侵加剧了日本国内的危机，并且导致了德川幕府统治的崩溃和皇权统治的恢复。幕府将军对美国和欧洲代表的顺从激起了保守的大名和天皇的反对，天皇对不平等条约中的屈辱条款更是感到愤怒，并质疑幕府将军统治日本的权利。反对德川幕府统治的情绪迅速扩展。德川幕府不愿和平地交出政权，反而强制持不同政见的大名隐退，用处死或关押提出批评的武士等方式激烈地回应对手。最终幕府军队被由外国专家训练、装备有进口武器的民兵打败。

齐世荣等在《15 世纪以来世界九强兴衰史(下卷)》(514—519 页，北京：人民出版社，2009)一书中作了更加详细的论述。主要观点有：一是资本主义关系的产生和发展，造成了日本封建制度的衰落和深刻的危机。外贸的发展更刺激和推动了农村商品经济的发展和工场手工业的发展，有力地冲击着封建制度的基础，从而遭到代表封建生产关系的幕府和各藩大名的抵制，他们采取了一系列破坏资本主义经济发展的反动措施。二是农民反抗斗争高涨。开港后物价的与年俱增、贡赋和租税猛增，加之农业歉收与饥荒交织在一起，使广大农民陷入贫困破产的深渊，促使人民的反封建斗争不断高涨。农民起义的矛头直接指向日本最高统治者——德川幕府将军。三是日本社会上出现一股强烈批判封建主义的进步思潮，涌现出一批先进的思想家、改革家。四是锁国体制的崩溃。幕府被迫与美国缔结《日美亲善条约》后，英、俄、荷等各国纷纷仿效美国，与日本签订了内容相同的条约，日本被迫打开国门。五是改革力量的壮大。在内外危机中，日本封建营垒内部出现分化，出现中下级武士中要求改革的分子形成革新势力，号召"尊王攘夷"。中下级武士中的革新势力和出身于豪农豪商的“志士”，联合与幕府有矛盾的西南强藩和皇室公卿，在“尊王攘夷”口号下，展开了要求改革幕政、抵御外侮的斗争，并在人民群众推动下，发展为武装倒幕。

（二）内容

明治天皇在推翻幕府后，以欧美为榜样，全面推行了西化改革。徐蓝在《世界近现代史：1500—2007》（108—110 页，北京：高等教育出版社，2012）一书中指出，1868 年 4 月至 6 月间，明治政府以天皇名义颁布了纲领性文件《五条誓文》和《维新政体书》，明确了日本走现代化道路的方向。

在制度改革方面：(1)“奉还版籍”和“废藩置县”。1869 年 6 月，新政府诱使各藩藩主自动“奉还版籍”于朝廷，把藩主变为藩知事（地方官），剥夺了他们对土地和人民的领有权。1871 年 7 月，又以武力为后盾，宣布“废藩置县”，免除全国各藩知事的职务，一律迁往东京居住；废除全国 260 余藩，把全国划分为 3 府 72 县，由中央政府任免知事和县令。(2)废除封建身份制度和取消武士特权。新政府废除了大名、公卿之称，改称华族，一般武士改称为士族和卒，确定了皇族、华族、士族和平民的身份制。随后，又逐渐剥夺了旧统治等级所享有的各种特权，废除了对平民的各种封建性限制，并准许华族、士族与平民通婚。(3)剥夺武士特权。一方面废除了一般武士均可对平民“格杀勿论”的特权，另一方面逐渐消减武士的俸禄。1872 年实行的征兵制，又剥夺了武士垄断军职的特权。(4)土地改革。1872 年 2 月政府明令解除禁止土地买卖的禁令，宣布四民可以自由买卖和拥有土地。接着政府又发布“地税改革法令”，对土地进行征税。

在强国措施方面：(1)“殖产兴业”。政府利用国家的资金，采用引进外国先进技术、设备以及技术人员的方式，创办了一批官营的“模范工厂”。为加速工业化的进程，政府在 1880 年又发布“官业下放令”，将官营企业转让给同政府关系密切拥有特权的大资本家。(2)“文明开化”。明治政府全盘引进西方资本主义国家的教育、文化科学、生活方式等，以改造日本的封建文化。(3)“富国强兵”。在军队建设上，主要是模仿西方实行征兵制建立常备军，同时解散维新初期从各藩军队改编的旧式军队。

（三）评价

1. 性质与影响

齐世荣等在《15 世纪以来世界九强兴衰史（下卷）》（535—536 页，北京：人民出版社，2009）一书中指出，明治维新是一次资产阶级性质的革命。这从明治维新的国内外历史背景和前提条件，从维新运动的目标、要求所具有的资产阶级性质，从这次变革由政变开始到经过戊辰战争的方式，以及此后的政权、社会经济形态的巨变等方面，都可以充分、有力地证明。但明治维新又是一次不彻底的资产阶级性质的革命，因为它在各领域的改革都不够彻底，尤其在经济领域中保留了带有浓厚封建残余色彩，甚至可以说是半封建的寄生地主土地所有制，而未能彻底解放农民；在上层建筑领域中，保留了天皇制的国家形式和专制主义的统治体制，而没有给包括中小资产阶级在内的日本人民广泛的民主权利。

齐世荣等认为，明治维新是日本历史的转折点，取得了两项重要的积极成果。一是实现了社会形态的转型和变革，使日本社会由落后的封建历史发展阶段过渡到资本主义阶段，并由此走上富强之道，仅半个世纪就迅速发展成先进的资本主义强国。二是使日本摆脱了沦为殖民地或半殖民地的危机，成为亚洲唯一能够保持民族独立的国家。这两项积极成果表明，明治维新基本上完成了民主和民族革命的任务，扭转了日本国家和民族的历史命运，是日本史上具有重大进步意义的事件。但是，必须指出的是，明治维新还具有两方面消极的"后遗症"。一是在政治、经济和意识形态领域中，仍保留了大量封建残余。资本主义和封建残余这两种剥削制度的特殊结合，使日本人民在政治上处于天皇专制主义的压迫之下，在经济上则受到"高佃租和低工资"的残酷剥削。另一个消极后果是，日本迅速成为侵略、压迫其他国家和民族的帝国主义国家。

2. 与俄国的比较

美国学者西里尔·E.布莱克等在《日本和俄国的现代化——一份进行比较的研究报告》(周师铭等译，171—174页，北京：商务印书馆，1992)一书中对日本明治维新与俄国亚历山大二世改革进行比较，从战争影响看：俄国克里米亚战争的失败和美国要求日本开放对外贸易的后果相似。俄国克里米亚战争的失败对俄国国际地位只是一个较小的挫折，但表明了俄国的虚弱。结果，国内政治力量的对比变得有利于那些要求按西方的路线对俄国的体制作比较彻底的改组的人。日本1854年在军事上没有失败，但由于摇摇欲坠的幕府未能阻止日本开放贸易，德川幕府的统治终于在1868年垮台。武士们担任领导职务后就致力于加速加强日本的国力。从西方对俄国、日本改革的影响看：在俄国，变化不是那么突然，改革不是那么激烈，因为它的体制和价值标准从彼得一世时代起就已深受西方影响。日本的改革与连续性决裂的程度比俄国大，因为日本在此之前受西方的影响是很有限的。日本的改革更为激进，因为它离西方军事力量的中心比较遥远，它的东亚邻国较弱，以及不存在直接的军事威胁。在体制方面，俄国和日本主要以中欧的德意志和奥地利官僚帝国的制度为榜样。俄国1861年的农奴解放法的条文，主要是根据奥地利1848年土地改革的经验制订的，1864年的司法改革是按照欧洲普遍的法学原则进行的，1874年的军队改革是按照德国的先例进行的。日本利用西方体制的范围比俄国广泛。它运用美国的专门知识进行早期的教育改革和开发北部，向北海道移民，使北海道成为坚决顶住俄国压力的界线。在计划建立集中控制的银行业时，采纳了法国的意见。在海军和海运方面，以及在工业和铁路部门，英国有较大影响。在建立军事和政治制度方面，日本借鉴了德国和奥地利的模式。

(四) 宪政道路

1. 政体理论

冯玮在《日本通史》(420—424页，上海：上海社会科学院出版社，2008)一书中指出，日本在建立何种政体方面存在多种理论，主要有：(1)受穆勒等英国自由主义思想家影响，主张仿效英国实行"君民同治"的"英学"家理论；(2)受卢梭等法国启蒙思想家影响，主张"万民同治"的"法学"家理论；(3)受布伦齐利等德国国权主义思想家影响，主张"主权归一"的"德学"家理论。这些理论对日本明治政治体制的形成产生了极其重要的影响。

2. 立宪方针

对于立宪方针提出的原因，日本学者远山茂树在《日本近现代史(第一卷)》(邹有恒译，

19 页，北京：商务印书馆，1992）一书中指出，立宪方针的提出与其说是受到自由民权运动的压力，不如说是由政府主动采取的。这既是为了缓和藩阀拼凑的政府内部各势力的对立，也是为了支持孤立于士族、农工商等全部在野阶级和阶层之外的“有司专制”政府，创建新社会基础而提出；同时也是文明开化政策的一个环节。天皇制的专制主义为了维持其新生的脆弱政权，和自由民权运动相对抗，一方面对它让步，另一方面通过压服它，把自己建立成为其性质不同于 17、18 世纪西欧建成的古典专制主义的制度。

3. 立宪过程

对于近代日本立宪的过程，齐世荣等在《15 世纪以来世界九强兴衰史（下卷）》（531—532 页，北京：人民出版社，2009）一书中作了梳理：第一，是派出以伊藤博文为首的“宪法考察团”，于 1882 年 3 月至 1883 年 8 月赴欧洲考察。并决心以“君权主义”色彩浓厚的普鲁士宪法为制定日本帝国宪法的楷模和蓝本。第二，是设立华族制度，即日本的近代贵族制度。1884 年颁布《华族令》，实行公、侯、伯、子、男五等爵位制，并定为世袭。第三，是确定“皇室的财产”。通过划拨、移交、接管、编入等手段和名义，扩大皇室的土地、工矿企业及财产。第四，是实行近代内阁制。1885 年 12 月效仿西方资产阶级内阁制，建立了责任内阁，由总理大臣和外务、内务、大藏、陆军、海军、司法、文部臣以及书记长官、法制长官组成，直接隶属于天皇。此外，1887 年政府制定并发布《文官任用令》；1888 年制定了新的市制和町村制，实行所谓市、町、村的地方自治制度。在完成这些准备工作后，明治政府开始起草宪法。经过多次修改，1889 年 2 月 11 日，明治天皇将《大日本帝国宪法》作为钦定宪法予以颁布。

4. 帝国宪法评价

对于日本帝国宪法的评价，日本学者坂本太郎在《日本史概说》（汪向荣等译，435—436 页，北京：商务印书馆，1992）一书中指出，第一，宪法规定天皇拥有极大的权力，宪法的修改要根据敕命来进行；宪法中有关皇室的重要事项，均置于议会权限之外；立法权原则上需要议会通过，但有许多例外，给独断专行留下了广泛余地。第二，由于宪法的颁布，日本已从专制政治变成立宪政治，人民参政得到承认。第三，宪法保证契约自由、所有权绝对等原则，为资本主义的发展打下了坚实的基础。第四，这一宪法条文简洁，给运用留下了余地，后来出现的政党内阁，扩大选举权，实行普选等，都是随着时代的发展，灵活运用的结果。总之，这部宪法对日本的发展发挥了重要作用，但也给军阀、官僚的飞扬跋扈留下了可钻的空子。

冯玮在《日本通史》（428—429 页，上海：上海社会科学院出版社，2008）一书中对日本帝国宪法的特点作了归纳，认为其具有“集权”和“民主”的两面性，具体表现为：一是宪法明确规定天皇至高无上的地位和集政治、军事、法律、外交大权于一身的无限权力，并带有神权色彩。由于权力的无限和精力的有限，天皇对军队的统帅权实际由军部辅佐并不受内阁干涉，这为以后军人擅权埋下祸根。二是宪法显示出内阁权限过大，众议院权限过小的特点，无法形成制衡机制。而臣民的权利根据《众议院议员选举法》的规定，只有极少数人享有，故普通民众实际上只有纳税和服兵役的义务。总之，《大日本帝国宪法》作为东方第一部具有近现代意义的宪法，其进步意义是应当得到肯定的。

四、德意志帝国建立

（一）德意志的统一

1. 道路

丁建弘在《德国通史》(201—204 页，上海：上海社会科学院出版社，2007)一书中对有关德意志统一道路的多种观点作了归纳：一是德意志的资产阶级自己没有提出一条独立的统一道路。1848 年后德意志资产阶级最终放弃了政治上单独统治的要求，放弃了通过革命道路统一德国、建立起资产阶级专政的历史使命，希望同贵族结成同盟，用合法的手段来为自己争得某种优势。二是普鲁士的“小德意志统一道路”。普鲁士和北部、西部一些邦的资产阶级，渴望由普鲁士领导，排斥奥地利，建立统一的君主国。该道路的实际承担者是 1861 年成立的德意志进步党，主张建立议会立宪制君主国，但摒弃通过革命的道路统一德国。三是奥地利的“大德意志统一道路”。奥地利和南部一些邦的资产阶级，支持由奥地利领导，建立一个包括全德各邦的瑞士式的联邦制国家。大德意志派的目标是通过法律与和平的道路，严格保持现存关系，建立普奥二元制联合体。该道路的承担者是 1862 年 10 月成立的德意志改革协会，它完全听命于奥地利的君主政体。四是德意志无产阶级的统一潮流。广大工人逐渐认为，在民族问题上必须有自由独立的主张，民族统一的目标必须是推翻各邦诸侯的统治，建立统一的德国，但也没有自己政治上的独立的统一道路。五是君主统一潮流。其主张是“自上”统一德国，把统一德国同维护自己的霸权隐秘地结合起来。六是其他一些潮流。主要是各小邦和中等邦的意见，他们鼓吹“三元政治”论，即德意志其余各邦组成联盟，与奥地利和普鲁士鼎足而三。

2. 条件

对于普鲁士统一德意志的条件，丁建弘在《德国通史》(193—199、215 页，上海：上海社会科学院出版社，2007)一书中认为有三个前提条件：第一个前提是经济的发展和工业革命高潮的到来。19 世纪五六十年代，普鲁士的社会性质发生了根本性的变化，从一个基本上是封建的社会转变为一个基本上是资本主义的社会。到 60 年代，普鲁士君主国已从封建的君主国变成资产阶级的君主国。第二个前提是关税同盟扩大成为国内市场，小德意志地区(即不包括奥地利在内的德意志)的经济同普鲁士逐渐“一体化”。德意志联邦内部最终形成了两个分离的国内市场。关税同盟地区形成了共同的经济生活，完善了共同的语言和共同文化。德意志民族最终形成并得到巩固。经济的统一为政治的统一奠定了基础。第三个前提是沙俄霸权的丧失与俄普“同盟”的形成。克里米亚战争后，沙俄欧洲霸权丧失，对德意志事务控制有所松弛，客观上有利于德意志的民族统一运动，特别有利于普鲁士统一德国。沙俄支持普鲁士继续打击和削弱奥地利，还和普鲁士“结盟”，支持普鲁士对付法国，俾斯麦正是利用了这些有利的条件和形势，最终统一了德意志。

3. 过程

对于德意志统一的阶段性，邢来顺在《19 世纪德国统一运动的再思考——近代德国统一进程三部曲》(载《华中师范大学学报(人文社会科学版)》，2005 年第 3 期)一文中指出，近代德意志民族统一进程的完成，是政治、经济和文化等多层因素综合作用的产物。德国的统一运动在政治、经济和文化等诸种因素作用下呈现分阶段波浪式推进的过程。第一阶段是民族意识的文化认同阶段。近代德国的统一运动首先开始于德意志民族意识的觉醒，而这种民族意识的觉醒在德国首先体现为以知识分子为载体的文化民族主义的发展。第二阶段是以普鲁士为核心的经济一体化阶段。开始于19世纪30年代的经济一体化使德国各邦各地区在实际利益的基础上紧紧地绑在一起，并缔造了德意志的经济强权普鲁士，从而奠定了德国统一的经济基础。第三阶段是普鲁士领导下的政治统一的阶段。在进行充分军事准备的基础上，俾斯麦施以外交手腕，分化离间了英、法、俄等列强，瞅准时机，在1864、1866和1870—1871年对丹麦、奥地利和法国发动了连锁反应式的三次王朝战争，最终实现了德意志民族期盼许久的统一，建立起新的德意志帝国。

4. 影响

丁建弘在《德国通史》(221—222页，上海：上海社会科学院出版社，2007)一书中指出，俾斯麦使用战争暴力手段，摧毁阻碍德国统一的内外势力和德意志联邦的全部旧有关系，完成了300多年来的德意志民族统一大业，并把德国带入现代发达国家的行列。其历史进步性主要有：第一，解决了德意志民族的生存问题。德意志民族不再受欧洲强邻的欺压和宰割，进入了世界先进民族之林。第二，极大地促进了德国生产力的发展，经济有如脱缰之马奔腾向前。第三，为德国工人阶级创造了在全德范围内进行反资本主义的有利条件。其历史保守性主要有：第一，保留了专制主义的君主政体，阻碍了资产阶级民主改革的彻底完成；第二，普鲁士的军国主义传统和俾斯麦在统一中煽起的民族主义情绪渗入新帝国的各个领域，戕害了德意志民族的肌体；第三，俾斯麦在统一中割取了法国的阿尔萨斯和洛林两省，结下了德法之间的民族仇恨，促使法国投入俄国怀抱，形成欧洲两大军事集团的争霸局面，给德意志民族的发展带来极不利的影响。

（二）德意志帝国宪法

1. 内容

1871年4月16日，德意志帝国颁布了帝国宪法。对于这部宪法的认识，丁建弘在《德国通史》(231—233页，上海：上海社会科学院出版社，2007)一书中指出，从宪法构成来看，帝国宪法是北德意志联邦宪法加上作为增补部分的与南德诸侯签订的条约的混合，是一种特殊的普鲁士式的君主立宪精神的“开创”。从国家构成及权力关系来看，新帝国由22个邦和3个自由市组成。新帝国形式上是作为一个联邦组织起来，参加帝国的各邦表面上并未失去各自的原有地位，但是统治权属于普鲁士控制的帝国政府，而不属于各邦。帝国没有自己的行政机构，但掌握着陆军、海军、外交事务、关税和银行立法、间接税、度量衡、货币、民法刑法、邮电以及后来的殖民地事务。保留在各邦手中的则是包括警察、部分司法、直接税、宗教和教育在内的全部邦内行政事务。由于普鲁士在宪法结构中的特殊地位，德意志帝国也算不上一个真正的联邦国家。从宪法目的来看，宪法的制定主要是为了适用于普鲁士，特别适用于俾斯麦和威廉一世的统治，以及他们之间的互相关系。从行政权来看，宪法规定德意志帝国的首脑为“德意志皇帝”，由普鲁士国王担任，由他的家族世袭。皇帝代表帝国，有权宣战、媾和、结盟、接受和委派大使。皇帝任命宰相和其他行政官员，也可以免除他们的职务。

皇帝为陆海军最高统帅。皇帝被赋予召集两个立法机构联邦议会和帝国议会开会或宣布解散的权力,法律由皇帝签署并颁布。皇帝以下设帝国宰相,由普鲁士首相兼任,只对皇帝负责。德意志帝国没有内阁,仅有一名大臣,就是帝国宰相,他本人又任命政府各部的负责人,称国务秘书,仅作为助手对宰相负责。从立法权来看,帝国立法机构由两院制议会构成。上院联邦议会代表各邦,议员为邦政府派遣的高级官员(多半是贵族、容克),按照邦政府指示统一投票。联邦议会主席由宰相兼任。下院帝国议会由25岁以上男子按照普遍、直接、秘密的普选制选出(普鲁士等几个邦的邦议会选举仍采用三级选举制,而不是直接普选制),议员任期五年。联邦议会不同于西方的上院,它是真正的实权机构,联邦议会有权在皇帝的同意下解散帝国议会。皇帝对外宣战或缔约一般要取得联邦议会的同意。帝国议会名义上是人民代议机构,但实际权力很小,帝国议会在立法过程中仅仅是参与者之一,联邦议会有制定行政命令的权力,而帝国议会不能单独制定任何法律。帝国议会通过的议案,只有经联邦议会同意才得生效。帝国议会随时可以被联邦议会和皇帝解散。帝国议会的最大权力就是拒绝预算。由于帝国议会是普选产生的,它毕竟为资产阶级和各种政治势力提供了合法活动的讲坛,因而它的选举仍具有广泛的吸引力和影响力,以致形成第二帝国不发达的议会制和发达的政党制这样一种奇怪的现象。从宪法模式来看,帝国宪法吸收了普鲁士1850年宪法的主要精神。这种普鲁士风格的君主立宪是由君主和容克掌握实权,直接行使统治权,它同英国虚君式的君主立宪有重大区别,成为近代具有广泛影响的普鲁士式君主立宪模式。

2. 评价

齐世荣等在《15世纪以来世界九强兴衰史(下卷)》(383—387页,北京:人民出版社,2009)一书中指出,德意志帝国的政治结构呈现两大特点:第一,新建立的德意志帝国是各种力量妥协的产物。1871年宪法既要照顾到德国人民建立统一的民族国家的愿望,又要考虑到各邦的利益,因此,该宪法在行政结构上体现为联邦主义。第二,新建立的德意志帝国传承了普鲁士的模式,在政治体制上带有浓烈的专制主义色彩,是一个用议会装饰着的君主专制国家。

齐世荣等还认为,仅仅从德意志帝国宪法出发对新建立的德意志帝国的政治结构作一个绝对性的优或劣、进步或保守的评判,是很困难的。第一,1871年宪法是一部照顾各种势力利益的妥协性宪法,是在考虑各邦原统治者利益、资产阶级自由派关于建立统一民族国家的要求以及普鲁士的霸权等三个主要因素的基础上产生的。第二,就政治色彩而论,1871年德意志帝国宪法与欧洲其他国家的宪法相比,取的是中间道路。一方面,它比西欧部分国家的宪法要落后一些;另一方面,它与东欧、东南欧国家的绝对专制独裁体制相比,仍不失为一部进步的宪法。这部宪法中包含的普遍、平等、直接选举和秘密投票制的民主原则在当时是相当进步的。

(三)帝国的社会改革

1. 内容

德意志帝国为了维持保守秩序,在对社会运动进行残酷镇压的同时,也采取了一些缓和社会矛盾的措施,最主要的就是进行社会改革。丁建弘在《德国通史》(242—243页,上海:

上海社会科学院出版社，2007）一书中指出，俾斯麦认为，光用“鞭子政策”是很难奏效的，需要辅以“糖果政策”改善工人的处境。为此俾斯麦采取了如下措施：一是劳动立法。19世纪80年代初，规定6天工作制，按时给工人支付货币工资，废除工矿企业中使用童工，被雇童工必须读完小学，劳动日不超过10小时等。二是社会保险立法。1883年颁布疾病保险法令，保险费30%由雇主缴纳，70%由工人缴纳，工人患病期间，可从保险费中支取半薪和医疗费，死亡后支取丧葬费。1884年颁布工伤事故保险法，规定保险费全部由雇主缴纳；视工人受伤程度决定领款数目，死者家属可领相当亡者20倍工薪的津贴。1889年颁行残废和老年保险法，保险费由国家、雇主和工人缴纳。

2. 评价

丁建弘在《德国通史》（243页，上海：上海社会科学院出版社，2007）一书中指出，俾斯麦的社会立法开资本主义国家之先河，被讽刺地称为“俾斯麦先生的社会主义”，具有深远的社会意义。这些社会立法在当时虽然要求工人牺牲一定的政治权利，例如领取救济金的失去选举权，但在一定程度上改善了工人的状况。社会立法并没有损害容克大资产阶级的利益，相反，这种“温和的手段”起到诱使工人离开阶级斗争轨道的作用。正如俾斯麦所说：必须在恢复帝国健康的菜料中“加几滴社会主义的油”。所以说，社会立法当时实质上是《非常法》的补充手段。

教学设计

设计一：共和政体的压舱石
——探析《法兰西第三共和国宪法》的影响

设计意图

法兰西共和制的确立对于法国甚至整个世界都有重大的历史意义。而法国共和制确立的历程表明，大革命解决了所有制问题，但未能完全解决如何建设与治理国家的问题，为了确立一个适合本国经济发展与社会稳定的政治制度，法国人民进行了不断的探索。本设计引导学生关注近代法国共和政体的真正确立与孟德斯鸠的“三权分立”政治思想是否得到完全实践有着密切关系。同时通过对比《法兰西第三共和国宪法》与1795年宪法、1848年宪法，引导学生理解法国共和政体的延续与变迁，并对《法兰西第三共和国宪法》的影响作出合理解释，体会1875年以后法国人民在政治上日渐成熟，培养学生历史地分析问题的能力。

设计方案

导入新课：法国有一句谚语：“临时的安排最持久。”这句话应用在法国的宪法上，更是一语中的。大革命以来，法国出现过不少宪法，都是经过细心研究，仔细起草，都是希望其能长久使用，然而这些宪法大都昙花一现。1871年巴黎公社起义后，法国人民终于开始汲取历史教训，不再盲目地跟随理想狂奔，而是兼顾理想与现实，立足于可操作的有限目标，通过

成为唯一的出路。

——郭华榕：《法国政治制度史》，423页，北京：人民出版社，2015

问题设计：根据材料六、七，概括1875年宪法灵活变通特性的具体表现，并分析指出这一特性对共和政体产生的影响。

教师引导学生分析：具体表现为1875年宪法留给法国各种政治派别颇大的解释空间，它们可根据自己的需要进行立法工作，走正常的立法程序，彼此妥协，维护派别的政治利益。1875年宪法为法兰西第三共和国提供了妥协折中的制度保障，防止共和政体再次被颠覆。

二、开理性之花：推动法国政治走向成熟

教师讲述：法国1875年确立的共和政体迎来了第一次重大考验：1877年5月初，众议院以多数票通过镇压教权主义的决议，共和派总理朱尔·西蒙接受了这一决议，对教权派的宣传进行限制，但时任法国总统的麦克马洪则支持教权派，并采取了实际行动。

材料呈现：

材料八　在1877年5月16日的危机中，新的议会选举已经产生了以共和派为主体的众议院，麦克马洪迫使众议院选出的总理西蒙辞职，让布罗伊公爵取而代之。接着，他解散众议院，要求重新选举。

——[英]塞缪尔·E.芬纳：《统治史·卷3·早期现代政府和西方的突破：从民族国家到工业革命》，马百亮译，583页，上海：华东师范大学出版社，2014

问题设计：依据材料八，请指出麦克马洪为了支持教权派采取了哪些行动？

教师引导学生分析：从材料八中，我们不难得出：麦克马洪为了坚持己见，他于1877年5月16日迫使西蒙内阁辞职，任命君主派布罗伊组阁。但是麦克马洪对内阁的改组遭到共和派的强烈反对，363名共和派议员联名提出议案，拒绝支持新内阁，声称政府首脑只有同议会多数取得一致时才能执政。麦克马洪自然不能接受一个与自己政治主张相悖的政府。如此一来，1875年宪法所体现的总统制原则（总统任命政府总理，并可解散议会）与议会制原则（政府对议会负责）便形成尖锐对抗。这就是法国历史上著名的“5月16日危机”。这场危机的结局如何以及带来了什么影响？

材料呈现：

材料九　当时，共和派和保守派都认识到，新众议院的选举事关共和宪政制度的生死存亡，因而竞选十分激烈，参加投票的选民高达80%以上。选举结果，共和派获得420万张选票，占到329席，保守派仅占208席。麦克马洪一度曾经企图利用军队发动政变，但他很快发现，大部分官兵都倾向于共和制，于是只得屈服。

当时的各党派在政治立场和政治理想上都存在巨大分歧，但他们没有像大革命时期那样动辄诉诸体制外的街头政治和暴力手段，执政的领导人也没有像两代拿破仑那样通过军事政变去攫取和巩固手中的权力。法国人已经学会了和平斗争、平等竞选，懂得了政治妥协、拒绝极端。

——程汉大：《理想与现实的悖论：法国立宪坎坷路》，载《贵州社会科学》，2015年第2期

问题设计：根据材料九，通过“5月16日危机”的和平解决，简评1875年宪法对法国政

治的影响。

教师引导学生小结：5月16日危机的和平解决，证明了法国1875年宪法的成功，显示了法国人民政治上的日趋理性与成熟。在这场的较量中，总统没再像拿破仑一世和拿破仑三世利用手中的军权发动政变，共和派也没有发动武装起义或街头示威游行，而是在议会内辩论和表决，或在大选中通过合法手段争取选民支持和拥护，其中间接或直接体现主权在民原则。至此，《法兰西第三共和国宪法》奠定了法国政治成熟的基础，促进了法国的政治民主化。

设计二：在失衡中走向内战
——独立战争后美国南北经济制度关系的演变

设计意图

美国《独立宣言》提出“人人生而平等”，但独立战争后不仅没有废除奴隶制，奴隶制在美国反而逐渐发展，最终引发战争，威胁国家统一，南北战争成为美国历史的重要转折点。本设计旨在引导学生分析独立战争后美国南北两种经济制度的关系由和平共存，到妥协共存，最后在失衡中走向战争的演变过程，从而认识美国内战爆发的历史必然性，进而加深理解南北战争对美国民主制度建设的推动作用，认识经济发展对政治制度的影响。

设计方案

导入新课：The American Civil War，美国内战，也就是南北战争，是美国南方与北方的一场战争，是美国历史上唯一的一次大规模内战。在独立战争中，当时美国南方和北方是团结起来才打败英国，为何昔日盟友今朝会兵戎相见？这与美国南北方经济制度的不同及其两者关系的演变密切相关。

一、南北双方的和平共存

材料呈现：

材料一　18世纪末19世纪初，由于种植园主要的经济作物烟草已无利可图，独立战争所倡导的主张人人平等的资产阶级人权思想风行全国，美国的奴隶制已气息奄奄，行将就木。然而，19世纪初沛然兴起的植棉业竟然奇迹般地拯救了垂危的奴隶制。首先是棉纺织业在英国、欧洲大陆和美国北部迅速发展，对棉花的需求量与日俱增。其次，发展植棉业所需要的土地和劳力都不成问题。更重要的是1793年的轧棉机，极大地提高了棉花纤维脱籽效率，使南部奴隶制经济面临的最迫切的问题迎刃而解。

——张友伦：《美国通史·第2卷·美国的独立和初步繁荣：1775—1860》，331—332页，北京：人民出版社，2002

问题设计：根据材料一，分析指出独立战争后美国种植园奴隶制经济经历了什么变化？此时南北两种经济制度的关系如何？

教师引导学生分析：独立战争后，美国南北方存在两种不同的经济制度：南方奴隶制种植园经济和北方以自由劳动力为基础的资本主义工商业。战后，南方种植园奴隶制经济由萎缩到起死回生，最后成为棉花王国，为正在进行工业革命的英国、欧洲大陆和美国北方发展棉纺织业提供大量原料。可见，此时美国北方经济的发展对南方棉花的大量需求，对南方存在经济依存，南北双方和平共存。

材料呈现：

材料二 独立时，美国只据有大西洋沿岸的一个狭长地带，但在独立之后，特别是1812—1814年第二次英美战争之后，在大约半个世纪的时间之内，随着“西进运动”的迅速兴起和广泛开展，把它的疆界从密西西比河向西推进了1 500英里，直抵太平洋沿岸。正是西部“自由土地”的存在，才使得北部的资本主义和南部的奴隶制度得以一定时期内和一定程度上“同时并存”。

——何顺果：《美国史通论》，108页、140页，上海：学林出版社，2001

问题设计：如何理解材料二中“西部‘自由土地’的存在，才使得北部的资本主义和南部的奴隶制度得以一定时期内和一定程度上‘同时并存’”？

教师引导学生分析：1820年以前，北部的工业制度和南部的奴隶制度，大体上是各自向西平行推移的，彼此互不干扰，使得双方在一定时期内和一定程度上“同时并存”。“西进运动”使得美国领土迅速向西扩展，广阔的西部“自由土地”使资本主义工商业和种植园奴隶制自由扩展，两者互相不冲突。一方面，北方逐渐产生了机器代替人工劳动的趋势，巩固和壮大自由劳动制度；另一方面，南方也助长了其以更廉价和更驯服的奴隶劳动来代替雇佣工人的劳动。西部成为南北双方的缓冲地带，使独立战争后初期南北双方避免直接的冲突。

二、南北双方的冲突与妥协

材料呈现：

材料三 （制宪会议上）纽约（实为宾夕法尼亚）州代表古维诺尔·莫里斯说，这种“极坏的制度”是“上天对盛行奴隶制各州的诅咒”，蓄奴州的特征是悲惨和贫困，而自由地区的特点是“富裕和极好的教养”。“利益是国家唯一的治理原则。”南卡罗来纳代表约翰·拉特力奇冷酷地回答。任何干涉这些州奴隶制的企图都会导致南方拒绝批准宪法。

——[美]威廉·J. 本内特：《美国通史：一部重要的保守主义视野的美国（上）》，102页，刘军等译，南昌：江西人民出版社，2009

问题设计：根据材料三，如何理解制宪会议上的斗争？

教师引导学生分析：美国南北方在奴隶制问题上的冲突自建国后就已经存在。制宪会议上南北双方代表就奴隶制存废问题上存在斗争，这甚至威胁到宪法能否通过。虽然建国者们出生在一个允许奴隶制的社会，然而独立战争所倡导的主张人人平等的资产阶级人权思想风行全国，因此南北双方就奴隶制的存废问题在制宪会议上进行了激烈的争论。制宪会议的首要目的是加强中央政府的权力，解决新生美国的困境，维护国家的独立和统一。因此，北方代表们作了妥协，通过了“众议院议员人数及人口数目包括所有公民及五分之三之多寡，分配于各州，此项人口数目包括所有公民及五分之三非公民”的宪法条款。

材料呈现：

材料四 还是由于“自由土地”的存在，在1820年以后导致了南北之间由“共处”走向“冲突”。只是由于双方都未作好摊牌的准备，结果这类冲突常常以双方的妥协而告终，从而使南北斗争进入了一个“冲突和妥协”的时期。……1850年妥协与“威尔莫但书”：随着40年代美墨战争的爆发和结束，关于加利福尼亚和新墨西哥、得克萨斯等地是以自由州还是蓄奴州加入联邦的问题又被提了出来，并引起更为激烈的辩论，而此问题在1846年国会通过的“威尔莫但书”（在从墨西哥取得的任何新领土上，不得实行奴隶制或强迫劳役）中似乎是已解决的问题。但国会仍在1850年分别通过了一系列妥协案，这些法案虽然同意加利福尼亚以自由州加入联邦，并决定在首都所在的哥伦比亚特区禁止奴隶贸易，但却同时决定在新墨西哥和犹他加入联邦时奴隶制问题由其自行决定，并居然允许南部奴隶主到北部自由州搜捕逃奴。

——何顺果：《美国史通论》，141—143页，上海：学林出版社，2001

问题设计：根据材料四，分析南北双方进入“妥协和冲突”阶段的原因。从1850年妥协与威尔莫但书事件中我们可以看出哪一方在妥协？为什么？

教师引导学生分析：从前面的分析我们可以看出，1820年代之前，虽然南北方之间在奴隶制问题上有冲突，但尚处于相对平静的状态。如果没有新的州加入美国，也不存在加入的新州的制度争议的话，美国或许可能避免一场内战，逐渐以和平方式解决地区冲突。然而，美国西部领土的不断扩张，不断有新州申请加入联邦，而这些新州是否允许蓄奴？由谁来决定这些州的蓄奴制命运？这不仅影响到南北双方的经济力量，还影响到双方的政治利益，从而最终决定谁更强大的问题。冲突是因为增加一个新州不仅意味着经济制度在新领地的扩张，而且还将在权力极大的参议员增加两个新的席位，并由此打破南北之间在经济和政治上原有的平衡。

困惑中人们尝试过以妥协的方式解决问题，如“密苏里妥协案”、1850年妥协与“威尔莫但书”、1854年“堪萨斯—内布拉斯加法案”等，这些由北方的妥协而通过的法案虽然使南北方之间的矛盾有所缓和，却未能根本解决问题，奴隶制仍然困扰着南方和北方。妥协是因为双方都未作好摊牌的准备，在经济上南北之间又存在着相互依存的一面。北方的妥协，因为此时北方资本主义工商业正处于形成阶段，力量不够强大，同时与西部的联系也不密切，迫切需要南方棉花作为原料。妥协总是有限度，北方的退让，换来南方的得寸进尺，最终双方无法再继续妥协，日益走向分裂和仇视。

三、南北双方在失衡中走向内战

材料呈现：

材料五　首先在这一时期（19世纪四五十年代之交）东北部在经济上发生了重大变动，这就是典型的工业资本家的初步形成。与此同时，西部也逐步由“南部的孩子”长大成人。“中西部”已成为另一个巨大的农业专业区，而与南部的棉花专业区相抗衡。更重要的是，这个已经成长壮大的西部，对东北部资本主义“核心地区”来说，已不再处于孤立或半孤立的状态，因为运河和铁路的发展，已把这两个建立在同一劳动制度上的地区更加紧密地联系起来。同时，交通运输业的发展，也根本改变了西部与东北部、西部与南部的经济联系。昔日西部这个南部的主要贸易伙伴，现在变成了北部的主要贸易伙伴。各区域关系发展的总趋势，是西部与东北部之间关系的加强而与南部的联系相对减弱。

——何顺果：《美国史通论》，145—151页，上海：学林出版社，2001

问题设计：根据材料五，分析指出西部与北方经济的发展壮大及紧密联系对南北方之间的关系会带来什么样的影响？

教师引导学生分析：19世纪四五十年代，美国北方工业革命完成，工业资产阶级开始形成，更突显其在美国经济中的优势地位。西部经济的发展壮大，并逐渐减少对南方的依赖，加强了与北方之间的经济联系，实现了与北部经济上的"一体化"，并在此基础上形成了西部与北部在政治上的联盟，北方在经济和政治上的优势都超越了南方，打破南北之间经济和政治的平衡，壮大废奴主义的力量。南北方关系失衡，最终走向战争。

材料呈现：

材料六 19世纪30年代初，以立即废奴主义为指导思想的战斗性废奴运动在美国北部蓬勃兴起。1833年，成立了全国性的废奴组织——美国反奴隶制协会。新兴废奴运动主张立即无条件地废除奴隶制。废奴主义者以气势磅礴的宣传向奴隶制发起凌厉的攻势。废奴书籍和报刊大量发行，宣传活动有声有色。废奴派从各个方面抨击奴隶制。主张政治行动的废奴派于1840年4月1日在奥尔巴尼成立了美国第一个废奴主义政党——自由党。50年代废奴派广泛开展了反对逃奴缉捕法的斗争。……1854年，共和党正式成立。

——张友伦：《美国通史·第2卷·美国的独立和初步繁荣：1775—1860》，348—372页，北京：人民出版社，2002

材料七 1854年堪萨斯-内布拉斯加法案通过后不久，废奴派和自由土地派同奴隶主分子为争夺堪萨斯领地酿成流血冲突，即"堪萨斯内战"。堪萨斯内战是南部奴隶主阶级同北部自由州人民的首次武装冲突。

1859年10月6日夜，59岁的约翰·布朗在弗吉尼亚州的哈泼斯渡口发动了震惊全国的反奴隶制武装起义。弗吉尼亚州州长亨利·怀斯调集地方武装将起义者团团包围。布朗终因寡不敌众而失败。

——张友伦：《美国通史·第2卷·美国的独立和初步繁荣：1775—1860》，348—372页，北京：人民出版社，2002

问题设计：材料六、七的斗争说明了什么？

教师引导学生分析：废奴运动在全美国的蓬勃发展，废奴文学的流行，反对奴隶制的共和党成立，堪萨斯内战，约翰·布朗起义等，都公开并集中地将矛头指向奴隶制，并出现以武力解决奴隶的斗争，使南北方妥协的希望破灭，使和平废除奴隶制成为不可能，也将南方推向独立的边缘。林肯当选为总统后，南卡罗来纳州等南部诸州即刻宣布脱离联邦，成立南部同盟，并攻击联邦军队要塞，美国内战爆发。以林肯为首的北部资产阶级以维护联邦的统一为最高目的，与南方叛乱诸州进行了历时4年的战争，最终平息了叛乱，维护了国家的统一，并于1865年12月18日通过宪法修正案废除了奴隶制。

教师指导学生小结：独立战争后，美国南北两种经济制度经历了和平共存、斗争与妥协、失衡中走向战争的历程。然而战争却没有最终废除奴隶制，只是为战后宪法修正案的通过提供了前提条件，从法律上完善了美国的资本主义民主制度。奴隶制在法律上的废除，推动了美国资本主义工商业的扩展，促进了美国经济的腾飞，在19世纪末20世纪初其国民经济总量超越英国，跃居世界第一位。

教学资源

资源1：法国"旧制度"的内涵

"旧制度"主要指的是1789年大革命前法国一种存在了两三百年的号称"绝对君主制"的政治体制。所谓"绝对君主制"，是一种类似于秦始皇废分封设郡县的中央集权制度，它兴起于15世纪末的西欧各国，并在路易十四时代的法国(1643—1715)达到了巅峰形态。

法国王朝政府实施的这种中央集权化，剥夺了大部分地方贵族的行政管理权，同时又保留了大量封建残余，其中最根本的，是一种把全体社会成员划分为教士、骑士和平民这三个等级的社会等级制度。该制度是在中世纪期间按天主教神学理论设计的：教士被尊为第一等级，是因为他们负有引导人们的灵魂升入天堂的职责，这在天主教西欧自然是最重要、最崇高的事业；骑士，以君主为首的武士阶层，通常意义上的军功贵族，承担着为上帝的光荣而战的军事职能，因而贵为第二等级；第三等级——平民，包括第一第二等级之外的所有社会成员，其职能是从事生产活动以满足第一第二等级的物质需求。三个等级的情况都相当复杂，而且随着时代的演进变得越来越复杂，表现为各等级内部都存在着许多不同的阶层或集团，如教士等级上下层的境况有天壤之别，下层教士虽贵为第一等级，实际地位跟第三等级无异；第二等级也有类似的阶层分化，并出现了一个不同于传统的军功贵族(即所谓"佩剑贵族")的文职贵族(叫做"穿袍贵族")集团；第三等级内部情况就更复杂了，上有工商业资产者，中有自耕农、小工商业者，下有佃农、雇工和仆役等。另外，这种三等级划分其实也就是两等级即特权等级和无特权等级的划分：第一第二等级属于特权等级，他们仅占人口的不足2%，而他们享受的特权，除了各种残留的封建特权之外，还包括拥有大规模地产而不用缴纳财产税以及国家高官显爵的垄断权，这就使占人口98%以上的广大无特权的平民处于非常悲惨的受剥削、受压迫的地位。所以，由于这种封建残余的存在，旧制度法国社会呈现的显然是一种不平等的金字塔结构。

——高毅：《〈旧制度与大革命〉探析(上)》，载《中国高校社会科学》，2013年第1期

资源2：法国大革命的进展与古罗马历史发展的相似性

1789年，革命中的人物角色尚丰富多样，除了革命者，还有所谓的保王党和骑墙派，此为"王政"末年。到了1793年，革命角色变得单一化，朱学勤所说的"道德理想国"于斯为盛，但制度尚未确立，这是"共和"初年。1795年督政府成立后，模仿古罗马共和国建立五百人院与元老院，进入共和时期。但好景不长，拿破仑很快跃上权力顶峰，如恺撒般四处征战，迅速将法国从共和国带向了"共和制帝国"。1799年拿破仑发动雾月政变，推翻督政府，驱散元老院与五百人院，历任第一执政(1799)、终身执政(1802)，进而于1804年称帝，重演了恺撒的故事，建立法兰西帝国。大革命的进展与古罗马历史发展(王政—共和国—共和制帝国—帝国)符合若契，大革命的戏剧性也于此走向巅峰。

——张源：《连续与断裂：法国大革命是一场怎样的革命?》，载《南京大学学报(哲学·人文科学·社会科学版)》，2015年第1期

资源3：美国独立战争与法国大革命的相似性

首先，两场革命的巩固都以巨大的人员伤亡为代价。其次，尽管方式不同，美国与法国革命后都促进了农业资本主义的发展。革命后出售没收或占领的土地而扩大了农场主土地占有面积，这一点在两国是一样的，但美国伴随着西进运动而掀起了一股农业商业化浪潮，而法国农业资本主义的发展则主要是由于摆脱了领主压榨与什一税的限制。最后，革命后新成立的两个共和国在政治文化上有着根本的相似性，这一点超越了两国在人民主权、代议制政府等方面的相似性，两国革命者都表现出对美德的热爱与对平等的追求。

美国革命与法国革命发生在第一次全球帝国危机最为严重的时期，为了在全球范围内扩张领土与追逐商业利益，各大帝国间爆发了严重冲突——特别是英国、法国与西班牙，也包括奥斯曼帝国与莫卧儿帝国，各个帝国竞相壮大军事力量以维护自身利益。两个革命之间的相互联系与影响，进一步说明了全球性帝国危机的存在。法国革命时期加勒比海地区奴隶制度的废除、重新启用及1804年海地国家的建立，使美国南部的种植业得到极大发展，以满足欧洲的巨大市场需求。此外，美、法两国革命都显示出革命与战争的密切关联，两国革命催生了强大的军队，对此后的世界进程产生了重要影响。军队与民族、国家融为一体，大规模的民众死亡是以捍卫国家的名义而进行的，这使战争的性质发生改变，而技术的革新又使1792—1794年的战争形态演化为第一次世界大战期间工业化规模的杀戮。

——孙一萍：《法国大革命史研究的新趋向》，载《世界历史》，2016年第1期

资源4：俄国德意志化的尝试

德意志化的新尝试出现于尼古拉一世统治时期。尼古拉一世的岳父是普鲁士国王弗里德里希·威廉三世，他本人自幼迷恋军营中的生活方式，倡导对君主和对上级的绝对忠诚，一向崇拜普鲁士的军事训练机制和警察制度。当时，维持军队与警察的费用约占国家收入的一半，俄国的社会生活已带有浓重的军营色彩。与此同时，俄国在尼古拉一世的统治下也曾有变革的举动。基谢廖夫于1835年制定了一项逐渐取消农奴制的计划，但未获成功。在国有产业部大臣基谢廖夫的主持下，1837—1841年改良了国有地产的管理，在一定程上提高了国有农民的经济与法律地位。宫廷农民的情况也有类似的改善，而地主所有农奴的处境未见变化。1841年的一项命令曾经允许地主给农奴以自由，并将一块土地交付他们使用，但是农奴的解放取决于地主的善意，其收效十分有限。

俄国近代德意志化的进程至此基本结束。德意志化进程有利于沙皇专制的加强，同时给俄罗斯的政治制度、军警机制、镇压手段、社会日常生活打上了深深的烙印。德意志化的恶果是增加了俄罗斯国家的野蛮与专制色彩。

——马克垚主编：《世界文明史(下册)》，772页，北京：北京大学出版社，2016

资源5：俄国工业化的推进与社会危机

俄罗斯工业化进程的首要推动者就是在1892年至1903年担任财政大臣的维特伯爵。1893年，他的第一份预算递交到政府，将自己的目标描述为“消除阻碍国家经济发展的不利条件”和“激发健康的企业精神动力”。利用自己在政府的所有权力，维特实施了刺激经济发展的政策。他的工业政策的核心是一项巨大的铁路建设计划，铁路连接了俄罗斯帝国的广

袤区域，并且刺激了其他产业的发展。更为重要的是，新的铁路跨越西伯利亚，使得在西伯利亚进行大规模的定居、开发和工业化成为可能。为了给工业化筹集国内资金，维特重新改造了国有银行，并鼓励建立储蓄银行。维特用高额的保护性关税支持了新起步的产业，同时还寻求大笔来自西欧的国外贷款来为工业化提供资金。他的计划奏效了。法国和比利时的资本在钢铁和煤炭行业的发展中起到了关键作用，而英国的资金支撑了高加索石油产业的繁荣。

十年间，维特体系在俄罗斯的现代化进程中起到了关键作用，但是农民起义和产业工人罢工也表明，全国大部分人口不愿意忍受伴随着维特的政策而来的生活水平的降低。刚刚解放的农奴通常不喜欢工厂的工作，因为他们被强迫着遵循新的规程，去适应工业机器的节奏。工业增长开始产生城市工人阶级，他们所遭受的情况也类似于其他社会工业化早期的工人们的经历。雇主付给工作过度、生活贫困的工人少得不能再少的工资。圣彼得堡和莫斯科的工业产业因工人们恶劣的工作和生活环境而臭名昭著。1897 年，政府将每天最长工作时间限制为 11.5 小时，但是这项措施并没有缓解工人们的困境。政府禁止建立工会，并宣布罢工为非法，但是持续不断的罢工并不因限制而停止。经济上的剥削和缺乏政治自由使工人们越来越容易革命的宣传，地下运动迅速在他们中间开展起来。

——[美]杰里·本特利等：《新全球史：文明的传承与交流(下)》，魏凤莲等译，942—943 页，北京：北京大学出版社，2007

资源 6：日本一度钟情于西方天主教文明

1543 年，3 名葡萄牙人乘中国帆船漂流到日本鹿儿岛县的种子岛。葡人随身带去的火绳枪(“铁炮”)让地处偏僻的种子岛大名领主大开眼界。……

1543 年葡人到达日本的意义不在于使西南日本人见到了火绳枪，而在于它使日本人知道世界之大。此前，日本人只知道最远者为印度，葡人来航使他们知道印度以西还有一个叫作“欧罗巴”的广大世界。但葡人航日更具影响的近期意义在于，这批来自伊利比亚半岛的人带去了日本人从未接触过的天主教。这件西方文明的“最早礼物”一时风靡了日本半个岛区，促使“只知秦不知有汉”的日本人思想发生了很大变化。1549 年，西班牙传教士方济各·沙勿略带领几名传教士从中国进入鹿儿岛，获取领主岛津贵久的传教特许状，开始传教。短短半个世纪时间，日本天主教徒便猛增到 70 万人，占日本当时人口的 3%。

——马克垚主编：《世界文明史》(下册)，946—947 页，北京：北京大学出版社，2016

资源 7：17 世纪以来幕府统治下的日本在社会经济和文化方面的变化

首先是出现了资本主义萌芽。……德川中期以后，商品经济显著发展，以大阪、江户、京都为中心，一个全国性的商业网已初步形成。正是在这种商品经济的涌动中，18 世纪中叶资本主义的幼芽开始在日本萌生，商人通过“问屋”包买农村手工业品进行贩卖，或分发给农民原料令其加工，然后付给工资(实物)收买成品。后来，除原料外，还预付工具给农民，生产者只出卖劳动力而不必使用自己的工具，加工费也改用货币形式。这种称为“前贷制”的包买制度和西欧的“外放加工制度”一样，是资本主义萌芽的最初形式。其次是西方先进文化技术的引进,引进始于1639年宽永锁国体制确立之前。可分为三个不同的阶段:(1)蛮学时期;(2)兰学时期;(3)洋学时期。当时葡人、西人从南方而来,日本人受中华文化影响称其为蛮夷,对其文化称为“蛮学”。……以《解体新书》的翻译和出版(1774)为标志开始的“兰学”,是以宗教改革后的荷兰科学文化为主体的西方文化,在生理学、病理学、博物学、物理学及航海、造船、化学等方面都已近代化,因而在日本流传甚广、影响大增。……幕末,1853年美国叩关,第二年签订《神奈川条约》迫使日本开港。以后传入的“洋学”则以英、美、法的科学、文化为主,其范围从医学及天文历算之类的“实用之学”扩大到一切西方科学文化知识,而且研究者也从上层知识分子扩大到民间知识分子,对日本的文化、教育和实业产生了革命性影响:一是导致了各种学问的建立;二是导致了各位近代学校的兴办;三是导致了一系列制铁所的创立。至1863年长崎制铁所建成时,已使用了英国发明的蒸汽机,在工业上把日本推上了近代化之路。最后是改革派在日本的形成。

——何顺果:《世界史:以文明演进为线索》,257—258页,北京:北京大学出版社,2012

资源8:日本使团出访欧美

1871年10月20日,明治政府任命外务卿岩仓具视为右大臣兼特命全权大使,木户孝允、大久保利通、伊藤博文、山口尚芳为全权副使,组成48人的大型使节团出访欧美,另有留学生59人同行。岩仓使节团一行先后访问了美、英、法、比、荷、德、俄、丹麦、瑞典、意、奥和瑞士等12国,认真考察了各国政治、外交、法律、军事、经济、文教、风俗习尚等方面的情况。在长达20个月的考察、访问中,使团实地接触西方资本主义各国,眼界大开,认识到发展经济是使国家富强的根本途径,必须发展资本主义工商业;同时,必须改革日本的政治体制,健全法制,移风易俗,改革教育;并决定从本国国情出发,效法西方,认为“尤可取者,以普鲁士为第一”。岩仓使团的欧美之行,也使日本的当权者们接受了“强权即公理”、“弱肉强食”的资本主义强国经验,促使日本加快了军国主义化的步伐。1873年9月,使团成员回国后,重新改组了明治政府。使团主要成员更牢牢掌握政府实权,亦使大批具有改革思想及专长的人才进入政府担任要职,基本上形成了推行改革的指导思想及领导骨干,决定了日本后来发展的大方向。

——齐世荣等主编:《15世纪以来世界九强兴衰史(下卷)》,522—523页,北京:人民出版社,2009

资源9:德意志大学生对国家统一的盼望

贵族们的这些举动让那些民族解放战争的经历者们感到愤怒,尤其是年轻的大学生们,他们更盼望实现自由民主,建立统一国家。1815年6月,耶拿大学出现了第一个大学生社团,提出了“忠诚、自由、祖国”的口号,还采取了黑—红—金三色旗,作为“统一与自由”运动的象征。不久,各地大学生社团纷纷建立,并联合成立一个跨区域的大学生总社团。他们在瓦特堡聚会,发表统一德意志的宣言。这些举动都得到了一些爱国知识分子的支持,……南德的知识界出版了大量影响深远的国家法著作,罗特克第一次提出了现代意义上的“议会”,并编著了后来被誉为“三月革命前自由主义圣经”的《国家辞典》。

——孟钟捷：《德国简史》，92 页，北京：北京大学出版社，2012

资源 10：德意志帝国 1871 年宪法就“皇帝”称号的争论

自由派人士和太子希望使用“德意志人的皇帝”的称号，威廉一世希望使用“德国皇帝”的称号，但巴伐利亚等邦国则坚持使用“德意志皇帝”的称号，因为第一个称号涉及没有加入联邦的德意志人，如奥地利人，而第二个称号强调了地域概念，“包含对非普鲁士地区行驶君主权利”的含义，不利于帝国内部的团结。而先前俾斯麦在同路德维希二世的交涉中，使用的也一直是“德意志皇帝”的称号。最后，巴登大公在登基典礼上巧妙地回避这个问题，使用了“威廉皇帝”的称呼。

——郑寅达：《德国史》，279 页，北京：人民出版社，2014

哲学的过程中，明确提出了哲学的根本问题，建立了人本主义哲学，人本主义在本质上属于唯物主义。他肯定自然离开意识而独立存在；实践、空间和机械运动是物质存在的形式；人是自然的产物，是自然界的一部分，是思维和存在的统一的基础和主体。费尔巴哈批判康德以来的不可知论，肯定人能够认识世界，并且肯定人已经具备了足够的器官去认识客观世界和客观规律。他坚持唯物主义的反映论，既承认感觉在认识中的源泉的作用，又强调认识过程中思维的必要性，感性认识和理性认识是紧密联系、不可分离的。马克思、恩格斯批判了费尔巴哈哲学中的形而上学，继承了其唯物主义的“基本内核”，从而创立了辩证唯物主义哲学。马克斯、恩格斯还将他们的哲学理论科学地运用于社会发展和社会形态的更替，创立了历史唯物主义哲学，从而实现了哲学主题的转换和哲学对象的变革，并使马克思主义哲学体系具有了鲜明的阶级性。

马克垚指出，马克思、恩格斯运用辩证唯物主义和历史唯物主义分析资本主义经济发展的规律，发现了剩余价值的秘密，从而使政治经济学变成一门严密的科学；他们也用辩证唯物主义和历史唯物主义揭露资本主义社会内部的深刻矛盾，指明社会主义取代资本主义的必然趋势，为无产阶级革命和无产阶级政党提供分析客观形势、制定战略和策略的观点和方法。

2. *马克思主义政治经济学：超越古典政治经济学*

关于“古典政治经济学”的定义，张雄在《政治经济学批判：追求经济的“政治和哲学实现”》（载《中国社会科学》，2005 年第 1 期）一文中指出，第一，英国古典政治经济学在一定程度上揭示了人性中私向化与社会化、利己与利他的矛盾，并上升到规律与学说的领域，使近代人类有了激活人的欲望发展的理性工具。第二，政治经济学诞生于资产阶级上升期，其理论观点有一定的革命性和先进性，但阶级属性毕竟带有资产阶级经济意识形态的烙印，理论的乌托邦和价值观的虚伪性不可忽视。政治经济学是关于社会财富的学问，政治经济学批判是以政治经济学作为反思对象的哲学批判程式，马克思曾把“政治经济学”表述为关于“市民社会的解剖学”，而把“政治经济学批判”直接作为《资本论》的副标题。17、18 世纪古典政治经济学的诞生与发展，主要与资本主义工业革命高涨期相呼应，其巅峰成果是英国古典政治经济学的集大成。而 19 世纪政治经济学批判是在政治经济学发展进入自我反思阶段应运而生，主要与资本主义现代性矛盾的尖锐化相呼应，其巅峰成果是马克思的《资本论》问世。张雄认为，马克思的政治经济学批判，是一种历史理论，一种哲学辩证法，更是导引先进的无产阶级革命与建设的行动法宝。

马克思继承了古典政治经济学理论。张盾、袁立国在《论马克思与古典政治经济学的理论渊源》（载《哲学研究》，2014 年第 3 期）一文中指出，对社会存在的发现，是马克思在研读了弗格森、斯密、马尔萨斯等人著作之后才有可能触及的全新观念。而马克思思想发展的关键一步，正是通过研究黑格尔法哲学而意识到“对市民社会的解剖应该到政治经济学中去寻求”，又通过对政治经济学的批判而最后得到历史唯物主义的一般原理：“人们在自己生活的社会生产中发生一定的、必然的、不以他们的意志为转移的关系，即同他们的物质生产力的一定发展阶段相适合的生产关系。这些生产关系的总和构成社会的经济结构，即有法律的和政治的上层建筑竖立其上并有一定的社会意识形式与之相适应的现实基础。物质生活的生产方式制约着整个社会生活、政治生活和精神生活的过程。不是人们的意识决定人们的存在，相反，是人们的社会存在决定人们的意识。”

马克思又超越了古典政治经济学理论。王庆丰在《马克思的〈资本论〉与古典政治经济学》（载《学术研究》，2013 年第 8 期）一文中认为：古典政治经济学囿于经济学的研究领域，只能在资本主义社会框架之内探讨社会财富增长的机制原理。马克思的《资本论》突破了古典政治经济学不可逾越的界限——阶级关系，从而实现了科学术语的革命，将单纯的经济学范畴上升为存在论范畴。马克思的政治经济学批判和古典政治经济学有着迥然不同的目的。古典经济学共同的目的都想在资本主义社会的框架下发现经济运行的规律，从而促进社会财富的增长。而马克思关心的则是资本主义社会条件下人类的生存状况，致力于实现人类的自由解放。在英国古典政治经济学视为禁区或者说被其遮蔽的地方，正是马克思政治经济学大显身手的舞台。马克思的《资本论》所要揭示的正是资本主义条件下人的生存状况：物的掩盖下所形成的人与人之间的关系（阶级关系），这就突破了英国古典政治经济学“不可逾越的界限”。马克思的《资本论》对古典政治经济学的超越，不是一种经济学意义上的超越，也不是一种经济哲学意义上的超越，它是一种哲学的存在论的超越。我们必须把笛卡尔—康德—黑格尔的思想史传统和配第—斯密—李嘉图的思想史传统结合起来，在这种互相诠释当中，才能真实地把握住马克思的哲学革命。他将古典政治经济学所揭示的经济生活上升到哲学的层面，从而革新了德国古典哲学的抽象的、思辨的唯心主义传统，使哲学回归现实生活。如果只研究第一个传统便无法理解马克思哲学革命的真实意义，有可能仍囿于抽象的思辨当中；如果只关注第二个传统便有可能陷入一种无批判的经验实证主义。

3. 科学社会主义：跨越英法空想社会主义

蒲国良在《社会主义思想从乌托邦到科学的发展——纪念共产主义者同盟成立 170 周年》（载《理论与改革》，2017 年第 3 期）一文中指出，从 1516 年《乌托邦》发表到 19 世纪 40 年代科学社会主义创立，乌托邦社会主义历经 300 多年的发展，其内容越来越丰富，理论越来越完善，对现实制度的观察与批判越来越深刻，对理想社会的构建也越来越接近科学的形态。社会主义从乌托邦发展到科学的过程，是一个空想色彩日渐淡化、糟粕成分不断被剔除、科学内涵越来越充实的过程。19 世纪 40 年代初期，马克思在研究政治经济学的同时曾仔细研读了傅立叶、卡贝、勒鲁、孔西德朗等法国乌托邦社会主义者的著作，恩格斯在此期间也对巴贝夫、圣西门、傅立叶、欧文、卡贝、魏特林等人以及其他乌托邦社会主义者的著作进行潜心研究。通过对各家各派乌托邦社会主义理论体系的系统、深入的研究，他们批判了乌托邦社会主义的唯心史观和各种不切实际的空想方案，抛弃了乌托邦社会主义的思想糟粕，继承了乌托邦社会主义中的科学因素，并以唯物史观和剩余价值理论为基础创立了社会主义的一系列科学理论，完成对乌托邦社会主义继承、批判和超越的前提和基础。1848 年 2 月，马克思、恩格斯为 1847 年 6 月刚刚建立的共产主义者同盟起草的党纲《共产党宣言》发表，标志着科学社会主义的诞生。

许耀桐在《马克思恩格斯创立科学社会主义》（载《科学社会主义》，2013 年第 5 期）一文中指出，科学社会主义的理论基础是空想社会主义，马克思、恩格斯不但借鉴了空想社会主义的有益成分，而且批判了空想社会主义的根本缺陷。马克思、恩格斯通过创立唯物史观和剩余价值学说，为整个社会主义大厦，奠定了坚如磐石的科学基础。唯物史观和剩余价值学说使社会主义由空想变成了科学，科学社会主义由此迈开了发展的一大步。马克思、恩格斯在批判资本主义旧世界的基础上指出，未来社会主义是在生产资料公有制基础上组织社会生产，满足全体社会成员的需求是社会主义生产的根本目的；对社会生产进行有计划的指导和调节，实行等量劳动领取等量产品的按劳分配原则；合乎规律地改造和利用自然；无产阶级革命是无产阶级进行斗争的最高形式、必须由无产阶级政党领导、以建立无产阶级专政的国家为目的；通过无产阶级专政和社会主义高度发展最终实现向消灭阶级、消灭剥削、实现人的全面而自由发展的共产主义社会过渡，等等。这些构成了科学社会主义基本原则。许耀桐梳理了科学社会主义实现的政治条件：一是实现社会主义必须组织无产阶级政党和坚持党的领导。二是实现社会主义必须进行无产阶级反对资产阶级的斗争并夺取政权。三是实现社会主义必须实行工农联盟并建立最广泛的反对资产阶级的统一战线。四是实现社会主义必须坚持无产阶级专政。五是实现社会主义必须坚决支持被压迫民族和被压迫人民的正义斗争。六是实现社会主义必须坚持独立自主的原则。

赵智奎在《马克思恩格斯的科学社会主义学说及其当代启示》(载《马克思主义研究》，2011 年第 1 期)一文中，综合了《马克思恩格斯文集》十卷的有关论著，将科学社会主义基本原理归纳为五条：(1)根据唯物史观和剩余价值原理，无产阶级首先在与资产阶级的对立中解放自己；(2)无产阶级取得国家政权并把生产资料变为国家财产；(3)无产阶级使生产资料摆脱了它们迄今具有的资本属性，使它们的社会性有充分的自由得以实现；(4)按照预定计划进行的社会生产成为可能；(5)随着社会生产的无政府状态的消失，国家的政治权威也将消失，人终于成为自己的社会结构的主人，从而也就成为自然界的主人，成为自身的主人——自由的人。赵智奎将马克思、恩格斯科学社会主义的重要论断、命题和原理概括为：两大理论基石、两个必然、两个决不会和一个科学预测。两大理论基石：唯物史观和剩余价值学说。“两个必然”：资产阶级的灭亡和无产阶级的胜利是同样不可避免的。“两个决不会”：“无论哪一个社会形态，在它所能容纳的全部生产力发挥出来以前，是决不会灭亡的；而新的更高的生产关系，在它的物质存在条件在旧社会的胎胞里成熟以前，是决不会出现的。”一个科学预测：“这样一来，根据共产主义原则组织起来的社会，将使自己的成员能够全面发挥他们的得到全面发展的才能，于是各个不同的阶级也必然消灭，城市和乡村之间的对立也将消失。”

（四）实践条件：马克思、恩格斯的革命实践

恩格斯在《在马克思墓前的讲话》(载《马克思恩格斯选集(第 3 卷)》，中央编译局译，777 页，北京：人民出版社，1995)一文中认为，马克思首先是一个革命家。他毕生的真正使命，就是以这种或那种方式参加推翻资本主义社会及其所建立的国家设施的事业，参加现代无产阶级的解放事业，正是马克思第一次使现代无产阶级意识到自身的地位和需要，意识到自身解放的条件。斗争是他的生命要素，很少有人像马克思那样满腔热情、坚韧不拔和卓有成效地进行斗争。马克思最早的《莱茵报》(1842 年)，巴黎的《前进报》(1844 年)，《德意志-布鲁塞尔报》(1847 年)，《新莱茵报》(1848—1849 年)，《纽约每日论坛报》(1852—1861 年)，以及他许多富有战斗性的小册子，在巴黎、布鲁塞尔和伦敦各组织中的工作，最后，作为全部活动的顶峰，马克思创立伟大的国际工人协会。

王广在《马克思身份的危机——学者形象对革命家身份的遮蔽》(载《马克思主义研究》，

2015年第11期)一文中指出,在当前的一些研究中,马克思正在被塑造成一位纯学者,而淡忘了马克思的革命家身份。马克思不仅是学者和思想家,而且更重要的是革命家。马克思的一生,不仅是思想的一生,而且以理论为旗帜,以笔墨为刀枪,是战斗的一生。马克思的毕生著述,目的都是为了推翻资本主义社会及其所建立的国家设施,实现无产阶级和全人类的真正解放。马克思之不同于历史上诸多学者型思想家的特质,正在于学术思想与革命实践的高度契合,研究活动对时代主题的深切回应。马克思绝不仅仅是一位纯粹的学者,更无意做一名纯粹的学者,满足于构建一套学术体系,而是"满腔热情、坚韧不拔和卓有成效地"从事改造世界的伟大实践,是要现实地推翻资本主义社会及其所建立的国家设施,现实地参与并指导现代无产阶级的解放事业。革命家与学者的高度统一,才是完整的马克思的学术形象,也是马克思毕生不渝的理论自觉。要走出困局、化解危机,全面塑造马克思的革命家与学者高度统一的学术形象,就要将革命史叙事与思想史叙事相结合。

总之,正如顾海良、梅荣政在《马克思主义发展史》(7—8页,武汉:武汉大学出版社,2006)一书中指出:第一,马克思和恩格斯生活的时代的物质的和经济的事实,是他们创立科学的世界观的根源或基础。第二,马克思和恩格斯之所以能够成为一个新世界观的创立者,同他们对资本主义剥削制度的憎恨和对劳动群众的深厚感情是分不开的。第三,积极投身于无产阶级革命斗争的实践,是马克思和恩格斯创立这一科学理论的必要条件。第四,马克思主义的产生,同马克思和恩格斯毕生从事的艰苦卓绝的科学研究是分不开的。

二、马克思主义的经典著作

(一)《共产党宣言》

郝贵生在《如何认识〈共产党宣言〉的核心思想》(载《马克思主义研究》,2013年第11期)一文中指出,目前理论界对《共产党宣言》的核心思想主要有五种认识:阶级斗争思想、"两个必然"思想、"消灭私有制"和"两个决裂"思想、"人的自由全面发展"思想以及"全球化"思想。

1. 解读"阶级和阶级斗争"

李崇富在《必须坚持和正确运用马克思主义的阶级观点和阶级分析方法》(载《马克思主义研究》,2008年第1期)一文中指出,作为马克思主义的基本观点和基本方法,阶级观点和阶级分析方法在整个马克思主义科学体系之中占有重要的、不可替代的地位。马克思主义关于"阶级的存在仅仅同生产发展的一定历史阶段相联系"的观点;关于阶级社会的基本矛盾必然地表现为阶级和阶级斗争的观点;关于阶级斗争是阶级社会发展的"直接动力"的观点;关于无产阶级反对资产阶级的阶级斗争的"最高表现就是全面革命"的观点;关于"阶级斗争必然导致无产阶级专政"的观点;关于无产阶级专政"是阶级斗争在新形势下的继续"的观点;关于无产阶级专政"不过是达到消灭一切阶级和进入无阶级社会的过渡"的观点;关于无产阶级的阶级地位、历史使命和它自身只有组织成为革命政党"才能作为一个阶级来行动"的观点;关于"只有承认阶级斗争、同时也承认无产阶级专政的人,才是马克思主义者"等观点,构成了马克思主义科学的"阶级斗争学说"。而运用这种关于阶级和阶级斗争的学说及其基本观点，来思考、认识、分析、解决相关的社会现象和社会问题，就是马克思主义的阶级分析方法。

程金良在《对马克思阶级分析法的二重性理解——〈共产党宣言〉解读》(载《理论导刊》，2006年第11期)一文中认为，马克思不是把阶级、阶级斗争当作单纯的经济现象来看待，而是从人的实践过程中来理解、认识阶级和阶级斗争的。阶级是与社会分工紧密联系在一起的。包含在家庭中的和社会上的自然形成的分工是以不同人在生产中的比较优势为基础划分的。正是分工的存在，虽然结果不公平，却使各自的需求得到满足，同时推动着技术的进步。阶级的产生是由于社会分工的形成，而社会分工的形成则是由于现实中人们发展的不平衡造成。正是由于社会分工、阶级的形成，才不断地创造着物质的、精神的社会条件，使人有可能摆脱各种自然的、非自然的力量的束缚，向着自己的最终解放前进；正是由于阶级斗争的存在，才有可能使更多的人向着这个方向前进。在《共产党宣言》的第一部分内容中，马克思所强调的也就是这两层意思。即通过资产阶级的产生说明，社会的进步是伴随着阶级的发展而发展的；阶级斗争同时推动着阶级对立面的发展，使更多的人卷入到文明、解放的道路上去。

蒯正明在《阶级与阶级斗争：不能否定的马克思主义基本命题》(载《马克思主义研究》，2014年第11期)一文中认为，资产阶级学者和庸俗社会主义者曾经把收入来源的差别作为划分阶级的基本特征，而马克思、恩格斯则坚持以人们在社会生产中所处的地位，也就是他们与生产资料的关系作为阶级差别的基本标志。阶级不仅仅是一个经济范畴，它还反映了一个阶级对另一个阶级进行公开或隐蔽的剥削和奴役的关系。所以阶级和阶级斗争是密切联系在一起的。马克思、恩格斯认为，阶级斗争存在于自原始社会解体之后，人类社会的全部社会历史之中，阶级斗争是人类消除不公正、不平等，走向解放的必要步骤，是推动社会发展的直接动力。

2. 解读“每个人的自由发展是一切人的自由发展的条件”

于淑红在《对马克思的价值理想——每个人的全面而自由的发展的一点理解》(载《社科纵横》，2013年第2期)一文中指出，虽然马克思、恩格斯并没有给共产主义下过什么精确的定义，也没有详细地描绘过这个社会的蓝图，但是他们曾经用这样一句名言来精练地概括出共产主义社会的基本特征，那就是：“每个人的自由发展是一切人自由发展的条件。”马克思的世界观和方法论出发，每个人的全面而自由的发展是马克思对未来社会设想的价值核心和基本原则。

胡文建在《每个人的自由发展是一切人的自由发展的条件——纪念〈共产党宣言〉发表150周年》(载《当代世界社会主义问题》，1998年第2期)一文中指出，这句话的重要地位和重要意义在于：马克思和恩格斯以这句话开宗明义地向全世界宣布了共产党人最高的理想追求，最终的奋斗目标，同时科学地、概括地指明了社会主义和共产主义是什么，社会主义和共产主义的本质是什么。每个人的自由发展是社会主义和共产主义的本质。马克思和恩格斯所说的自由决不是自由主义和无政府主义的自由概念，而是指“人和自然之间、人和人之间的矛盾的真正解决”。

叶汝贤在《每个人的自由发展是一切人的自由发展的条件——〈共产党宣言〉关于未来社会的核心命题》(载《中国社会科学》，2006年第3期)一文中指出，《共产党宣言》关于未来社会的核心命题，是马克思、恩格斯终生为之探索和在实践上为之奋斗不息的主题，这个命题正确解决了人类社会与历史发展中所包含的最基本的四重关系。一是个人与共同体的关系，马克思把共产主义社会称为"真正的共同体"，参加这个共同体的不是阶级的成员，而是作为个人的个人。一方面，个人的发展是在共同体中实现的，通过共同体个人才能获得和控制全面发展其才能的手段，才有个人自由；另一方面，只有以个人身份（不是阶级成员）参加的共同体，才是自由人联合体。二是个人与个人的关系，是互为主体、互为客体的关系。在历史上，个人与个人之间，由于利益的分野与对立，一部分人的发展是以牺牲另一部分人的发展为条件的，这里存在的是"一切人反对一切人的战争"。在新的历史条件下，在"真正的共同体"中，每个人都有自己的个性，又都是发展的主体，他们的关系是平等、互动、互补、互助与合作的关系。三是每个人与一切人的关系，马克思强调每个人的发展是一切人发展的条件，阐明只有每个人都能自由发展，才可能有一切人的自由发展。这里前提是"每个人"，而不是"一切人"。马克思没有反过来说一切人的发展是每个人发展的条件，正是要同历史上那种"虚假的共同体"假借"集体"的名义剥夺多数人的自由区别开来。四是一国之内的每个人同全世界范围内的每个人的关系。共产主义是全人类的事业，《宣言》的命题本身要求从全人类的角度去理解每个人的自由发展由于历史原因，世界各国的发展是不平衡的，经济发展、政治制度、文化传统与发展，以及个人的发展程度等等，都差别甚大，不可能同时实现共产主义。马克思指出，单个人随着自己的活动扩大为世界历史性的活动，越来越受到对他们说来是异己的力量的支配，受到日益扩大的、归根结底表现为世界市场的力量的支配，在历史已经转变为世界历史的背景下，各国人民的命运不可分割地联系在一起。没有全人类的每个人的自由发展，一国范围内即使实现了每个人的自由发展，也是不可能巩固的，还不可能消除各国之间为争夺资源和争夺霸权而展开的斗争。

3. 解读"资本主义必然灭亡、社会主义必然胜利"

张国胜等在《"两个必然"理论的再思考——纪念〈共产党宣言〉发表150周年》（载《理论探讨》，1998年第6期）一文中认为，要深入领会"两个必然"的精神，必须弄清楚"两个必然"及其相关理论的真正历史坐标：第一，从历史时限来看，"两个必然"学说只包括到1847年为止；第二，从历史作用看，《宣言》最初的历史作用仅仅是为世界上第一个无产阶级政党创作的党纲；第三，从历史任务看，《宣言》是宣告现代资产阶级所有制的必然灭亡；第四，从历史原则看，对《宣言》基本原理的运用，必须随时随地以当时的历史条件为转移。

石镇平在《"两个必然"的理论证明、历史证明和现实证明》（载《马克思主义研究》，2017年第1期）一文中指出，社会主义必然代替资本主义，这是不以任何人的主观意志为转移的客观规律和必然趋势。从历史的角度看，这已经被频繁爆发的周期性经济危机和资本主义生产关系的四次调整的实践所证明。自资本主义生产方式产生以来，已经经历了多次的周期性经济危机。在马克思主义看来，经济危机实质上就是资本主义的制度危机，其根源正在于资本主义制度本身，在于资本主义制度的基本矛盾。经济危机是资本主义制度的不治之症，是资本主义制度自身所无法克服的。一旦着手克服经济危机，就必然要求消灭私有制、代之以公有制，消灭资本主义、代之以社会主义。资本主义生产关系经历过四次调整——从单个私人资本到股份制，到私人股份垄断，到资本主义国家垄断，再到国际垄断。一部资本主义发展史，既是一部生产力迅速发展的历史，也是一部资本主义生产关系不断调整的历史，更是一部资产阶级面对迅速发展的生产力不断妥协、退让的历史。资本主义生产关系的四次调整，使资本主义的生产资料所有制，越来越不像私有制，越来越像公有制，离原初的私有制越来越远，而离公有制越来越近。这充分说明：资本主义的生产资料所有制，正朝着马克思所说的社会所有制即公有制的方向在一步步地靠近。当社会所有制（即公有制）最终代替私有制之时，就是社会主义最终取代资本主义之日。所以，社会主义最终代替资本主义，这是不以任何人的主观意志为转移的客观规律和必然趋势。

邢贲思在《坚持和发展马克思主义——纪念〈共产党宣言〉发表150周年》（载《中共中央党校学报》，1998年第2期）一文中把《共产党宣言》的价值和作用概括为四个方面，一是《宣言》是国际共产主义运动的第一个纲领性文献，是对马克思主义学说第一次完整、系统的概述；二是《宣言》向全世界公开表明了共产党人自己的观点、目的和意图；三是《宣言》是马克思主义百科全书、经典之作，熔马克思主义哲学、政治经济学、科学社会主义和党的学说于一炉；四是《宣言》树立的实现共产主义社会制度的理想和信念，将永远是激励真正共产党人和千百万觉悟工人前进的强大精神动力。

（二）《资本论》

1. 主要内容

韩毓海在《一篇读罢头飞雪，重读马克思》（185—188页，北京：中信出版社，2014）一书中指出，《资本论》要回答的是：资本是什么？资本主义生产与交换的基础是什么？资本主义生产方式的实质是什么？马克思指出：资本主义革命、资本主义制度的形成不是一般地以生产力的革命、交换的革命，而是以一场深刻的金融革命为标志。马克思的天才之处正在于紧紧抓住并率先深刻分析了这条后来被称为“资本主义”的发展道路，揭示了它产生的历史背景、崛起的根源、不可避免的危机，真理性地揭示了资本主义发展方式的限度及其与生俱来的脆弱之处。马克思发现了资本主义产生的历史规律：资本主义体制是以跨国金融体系为前提而建立的。跨国金融体系的形成则是16世纪以来欧洲战乱频仍的产物，它的实质就是私人银行家的联合。

《资本论》体现的是整个马克思主义的思想体系。张雷声在《〈资本论〉与马克思主义理论的整体性》（载《马克思主义研究》，2010年第2期）一文中认为，《资本论》在其创作过程中、在研究对象的确定上以及在理论体系的构建上，都充分展示了马克思主义理论的整体性。马克思既从经济矛盾运动的角度，也从经济范畴的辩证转化和理论逻辑展开的角度，整体地反映了资本主义社会生产关系的经济进程，说明了资本主义社会是处在经常运动、变化和发展之中的，资本主义社会是一个不断新陈代谢、自我更新的活生生的有机体，从而揭示了资本主义必然灭亡的规律。

《资本论》更是一部典型的政治经济学著作。梅荣政等在《〈资本论〉对马克思主义政治经济学的奠基性贡献》（载《高校理论战线》，2012年第1期）一文中指出，第一，马克思在全面深入的批判中，实现了政治经济学的彻底变革。第二，《资本论》是马克思的主要著作和经济理论成熟的主要标志，从马克思的经济理论发展史看，《资本论》已经接近完美。第三，《资本论》是对工人阶级政治经济学的科学表述，马克思作出了“三大证明”：资本主义取代封建主义以后，由于它生产方式本身内在矛盾的发展，其生产形式、交换形式由生产力的发展形式逐渐变为生产力发展的桎梏；由资本主义生产性质所决定的分配形式，必然造成资产阶级和工人阶级穷富两极尖锐对立；资本主义生产方式内部所造成的巨大生产力，既是置自身于死地的强大武器，又是催生新的社会产生的物质基础，还将成为未来新社会保证全体社会成员得到自由发展的手段。马克思通过"三大证明"，揭示了资本主义内在的否定之否定规律，使资本主义社会中工人阶级被剥削、被压迫的地位和命运得到了最真切的分析，通过剩余价值学说，使资本家剥削工人的秘密得到了最深刻的说明。在社会主义思想史上第一次科学地揭示了资本和劳动的关系的真相，从而阐明了资本主义产生、发展和必然灭亡的规律。

2. 方法论

陈小玉在《回到〈资本论〉的灵魂——历史唯物方法论》(载《学术论坛》，2006 年第 5 期)一文中认为，《资本论》的灵魂是历史唯物方法论。历史唯物方法论是一个不断被实践证实为可以用来透视社会及其发展规律的锐利分析工具。历史唯物方法论之所以恒久而弥新，在于它是一个由各种复杂研究方法和高度复杂性的马克思主义研究对象有机结合起来的统一体。马克思历史唯物方法论当中的一个理论革命在于，在马克思的历史唯物方法论当中用"结构"把生产力、生产关系、经济基础、上层建筑和意识形态这些已被赋予层次性、历时性与共时性相统一的系列范畴结合起来，用以研究具有复杂性的社会及其发展规律，或者说把人们的物质生活、社会生活、政治生活和精神生活组织起来，统一在一起作为马克思主义的研究对象。

陈娜等在《〈资本论〉历史与逻辑相统一的方法论及当代重要价值》(载《中国社会科学院研究生院学报》，2016 年第 3 期)一文中指出，历史与逻辑的有机统一是马克思《资本论》采用的最基本和最重要的方法论原则。在马克思看来，历史的起点，也就是逻辑的起点。马克思把历史和逻辑的一致建立在唯物主义的基础之上，逻辑的方法是用来反映历史进程和现实的科学方法。逻辑的展开必须在本质上符合历史的发展过程，同时，历史过程也只有在逻辑的展开中才能再现出来。只有按照事物的内在结构来决定事物的先后时间次序，才能再现历史进程的本质。《资本论》中的逻辑顺序是依历史上的次序来展开，而逻辑的顺序正是从抽象上升到具体的过程，抽象的东西反映历史发展是较早的、较为简单的规定，具体的东西反映历史发展较晚的、较为复杂的多样性的规定。

3. 价值

马永妍在《马克思〈资本论〉的贡献和影响》(载《商业文化》，2011 年第 5 期)一文中指出，《资本论》贡献了劳动价值、剩余价值、社会资本再生产三种理论。《资本论》所发现和阐述的一些原理，或成为现代经济学的先驱，或被现代经济学所重新发现并以某种形式加以重述。也有的经济学家认为，凯恩斯《通论》出版以后，创立了现代资产阶级的宏观经济学，但是这同时也使人们看到了马克思在宏观经济学方面的贡献。除此以外，新制度经济学、生态经济学、企业理论、产业后备军理论、激励相容性问题研究、收入分配理论等相关经济学派或是经济学问题都多多少少从马克思的《资本论》中受到过启发或是影响。

何元锋等在《〈资本论〉在当代中国的现实意义和重要价值》(载《甘肃社会科学》，2014 年第 1 期)一文中指出，《资本论》对发展社会主义市场经济具有重大指导作用，具体体现在：第一，是市场经济的效率性问题；第二，是劳资关系及其处理问题；第三，是收入差距和两极分化问题；第四，是经济的可持续稳定发展和经济危机问题。在现代社会，发达国家的历史往往会在后进国家重演，发达国家走过的道路对后进国家来说就是一面镜子。马克思所描述的英国当时的许多情况，有些实际正在中国重演。可以说，中国目前遇到的多数重要经济问题，都可以在马克思主义经济理论中找到相应的例子和相关的分析。

崔友平在《〈资本论〉的传播与当代价值》（载《当代世界与社会主义》，2017 年第 3 期）一文中指出，《资本论》的创新思想为 21 世纪马克思主义政治经济学的建立提供了科学指导；《资本论》对于我们深化对人类社会发展规律的认识，为人类社会发展贡献"中国方案"提供了依据；《资本论》的分析框架和体系结构为建立中国特色社会主义政治经济学奠定了基础；《资本论》对国民经济保持持续、快速、健康发展具有重要指导作用；《资本论》的经济危机和经济周期理论，是分析当代资本主义经济危机问题的重要理论武器，同时为中国有效应对宏观经济波动提供了应对策略；可以用《资本论》中的竞争价格决定理论指导中国价格改革实践，实现公平分配。

三、马克思主义的影响

（一）对俄国：马克思主义的俄国化

1. 马克思主义的俄国化与十月革命

马龙闪在《马克思主义的俄国化与十月革命（一）》（载《历史教学》，2008 年第 2 期）一文中认为，在马克思主义俄国化的过程中，布尔什维克吸取和继承了革命民粹主义，包括对革命具有无比的决心和毅力，革命行动无比的英勇果敢，具有为人民利益顽强战斗的牺牲精神，以及敢于通过暴力和起义夺取政权的革命英雄主义。俄国马克思主义者吸收的革命民粹主义的思想传统，包括：(1)"直接过渡"的思想；(2)具有"反资产阶级性"、天生"反资本主义"的特质，具有传统的反商品、反市场的思想；(3)建立高度集中的革命党的思想传统；(4)关于采取"直接革命行动"、直接"夺权"，把"暴力"绝对化的思想传统；(5)意识形态的宗教性色彩；(6)崇尚"人民"，崇尚体力劳动，具有贬抑知识分子的思想传统；(7)缺乏包容性，表现出不容异见性；(8)关于科学文化与政治关系的思想传统；(9)关于革命道德和策略原则的思想传统。

马龙闪在《马克思主义的俄国化与十月革命（二）》（载《历史教学》，2008 年第 4 期）一文中提出，十月革命是马克思主义俄国化的产物。在西欧资本主义高度发展条件下产生的马克思主义，一经传到俄国，通过在这个经济文化落后的、缺乏民主传统的国度里传播、扎根和发展，无论就从古至今历史发展的"大传统"来看，还是就 19 世纪以来革命发展的"小传统"来看，都打上了俄罗斯传统思想的烙印，带有俄罗斯本土的特点，并实现了"俄国化"的变迁。这种马克思主义的俄国化，就是马克思科学社会主义同俄国具体历史条件的相结合。正是在这两者的相结合中，即在俄国化马克思主义的指导下，得益于革命领袖列宁和布尔什维克党的领导，实现了 1917 年十月革命的夺权，建立了苏维埃国家。

李景治在《论马克思列宁主义对十月革命的指导意义》（载《北京行政学院学报》，2017 年第 5 期）一文中指出，"一国首先胜利论"激发了俄国革命者的革命首创精神。马克思、恩格斯认为，社会主义是对资本主义的否定，是比资本主义更先进的社会形态，应当建立在社会化大生产基础之上，所以“共产主义革命将不是仅仅一个国家的革命。而是将在一切文明国家里，至少在英国、美国、法国、德国同时发生的革命”。列宁认为“社会主义可能首先在少数甚至在单独一个资本主义国家内取得胜利”，俄国有可能首先夺取社会主义革命的胜利。首先，俄国是帝国主义链条上最薄弱环节。俄国经济相对落后，军事实力较弱，政治专制，人民贫穷，灾难深重，各种矛盾尖锐，沙皇资产阶级统治摇摇欲坠。社会主义革命有可能在帝国主义这一薄弱环节上打开缺口，首先取得胜利。其次，俄国革命的主观条件最为成熟。作为革命领导核心的布尔什维克党不断发展壮大，工人和革命士兵组织良好，建立了革命武装，坚决反对帝国主义战争和沙皇资产阶级统治。俄国革命力量经过1905年革命、1917年二月革命洗礼和“预演”，积累了丰富的经验，建立了苏维埃这样的革命组织用以发动和领导革命。列宁的社会主义革命“一国首先胜利论”与马克思、恩格斯“同时发生论”一脉相承，都认为一些国家的社会主义革命可能会发生并取得胜利。但是列宁所处的时代已发生变化，革命的主客观条件也不同了，因此他认为各国革命的发生会有先有后，并可能首先在一个或者几个国家获得胜利。列宁的社会主义革命一国首先胜利论，为俄国革命政党提供了思想武装和理论指导，破除了对马克思主义革命理论的机械、僵化、形而上学的理解。

2. 马克思主义俄国化的四个阶段

徐作辉等在《马克思主义俄国化的历史进程和经验》(载《党政干部学刊》，2013年第2期)一文中指出，马克思主义俄国化的四个阶段：马克思主义俄国化的初步尝试、俄国化马克思主义的创立、“一国社会主义”与斯大林模式，以及后斯大林时期马克思主义俄国化的终结。

第一，普列汉诺夫是“完整接受马克思主义的第一个俄国人。”普列汉诺夫运用马克思主义基本原理论述了社会主义与政治斗争的关系；首次明确了俄国无产阶级的革命任务；指出推翻沙皇专制统治的资产阶级民主革命与社会主义革命是两种性质不同的革命。

第二，20世纪初期，以列宁为代表的俄国马克思主义者进一步推动了马克思主义俄国化。列宁发展了马克思主义政党理论；提出了由无产阶级领导资产阶级革命的理论；提出了一国胜利论；初步提出了落后国家建设与发展社会主义的理论。

第三，十月革命以后，并没有发生俄国马克思主义者所希望的世界范围内的无产阶级革命。斯大林认为，在社会主义革命已经取得胜利的前提下，不需要欧洲无产阶级革命的支持，俄国也能够建设成社会主义，这就是所谓的“一国社会主义”思想。生产资料公有制是保证社会主义顺利发展的重要基础。无产阶级专政是建成社会主义的重要保证。工业化是一国建成社会主义的现实途径。

第四，在后斯大林时期，苏联的各届领导人在马克思主义俄国化的进程中，没能正确运用马克思主义世界观和方法论客观地评价斯大林及斯大林模式，给苏联和东欧社会主义事业带来了严重的后果。他们在马克思主义俄国化的进程中，越来越脱离国情制定国家发展目标和战略。他们也没有处理好社会主义建设与社会主义改革之间的关系，最终导致后斯大林时期马克思主义俄国化的终结。

(二) 对中国：马克思主义的中国化

1. “马克思主义中国化”命题的提出

李君如在《马克思主义中国化若干问题研究》(载《中共中央党校学报》，2008年第2期)

一文中指出，“马克思主义中国化”这一命题，是毛泽东总结我国新民主主义革命的丰富经验，并且进行深入的哲学思考，于抗日战争初期提出来的。1938 年 10 月，在中国共产党(扩大的)六届六中全会上，毛泽东作了题为《论新阶段》的长篇报告。这一著名报告的第七部分，就是《中国共产党在民族战争中的地位》。他以北伐战争时期、土地革命战争时期我们党经历的两次胜利和两次失败的历史经验为鉴戒，以抗日战争初期我们党在统一战线问题上出现的右倾错误为鉴戒，深刻地指出：“没有抽象的马克思主义，只有具体的马克思主义。所谓具体的马克思主义，就是通过民族形式的马克思主义，就是把马克思主义应用到中国具体环境的具体斗争中去，而不是抽象地应用它。成为伟大中华民族之一部分而与这个民族血肉相连的共产党员，离开中国特点来谈马克思主义，只是抽象的空洞的马克思主义。因此，马克思主义的中国化，使之在其每一表现中带着中国的特性，即是说，按照中国的特点去应用它，成为全党亟待了解并亟须解决的问题。”这里，毛泽东第一次提出了“马克思主义中国化”的任务，强调它是全党“亟待了解并亟须解决的问题”。

2. 马克思主义中国化的历史过程

赵存生在《论对马克思主义中国化的整体性认识》(载《毛泽东邓小平理论研究》，2007 年第 9 期)一文中指出，马克思主义中国化的历史进程可大体分为三个阶段。

第一个阶段，1918—1934 年，这是马克思主义中国化的思想萌芽和理论酝酿阶段。这个阶段的代表人物当首推李大钊。在中国，李大钊是真诚接受、自觉传播、誓死实践马克思主义的第一人。在这个阶段，思考并且实践把马克思主义同中国实际相结合的另一位代表人物是毛泽东。通过思考和总结革命成功的经验和失败的教训，毛泽东形成了把马克思主义理论同中国实际相结合的基本思想，而这正是马克思主义中国化的实质内容。

第二个阶段，1935—1977 年，这是马克思主义中国化在全党确立和产生第一个理论成果的阶段。1935 年 1 月召开的遵义会议是我们党的历史上的一个转折点，这次会议结束了“左”倾教条主义在党中央的统治，事实上确立了毛泽东在党中央的领导地位，为在全党确立把马克思主义基本原理同中国实际相结合、实现马克思主义中国化的思想创造了组织条件。1938 年 10 月，在党的六届六中全会的政治报告《论新阶段》中，毛泽东第一次向全党明确提出了“马克思主义的中国化”的命题和任务。毛泽东不但提出了马克思主义中国化的命题，而且领导了马克思主义中国化的实践，并在总结中国革命和建设正反两方面的历史经验的基础上创立了马克思主义中国化的第一个重大理论成果——毛泽东思想。1945 年 4—6 月召开的党的第七次全国代表大会把毛泽东思想确立为党的指导思想。七大以后，毛泽东思想在解放战争中继续发展，特别是在新中国成立以后的社会主义革命和社会主义建设中获得了重大发展，毛泽东思想的内涵除新民主主义革命理论之外又增添了社会主义革命和社会主义建设理论。

第三个阶段，1978 年至今，这是继承发展和继续产生新的重大理论成果的阶段。邓小平明确提出和深入思考了“什么是社会主义、怎样建设社会主义”这个基本问题，并且在 1982 年 9 月召开的党的第十二次全国代表大会上提出了走建设有中国特色社会主义道路的重大思想。他说：“我们的现代化建设，必须从中国的实际出发。无论是革命还是建设，都要注意学习和借鉴外国经验。但是，照抄照搬别国经验、别国模式，从来不能得到成功。这方面我们有过不少教训。把马克思主义的普遍真理同我国的具体实际结合起来，走自己的道路，建设有中国特色的社会主义，这就是我们总结长期历史经验得出的基本结论。”围绕这个“基本结论”，邓小平还陆续提出了社会主义本质理论、社会主义初级阶段理论、社会主义市场经济理论、社会主义改革开放理论、社会主义物质文明和精神文明建设理论、社会主义民主和法制建设理论等，构成继毛泽东思想之后马克思主义中国化的第二个重大理论成果——邓小平理论。其后的三个代表、科学发展观等理论继续发展了马克思主义中国化理论。

王伟光在《马克思主义中国化的当代理论成果——学习习近平总书记系列重要讲话精神》(载《中国社会科学》，2015 年第 10 期)一文中认为，习近平总书记系列重要讲话科学地观察、分析、判断和把握国际复杂形势、发展趋势和客观规律，是顺应世界历史时代潮流的理论应答，同时鞭辟入里地分析国内形势，科学把握发展规律，顺国内发展大势而为，是指引中国特色社会主义发展的科学指南。

3. 马克思主义对中国社会的深刻影响

杨金海在《谈马克思主义对中国社会的深刻影响》(载《北京日报》，2012 - 7 - 16)一文中指出，马克思主义对中华民族百年命运的深刻影响，集中体现在 20 世纪中华民族的三代伟人孙中山、毛泽东、邓小平等人身上。马克思主义在中国的传播至少在五个层面决定着中国现代文化的发展。

一是彻底改变了中国传统的话语体系。我们现在的话语体系，是以马克思主义的一系列概念为核心的体系，包括经济、政治、文化、生产力、生产关系等等。这些概念是“五四”运动以前我们所没有的。没有这些基本概念，就谈不上有中国现代文化。这套话语体系主要是由中国共产党人以及我国广大的进步知识分子通过翻译马克思主义著作以及运用马克思主义逐步建立起来的。

二是彻底改变了中国人的哲学思维方式。马克思主义传入中国之后，我们才知道了许多现代哲学知识，比如知道了自然、社会、思维发展的规律，特别是突破了历史循环论，知道了社会历史的结构，社会发展的趋势、道路，包括经济社会的发展形态、发展阶段、发展目标等等。可以说，马克思主义的传入使我们心目中的整个世界图景都发生了变化。

三是促成了中国现代哲学社会科学的形成。现在，我们有哲学、政治经济学、科学社会主义，以及很多具体学科，包括政治学、历史学、社会学等，这些社会科学门类以及它们所组成的学科体系也主要是在马克思主义基础之上建立起来的。没有马克思主义在中国的传播，没有很多理论界的翻译家、学者的工作，我们这个学科体系是建立不起来的。

四是促进了中国现代思想文化的大发展大繁荣。我们今天的教育、科学、文学、艺术、新闻、出版、广播、电影、电视、网络等，也都与马克思主义中国化紧密联系在一起。例如，我们学校的课程设置、大学学科体系的建立、研究机构的建立、杂志报纸的编辑出版等均是如此。

五是促进了中国大众文化的大发展大繁荣。大众文化是人们日常生活中的文化。我们今天日常生活中使用的很多概念都与马克思主义有关，如少先队员、党员、干部、群众、同志、实事求是、以人为本等，这些概念都是马克思主义传入之后才逐渐形成的。我们的许多节日，如“三八”妇女节、“五一”劳动节、“七一”党的生日、“八一”建军节、“十一”国庆节等，都是与马克思主义指导的国际共产主义运动以及中国共产党领导的民主革命等联系在一起。

（三）对世界：马克思主义指导国际共产主义运动

1. 国际共产主义运动的兴起

陈静在《国际共产主义运动的历史起点及现实昭示——纪念共产主义者同盟成立 170 周年》（载《学习与探索》，2017 年第 7 期）一文中指出，共产主义者同盟是第一个国际性的以共产主义为目标的政党组织、第一个以马克思主义基本原理为指导思想的政党组织，是国际共产主义运动的历史起点。

程玉海在《"国际共产主义运动"：概念的由来与演变的新考察》（载《当代世界与社会主义》，2009 年第 2 期）一文中指出，1847 年 6 月共产主义者同盟的建立、1848 年 2 月《共产党宣言》的发表，是马克思主义诞生、国际共产主义运动兴起的标志，也是国际共运史研究的起点。在第一国际和第二国际期间，共产主义运动的概念已很少出现，更没有国际共产主义运动的提法和概念，而是以国际工人运动、国际无产阶级革命运动、国际社会主义运动统称这 50 年的国际无产阶级革命运动。"国际共产主义运动"的概念是列宁在 1920 年 6 月出版的《共产主义运动中的"左派"幼稚病》一书中提出的。国际共产主义运动成为对 19 世纪马克思主义发展、国际无产阶级革命运动和社会主义运动的统称。国际共产主义运动作为马克思主义、无产阶级革命的真正代表和传承者，在 20 世纪不断发展、壮大，并不断取得了社会主义由一国到多国的胜利。

2. 马克思、恩格斯对国际共产主义运动的指导

房广顺在《马克思恩格斯对国际工人运动的整体指导——从三部党纲的制定和两部党纲的批判说起》（载《马克思主义研究》，2014 年第 7 期》）一文中指出，党纲是工人阶级政党成长成熟的标志，也是国际工人运动的理论基础和行动指南。马克思、恩格斯在指导国际工人运动实践中，高度重视并亲自撰写党纲，通过党纲把马克思主义理论与工人运动实践有机结合起来，通过党纲对工人阶级争取自身和人类解放的实践进行整体指导。马克思、恩格斯为工人阶级政党撰写的党纲主要有三部：为第一个国际性工人阶级政党共产主义者同盟撰写的《共产党宣言》（马克思、恩格斯，1848 年），为国际工人协会即第一国际撰写的党纲《国际工人协会成立宣言》和《国际工人协会共同章程》（马克思，1864 年），为法国工人党口述的竞选纲领理论部分《法国工人党纲领导言（草案）》（马克思，1880 年）。马克思、恩格斯批判的两部党纲是德国社会民主党的《哥达纲领》和《爱尔福特纲领草案》，撰写了《哥达纲领批判》（马克思，写于 1875 年，发表于 1891 年）和《1891 年社会民主党纲领草案批判》（恩格斯，1891 年）。

张晓平在《马克思对第一国际的历史作用》（载《重庆交通大学学报（社会科学版）》，2017 年第 2 期）一文中指出，1864 年 9 月成立的第一国际是马克思、恩格斯创建的第一个政党性国际工人组织，马克思作为创建第一国际的精神领袖，在第一国际存在的整个历史时期发挥了巨大的作用。马克思作出的重大贡献主要表现在：帮助确立了第一国际的性质、章程和行动纲领；把握了第一国际的理论方向；帮助第一国际组织工人运动，其中最为瞩目的是巴黎公社革命运动；促成第一国际解散。马克思帮助第一国际完成了用科学社会主义的思想确立性质和组织基础，并帮助第一国际更好地开展工人运动，树立坚定的共产主义信念。马克思是第一国际的缔造者，是第一国际的思想先锋、革命活动的组织者，带领第一国际完成国际工人运动史重要一环的历史使命。他为第一国际起草了备忘录、通知和宣言，撰写

了大量的文件，并参与到工人运动中来。马克思一生都为实现共产主义而奋斗，第一国际是其理论的实践产物。马克思为第一国际所做的一切，使他成为第一国际的精神领袖和灵魂。

南秉剑在《恩格斯对第二国际的贡献》(载《学理论》，2013年第4期)一文中指出，1889年召开的巴黎国际社会主义大会标志着第二国际的成立，恩格斯没能目睹它的成立，但是作为第二国际的创始人之一，恩格斯在理论和实践上都做了大量工作，这些工作成果既有力地打击了各种非马克思主义流派，又促进了马克思主义在各国先进工人阶级内部的传播，无疑对第二国际的成立起到了不可忽视的推动作用。恩格斯以及其他马克思主义者为第二国际的成立所做的贡献是不可磨灭的，也正是由于第二国际的成立，使马克思主义能够更广泛地在各国先进工人阶级之间传播。

3. 马克思主义影响下国际共产主义运动的发展

张中云在《国际共产主义运动史》(1—3页，北京：中共中央党校出版社，1999)一书中认为，国际共产主义运动史是世界各国工人阶级及其先进政党以马克思主义为指导，团结其他劳动者和广大人民群众，为反对并最终消灭资产阶级和一切剥削阶级的剥削和压迫，消灭私有制，消灭阶级，解放和发展生产力，解放全人类，建立自由人的联合体即共产主义社会而斗争的历史。工人运动全部历史证明，以马克思主义为指导的共产主义工人运动，代表工人运动发展的正确方向。只有它才能真正彻底解决改造旧社会和建立新社会的根本问题。

高放在《国际共产主义运动的重要历史经验和光明前景》(载《广东社会科学》，2001年第6期)一文中指出，在19世纪，马克思、恩格斯一直预计社会主义、共产主义将首先在西欧经济发达的英、法、德等国取得胜利。由于社会历史条件的变化，20世纪却先由俄国等东欧以及东亚欠发达、不发达国家带头实现社会主义。不发达国家的特点是封建主义糟粕遗产多，资本主义文明成果少，所以它实现社会主义应有其特殊规律。彻底铲除封建主义，适当利用资本主义，不急于建成社会主义，更不能急于过渡到共产主义。苏联东欧国家发生剧变正是由于长期违背这个特殊规律，教条式照搬马克思主义，在生产力和经济不够发达的情况下急于消灭资本主义，急于建成社会主义，急于过渡到共产主义，却不急于彻底铲除封建主义，而且让封建主义渗透到社会主义体制中来。国际共产主义运动特别重要的历史经验有三条，一是要建设好现代化的群众性的工人民主政党。二是要实行多党合作，建立广泛的统一战线。三是要密切联系群众，取得广大人民群众的信任和支持。

余金成在《怎样从宏观上认识国际共产主义运动和世界社会主义问题的研究》(载《当代世界与社会主义》，2005年第2期)一文中认为，国际共产主义运动和世界社会主义问题是马克思主义从理论转变为实践过程中派生出来的。由于当代历史条件发生了重大变化，致使马克思主义在实践领域向国别化、在理论领域向现代化发展。自《共产党宣言》号召“全世界无产者，联合起来”，国际共产主义运动可以被解读为马克思主义实践化的产物。但苏联解体、东欧易帜导致这一运动式微，仅存的几个社会主义国家都在按民族特色发展。然而，马克思主义以阐释社会发展规律为己任，本质上是面向全人类的，它的任何国别化形式，最终都将引领对人类一般发展规律的探求。这意味着，一个国家只要坚持社会主义道路，就不能不关注和研究国际共产主义运动和世界社会主义问题。

教学设计

设计一：《乌托邦》与《共产党宣言》的比较阅读

设计意图

《乌托邦》是空想社会主义的开山之作，《共产党宣言》标志着科学社会主义的诞生。本设计通过《乌托邦》与《共产党宣言》的比较阅读，引导学生从诞生的历史背景、对资本主义现状的揭露、对理想社会的构建以及实现理想社会的途径等四个方面进行比较，理解从空想社会主义发展到科学社会主义的可能性与必要性，认识人类思想进步的渐进性，感悟马克思主义对人类社会所做出的巨大贡献。

设计方案

教师讲述：1516年12月下旬，英国人托马斯·莫尔出版发行了《乌托邦》一书。在书中，莫尔借旅行家拉斐尔·希斯拉德之口提出了对16世纪初欧洲国家基本制度和社会制度的批评，并提出了对理想之国的设想。这本书第一次深刻揭露了新兴资产阶级残酷压迫剥削工农大众、造成"羊吃人"的悲惨景象，第一次全面描绘了未来财产公有、按需分配、人人平等、民主自治的理想社会的美满胜境。《乌托邦》一书成为社会主义特别是空想社会主义思想的源头。《共产党宣言》出版于1848年2月，是马克思和恩格斯为共产主义者同盟起草的纲领，它第一次全面系统地阐述了科学社会主义理论，指出共产主义运动将成为不可抗拒的历史潮流，是马克思主义诞生的重要标志。社会主义从乌托邦发展到科学的过程，是一个空想色彩日渐淡化、糟粕成分不断被剔除、科学内涵越来越充实的过程。我们通过对两个文本的对比阅读，来探寻社会主义从空想到科学的发展路径。

一、"时代之子"：诞生的历史背景

材料呈现：

材料一 15世纪末16世纪初，正值欧洲封建主义生产方式向资本主义生产方式转变的早期。国内外毛纺织业的蓬勃发展刺激了羊毛需求量，英国变成重要的羊毛产地。由于海路交通便捷和原料品质优良，英国羊毛深受低地国家的欢迎。"商人的国王"亨利七世(1485—1509年在位)统治期间，加强中央集权，奉行重商主义，推动对外贸易。16世纪初，羊毛及羊毛制品占英格兰出口业的90%。羊毛出口飞速发展，引发羊毛价格不断攀升。牧场的人力成本更低而收益更加可观。为了追逐高额利润，农村的公有"敞地"逐渐被围成牧场，部分地区的新贵族和新兴资产阶级还抢占农民租种的份地和"敞地"以外的公地。农场改为牧场、耕作方式改良、教会地产转让等因素相叠加，造成劳动力过剩。然而，手工业要求技术门槛，大工业尚未兴起，城市难以吸纳这批缺乏知识和技能的剩余劳动力，农村难以提供充足的粮食养活他们。结果，失地农民背井离乡到处流浪。为了维持社会秩序，亨利八世统治期间竟然以盗贼之名处决了7.2万名难民。

——吴韵曦：《社会主义从空想到科学的理论创新和时代因素——基于〈乌托邦〉

与〈共产党宣言〉的比较》,载《江西师范大学学报》,2018 年第 3 期

问题设计: 结合 16 世纪英国的社会状况,分析《乌托邦》一书诞生的背景。

教师引导学生分析: 16 世纪,新航路开辟后,随着英国海外市场的扩大,英国变成重要的羊毛产地。羊毛需求量增加,导致农场成为牧场,农田不再养活农民,而是成为养羊的场所。劳动力过剩,农民流离失所,统治者亨利八世为了工商业利益,践踏了广大农民的诉求,这就是著名的圈地运动。这段充斥着血与火的历史孕育出早期无产者的第一声平等呐喊,《乌托邦》正是英国社会不平等现象的生动写照,它植根于深刻的时代背景和社会环境,是欧洲社会大发展大转型的缩影。在当时历史条件下,托·莫尔个人是作为自己时代之子出现的。

材料呈现:

材料二 19 世纪上半叶,欧洲社会开启新一轮大变革大发展。随着工业革命的迅速推进和资本主义制度的基本确立,欧洲主要国家的社会生产力极大提高。资本主义基本矛盾日益暴露,周期性经济危机开始爆发。社会两极分化加剧,资本家掌握大部分财富,工人的工资待遇和生活状况相当恶劣。工人逐渐意识到"机器"和"机器的资本主义应用"的区别,把斗争矛头从物质生产资料转向物质资料的社会使用形式。单个工人和单个资本家之间的矛盾演变为两大阶级的冲突,上升为资本主义国家的主要矛盾。英国的宪章运动作为"世界上第一次广泛的、真正群众性的、政治上已经成型的无产阶级革命运动",与法国里昂工人起义和德国西里西亚工人起义并称欧洲三大工人运动,表明现代工业无产阶级作为独立的政治力量,登上了历史舞台。

——吴韵曦:《社会主义从空想到科学的理论创新和时代因素——基于〈乌托邦〉与〈共产党宣言〉的比较》,载《江西师范大学学报》,2018 年第 3 期

问题设计: 结合所学知识,分析 19 世纪上半叶《共产党宣言》诞生的历史背景。

教师引导学生分析: 19 世纪上半叶,随着工业革命的推进,无产阶级与资产阶级的矛盾已上升为资本主义社会的主要矛盾,工人阶级的反抗斗争从自发开始走向自觉。为了更好地开展斗争,新兴的工人运动迫切需要科学理论和行动纲领的指导。马克思和恩格斯适应时代发展的需要,结合政治活动的实践,批判吸收前人的优秀理论成果,创立了科学社会主义,为无产阶级反抗资产阶级的斗争提供了有效的理论武器。世界上第一个无产阶级政党——共产主义者同盟及其纲领《共产党宣言》正是社会主义理论和运动初步结合的产物。《共产党宣言》"为同盟开展革命活动提供了科学的思想武器",从此,社会主义突破了狭小的思维空间,演变为蓬勃的社会运动,传播到不同国度的工人群众,推动了无产阶级的国际联合,改变了人类社会的历史进程。

问题设计: 对比材料一和材料二并结合所学知识,分析《乌托邦》和《共产党宣言》诞生的历史背景有何相同点和不同点?

教师引导学生分析: 两个文本都诞生于资本主义社会。《乌托邦》诞生于工场手工业时期,而《共产党宣言》诞生于机器大工业时期。《乌托邦》是比较典型的文学作品,充满了想象,滋养它的历史背景比较单纯;而《共产党宣言》更像战斗檄文,滋养它的是丰富的政治、经济、社会、阶级、思想和科技等因素。

二、“羊吃人”与“两个必然”：对社会不公的揭露

材料呈现：

材料三 你们的羊……一向是那么驯服，那么容易喂饱，据说现在变得很贪婪、很凶蛮，以至于吃人，并把你们的田地，家园和城市蹂躏成废墟。

有大批贵族，这些人像雄蜂一样，一事不做，靠别人的劳动养活自己，例如，靠在自己田庄上做活的佃农，尽力剥削这些佃农，以增加收入。

如不彻底废除私有制，产品不可能公平分配，人类不可能获得幸福。私有制存在一天，人类中绝大的一部分也是最优秀的一部分将始终背上沉重而甩不掉的贫困灾难担子。

——[英]莫尔：《乌托邦》，戴镏龄译，北京：商务印书馆，2011，第 52—90 页

问题设计：请根据材料概述莫尔是如何揭露当时英国的社会状况的，莫尔认为造成这种状况的原因是什么？

教师引导学生分析：英国杰出的人文主义者托马斯·莫尔著《乌托邦》一书，全名是《关于最完美的国家制度和乌托邦新岛的既有益又有趣的金书》。这本书以对话体文学游记的形式，第一次深刻揭露了新兴资产阶级残酷压迫剥削工农大众、造成“羊吃人”的悲惨景象。马克思在 1867 年出版的《资本论》第一卷曾说：“托马斯·莫尔在他的《乌托邦》一书中谈到一个奇怪的国家，在那里，羊吃人。”莫尔用“羊吃人”一词生动的揭露了资本主义发展带来的悲惨景象。莫尔认为，“羊吃人”的本质是人与人的不平等所造成的两极分化，而私有制则是社会分化的根源。尽管莫尔抨击了资本主义原始积累的血腥做法，意识到私有制是各种社会弊病的根本原因，但是他主要从柏拉图学说、基督教平等观和资产阶级人文主义学说寻求依据，控诉的感情色彩偏重，社会现象批判有力而理论论证不足，未能完全解释新的社会矛盾和新的社会阶级。

材料呈现：

材料四 资产阶级……使人和人之间除了赤裸裸的利害关系，除了冷酷无情的“现金交易”，就再也没有任何别的联系了。它把宗教虔诚、骑士热忱、小市民伤感这些情感的神圣发作，淹没在利己主义打算的冰水之中。它把人的尊严变成了交换价值……它用公开的、无耻的、直接的、露骨的剥削代替了由宗教幻想和政治幻想掩盖着的剥削。资产阶级抹去了一切向来受人尊崇和令人敬畏的职业的神圣光环。它把医生、律师、教士、诗人和学者变成了它出钱招雇的雇佣劳动者。资产阶级撕下了罩在家庭关系上的温情脉脉的面纱，把这种关系变成了纯粹的金钱关系……无产者是没有财产的；他们和妻子儿女的关系同资产阶级的家庭关系再没有任何共同之处了；现代的工业劳动，现代的资本压迫，无论在英国或法国，无论在美国或德国，都是一样的，都使无产者失去了任何民族性。

——[德]马克思：《共产党宣言》，中共中央马克思恩格斯列宁斯大林著作编译局译，北京：人民出版社，1997，第 42—56 页

问题设计：根据材料并结合所学知识，分析《共产党宣言》在揭露资本主义社会方面与《乌托邦》有何异同。

教师引导学生分析：《共产党宣言》同样揭露了资本主义的罪恶，都看到了贫富两极分化的现象。但是，《共产党宣言》对资本主义社会的批判没有停留在现象的描绘和道义的控

诉，而是立足于经济社会的现实，把更多笔墨用于严谨的逻辑分析和理论构建，宣告新世界观的产生。

首先，辩证分析地论述了资产阶级的历史地位。《共产党宣言》既分析了资本主义的制度弊病和历史命运，又肯定了资本主义的合理因素和资产阶级的历史作用，与《乌托邦》沉浸于尖锐批判形成了鲜明的区别。在社会生产力方面，资产阶级推动了生产工具的不断变革，创造了空前巨大的生产力。在社会关系方面，资产阶级的兴起冲击了封建制度，消灭了封建割据，有利于形成拥有统一的政府、法律、民族阶级利益和关税的统一民族。其次，历史地分析了资本主义的历史命运。《共产党宣言》以唯物史观为理论基础，着眼于社会存在和社会意识、生产力和生产关系的辩证关系，揭示了人类社会发展的一般规律尤其是资本主义社会的发展规律。马克思和恩格斯指出，资本主义形成的根本原因在于封建的所有制关系不再适应已经发展的生产力了，这种关系已经在阻碍生产而不是促进生产了。按照这种逻辑，当生产力发展到一定阶段的时候，也会出现不再能促进资本主义所有制关系的发展，反而受到这种关系的阻碍。第三，以阶级分析论证了资产阶级的必然灭亡。生产资料私有制是阶级和阶级对立的前提，也是剥削和压迫的根源。资本主义社会没有消灭阶级对立，只是形成了新的阶级、新的压迫条件和新的斗争形式，使阶级对立简单化为资产阶级和无产阶级两大直接敌对的阵营。“随着大工业的发展，资产阶级赖以生产和占有产品的基础本身也就从它的脚下被挖掉了，它首先生产的是它自身的掘墓人，资产阶级的灭亡和无产阶级的胜利是同样不可避免的。”

三、“乌托邦”与“自由人联合体”：对理想社会的设计

材料呈现：

材料五 《乌托邦》的理想社会方案

1. 财产平等。乌托邦废除了私有制，生产资料和生活资料一律公有。乌托邦人均为土地的耕种者，而非占有者，连住宅都要每隔十年抽签调换一次以保证公平。每个人一无所有，又十分富有。乌托邦不存在商品和货币的概念，虽不缺少金银财富，但只用于国际流通如购买国内缺乏的东西，或者应对突发事件如高价招募外国雇佣兵。

2. 劳动平等。乌托邦实行普遍的劳动义务制，消灭了游手好闲的寄生现象。乌托邦人不分性别，各尽所能，每天劳动六个小时。男性担当比较繁重的任务，妇女从事比较轻松的工作。他们自幼学农，并从事一门世代相传的手艺。担任社会管理工作的领导人免除参加劳动，但他们愿意参与其中以身作则。乌托邦人外出旅行停留超过一天，也要参加当地的生产劳动。

3. 城乡平等。为了避免有人长期从事艰苦工作，住在城市的乌托邦人轮流到农村参加两年农业劳动。每家农户不得少于四十人，每年有二十人返回城市，又有二十人来自城市，从而保证耕作技术以老带新。很多人把农活视为天然爱好，获得批准便可多住几年。所以，乌托邦没有专职农民。城市居民也是农业区的农民。城市与农村之间不再是完全对立的关系。

4. 分配平等。由于物资充裕和观念转变，乌托邦实行按需分配。每个家庭把工农业产品上交公共仓库，又由家长从公共仓库领取所需用品。每 30 户安排一个集体食堂，每天中午和晚上共进丰盛佳肴，以至于没人愿意在家做饭。莫尔强调，普遍的义务劳动和高超的劳动技能大大缩短了劳动时间，而且能够保证产品满足需求。

5. 选举平等。乌托邦实行民主选举制。从各级官员、外交使节到学者、教士，所有公职人员采取秘密投票方式产生。各级官员没有任何特权，恪守服务大家的职责，与普通民众的地位一样。“官长不傲慢，不令人望而生畏。老百姓称官长为父，官长也力尽父职。”

6. 决策平等。每座城市的政府机构称作议事会。任何公共事务在通过法令三天之前要经过议事会商议，否则不能批准。重要事务通知各个家庭开会讨论，再将决定上报议事会。全岛民众大会与元老院并存，也会讨论重大事务。公共事务经过元老会和民众大会充分讨论和深思熟虑才能做出决定，严禁任何个人私自决定。为了防止官员合谋改变国家制度，实行专制压迫，乌托邦特别规定在议事会或民众大会以外讨论公事属于死罪。

7. 法律平等。莫尔认为，只有少数人才能看懂深奥难明的法律。“用浩繁到无人能卒读以及晦涩到无人能理解的法令去约束人民”是“极不公正的”。所以，乌托邦的法律简洁明了，“法令极少而治理得宜，善必有赏”。在莫尔看来，当事人直接陈述和辩护有利于澄清事实真相。《乌托邦》还论述了其他方面的平等，如教育平等、性别平等、信仰平等。

——摘编自吴韵曦：《社会主义从空想到科学的理论创新和时代因素——基于〈乌托邦〉与〈共产党宣言〉的比较》，载《江西师范大学学报》，2018年第3期

问题设计：莫尔在《乌托邦》一书中对未来理想社会的设想有何特点？

教师引导学生分析：“乌托邦”(utopia)一词是莫尔独创的拉丁文新名词，它是把古希腊文中两个词根译为拉丁文组合而成，outopia，意为乌有之邦，可是这两个词根的另一种写法为eu-topia，意为优美之邦。所以“乌托邦”一词具有双重涵义，意即“子虚乌有的理想国”，或“虚构的理想国”、“实现不了的理想国”。《牛津英语词典》对“乌托邦”(utopia)是这样释义：理想的完美的社会政治制度(ideally perfect social and political system)。从这个国名的构建，也就可以看出，莫尔构建的理想社会，是美好的，但也是“实现不了的理想国”。

莫尔认为英国资本主义私有制是贫困和不平等的罪恶源泉，要摆脱这一困境必须要建立一个按需分配、人人平等、共同生产、人人良善的“乌托邦社会”。《乌托邦》所代表的早期空想社会主义思想，是对资本原始积累所造成的社会苦难的反应，是早期无产者发出的表达自身利益和要求的最初呐喊；它吸收和改造了柏拉图的“理想国”思想、原始基督教的共产主义思想、中世纪的修道院共产主义以及当时盛行的人文主义思想，开辟了人类思想史的新时代，是近代社会主义思潮的滥觞。但它对未来理想制度的描绘都失之于粗疏，缺乏严密的理论论证，是建立在手工劳动和小农业生产基础之上，带有鲜明的小生产者思想的印记。

材料呈现：

材料六　共产党人可以把自己的理论概括为一句话：消灭私有制……人对人的剥削一消灭，民族对民族的剥削就会随之消灭。民族内部的阶级对立一消失，民族之间的敌对关系就会随之消失……代替那存在着阶级和阶级对立的资产阶级旧社会的，将是这样一个联合体，在那里，每个人的自由发展是一切人的自由发展的条件。

——[德]马克思：《共产党宣言》，中共中央马克思恩格斯列宁斯大林著作编译局译，北京：人民出版社，1997，第61—74页

问题设计：根据材料并结合所学知识，概述《共产党宣言》所设想的理想社会的特点。

教师引导学生分析：《共产党宣言》较少谈论未来社会的具体特征，关于未来社会的静态描绘十分精炼，其经典表述是，这样一个联合体，“在那里，每个人的自由发展是一切人的

自由发展的条件”。这是马克思所设想的未来社会的核心命题，是未来理想社会的本质特征，它从根本上把社会主义同旧社会区别开来。它反映了马克思把人本身的发展当作共产主义的理想，扬弃私有财产对人的异化，是人向自身、向社会的回归。

四、“国王乌托普”与无产阶级革命：理想社会的实现途径

材料呈现：

材料七 乌托普国王最初听说过，在他到来之前，当地人由于信仰不一而不断争吵……因此，自从他取得胜利后，他一开始就规定每人信从自己所选择的宗教是法律上认可的……乌托普国王制定这种法律，一方面是为了安定，另一方面他觉得这样的解决办法对宗教本身有利。

——[英]莫尔著：《乌托邦》，戴镏龄译，北京：商务印书馆，2011，第192—193页

问题设计：根据材料八，乌托邦是如何实现宗教信仰平等的？并分析莫尔的理想社会实现的途径是什么。

教师引导学生分析：在乌托邦里，由乌托普国王制定法律，规定每个人的信仰平等。以莫尔为代表的社会主义思潮之所以被赋予“空想”之名，很大程度上是因为他们或者陷入了神秘主义，设想了“乌托普”之类的救世主形象，或者陷入了精英主义，拒绝一切政治行动，把改变现状寄托于既得利益者或天才人物。他们只能“空想”出解决社会弊病的办法，无法找到实现理想社会的道路。

材料呈现：

材料八 《共产党宣言》的革命建设方案

第一，找到了理想社会的依靠力量。在马克思和恩格斯看来，伴随着资产阶级而生的无产阶级不只是受苦受难、值得同情的社会群体，而是具有革命坚定性和彻底性的先进阶级。

第二，指明了理想社会的实现路径。马克思和恩格斯认为，所有制问题是无产阶级运动的基本问题。生产资料占有和使用的差别导致阶级差别和阶级压迫。消灭阶级差别就要消灭私有制，消灭生产资料所有者与非所有者之间的对立。以前的革命都是用一种私有制代替另一种私有制，而无产阶级革命旨在彻底消灭一切形式的私有制。

第三，提出了现实社会的改造手段。《共产党宣言》指出，为了变革原来的生产方式，必须对资本主义生产关系实行强制性的干涉，最先进的国家几乎都可以采取剥夺地产、征收高额累进税、废除继承权、没收流亡叛乱分子财产、建立国家银行、国家控制运输业、按照共同计划开展工农生产、实行普遍劳动义务制、消灭城乡对立、儿童免费教育等十项措施。

——吴韵曦：《社会主义从空想到科学的理论创新和时代因素——基于〈乌托邦〉与〈共产党宣言〉的比较》，《江西师范大学学报》，2018年第3期

问题设计：根据材料并结合所学知识，分析《共产党宣言》的革命建设方案有何特点。

教师引导学生分析：马克思、恩格斯适应时代发展的需要，担负起了创新社会主义理论的历史使命。他们亲自参加工人运动，积极投身于革命实践活动，几乎同时完成了阶级立场和世界观的转变。他们运用唯物史观和剩余价值学说对资本主义社会的生产状况和阶级状况进行深入科学的分析，指出了无产阶级的历史使命以及无产阶级解放的性质、进程、条件和一般目的，把社会主义理论建立在坚实的基础之上，创立了科学社会主义理论，为无产阶级的解放事业提供了强有力的理论武器。莫尔从头脑中构思出、从理性原则推导出未来社

会的宏伟蓝图，而马克思和恩格斯根据历史发展的客观规律及其趋势，注重改造现实社会、建设理想社会的动态路径，把理想社会建构在科学的理性分析之上，使得《共产党宣言》比起对话体游记题材的《乌托邦》具有更旺盛的生命力和更广泛的影响力。

教师指导学生小结：通过比较阅读空想社会主义的代表作《乌托邦》和科学社会主义的代表作《共产党宣言》，我们会发现，从16世纪初到19世纪40年代，历经300多年的发展，乌托邦社会主义经历了一个空想色彩日渐淡化、糟粕成分不断被剔除、科学内涵越来越充实的过程。马克思、恩格斯的伟大历史功绩之一，就是完成了对乌托邦社会主义的批判、扬弃与超越，创立了科学社会主义的原生形态，这是人们对社会主义认识的第一次飞跃。社会主义的科学化是一个过程，而不是一劳永逸的事情，马克思、恩格斯终其一生都在不断丰富、发展自己创立的科学社会主义理论。因此，科学社会主义之为科学，还在于它从不把自己的学说凝固于一时一地，而是把它视为一个开放的和发展的理论体系，并不断根据新的实践经验予以丰富和发展。

设计二：发现女人——马克思主义视野下的妇女问题

设计意图

马克思主义在劳动的异化中发现了人的异化，进而从两性角度挖掘妇女受压迫的社会根源，对近现代女性的觉醒和女权运动的勃兴产生了深远的影响。本设计引导学生回顾人类进入文明社会后的“男女不平等”、“男尊女卑”现象，解读马克思主义经典著作对妇女问题的理论探索，重回近现代欧洲女权主义运动的历史现场，分析概括马克思主义对女权运动的影响，以及西方女权主义对马克思主义妇女观的丰富和发展，感悟女性解放、男女平等是历史发展的必然趋势。提升学生用唯物史观分析问题、解决问题的能力。

设计方案

新课导入：

——海报“We Can Do It!”([美]J. 霍华德·米勒制作于1943年,现藏于美国国家档案和记录管理局)

教师讲解: 这是欧美国家三八妇女节的宣传海报。海报中一位妙龄女子,头上红底白波点的头巾,把满头秀发收纳得服服帖帖。她身穿蓝色工作服,可能是一线的蓝领工人。她举起右手臂,握紧拳头,露出了肱头肌。她的眉眼,她的神情,她的动作,都在传达海报的主题——我们也能做到! 女人也能像男人一样,充满力量,胜任工作。在世界近现代史上,妇女是如何从家庭主妇走进工厂走进政治,逐渐具有像男人一样的自信心和胜任力的呢?

人类进入文明社会以来,“男女不平等”、“男尊女卑”的现象就存在于古今中外的历史中。从《圣经》中女子受造于男人的肋骨,到《女戒》里卑弱、夫妇、敬慎、妇行等做女人的道理,无不漠视和压抑着女性这一占人类一半的人群的自我意识。在马克思之前,也有人关注男女不平等现象,更有法国1791年《女权宣言》呼吁男女平等的第一部完整宣言,但却很少有人从深层次社会根源的角度剖析男女不平等的原因。

一、马克思主义的妇女观

材料呈现:

材料一 人类社会的两性关系原本是平等的,但是由于人类劳动的异化现象,两性关系也发生了变化,变成了从属和支配的关系。……拿妇女当作共同淫乐的牺牲品和婢女来对待,这表现出了人在对待自身方面的无限的退化。

——王淼:《马克思主义妇女理论及其对西方女权主义的影响》,载《甘肃理论学刊》,2006年第5期

问题设计: 依据材料一,男女地位发生了什么变化? 马克思认为变化的原因是什么?

教师引导学生分析: 材料的第一句出自马克思的《1844年经济学哲学手稿》,这是马克思最早阐述妇女解放思想的著作。马克思认为,男女地位从原本的平等,变成了女人从属于男人,男人支配着女人。在母系氏族社会里,妇女是伟人的母亲,拥有高于或等同于男性的地位。但到了阶级社会中,妇女的地位不仅降低了,还沦落为“共同淫乐的牺牲品和婢女”。这表现出,在阶级社会中,人在对待自身时,退化成了把妇女当作牲畜、当作工具,本质是对人自身的践踏。

马克思认为,两性关系从平等变成支配和从属的关系,是由于人类劳动的异化。马克思认为,劳动是人类的本质,但在私有制条件下劳动却发生了异化。所谓异化劳动,即劳动产品和劳动对象作为异于劳动者的存在物存在,而不属于劳动者。“劳动的异化”使得女人的家务劳动变成廉价甚至是无偿的付出,男女之间变成了女性从属于男性、男性支配女性的关系。

材料呈现:

材料二 1884年恩格斯发表了《家庭、国家和私有制的起源》,对妇女解放问题进行了最系统、最全面、最集中的阐述。……恩格斯用历史唯物主义的基本观点深刻阐述了家庭的起源,以及妇女受压迫的起源,并着重指出私有制、阶级、国家不是从来就有的,而是在经济发展到一定阶段才产生的,为无产阶级妇女解放斗争提供了强大的思想武器,标志着马克思主义妇女理论的形成。

——罗月婵、邹新树:《性别关系二重性的伦理审视——马克思〈1844年经济学-哲

学手稿〉妇女观刍探》,载《湘潭大学学报(哲学社会科学版)》,2016 年第 1 期

问题设计:根据材料二,恩格斯对妇女受压迫的起源有哪些补充?

教师引导学生分析:根据材料二,恩格斯认为妇女受压迫不仅是因为人类劳动的异化,还因为私有制的存在。在母系氏族社会中,女性是氏族部落的核心,特别是女性首领,起着管理和平衡氏族成员之间关系的重责大任。但是随着私有制出现和财富增加,男性天生优越的体力和劳动力,打破了氏族成员间原有的平衡,财富向个别男性首领集聚。在这个过程中,女性的核心地位慢慢丧失,逐渐捆绑在家庭之中受到压迫。恩格斯认为,妇女受压迫的现象,与私有制、阶级、国家等现象一样,都是经济发展到一定阶段才产生的。

材料呈现:

材料三　马克思主义认为,全人类有一半是妇女,如果妇女得不到解放,就谈不上人类解放。因此,无产阶级如果不争得妇女的完全自由,就不能得到完全自由。而对于妇女来说,妇女的彻底解放,只有在共产主义社会才能最终获得。可以说,人类解放与无产阶级解放、妇女解放的目标是一致的,妇女运动只有在无产阶级政党领导下,在改造社会和争取人类解放的斗争中逐步实现自身的解放目标。

——王淼:《马克思主义妇女理论及其对西方女权主义的影响》,载《甘肃理论学刊》,2006 年第 5 期

问题设计:材料三认为妇女解放的路径是什么?对此你如何理解?

教师引导学生分析:马克思认为,妇女的彻底解放,是与人类的解放紧密联系在一起的,因为人类解放与无产阶级解放、妇女解放的目标是一致的。19 世纪中叶的欧美社会,"女工"成为一种普遍的社会现象,无产阶级的解放,自然包括也必须包括女工的解放。这与马克思所说"无产阶级只有解放全人类才能解放自己"是一致的,只有消灭一切不平等的根源,才能实现自我解放。马克思主义在分析劳动的异化、阶级国家的出现、共产主义社会人类的解放过程中,阐述了妇女受压迫的根源,指出了妇女解放的路径,激励女工觉醒并团结,为妇女解放事业点亮了一盏指路明灯。

二、马克思主义对女权主义的影响

教师讲解:在工人运动风起云涌的 19 世纪,马克思主义对妇女受压迫根源的探究,对女性的自我觉醒产生了深刻的影响,马克思主义影响了女权主义思想和女权主义运动。英国是 19 世纪资本主义发展最充分的地区,我们先来聚焦英国女权主义的发展。

材料呈现:

材料四　纵观英国女权主义的发展,可以发现它的一个显著特点是同马克思主义和社会主义保持了密切关系。女权运动的杰出领导人潘克赫斯特夫人(1858—1928,促成 1918 年英国妇女获得普选权)就是社会主义的信奉者之一。英国女权运动一直与工会运动相呼应,在获得妇女选举权之后,又在争取福利立法,同工同酬等方面继续合作。

——吴庆宏:《论女权主义在英国的演进》,载《学海》,2002 年第 3 期

问题设计:依据材料四,概括马克思主义对英国女权主义运动的影响。

教师引导学生分析:马克思主义对英国女权主义运动的影响体现在:第一,女权主义同马克思主义和社会主义保持密切关系;第二,女权主义的领导人同时信奉社会主义;第三,女

权主义运动与工会运动相呼应。女权主义在英国的演进，交织着马克思主义在英国的深入广泛的传播。

材料呈现：

材料五 从20世纪六七十年代至今，女权主义无论是在理论上还是在实践中都取得了巨大的发展，其中马克思主义女权主义的发展占据着重要的地位。越来越多的女权主义者意识到要实现女性的解放就必须用社会主义制度代替资本主义制度，解放生产力，发展生产力，使妇女在经济上拥有独立地位，获得真正意义上的自由与解放。

——尹胜男：《马克思主义女权主义的当代价值研究》，载《才智》，2017年第15期

问题设计：依据材料，概括马克思主义对女权主义的影响。

教师引导学生分析：根据材料五可知，马克思主义思想与女权主义思想结合，产生了一种新的思潮——马克思主义女权主义。马克思主义女权主义以马克思主义为思想武器，主张用社会主义制度代替资本主义制度，解放和发展生产力，赋予妇女经济上的独立地位，以获得真正的自由和解放。

教师指导学生小结：英国的女权主义运动深受马克思主义的影响。在19世纪末20世纪初的世界女权主义运动中，英国的例子只是沧海一粟，在更多的国家和地区，女权主义运动受到了马克思主义的影响而蔚然成风。来到20世纪中期，女权主义更是吸收了马克思主义的精华，形成了新的流派“马克思主义女权主义”，为妇女解放事业开辟了一条崭新的思路。

三、女权主义丰富和发展了马克思主义妇女观

教师讲解：作为一种独立的思潮，西方女权主义思想和女权主义运动在深受马克思主义影响的同时，也丰富和发展了马克思主义的妇女观。这典型地体现在对“家务劳动”、“再生产”和“妇女解放”这三个问题的理解上。

（一）家务劳动

材料呈现：

材料六 马克思主义认为，家务劳动在古代氏族公社原属于社会劳动，生产力发展到一定阶段，剩余产品的出现，产生了家庭和私有制，家务劳动逐渐并最终脱离社会劳动，变成妇女在家庭内的专门工作。妇女解放的前提条件之一，就是要使妇女摆脱繁重的家务劳动。

西方女权主义的贡献在于：从思想上冲击了家务劳动纯属私人劳动的旧观念，对妇女的家务劳动给予新评价。肯定家务劳动的价值，就等于为提高主妇在家庭中的地位和为男女平分家务劳动提出理论依据。

——王智海：《马克思主义妇女理论与西方女权主义的联系》，载《淮阴师范学院学报（哲学社会科学版）》，2008年第6期

问题设计：马克思对“家务劳动”的属性进行了怎样的定位？女权主义者进而提出什么新观点？

教师引导学生分析：马克思认为，在阶级社会，家务劳动变成妇女在家庭内的专门工作，所以妇女摆脱繁重的家务劳动，是妇女解放的前提条件，恩格斯还提出家务劳动社会化的观点。女权主义者认为，应该肯定家务劳动的价值，提高主妇在家庭中的地位，男女平分

家务劳动。马克思认为，家务劳动不应该是妇女的专门工作，家务劳动严重束缚了妇女，要解放妇女就要让妇女摆脱家务劳动。但是如果妇女和男人都不承担家务劳动，家务这一客观存在该由谁来解决呢？女权主义进而提出，要肯定家务劳动的价值，男女平分家务劳动。女权主义从“家务劳动不应该是妇女的专门工作”引申出了更为妥当合理的解决方案。

(二) 再生产

材料呈现：

材料七 马克思主义生产与再生产理论的一个鲜明特点，在于马克思提出了生产具有两个方面，即生活资料的生产与人类自身的生产——种的繁衍，并且在再生产理论基本思想里阐发了物质生产与人类自身再生产的不可分割性。

女权主义在详细分析人口再生产的性质、作用与意义之后，得出了由妇女进行的这种再生产是造成妇女受压迫的根源的结论。可以肯定女权主义的再生产理论是符合马克思主义思想原则的，是对马克思再生产理论的一种补充，也是运用马克思主义理论和方法，对妇女问题进行类似于马克思对经济问题的一种新的探索与思考。

——王智海：《马克思主义妇女理论与西方女权主义的联系》，载《淮阴师范学院学报(哲学社会科学版)》，2008 年第 6 期

问题设计：马克思主义认为妇女受压迫的根源是什么？西方女权主义认为妇女受压迫的根源又是什么？

教师引导学生分析：根据前文材料一二，马克思主义认为妇女受压迫的根源是人类劳动的异化和私有制。而西方女权主义在分析马克思主义人的再生产理论之后，认为妇女受压迫的根源正是“人的再生产”。妇女天生就要承担“人的再生产”的任务，所以生产了之后带来的一系列“相夫教子”、“家务劳动”、“男主外女主内”等传统习俗与观念，造成了妇女受压迫的社会现实。

(三) 妇女解放

材料呈现：

材料八 关于妇女解放的途径和条件，马克思主义提出消灭私有制和家务劳动社会化，女权主义又提出一些其他条件和主张，如女性教育及提高性别觉悟等。女权主义理论家朱丽叶·米切尔还提出了从生产、再生产、性和儿童社会化四种结构上进行革命的理论，这对马克思主义理论的丰富也大有裨益。

——王智海：《马克思主义妇女理论与西方女权主义的联系》，载《淮阴师范学院学报(哲学社会科学版)》，2008 年第 6 期

问题设计：对比马克思主义妇女观，女权主义针对妇女解放问题有何新的补充？

教师引导学生分析：根据材料八，马克思初步规划了妇女解放的途径和条件，女权主义者在消灭私有制、家务劳动社会化的基础上，还补充了女性教育、提高性别觉悟、生产革命、再生产革命、性革命、儿童社会化革命等条件和主张，极大地丰富和发展了妇女解放理论。

教师指导学生小结：马克思主义妇女观与女权主义理论不仅有着共同的目标——对压迫的反抗以及对公正平等社会的追求，马克思主义还为女权主义提供了丰富的精神食粮与武器，女权主义的研究成果又给马克思主义的发展提供了丰富的成果。两种理论交织发展，

使妇女解放事业大放光彩。相信随着社会的进步，女性解放、男女平等一定会是历史发展的必然趋势。

教学资源

资源1：空想社会主义关于未来和谐社会的构想

一、有计划地组织社会生产，发展社会生产力。19世纪在三大空想社会主义者所设计的和谐社会中，都普遍要求发展科学技术，繁荣文化教育，提高社会生产力，增加社会财富。

二、主张公民权利平等和人的自由发展。针对资本主义社会的权利不平等和人的发展受到固定分工的严重约束从而导致人的畸形发展，空想社会主义吸收了西方启蒙思想家的人权思想，并推而广之到社会生活中的各方面。首先是把劳动权看作是"最主要的天赋人权"，认为这种劳动权只有在和谐社会中才能实现。其次是政治权利的平等。不少空想社会主义者向往的理想社会是民主共和制度。再者，所有人都有平等地获得劳动成果的权利、平等的享受权利和平等的受教育权利，还有男女平等的权利。

三、承认分配差别，保障社会福利。19世纪初期的空想社会主义在分配方面普遍反对平均主义，主张有差别的分配和提高共同的社会福利。他们认为每一个人的能力及其贡献是不同的，所以在分配所得方面也存在差别。

四、主张消灭城乡对立、脑力劳动与体力劳动对立。主张把城市和乡村结合起来，把工业和农业结合起来，把脑力劳动与体力劳动结合起来，实现经济社会的和谐发展，这构成了空想社会主义关于和谐社会的基本原则。

五、主张大力发展教育、科学，促进人的全面发展。重视教育、强调普及教育的重要性是空想社会主义关于未来社会的一个重要特征。

空想社会主义者的和谐社会思想，都是根据伦理道德和理性原则设计出来的，脱离了现实的经济基础，所以，越是设计得周详，就越成为"空中楼阁"。尽管有的也付诸实验，但都以失败告终。

——詹真荣：《19世纪空想社会主义关于未来和谐社会的构想》，载《社会主义研究》，2006年第1期

资源2：21世纪的西方社会主义思潮

西方三种社会主义思潮：在过去的20多年时间，西方社会主义思潮在创造性和深度方面都带来一些显著的成效——诸如自由社会主义、民主社会主义和市场社会主义这三种不同类型：自由社会主义的学说历史悠久，揭示了自由主义传统与社会主义传统的一致性，尤其是在把握社会公正问题上的一致性，其中，罗尔斯所构建的平等主义的分配正义论为自由主义与社会主义拥有共同的平等理想奠定了理论基础；民主社会主义将基于自由、平等、合作和团结的民族原则扩大到经济、文化、社会、国际乃至自然领域，而不是局限于政治社会或国家，要达成真正的民主，就必须首先信仰社会主义；市场社会主义则将社会主义原则与市场体系结合起来，以践行社会公正的理想，这一思潮从社会主义阵营中脱颖而出标志着那种试图终结市场体系的古典社会主义思想的没落。作者认为这三种社会主义并非完全排斥，

也不完全等同，它们都有共同的核心观念——平等原则和社群原则，因此都构成21世纪的社会主义模式的支柱。

——[爱]维多里奥·布法切：《社会不公正：政治哲学论文集》，转引自上海市中国特色社会主义理论体系研究中心等编：《马克思主义研究报告（2014—2015年）》，46页，北京：人民出版社，2015

资源3：习近平总书记纪念马克思诞辰200周年讲话（节选）

马克思是全世界无产阶级和劳动人民的革命导师，是马克思主义的主要创始人，是马克思主义政党的缔造者和国际共产主义的开创者，是近代以来最伟大的思想家。两个世纪过去了，人类社会发生了巨大而深刻的变化，但马克思的名字依然在世界各地受到人们的尊敬，马克思的学说依然闪烁着耀眼的真理光芒！

马克思的一生，是胸怀崇高理想、为人类解放不懈奋斗的一生；是不畏艰难险阻、为追求真理而勇攀思想高峰的一生；是为推翻旧世界、建立新世界而不息战斗的一生。

马克思主义是科学的理论，创造性地揭示了人类社会发展规律。马克思主义是人民的理论，第一次创立了人民实现自身解放的思想体系。马克思主义是实践的理论，指引着人民改造世界的行动。马克思主义是不断发展的开放的理论，始终站在时代前沿。

《共产党宣言》发表170年来，马克思主义在世界上得到广泛传播。在人类思想史上，没有一种思想理论像马克思主义那样对人类产生了如此广泛而深刻的影响。在马克思亲自领导下，在马克思主义指导下，“第一国际”等国际工人组织相继创立和发展，在不同时期指导和推动了国际工人运动的联合和斗争。在马克思主义影响下，马克思主义政党在世界范围内如雨后春笋般建立和发展起来，人民第一次成为自己命运的主人，成为实现自身解放和全人类解放的根本政治力量。今天，马克思主义极大推进了人类文明进程，至今依然是具有重大国际影响的思想体系和话语体系，马克思至今依然被公认为“千年第一思想家”。

学习马克思，就要学习和实践马克思主义关于人类社会发展规律、坚守人民立场、生产力和生产关系、人民民主、文化建设、社会建设、人与自然关系、世界历史、马克思主义政党建设的思想。

当前，改革发展稳定任务之重、矛盾风险挑战之多、治国理政考验之大都是前所未有的。我们要赢得优势、赢得主动、赢得未来，必须不断提高运用马克思主义分析和解决实际问题的能力，不断提高运用科学理论指导我们应对重大挑战、抵御重大风险、克服重大阻力、化解重大矛盾、解决重大问题的能力，以更宽广的视野、更长远的眼光来思考把握未来发展面临的一系列重大问题，不断坚定马克思主义信仰和共产主义理想。

——习近平：《在纪念马克思诞辰200周年大会上的讲话》，载《人民日报》，2018-5-5

资源4：马克思主义中国化的研究

关于马克思主义中国化，学界最初是从马克思主义与中国相结合的过程层面上阐发其内涵的，后把马克思主义中国化定义为马克思主义与中国实际相结合形成中国化马克思主义，即拓展至马克思主义中国化过程与中国化马克思主义结果两层含义。近些年来，学界又从马克思主义“化中国”、中国经验马克思主义化、中国文化与马克思主义关系等方面深化其研究。从总体上看，马克思主义中国化包括“中马化”与“马中化”、“马化中”与“中化马”、“化马中”与“化中马”等环节。

“中马化”：即中国需要马克思主义。“马中化”：即马克思主义在中国传播。在马克思主义传播的中国化中，“中马化”是“马中化”的出发点。第一，马克思主义中国化的实践前提是“中马化”，即中国需要马克思主义指导，中国需要马克思主义化。第二，马克思主义中国化的理论前提是马克思主义在中国传播意义上的“马中化”，即马克思主义传播的中国化。第三，“中马化”与“马中化”是从中国实际出发的互动过程，中国需要马克思主义化决定马克思主义传播的中国化。

马克思主义中国化的第一阶段的“中马化”与“马中化”，即中国需要马克思主义化与马克思主义传播中国化，这属于初始阶段的马克思主义中国化。马克思主义中国化合乎逻辑的发展，是从“中马化”与“马中化”推进到“马化中”与“中化马”。第一，马克思主义中国化的“马化中”以马克思主义为指导，分析、研究和回答中国的问题。第二，马克思主义中国化的“中化马”，是以中国文化创造性地转化马克思主义。第三，“马化中”与“中化马”作为马克思主义运用的中国化，是立足“中化马”基础上的“两化”双向互动过程。

马克思主义中国化的发展，要最终推进到马克思主义创新中国化的“化马中”与“化中马”，即马克思主义的大众化、民族化、时代化。中国实践对马克思主义的检验和发展，通过“化马中”与“化中马”把中国经验转化为大众化马克思主义、民族化马克思主义、时代化马克思主义。“化中马”是“化马中”的落脚点。第一，马克思主义中国化是马克思主义大众化过程。马克思主义中国化的“化马中”，是把马克思主义转化为人民大众的理论，即大众化马克思主义。第二，马克思主义中国化是马克思主义民族化过程。马克思主义中国化的“化中马”，是把中国经验转化为民族化马克思主义。第三，马克思主义中国化是马克思主义时代化过程。马克思主义中国化的“化马中”与“化中马”，都要求把马克思主义转化为时代化马克思主义。

——汪青松：《论马克思主义中国化的“六个化”》，载《高校马克思主义理论研究》，2017 年第 1 期

资源 5：马克思主义的创立使哲学的主题发生了根本转换

马克思主义哲学的创立，无疑是哲学史上的革命性变革。用文学的语言来说，那就是，马克思主义哲学的创立犹如人类思想史上的壮丽日出，它使哲学这片思想的园地沐浴在“新唯物主义”明媚的阳光之中。在我看来，由新唯物主义的创立所导致的哲学变革的实质就在于，它使哲学的主题发生了根本转换，这就是，从“世界何以可能”转向“人类解放何以可能”，与此同时，使哲学聚焦点从宇宙本体转向人的生存本体，从解释世界转向改变世界。

马克思时代的特征是什么？从政治上看，这一时代的特征就在于，资本主义制度在西欧已经得到确立和巩固，人类历史从封建主义时代转向资本主义时代；从经济上看，这一时代的特征就在于，工业革命已经取得决定性的胜利，市场经济在西欧得以确立，人类历史从农业文明时代转向工业文明时代，从自然经济时代转向商品经济时代；从人本身的发展上看，人的自我意识已经觉醒，人本身从“人的依赖性”时代转向“以物的依赖性为基础的人的独立性”的时代。问题在于，资产阶级在取得巨大的历史性胜利的同时，也给自己带来了巨大的

社会性的问题，这就是生产社会化和生产资料私有制之间存在着无法解决的矛盾，这一矛盾导致人的劳动、人的关系和人的世界都异化了，人的生存状态成为一种异化的状态。用马克思的话来说，这是一个“颠倒的世界”，“物的世界的增值同人的世界的贬值成正比”，物的异化与人的异化走着同一条道路。在这种异化状态中，资本具有个性，个人却没有个性，人的个性被消解了，个人成为一种“孤立的人”，国家也不过是“虚幻的共同体”。

这就是说，19 世纪中叶的西方社会，是一个由资本关系所造成的人的生存状态全面异化的社会。在这样一个时代，哲学应该做什么？马克思认为，哲学的“迫切任务”是揭露并消除这种异化，从而“为历史服务”。……马克思认为，随着自然科学的独立化并“给自己划定了单独的活动范围”，随着社会实践的发展“把人们的全部注意力集中到自己身上”，哲学应该从“天上”来到“人间”，关注人的异化状态的消除，关注人类解放。在《神圣家族》中，马克思明确提出“反对一切形而上学”，并断言：“形而上学将永远屈服于现在为思辨本身的活动所完善化并和人道主义相吻合的唯物主义。”

……一种思想或学说具有什么样的价值和意义，关键在于它提出了什么样的问题，以及问题的广度和深度。海德格尔认为，马克思在体会到异化的时候深入到历史的本质性的维度中去了，所以马克思的历史理论比其他的历史理论优越。海德格尔的这一评价真诚、公正并具有合理性。马克思所提出的消除人的异化状态、实现人类解放的问题的确是历史的本质性的课题，并契合当代世界的重大问题。在当代，人的异化不但没有消除，反而在广度和深度上愈演愈烈、登峰造极。因此，无论你是否赞同马克思主义哲学，你都不可能回避或超越它所提出的消除人的异化状态、实现人类解放这一问题的深刻性和根本性。

——杨耕：《当前马克思主义研究中的五个重大问题》，载《南京大学学报（哲学·人文科学·社会科学）》，2014 年第 4 期

资源 6：马克思主义哲学是实践、辩证、历史的唯物主义

第一，马克思主义哲学是实践唯物主义。……从马克思主义哲学的逻辑看，实践不仅是现存世界的本体，而且是人的生存本体，因而成为马克思主义哲学的基石，成为马克思主义哲学的建构原则；从马克思主义哲学的历史看，马克思主义哲学所实现的哲学变革，就是在本体论的层面上的发动并展开的，而这个本体论革命的实质，就是实践本体论的创立，是实践本体论对精神本体论和物质本体论的扬弃，唯心主义和旧唯物主义共同的主要缺点，就是不理解现实的实践活动及其意义。由此可以判定，马克思主义哲学首先是实践唯物主义。

第二，马克思主义哲学是辩证唯物主义。……马克思在《1844 年经济学哲学手稿》中指出：“整个所谓世界历史不外是人通过人的劳动而诞生的过程，是自然界对人说来的生成过程。”在“自然界对人生成”的过程中形成的人与自然的关系，是一种“为我而存在”的关系。“为我而存在的关系”，是马克思在《德意志意识形态》中提出的观点。这种“为我而存在”的关系就是一种否定性的矛盾关系。具体地说，人类要维持自身的存在，肯定自身，就要对自然界进行否定性的活动，改变自然界的原生态，使之成为“人化自然”、“为我之物”。自在自然不断转化为“人化自然”，“自在之物”不断转化为“为我之物”的过程，也就是人们不断地改造、创造现存世界，同时又不断地改造、创造人本身的过程。实践作为人的存在方式，包含着

人对现存世界的否定关系，也包含着人的自我肯定；包含着对现存世界的批判，也包含着人的自我批判；包含着现存世界的发展，也包含着人的自我发展。……（马克思）通过对人的实践活动及其意义深入而全面的剖析，使唯物主义和人的主体性统一起来了，唯物主义和辩证法因此也结合起来了。这就是说，辩证唯物主义构成了马克思主义哲学的一个理论特征。

第三，马克思主义哲学是历史唯物主义。……唯物主义历史观是马克思主义哲学对人类思想史的独特贡献，意义极其重大。从空间上看，自然和社会相距很近，唯物主义自然观和唯物主义历史观似乎近在咫尺；从时间上看，唯物主义自然观和唯物主义历史观又相距遥远，两者之间存在着两千多年的时间距离。人类是从自然开始自己的唯物主义历程的，在古希腊时期就创立了唯物主义自然观，但一直到19世纪中叶才创立唯物主义历史观。这就是说，从唯物主义自然观到唯物主义历史观，人类整整走了两千多年的心路历程，用中国的成语来形容，那就是“咫尺天涯”。恩格斯说过，自从历史也得到唯物主义的解释以后，一条新的哲学发展道路在这里就开辟出来了。的确如此。没有对社会的科学理解，就不可能产生马克思主义的自然观、辩证法和认识论，这也就是说，没有历史唯物主义，也就没有辩证唯物主义。

第四，马克思主义哲学是实践、辩证、历史的唯物主义。在哲学史上，马克思第一次把实践提升为哲学的根本原则，转化为哲学思维方式，从而创立一种实践、辩证、历史的唯物主义。

实践唯物主义、辩证唯物主义、历史唯物主义也不是三个主义，而是同一个主义，也就是新唯物主义的三个基本理论特征。其中，实践唯物主义是本质特征或根本特征，辩证唯物主义、历史唯物主义这两个基本特征都是从实践唯物主义这一本质特征引申出来的，是这一本质特征必然展开的内在逻辑和理论表现。实践唯物主义、辩证唯物主义、历史唯物主义又是对新唯物主义的三个不同表述，是对马克思主义哲学的不同称谓。用“实践唯物主义”称谓马克思主义哲学，是为了透显马克思主义哲学所内含的实践维度及其首要性和基本性，因为以往的哲学家只是用不同的方式解释世界，问题在于改变世界，而“对实践的唯物主义者即共产主义者来说，全部问题都在于使现存世界革命化，实际地反对并改变现存的事物”。用“辩证唯物主义”称谓马克思主义哲学，是为了透显马克思主义哲学所内含的辩证法维度及其批判性和革命性，“因为辩证法在对现存事物的肯定的理解中同时包含对现存事物的否定的理解”，按其本质来说，辩证法“是批判的和革命的”。用“历史唯物主义”称谓马克思主义哲学，是为了透显马克思主义哲学所内含的历史维度及其彻底性和完备性，因为唯物主义的彻底性、完备性集中体现在历史唯物主义中，自从历史也得到唯物主义的解释以后，一条新的哲学发展道路也就在这里开辟出来了。

——杨耕：《当前马克思主义研究中的五个重大问题》，载《南京大学学报（哲学·人文科学·社会科学）》，2014年第4期

资源7：康德是通向马克思的桥梁

尽管马克思哲学在其方法论上更多地受益于黑格尔，但从本体论上看，马克思哲学中的核心概念，如实践、自由、社会生产关系等，却更多地受惠于康德。康德才是通向马克思的桥梁。

在对马克思哲学的理解中，要使这种理解切合马克思的本意，始终保持自己的思想高度，就应该深入地反思马克思和康德的理论关系。在我们看来，马克思的实践唯物主义或历史唯物主义理论中的核心概念——“实践”、“主体”、“自由”——都源于康德，而马克思的“物质生产关系”或“社会生产关系”理论则是康德的神秘的自在之物的谜底。在这个意义上可以说，康德是通向马克思的桥梁。记得德国诗人荷尔德林曾经说过：“康德乃是我们这一民族的摩西(Moses)，他把我们自埃及的梦想带到他的自由而孤寂的思想沙漠中，他也自神圣的山峰为我们带来了那有魄力的律则。”在正统的阐释者们的视野里，不但康德是不存在的，康德与马克思的思想关系是不存在的，而且作为思想家的马克思也正在离我们而远去。事实上，实证主义思潮对马克思哲学研究领域的侵蚀远比人们想象的要严重得多。为了捍卫马克思思想的纯洁性和它原本的高度，我们必须深入反省马克思本人与他置身于其中的伟大思想传统的关系，尤其是反省马克思与康德哲学传统的关系。

——俞吾金：《康德是通向马克思的桥梁》，载《复旦学报(社会科学版)》，2009 年第 4 期

资源 8：《资本论》与马克思主义哲学

《资本论》是马克思主义的“关于现实的人及其历史发展的科学”，是马克思主义的关于人类解放的“新世界观”。《资本论》在对资本主义的政治经济及其政治经济学的双重批判中，揭示了人类历史的发展规律和资本主义的特殊的运动规律，不仅反映和表达了我们时代的时代精神，而且塑造和引导了新的时代精神，因而《资本论》既是“时代精神的精华”，又是“文明的活的灵魂”。

——孙正聿：《〈资本论〉与马克思主义哲学》，载《学习与探索》，2014 年第 1 期

资源 9：论人的两种全面发展

人的两种全面发展主要有两种：一种是作为未来社会最高原则的每个人的自由全面发展，一种是当前社会现实里作为党的各项方针、政策价值取向的人的全面发展。

马克思的作为未来理想的人的全面发展的提出，是继承了近代西欧的进步思潮。我们知道，近代的西欧社会是同资本主义同时出现的。早期的资本是以血与火的形式出现在人间。所以作为资本的对立物——社会主义从一开始就同对人的命运的关注联系在一起。19 世纪的空想社会主义是从社会主义能够满足人性为其立论的基础的。但是由于空想社会主义者不懂得社会发展规律，所以它的人性是抽象的——实际上是人的自然生物性。建立在这种抽象人性基础上的社会主义自然要流于空想。

当马克思涉足社会主义领域时，他自然要扬弃这种空想的社会主义。但是社会主义对人的命运的关怀却是不能抛弃的。问题在于，社会主义对人的命运的关怀必须建立在合乎社会发展规律的基础上。在这方面，德国古典历史哲学为马克思提供了丰富的思想理论资源。其中，对人的全面发展的追求便是马克思从德国古典哲学家那里吸取来的宝贵思想。与 18 世纪旧唯物论在人的问题上停留于人的自然生物性不同，在 19 世纪德国古典历史哲学中，人的问题以类与个体的关系问题形式进入许多思想家的视野，而这些思想给予了马克思人的全面发展思想以极大的启示和丰富的思想资料。

……马克思把这种人的全面发展的状况称之为体现未来社会本质的“原则”。在《共产党宣言》中,他把那代替存在着阶级和阶级对立旧社会的未来的联合体界定为“每个人的自由发展是一切人的自由发展的条件”。在《资本论》中,他宣布社会主义和共产主义是比资本主义“更高级的、以每个人全面而自由发展为原则的社会形式”。当然,为了达到这样一种境界,要经历一个迄今尚未结束的漫长历史过程。这个过程的每一个大的阶段都显示出人是如何一步步走向他的全面发展的。如果以人自身的发展为坐标来给这个过程划分阶段,那么,我认为大体上可以分为三大阶段:建立在只有自然分工基础上的原始的全面的人;旧式分工支配下的片面发展的人;真正的人的全面发展。

——王锐生:《论人的两种全面发展(对话)》,载《首都师范大学学报(社会科学版)》,2002 年第 1 期

资源 10:马克思主义政治经济学在近来所取得的成就

经过将近五十年的发展,政治经济学在很多领域都取得了很大的进展,这种进展主要表现在以下七个方面:

1. 运用数理方法对价值与剩余价值理论的分析与研究。在 21 世纪的今天,数学自身有了巨大的发展,数学的应用领域也变得非常广泛。我们应该充分地利用这些成果,加强马克思经济学研究中的数学应用。因为,数学方法的使用有助于我们更为科学准确地反映资产阶级对工人的剥削,例如,对剩余价值率的推导,能够使我们更清楚地看到资本家对工人的剥削程度,并进一步科学地揭示了资本主义的剥削本质及其积累趋势。另外,数学方法还能够用来论证马克思的一些基本理论,如平均利润率下降规律等。

2. 资本主义劳动过程理论的新发展。与仅对生产作技术分析的古典经济学或新李嘉图学派以及其他的资产阶级经济学派不同,强调劳动过程是马克思的经济分析区别于其他经济学派的最重要的特征。资本主义经济制度不能正常运转是其内在结构性矛盾运动的必然结果。这种结构性矛盾的核心,就在于资本和劳动之间必定存在一种资本剥削劳动的关系。马克思主义学者对当前劳动过程的具体分析,揭示了资本主义的劳资关系在当前特定条件下的表现形式及其本质特征。

3. 经济危机理论的进一步发展。马克思主义经济学家通过对资本主义基本矛盾的剖析,进一步完善了有关资本主义基本制度必然导致经济危机的相关理论。当前西方主流经济学家认为,当代资本主义制度是很稳定的,但是马克思主义经济学家并不这样认为,我们认为正是新自由主义导致了严峻的 2008 年的金融危机和经济危机。

4. 对少数民族及妇女的歧视理论。有很多这方面的理论家通过运用马克思主义基本原理对少数民族及妇女受到歧视的根源进行了分析与探讨,并对新古典经济学进行了批判。

5. 关于发达国家与发展中国家关系的理论。国际贸易中发达国家与发展中国家的获利是非均衡的,特别是对于不发达国家来说,贸易自由化及资本自由流动并没有为他们带动发展,相反却使他们陷入自然资源被掠夺和相对于发达国家而言更加贫困的局面。

6. 关于国际经济关系的理论。随着经济的发展,世界各国经济之间彼此相互开放,世界经济成为一个相互联系、相互依赖的有机体。自由贸易区、贸易同盟、资本市场国际化、经济调节国际化等使得国际经济关系日益复杂,给我们提出了很多新课题。

7. 关于社会主义及共产主义的理论。马克思在人类思想史上第一次提出比较系统的社会经济调节理论。当前马克思主义学者在经济调节的理论与实践方面都获得了很大的进展。

——[美]大卫·科兹:《马克思主义政治经济学的历史及未来展望》,载《学术月刊》,2011 年第 7 期

第十单元

资本主义世界市场的形成

学术引领

一、资本主义世界市场的概念

“世界市场”理论是马克思经济学理论体系的有机组成部分。聂志红在《马克思的“世界市场”理论与经济全球化》(载《理论月刊》,2008 年第 8 期)一文中指出,一个多世纪之前,马克思的“世界市场”理论从各国经济交往扩大所形成的世界体系的角度,考察和论述了关于国际分工、对外贸易、世界市场、资本扩张等问题,深刻地指出了资本主义经济向全球化发展的趋势。但马克思并未对“世界市场”的概念作出具体明确的概括。

汤在新在《〈资本论〉续篇探索:关于马克思计划写的六册经济学著作》(501 页,北京:中国金融出版社,1995)一书中指出,马克思的世界市场概念有广义和狭义之分,狭义的世界市场是指世界各国相互间通过对外贸易和经济合作关系建立起来的进行商品交换的场所。世界市场是在各国国内市场基础上形成的各国国内市场的有机整体,是商品交换关系突破国家界限扩充到世界范围的结果。从一国的角度看,世界市场是国内市场的延伸;从世界的角度看,国内市场是世界市场的组成部分。在这里世界市场是国际流通过程的一个因素,所反映的是国际商品交换关系。所谓广义的世界市场则表示发展为世界规模的资本主义经济关系的整体和总和。世界市场是在各国资产阶级社会基础上形成的各国资产阶级社会的总和,是“资产阶级社会越出国家的界限”,在世界规模上发展成为资产阶级国际社会。

栾文莲在《全球的脉动——马克思主义世界市场理论与经济全球化问题》(41—42 页,北京:人民出版社,2005)一书中对狭义世界市场和广义世界市场的关系作了进一步说明。栾文莲指出,狭义世界市场与广义世界市场两方面有着密切的联系,前者是后者发展的前提和条件,后者是前者发展的结果。世界范围市场的形成,意味着国际交换具有了普遍性。各个国家的生产、交换、消费过程和整个世界经济的运行机制相协调,形成普遍的世界交往,表现出全球化、整体化、一体化的特征。这样作为流通过程要素的狭义世界市场把各个国家联结为世界范围内统一的经济整体,这就是广义的世界市场。这也就是说广义的世界市场是狭义的世界市场发展的必然归属。

许兴亚在《马克思的国际经济理论》(129页,北京：中国经济出版社,2003)一书中进一步指出,世界市场虽然是指以总体形态出现的各国市场的总和,但它所反映的却是资本主义时代各国之间的经济关系。正如“流通是商品所有者的全部相互关系的总和”一样,在世界市场上则是“资产阶级的生产关系,在世界市场这个最广大的场所,以最巨大的发展规模,作为生产者国家的关系而出现”,或者说“以其最发展的形式,以其世界市场的形式出现。”也正如马克思所说的:“各国人民日益被卷入世界市场网,从而资本主义制度日益具有国际的性质。”因此,世界市场就成为资产阶级社会发展为国际资本主义总体、获得全球规模的整体存在形式。

郭宝宏在《世界市场与资本主义》(12—13页,北京：中国经济出版社,2001)一书中指出,关于世界市场的概念,至少可以归纳出以下几点：第一,世界市场具有地理区位意义上的全体性。即世界市场不是指某个国家或某个区域内部进行交换和流通的局部场所,而是指世界各国、各地区的局部市场共同组成的跨越国家和地区界限进行交换和流通的全球市场。第二,世界市场在交换和流通内容方面具有可变性。如按照狭义的理解,世界市场只是国际间商品交换和流通的场所。而按照广义的理解,世界市场不仅包括世界商品市场,还包括世界劳务市场、世界金融市场。二战结束以来,又包括了世界科技市场、世界信息市场等。可以肯定,随着人类经济社会的不断繁荣,世界市场的内容还会更加丰富。世界市场内容方面的变化,实际上反映了世界市场随着人类社会生产、生活和科学技术的发展而不断丰富和发展的历史进程。第三,世界市场在其社会属性方面具有资本主义性质。因为世界市场不仅是资本主义生产方式产生的前提,而且世界市场也主要是由于资本主义生产方式的确立和发展而繁荣起来的,直到今天,世界市场仍然是以资本主义生产和经营方式为主导,并且世界市场日益成为资本在全球范围循环与周转的基本依托。

二、资本主义世界市场的形成过程及阶段特征

(一)形成过程

何顺果在《全球化的历史考察》(29—30页,南昌：江西人民出版社,2010)一书中指出,马克思在《共产党宣言》中的一个著名论断:“大工业确立了由美洲的发现所准备好了的世界市场。”这个论断实际上说明了“世界市场”形成的过程和原因。如果说“世界市场”是世界经济体系,那么地理发现和殖民主义就是导致这个体系形成的最初动因,而海外探险、地理发现和殖民主义等等历史活动本身就是由资本引发的早期的“全球性”事件。据以上分析,何顺果进一步指出：第一,资本的活动,不仅从一开始就是开放的,而且是“世界性”的;第二,“世界市场”应是由资本建立的第一个全球性经济和贸易体系;第三,资本发展的每一阶段,都为这种世界体系的建立注入了新的内容和动力,如没有工业革命,“世界市场”就不能确立,虽然美洲的发现已为世界市场的建立作了准备;第四,20世纪80年代和90年代的“全球化”,从历史发展的角度看虽然不是突然降临的,但它的丰富性和成熟性超越了历史上的其他任何阶段。这样,便可以得出这样一个结论：经济全球化趋势下世界市场的发展进程是以叠加的方式进行的,它的范围可能一开始就是全球性的,全球化每向前推进一步都会获得

新的内容和动力。随着世界市场的逐步形成，以及经济全球化的不断推进，其在发展的不同阶段，会拥有自己不同的“历史形态”。

关于世界市场形成和发展的阶段划分，国内学者主要有三种观点：

第一，汤在新在《〈资本论〉续篇探索：关于马克思计划写的六册经济学著作》(521—526页，北京：中国金融出版社，1995)一书中指出，世界市场总体是一个历史范畴，有着自己产生和发展的历史过程。只有人类进入到资本主义时代，才产生出世界市场总体借以形成和发展的内在依据，而资本主义生产方式本身则成为迅速发展生产力并且创造同这种生产力相适应的世界市场的历史手段。世界市场开始于15世纪末16世纪初，西欧各国的对外殖民扩张和对外贸易，把过去地域性的市场扩大为最初的世界市场；18世纪60年代到19世纪60年代，随着英国等国的工业革命完成，各国的对外贸易发展，建立了同机器生产相适应的工业国和农业国的国际分工，到1857年世界市场危机时，世界市场总体已处于开始形成的阶段；19世纪70年代以后，第二次工业革命在资本主义国家和地区展开，电气时代取代了蒸汽时代，资本主义国家由自由资本主义阶段过渡到了帝国主义阶段，各国加紧对外扩张，迫切要求重新瓜分世界，满足更多的资本输出与分割世界的要求。到20世纪初，一个无所不包的资本主义世界市场体系，即资本主义生产方式占绝对统治地位下的全世界范围内的生产与交换的体系最终形成，并向更加成熟的形态发展。

第二，栾文莲在《全球的脉动——马克思主义世界市场理论与经济全球化问题》(88—89页，北京：人民出版社，2005)一书中认为，统一的世界市场总体的形成大约经历了400年的时间，从15世纪末到18世纪60年代是世界市场的初级阶段，这时世界市场的地理范围是有限的。18世纪60年代到19世纪70年代是世界市场迅猛发展的时期，这时期整个世界市场联系在一起。由于机器大工业的发展，产业资本取代了商业资本，在世界市场上居支配地位，它促进了国际专业化分工及国际贸易的深化。19世纪80年代到20世纪30年代是世界市场总体的形成时期，这时期的世界市场垄断资本占主导地位，形成了以金本位制为特征的多边贸易体系和世界货币。世界市场的规模不断扩大，商品种类不断繁多。

第三，孙来斌在《马克思世界市场思想概述》(载《当代世界与社会主义》，2006年第4期)一文中则认为，在马克思看来，世界市场“不是过去一直存在的，而是历史发展到一定时期的结果”，它是以近代地理大发现为历史契机、以生产力发展和资本的扩张为基本动力而逐渐形成的。马克思在《德意志意识形态》中围绕生产力和分工的发展所讲的资产阶级社会形成和发展的三个阶段，实际上就是世界市场形成和发展的三个阶段。从欧洲中世纪末到17世纪中叶，是世界市场的起步阶段；从17世纪中叶到18世纪末，是世界市场的形成阶段；从18世纪末开始，是世界市场的发展阶段。在世界市场形成和发展的三个阶段的背后，是生产力发展的三个阶段(即简单协作——工场手工业——机器大工业)以及各民族和国家间的分工发展的三个阶段(即分工的出现——分工的发展和扩大——分工的普遍化和进一步扩大化)。简单说来，生产力的发展带来分工的扩大，而分工的扩大必然引起普遍的交往与联系，这种交往和联系又首先和主要体现在商业贸易上。商业贸易发展到一定的程度，必然冲破国内市场的限制而走向国际，世界市场随之形成。而机器大工业的发展大大加快了上述链条的运转，进一步扩大了世界市场。

（二）资本主义世界市场的阶段特征

1. 探险时代的资本主义世界市场

何顺果在《全球化的历史考察》(72—73 页、98 页，南昌：江西人民出版社，2010)一书中指出，地理大发现后，在全球范围出现了三条重要商路，即大西洋三角贸易线路、印度洋线路和太平洋(菲律宾至墨西哥)线路。1500—1800 年间，支撑世界资本主义市场体系的，是跨越欧、亚、美、非四大洲的贸易圈，与中世纪横跨欧亚大陆和印度洋沿海的长途贸易相比，新的大西洋贸易和太平洋贸易无论在规模上还是制度化程度上都是前所未有的。而此时的全球经济交往还是以商品贸易为主，但贸易的内容逐渐从零散的奢侈品转变为稳定的、大宗的经济作物甚至是工业制造品。随着全球贸易路线的建立、贸易额空前扩展，商人对商业组织的规模和结构提出了新要求，他们投资航海，组织贸易移民或汇票，用军队保护商船的利益。并且在商业制度上也产生了一系列的创新，金本位货币制度的确立，信贷方式的发展，参股形式的普遍化，金融中心的转移等等。经济史学家罗斯托将这一系列商业制度的变革称为“商业革命”。由此可见，世界市场的雏形开始出现并不断拓展。西欧各国普遍奉行重商主义政策，通过全球性贸易活动，促进了欧洲国家财富的迅速增加。

对这一时期世界市场经济的特征，张书琛在《从工厂到市场再到厂市合一：世界市场经济的形成和发展》(载《内蒙古社会科学(汉文版)》，2001 年第 2 期)一文中从经济发展史和经济学说史两个角度进行了阐释。张书琛指出，从 15 世纪末的地理大发现开始，经过此后的奴隶贸易、殖民掠夺和殖民地的开拓，使销售市场扩大了许多倍，并加速了手工业向工场手工业的转化。从 16 世纪中期至 18 世纪 60 年代的工场手工业时期，早期世界市场也逐渐形成。在早期世界市场中，虽然世界贸易的规模比中世纪大了许多，有价证券也开始流行，普通消费品也进入了市场，但只限于品种不多的消费品，世界贸易仍属互通有无的性质。市场只刺激工业生产而对社会再生产过程不产生直接的影响，各国生产主要用本国原料，居民生活也主要靠本国产品，也不存在真正意义上的国际分工。由于主要靠分工协作的工场手工业生产的产品有限，市场不会出现供过于求的现象。市场上处于支配地位的是商业资本而非工业资本，市场对流通以外的经济活动领域(主要是生产领域)只有外在的刺激而无内在的参与、控制，所以市场问题还不是当时人们经济活动所关注的主要问题。人们经济活动的努力主要表现在商品的生产和商品的价值决定上，经济发展的主轴是在“工场”而不是在“市场”。新兴资本家主要关心的问题是如何通过延长劳动时间和雇佣女工、童工等节约成本、增加生产。这些情况反映在当时及稍后的经济学上，则是把市场理解为进行商品交换的场所，一般都认为生产、供给会自动创造需求而不会出现生产过剩。

2. 殖民时代的资本主义世界市场

海外市场的扩大，商品需求的激增，提出了生产技术的变革要求，于是引发了工业革命。正如关立新等在《马克思“世界历史”理论与经济全球化指向》(33 页，北京：中央编译出版社，2013)一书中指出，18 世纪中叶以后，工业生产逐步从手工业转变为大机器工业，生产能力成百倍地提高，到 19 世纪 60—70 年代，工业资本近一个世纪的开拓，终于推出了一个从本质上区别于早期世界市场的、具有新的经济和物质技术基础的世界市场。

工业革命的兴起，真正意义上的国际分工开始产生，世界各国的经济联系在广度和深度上都进一步加深。庄芮在《经济全球化进程的起点与分期》(载《国际论坛》，2000年第1期)一文中指出，机器大工业把世界上各个经济发展水平不同国家的社会生产日益吸引到国际分工体系之中；交通通讯工具的巨大变革大大方便了资产阶级往来奔走于世界各地，国际分工进一步扩大；在自由贸易政策下，亚洲、非洲、拉丁美洲等国家落后的农业经济也逐渐被卷入国际分工和世界市场。19世纪60—70年代，世界上多数国家和地区的生产都已成为世界性的，世界城市与世界农村既相互对立又相互依存的国际分工体系建立了起来。随着国际分工体系的确立，贸易商品日益大量地参与到资本主义扩大再生产过程当中，原料取自世界市场，产品输往世界市场，脱离了本国基地的大工业已经完全依赖于世界市场、国际交换和国际分工，世界市场成为了资本主义再生产过程顺利进行必不可少的条件。世界市场的内涵更加深化，进入世界市场的商品数量和种类也大幅度增加，商品结构发生重大变化，工业品成为国际贸易的大宗；工业资本取代商业资本在世界市场占统治地位；各种贸易组织形式逐步走向正规化、大型化和专业化。到70年代末，世界上主要的国家都实行了金本位制，以方便国际支付和国际结算，使世界市场能够保持汇率稳定。国际信贷业务有所发展，伦敦成为国际信贷中心，投放资金的活动也已在世界市场初步展开。这一切，从金融方面完善了世界市场机制，便利了生产要素在全球范围的流动。总之，19世纪60—70年代，随着世界市场和世界经济体系的形成，世界各国的生产、流通、消费和分配都开始融为一体。

从世界市场经济发展的阶段变化来看，张书琛在《从工厂到市场再到厂市合一：世界市场经济的形成和发展》(载《内蒙古社会科学(汉文版)》，2001年第2期)一文中指出，1857年全球性经济危机的出现，既表明了资本主义各国经济联系的紧密，同时也表明了市场上已供过于求，产品销售即市场问题成了制约经济活动和经济发展的突出问题，购买原料和销售产品的市场成了工业生产、“工厂”的最大的限制。在这种情况下，人们的注意力开始由生产领域转向流通领域，由“工厂”转向“市场”。市场不再被肤浅地理解为商品交换的场所而被理解为供求关系的体系；经济学也由过去的探索财富增长奥秘的学问变成了现在的关于市场资源配置的学问；经济学研究的重点也开始由“工厂”转向“市场”，由商品的价值决定转向了商品的价值实现，由生产关系转向了市场关系。

综上所述，正如何顺果在《全球化的历史考察》(178页、212页，南昌：江西人民出版社，2010)一书中所指出，工业革命极大地提高了生产力发展水平，资本主义各国为夺取原料产地和商品市场并按照自己的意志改造世界。1857年第一次世界性经济危机的爆发，说明世界市场初步形成。尽管各地经济发展水平不同，但其经济已越来越按同一市场的运行机制运行。但总体上看，由于当时资本主义工业化尚处于早期阶段，国际经济活动的主要内容尚限于商品输出，国际金融活动的规模毕竟不大，世界还未被瓜分完毕，全球流动和相互联系的强度与本土化的交往和联系相比，是比较低的，而且全球化关系的制度化和正规化依然非常有限，所以世界市场只是初步形成。

3. 帝国时代的资本主义世界市场

从19世纪70年代开始，资本主义世界发生了以电力的发明和应用为主要标志的第二次工业革命，第二次工业革命对世界市场的推动主要体现在主要资本主义国家对外扩张方式的变化，何顺果在《全球化的历史考察》(275—276页，南昌：江西人民出版社，2010)一书中指出，这一时期，全球化的进程体现在资本输出与瓜分世界，一方面资本主义国家由商品输出为主转变为资本输出为主；另一方面，垄断组织为了自己利益操纵政府进行对外扩张和侵略，19世纪末20世纪初，几乎整个非洲、拉美和大部分亚洲都被置于帝国主义殖民统治之下，资本主义殖民体系确立，资本主义世界市场也最终形成。与前一时期的深入各大洲内陆相比，帝国时期的全球化已将世界瓜分完毕，资本输出、跨国公司的出现和国际贸易的增加，大大加强了经济的相依程度。但是，这一时期建立起来的国际经济秩序是以西方资本主义国家为主导的不平等的国际经济旧秩序。总之，帝国时代的资本主义世界市场无论在广度还是深度上都超过前一时期。到1914年，几乎地球上的每个地方都以某种方式与外国市场相联系，世界上几乎再没有与资本主义和世界市场相隔绝的土地和领域。

金融资本的形成与确立，是帝国时代世界市场的突出特征。庄芮在《经济全球化进程的起点与分期》(载《国际论坛》，2000年第1期)一文中指出，随着资本主义向垄断阶段的过渡，金融垄断资本逐渐取代工业资本，在主要资本主义国家中确立起统治地位；英、法、德、美利用金融资本，积极对外扩张，竞相成为资本输出大国。为适应对外贸易和资本向外扩张的需要，国际银行业以英国为中心，蓬勃发展起来，先进资本主义国家在世界各地广开银行，其中尤以英国为多；贸易多边结算与支付、票据承兑与贴现、外汇买卖等金融业务广泛展开，保险业也于同期取得进展；巨型金融信托公司与合股公司出现，伦敦成为国际结算和清偿中心，成为国际金融的神经中枢；金融蛛网遍布全世界，世界金融剥削体系形成。

综上所述，正如关立新等在《马克思"世界历史"理论与经济全球化指向》(37页，北京：中央编译出版社，2013)一书中所说，到19世纪末20世纪初，世界市场消除了地理界限而涵盖了整个世界。而且，随着国际商品贸易的日益发展和资本输出的增多，国际货币金融体系形成并日益完善。直到此时，国际商品交换、资本输出与货币金融体系相互交融，形成了覆盖全球的经济网络，资本主义世界市场得以最终形成。

三、资本主义世界市场形成的因素

赵景峰在《马克思的世界市场理论对经济全球化研究的指导意义》(载《毛泽东邓小平理论研究》，2004年第3期)一文中指出，史学界普遍认可马克思关于世界市场形成的观点，即世界市场的形成有其客观必然性。世界市场是随着商品生产和对外贸易而逐步形成和发展起来的，它是由多种因素综合作用而成的，这些因素包括：生产力的进步、资本主义的发展、市场经济的推动、供给和需求的不断增长和国际分工与交换的扩大。

(一) 资本主义生产力的发展

资本主义生产力的发展为世界市场的开拓创造了条件。汤在新在《〈资本论〉续篇探索：关于马克思计划写的六册经济学著作》(523—524页，北京：中国金融出版社，1995)一书中指出，机器大工业造成生产关系的根本变革，使工业资产阶级先后在国内和世界范围内最终确立起自己的统治；使社会生产力获得了惊人的巨大发展，"资产阶级在它不到一百年的阶级统治中所创造的生产力，比过去一切世代创造的全部生产力还要大。”机器大工业所造成的跳跃式地扩展生产的能力，使原料和销售市场成为发展生产的唯一限制。于是，“资产阶级就不得不奔走全球各地。它不得不到处钻营，到处落户，到处建立联系。”而在机器大工业基础上发生的交通运输业的革命（远洋舱船、铁路、电报等），则为资产阶级提供了将发展程度不同的各个国家纳入新的国际分工、发展大宗国际贸易以及开拓新的更遥远的世界市场的手段。

资本主义世界市场的形成，是资本主义生产力发展的要求和结果。戴瑞姣在《世界市场的理论研究》（19 页，厦门大学 2007 年博士学位论文）一文中指出，生产力的发展是推动世界市场形成和发展的根本动力，如果没有发达的生产力，资产阶级不需要开拓世界市场。随着物质生产力的发展，国际分工也在不断深化和发展，以前的工场手工业已无法满足生产力迅速发展的需要，机器大工业出现了，资本主义生产方式成为占统治地位的生产方式，从而使作为资本主义生产方式产物的世界市场也逐步建立发展起来。其中，机器大工业对于世界市场的形成和发展起了决定性作用，大工业的发展要求世界市场的出现，“工业资产阶级的统治只有在现代工业已按本身需要改造了一切财产关系的地方才有可能实现；而工业又只有在它已夺得世界市场的时候才能达到这样强大的地步，因为国家的境界是不能满足其发展需要的”。只有建立了世界市场，大工业才能摆脱家庭作坊式的狭窄工业发展之路，生产的产品才能在更广阔的市场上去销售，实现其价值和获取剩余价值，否则狭窄的市场空间会严重阻碍大工业的发展，同时也使产品过剩、经济危机成为可能与现实；如果没有生产力的进一步发展，大工业的推动，市场只是局限在一国或一个地区范围内，世界市场的形成与建立只能是无稽之谈。因此，世界市场的产生是生产力和国际分工不断发展的结果，是机器大工业生产的要求。因此，世界市场的产生是一个历史范畴，是历史发展到一定阶段的结果，是生产力发展的要求，具有客观性和不可逆转性。

（二）资本的扩张本性

马克思明确指出，资本主义世界市场的产生和发展归根结底是由于资本的本性，是资本无限增殖和最大限度扩张的产物。赵景峰在《马克思的世界市场理论对经济全球化研究的指导意义》（载《毛泽东邓小平理论研究》，2004 年第 3 期）一文中指出，最大限度的利润和剩余价值是资本主义生产的根本驱动力。为此，它要求摧毁一切地方限制，获取一切区位优势，争夺全球市场。作为一种社会的力量或社会活动的产物，资本只有通过不停顿的运动，不断地积累，不断地扩大剥削范围，才能生存下去。因此，资本的本质及其积累的规律，决定了资本积累和资本活动范围具有向全球扩张的必然趋势。

栾文莲在《全球的脉动——马克思主义世界市场理论与经济全球化问题》（67—69 页，北京：人民出版社，2005）一书中进一步指出，资本天生所具有的对剩余劳动的追求和扩张冲动，使资本处于不断膨胀的状态，使以资本为基础的生产处于不断扩大的运动中。随着资本的发展和在国内取得统治地位，国内市场就变得越来越小而成为资本发展的障碍。它按照自身发展的逻辑，突破国家的界限走向世界。它打破一切狭隘闭塞的自然经济的基础，将与自己相适应的生产方式传播到世界各地，因而它自身也发展成为世界市场总体。马克思指出：“资本一方面具有创造越来越多的剩余劳动的趋势，同样，它也具有创造越来越多的交换地点的补充趋势；……从本质上来说，就是推广以资本为基础的生产或与资本相适应的生产方式。创造世界市场的趋势已经直接包含在资本的概念本身中。”

（三）市场经济的迅猛发展

时家贤在《马克思恩格斯的世界市场理论及其当代启示》（载《当代世界与社会主义》，2012 年第 6 期）一文中指出，在欧洲国家，伴随着资本主义生产方式的进一步发展，自由的市场经济也迅猛地发展起来，变成了占据统治地位的经济机制。市场经济按照市场供给和需求来分配资源，产品在市场上流通、销售，人们的各种所需都需要在市场上购买。企业必须最大限度地开辟市场，并且利用自身生产出的产品的优势去抢占市场份额。一个国家市场经济的推进是世界市场出现和不断完善的前提和基础。世界市场诞生的最先发的条件就是自己国家市场经济的向前推进。世界市场的形成和逐渐完善取决于自己国家市场经济的不断扩大，世界市场发展的程度取决于每一个国家内部市场经济发展的程度。

市场经济体制的普遍建立，实现了在全球范围内生产原料、资金、技术、商品等互通有无、调剂余缺，国家间的生产和消费日益联系在一起并且共同发展。张爱武等在《邓小平对马克思恩格斯世界市场理论的发展》（载《广西社会科学》，2001 年第 6 期）一文中指出，资本主义经济体制是市场经济体制，市场经济包括两个不可分割的内容：一是经济市场化，市场机制成为配置资源的重要手段；二是市场国际化，市场经济的发展要求突破狭隘的民族国家界限使商品、资金、技术等生产要素在世界市场这个更大的范围内流动，以实现各种生产要素在全球的优化组合。这与世界市场在本质上是重合的。世界市场不仅仅是技术、资金、商品等物的流通国际化过程，同时还表现为市场经济原则走向世界的过程，市场经济不仅是世界市场的推动力之一，而且还为世界市场提供体制保障，从某种意义上讲，世界市场的发展过程就是市场经济在世界范围内扩张势力并最终占据统治地位的过程。世界市场是市场经济体制的世界化、国际化，只有市场经济的充分发展才会促进一个真正意义的无所不包的世界市场体系最终形成。

（四）需求的不断增长

马克思认为，需求的范围不断扩大，满足新的需求已经成为目的，因而生产就更有规则性并且扩大了。本地生产的组织本身已经被流通和交换价值改变了，但是流通和交换还没有影响到生产的全部广度和深度。这就是所谓对外贸易的传播文明的作用。这样的生产和交换必然会推动世界市场的形成，同时推动世界性经济联系的建立。[①]

需求的不断扩大对商品交换、交换领域扩大直至成为世界市场有着极大的影响。栾文莲在《全球的脉动——马克思主义世界市场理论与经济全球化问题》（61—62 页，北京：人民出版社，2005）一书中指出，人们对生活和生产需求的无限性促使世界市场不断扩大。需要的整个体系，建立在整个生产组织上，需要往往直接来自生产或以生产为基础的情况。世界贸易几乎完全不是由个人消费的需要所决定，而是由生产的需要所决定。“需求的世界历史性发展——它的普遍推广——首先取决于世界各国相互间对产品的了解。如果说，在发展

---

① 《马克思恩格斯全集》（第 42 卷），382 页，北京：人民出版社，1979。

过程中，需求创造贸易，那么，最初的贸易又是由需求创造的。需求是贸易的物质内容——交换对象的总和，用来进行交换和贸易的商品的总和。战争、为了有所发现等等而进行的旅游、使各国人民彼此之间建立联系的一切历史事件，同样是扩大需求——建立世界市场的条件。需求的增长，直接和首先以各国现有的产品相互进行交换为保证。需求渐渐失去了自己的地方性等等，而带有广泛扩展的性质。这样，各国的产品越来越多地进入这一或那一国家居民的消费。”当生产和消费呈现出国际化的趋势时，一个国家所出产的产品，不仅供应本国的消费，而且供应世界各地的消费，因而也引起消费需求的多样化，“旧的需要为新的需要所代替，旧的需要是用国货就能满足的，而新的需要却要靠非常遥远的国家和气候悬殊的地带的产品才能满足了”。

需求是贸易的内容，也是贸易的动力。戴瑞姣在《世界市场的理论研究》(21 页，厦门大学 2007 年博士学位论文)一文中指出，随着生产力的发展，需求不断扩大，市场逐渐变得狭窄了，这就促使市场逐渐从地方区域扩展到世界性领域，需求是世界市场得以建立的条件之一。17、18 世纪，英国先后打败了荷兰、法国等国，正式确立了其世界殖民大国的霸主地位，拥有了世界上独一无二的大市场，这一优越条件给英国的经济发展带来了强有力的后劲。随着海外市场的不断扩大，英国原有的手工业生产能力已无法满足这个相对的世界市场的需要，为克服这一矛盾，英国在世界上率先进行了工业革命，其中需求是其中一个重要的条件，正是在需求的带动下，资本主义生产方式在欧洲确立了统治地位，从而也使世界市场的开拓成为资本主义国家与资本家的重要任务。世界市场就是在这种需要中不断地扩大和发展起来。

（五）国际分工及交换的发展

分工与社会分工是生产与交换方式发展到一定阶段的产物，而国际分工则是社会分工发展到超越国家的界限所形成的国际社会分工。何顺果在《全球化的历史考察》(172—173 页，南昌：江西人民出版社，2010)一书中指出，国际分工是指世界上各个国家和地区之间经济上相互依赖的劳动分工，是一国内部社会分工向国外的延伸和继续，是生产的国际专业化，是在社会化大生产基础上社会分工的发展超出国家界限广泛发展的结果。国际分工是商品经济发展到一定阶段的产物。

栾文莲在《全球的脉动——马克思主义世界市场理论与经济全球化问题》(63—64 页，北京：人民出版社，2005)一书中指出，资本主义经济是建立在社会化大生产基础上的发达的商品经济，它的经济要求是不受任何地区、时间的限制的，资本的扩张性要求不断地寻求更大的国外市场，力求夺得整个地球作为它的市场。因而，国际分工和国际贸易发展的典型形式是随着资本主义工厂手工业向机器大工业的转化，以交换为媒介的社会分工日趋成熟、商品流通越出国界而成为世界性贸易而逐渐发展形成的。工业“拿来加工制造的，已经不是本地的原料，而是从地球上极其遥远的地区运来的原料”。“现在纺纱工人可以住在英国，而织布工人却住在东印度，分工的规模已使大工业脱离了本国基地，完全依赖于世界市场、国际交换和国际分工。”列宁认为，哪里有分工和商品生产，哪里就有市场。因而国际分工是世界市场的基础和条件。国际分工的深入，必然促进国际交换，也即国际贸易的发展，恩格斯说：“海上贸易的繁荣、银行业的繁荣，都依赖于工业的繁荣。”国际分工发展的深度和广度决定着国际贸易的规模、范围、和速度。

社会生产力的发展，推动了国际分工的深化，从而也进一步促使交往和交换的扩大。聂志红在《马克思的“世界市场”理论与经济全球化》(载《理论月刊》，2008 年第 8 期)一文中指出，交往和交换的扩大，使得商业贸易普遍繁荣起来，商业贸易的繁荣必然要求冲破国内市场走向世界市场，世界市场的出现使得各国、各民族都卷入普遍的竞争，而普遍竞争又促进大工业的发展，使得各国、各民族相互依赖性增强，由此而产生世界历史，进入经济全球化的发展进程。

四、资本主义世界市场的影响

(一) 对资本主义经济的影响

世界市场一旦形成便对资本主义经济的发展起到重要的作用。关立新等在《马克思“世界历史”理论与经济全球化指向》(33 页，北京：中央编译出版社，2013)一书中对此进行了较为全面的分析。第一，世界市场使资源配置在世界范围内得到有效配置。市场竞争通过供求关系的变化和价值规律的作用，使资源流向效益好的部门、地区和国家，从而迫使那些效益不好的部门、地区和国家不断提高生产率，提高经济效益。对市场占有率及利润的追求无形中成为资源有效配置的驱动力。当国内物质资源不能满足生产，国内劳动力价格升高，资本在国内投资利润转低时，或者从国外进口原材料的运费增加而使成本过高时，资本家就会把目光转向世界市场。这样，世界市场就通过供求变化和价格波动对资源配置起基础性作用。第二，世界市场使得经济运动过程的各个环节都得到广阔的发展。由世界市场所引起的生产过程国际化以及生产过程由一国范围内的发展到世界范围的总体发展，其最典型的形式是建立起“以国际分工为基础的商品生产”；由生产所决定的消费也呈现出国际化趋势，一个国家的消费品不仅来自本国的产品，而且来自世界各地的产品，消费的需求和消费的品种也日益多样化；国际生产也造就了与之相适应的国际分配，利润不是完全在国内而是在国际范围内进行分配，随着资本主义矛盾的加深，这种分配日趋不合理；国际生产过程的形成使得交换也必须在市场范围内进行，否则会使整个生产过程陷入终止、停顿。第三，世界市场对整个经济运转起着有力的保证作用。离开世界市场，资本主义生产寸步难行。一方面，生产的发展不仅要求从国内，而且要求从国外取得工业原料和粮食以满足自己的需要。“如果一个国家自己不能把资本积累所需要的那个数量的机器生产出来，它就要从国外购买。如果它自己不能把所需数量的生活资料(用于工资)和原料生产出来，情况也会如此。”另一方面，国内生产的大量产品，除了在国内销售以外，还需要通过贸易销售到世界市场上，“如果某个国家闭关自守，那么，它的剩余产品就只能以这一剩余产品的既有的实物形式消费掉。在这个国家中，剩余产品可以交换的范围就会受到不同生产部门的数量的限制。这种限制通过对外贸易才能消除”。因此，对于资本主义的生产与再生产来说，世界市场是须臾不可离开的东西。

(二) 对国际经济关系的影响

世界市场的出现，打破了各国经济的孤立性和闭关自守的割裂状态，使各民族国家之间的经济、政治、文化等联系和交往越来越紧密。丰子义在《“世界历史”与资本主义——〈资本论〉语境中的“世界历史”思想》(载《学术研究》,2005 年第 8 期)一文中指出,资本主义制度的确立和扩展,使世界历史的关联度得到明显提高。在资本原始积累时期,所谓的世界历史联系主要是宗主国与其殖民地的联系,此时的世界历史还是非常有限的。随着资本的扩张,世界市场的逐步发展,世界历史的联系不再仅限于宗主国与其殖民地的联系,同时发展到几乎所有国家、民族之间的联系。资产阶级所开拓的世界市场把世界“极其遥远的地区”都卷了进来,因而历史真正具有了“世界历史”的性质。世界市场的发展使世界历史联系的深度也得到显著加强。资本在世界的扩张与运行,最初是以商品资本输出形式出现的,而后是以借贷资本输出形式出现的,现在则是以产业资本输出的形式出现的。正是资本输出形式的不同,使全球化的发展表现为不同的发展阶段,而在每一阶段上世界经济联系都比以前阶段得以深化和发展。如在商品资本输出阶段,各国间的生产和消费还是基本独立的,而到了产业资本输出阶段,各国间的生产和消费就很难分离了,严格的国际分工与合作使各国的经济依存度大大加深。

世界市场的建立是世界历史形成的重要经济基础,世界市场、世界历史的形成造就了以资本主义为主导的世界经济体系。聂志红在《马克思的“世界市场”理论与经济全球化》(载《理论月刊》,2008 年第 8 期)一文中指出,资本的扩张在摧毁民族、地域、国家界限的同时,也在塑造着国际经济关系。自资本主义工业革命和资本主义生产方式诞生以来,特别是随着世界市场和生产的国际关系的形成,世界已经形成一体,任何国家想要独立于这个世界体系之外,以自己的方式生存,已经是不可能的了,以往自然形成的各国闭关自守的孤立状态被消除了,随之而来的是资本主义的国际分工体系所决定的控制与反控制、剥削与反剥削的不平等国际经济关系。东方国家由于生产力不发达,处于封闭、保守的落后状态,从而成为西方国家控制、剥削的对象,西方国家通过其技术领先、垄断地位、主导国际经济规则等种种方式,使得大多数的东方国家成为他们的附庸,成为资本主义生产链条上的一个环节,剩余价值被源源不断地输向发达国家。在资产阶级主导的世界市场中,国际经济关系的基本特征就是不平等、不公正,由此产生发展中国家向发达国家争取平等、公正权利的斗争,这一斗争将会贯穿整个资产阶级主导世界市场的过程。

(三)对亚非拉国家的影响

资本主义的生产方式不仅促进了生产力的迅速发展,而且借助它强大的生产力武器,把一切民族甚至最古老的民族都卷到文明中来。关于资本主义主导的世界市场对落后国家经济发展道路的历史影响,在《马克思恩格斯选集(第 1 卷Ⅱ)》(273—276 页,北京:人民出版社,1995)一书中,马克思有过“三个从属于”的结论:“正像它使农村从属于城市一样,它使未开化和半开化的国家从属于文明的国家,使农民的民族从属于资产阶级的民族,使东方从属于西方。”

詹宏松在《简评〈世界市场与资本主义〉》(载《学术论坛》,2001 年第 5 期)一文中指出,西方资本主义国家把殖民地半殖民地国家纳入资本主义世界市场体系的过程,就是它们征服世界的过程。随着殖民地半殖民地门户的被迫开放,西方资本主义国家的商品潮水般涌入,后来,它们又纷纷在当地投资建厂。其目的就是要在经济上达到完全控制殖民地半殖民地国家，使殖民地半殖民地国家永远成为它们的原料产地和商品的销售市场。中国自19世纪90年代起，每年入超都超过三千多万两海关银，以及殖民地半殖民地国家经济因西方资本主义国家限制某些产业上的发展而导致的畸形与落后，就是一个很好的说明。因此，历史的发展证明，西方资本主义国家的侵略与掠夺，是殖民地半殖民地落后的总根源。

殖民地半殖民地国家被强行纳入资本主义世界市场体系，对其而言是痛苦的，丧失了许多主权，但从另一角度看，正如黄瑾在《世界市场与全球化——马克思对世界市场的研究给我们的启示》(载《东南学术》，2003年第6期)一文中指出，落后国家在世界市场上遭遇了各种不平等待遇，承受了悲惨的命运，但是仅仅从道义的层面谴责资本主义剥削制度，或者对落后国家表示深切的同情是无益的。因为落后国家存在的自然经济生产方式尽管表面上充满田园风味，但实际是作为东方专制社会的牢固生产基础而存在的。资本主义国家凭借机器大工业的产品破坏了落后国家传统的农业和家庭手工业生产方式，凭借自由贸易的利器打破了自给自足的自然经济形态，推动了殖民地半殖民地国家规模空前的社会变革，这是资本主义国家在落后国家完成的“破坏的使命”。另一方面，资本主义国家还履行了“重建的使命”，为推广资本主义生产方式，在落后地方积极修筑铁路公路、兴修水利设施、投资办厂。因此，虽然发达国家犯下了深重的罪行，但在这个过程中毕竟打击甚至消灭了落后国家传统的生产方式，并为资本主义生产方式的建立创造了物质条件。不论资本主义国家在落后国家承担的是破坏性的还是建设性的使命，都只是在不自觉中充当了历史进步的工具。

对于广大殖民地半殖民地国家而言，卷入资本主义世界市场所带来的破坏性的反动作用远远大于客观性的积极作用。在这一事实面前，殖民地半殖民地国家也面临着艰巨的历史性选择。聂志红在《马克思的“世界市场”理论与经济全球化》(载《马克思主义理论研究理论月刊》，2008年第8期)一文中指出，资产阶级开辟世界市场的过程，其暴力掠夺行为，确实给不发达国家尤其是东方国家带来了深重的灾难；但另一方面，资产阶级给东方国家带来灾难的同时，也带来了资本主义文明，摧毁其束缚生产力发展的落后文明，这是一个不以人的意志为转移的过程，是先进生产关系对落后生产关系的革命，是先进文明驱逐落后文明的过程。所以，即使经受了痛楚，不发达国家也应该勇敢面对，顺应历史前进的脚步，推动生产关系的革命。当然，也必须看到，资产阶级主导下的世界市场，在全世界范围内推行资本主义生产关系，只能形成不公平、不公正的国际经济关系，发展中国家在这个体系内只能处于附庸的地位；在发展中国家内部资本主义生产关系的建立，一方面确实会促进生产力的发展，但另一方面，随着历史的前进，资本主义固有的基本矛盾发挥作用，在全社会内部会形成贫富分化、经济危机等，从而阻碍生产力的发展。所以，发展中国家在迎接资产阶级主导的世界市场的同时，也应该根据自身情况，选择适合自己的发展道路，在吸收资本主义制度的一切肯定成果的同时，大胆探索跨越资本主义制度的“卡夫丁峡谷”的道路①，这是具有客观和理论的可能性的，完全可以在世界历史中走出一条新路子。

(四)对国际人口流动的影响

解韬在《经济全球化与国际人口迁移》(载《广东社会科学》，2001年第4期)一文中指出，

① “资本主义卡夫丁峡谷”的涵义：指的是人类历史发展的资本主义阶段，资本主义制度及其带来的经济危机和灾难。

在哥伦布发现美洲之前，世界各国几乎是各自独立发展。美洲大陆被发现后，世界各地的历史发展才联系在一起，互相影响、互相牵制。伴随着地理大发现，出现了一个全球性的大规模国际人口迁移高潮。最初的迁移流动主要是为了到美洲新大陆淘金和开辟新的生存空间，迁移者大多是欧洲破产手工业者、农民和商人。自16世纪起，白人商人为谋取暴利，把非洲黑人当做奴隶贩运到美洲和大洋洲，总人数多达2 000万左右。随着资本主义生产方式在欧洲的建立，以及世界市场的逐步拓展，欧洲人口也随之出现大迁移。从19世纪初到第一次世界大战前夕的1914年，欧洲外迁人口多达5 000万—6 000万。

从国际人口迁移的流向来看，解韬指出，国际人口迁移流向主要有三大特点：第一，从宗主国向殖民地和附属地迁移，如英国向美国、加拿大、印度、澳大利亚等地迁移人口；第二，从较发达地区向不发达地区及新开发区移民，如欧洲国家向拉丁美洲各国移居人口；第三，从旧大陆向新大陆迁移人口，即亚非欧三洲人口向北美、拉美、大洋洲迁移。

何顺果在《全球化的历史考察》(236页，南昌：江西人民出版社，2010)一书中指出，从全球化的角度看，18世纪以来世界各国间出现数以亿万计的人口大迁移的根本原因是，由于科学技术的进步，社会生产力的提高，资本主义生产方式从欧洲向全球扩张的结果。大规模向外移民是欧洲工业化时期的普遍现象，它源于经济的发展，其实质是劳动力在国际市场上的流动。但劳动力的全球流动不是孤立的，它与商品、资金、信息在世界市场中的流动密不可分。劳动力作为创造剩余价值的特殊商品，是生产诸要素中不可或缺的要素。因此，劳动力的全球流动是全球化的市场经济发展的必然结果，也是资本主义经济制度发展的必然结果。

教学设计

设计一：甜蜜的力量——改变历史的糖

设计思路

蔗糖是资本主义世界市场形成初期一项重要的“世界商品”。本设计以文明的碰撞与融合为立意，引导学生通过史料阅读与分析，认识蔗糖生产的传播不仅催生出了美洲甘蔗种植园经济和殖民地奴隶制度，同时蔗糖的销售也推动了大西洋贸易的发展，对近代资本主义世界市场的形成产生了重大影响。引导学生认识欧洲的蔗糖消费，尤其是英国加糖红茶的饮用之风见证了世界文明之间的交流，培养学生运用史料进行历史研究的意识，提升历史理解的能力与素养。

设计方案

导入新课： 糖是一种激发甜味感觉的物质，是今天人们日常生活中最为普遍、平凡不过的食品之一。但从甘蔗中提取的蔗糖，曾被中世纪的欧洲人看作是灵丹妙药和奢侈品。虽然甘蔗的种植和制糖技术有着古老的历史，但是蔗糖仅在近500年才流传开来，并迅速风靡世界。蔗糖曾作为举足轻重的“世界商品”，影响着世界历史的进程。正如季羡林先生在《糖史》一书中所说，糖这种看起来似乎微不足道的东西背后，竟然“隐藏着一部十分复杂的、十分具体生动的文化交流的历史”①。

一、加勒比海的蔗糖革命

教师讲述：美洲新大陆被发现后，哥伦布于1493年第二次航行到美洲时首次把甘蔗引入了加勒比海地区。

材料呈现：

材料一　在1625年，葡萄牙为几乎整个欧洲供应来自巴西的蔗糖，但是没过多久英国人在巴巴多斯、之后在牙买加和其他“糖之岛”上发展了自己的制糖业。他们从荷兰人那里学到了生产蔗糖及其他同类产品的方法，而荷兰人自己在圭亚那海岸的种植园农业试验却遭到葡萄牙人阻挠。

——[美]西敏司：《甜与权力——糖在近代历史上的地位》，王超等译，38—39页，北京：商务印书馆，2010

材料二　由于欧洲人对蔗糖的需求源源不断，蔗糖很快在欧洲市场上获得了价格优势，种植园主们也顺应形势变化，逐渐转向种植甘蔗和生产蔗糖。尽管圣基茨、巴巴多斯和马提尼克这些地方最先种植的作物是烟草，但是到17世纪中期时，殖民者们已经普遍放弃它而选择种植甘蔗了。

——王倩：《“蔗糖革命”的历史考察》，载《黑龙江史志》，2015年第2期

问题设计：随着欧洲殖民者的到来，加勒比海地区的农业生产发生了什么变化？

教师引导学生分析：欧洲人的风帆所至，一座又一座热带岛屿被砍掉森林，开垦成辽阔的甘蔗园，甘蔗种植园开始广泛建立。在这些所谓的“糖之岛”，除了甘蔗，几乎不再有其他任何植物，单一化的种植园成为殖民经济的主要形式。葡萄牙人在巴西的甘蔗产业取得了极大的成功，从而主宰世界蔗糖生产达100年之久。随后，英国和法国也卷入蔗糖生产的狂潮中。到1700年，美洲新大陆已经变成了一个巨大的蔗糖工厂。美洲可以说是早期近代世界最大的蔗糖生产和出口地区。

材料呈现：

材料三　种植园面貌

图1　整地成垄

图2　栽种蔗苗

① 季羡林：《季羡林文集》第十卷《糖史(二)》，472页，南昌：江西教育出版社，1998。

图3　收割甘蔗

图4　碾碎榨汁

图5　炼熬糖汁

图6　彻夜熬炼

图7　蒸馏结晶

图8　装船离岛

——[日]白川稔：《砂糖的世界史》，郑渠译，50—53页，天津：百花文艺出版社，2007

材料四　殖民时期，巴西人的生活紧紧围绕着蔗糖磨制机（engenho）。严格说来，专有名词“engenho”（对应英语中的engine[发动机]一词）专指磨制机，后来逐渐发展成一个复杂的概念，包括土地、劳动力、建筑、动物、资金和技术等所有与蔗糖生产相关的事物。与其他作物不同，甘蔗需要经过一系列加工处理后才能产出适合出口的糖浆和精制蔗糖。因此蔗糖生产常常会促成农业和工业企业的联合。它们一方面需要大量劳动力从事种植和收获过程中的艰苦劳动，另一方面还需要通晓蔗糖制作的复杂工序的熟练工人。因此，蔗糖生产是美洲最复杂的企业才能运作的事业。

——[美]杰里·本特利等：《新全球史：文明的传承与交流（上册）》，魏凤莲等译，722页，北京：北京大学出版社，2007

问题设计：从材料三和材料四看，美洲的甘蔗种植园的生产有何特点？

教师引导学生分析：美洲的甘蔗种植园的生产特点有：第一，从种植甘蔗到制成蔗糖再到出口；第二，蔗糖生产会促成农业和工业企业的联合；第三，蔗糖生产需要大量劳动力和熟练工人。

作为典型的热带植物，甘蔗生长周期在一年半左右，这中间需要大量的灌溉和劳动力投入；成熟的甘蔗必须立即收割，否则其糖分就会因为腐烂变质而迅速流失。因此，从甘蔗的收割、榨汁到提炼蔗糖都必须争分夺秒，甚至需要就地、就近完成整个加工流程。不经过蒸煮、除沫和脱水的步骤，就无法将蔗糖制成颗粒状。假如不精通使蔗糖固体化的技术，特别是温度控制方面的技术，那么上述制作流程就不可能完成。蔗糖的生产把粗放的田间劳动和专业化的工厂生产结合在了一起。农场与工厂、专业工人和非专业工人的搭配，周密的生产计划，所有这些使蔗糖产业更像是工业而非农业。在某种意义上讲，甘蔗种植园可以说是世界上最早的资本主义生产组织。

问题设计：从甘蔗的种植到制作蔗糖的复杂工序，决定了甘蔗种植园的生产需要大量的劳动力。欧洲殖民者又是如何解决这一问题的？

材料呈现：

材料五　葡萄牙种植园的管理者早在16世纪30年代就开始从非洲进口奴隶，16世纪80年代，就已经到了不得不依赖非洲劳动力的地步。甘蔗种植和蔗糖加工等高强度的劳动，让奴隶们付出了沉重的代价。危险的工作环境、人身虐待，酷热、营养贫乏以及拥挤的住处，所有这些结合起来导致了高发病率和死亡率；蔗糖生产基本上每年都要损失5%—10%的奴隶。在巴西，绝大多数的种植园社会都是如此，奴隶的死亡人数常常超过了出生人数，所以对奴隶劳动力的需求是持久的。……巴西蔗糖的生产极其残酷野蛮，每一吨蔗糖的产出都是以一个人的生命为代价的。

——[美]杰里·本特利等：《新全球史：文明的传承与交流（上册）》，魏凤莲等译，722页，北京：北京大学出版社，2007

教师引导学生分析：由于疾病的肆虐，导致美洲土著人口的急剧减少，于是，劳动力的缺乏成了殖民者最初发展的障碍。随着美洲不断得到开发以后，大片的土地需要大量的人口来参与耕作与生产，从15世纪至19世纪，欧洲人将非洲视为其在西半球建立的大规模种植园的主要劳动力来源，非洲相对过剩的人口成为美洲开发的最为廉价的劳动力。这些被贩卖到美洲的移民者，被给予了一个歧视性的名称——“黑奴”。黑人历史学家埃里克·威廉斯曾说：“哪里有砂糖，哪里就有奴隶。”黑人奴隶对美洲的开发与经济繁荣做出了不可磨灭的贡献。在拉美，黑人开发了矿山，发展了种植园经济，使拉美成为欧洲当时主要的海外经济利益所在。但是，在这些甘蔗种植园中，黑人奴隶们过着悲惨的日子，他们劳动强度极高，随时受着死亡的威胁。非洲和美洲为了成就欧洲人的快乐，满足他们的幸福感而遍体鳞伤，这无疑是一种“甜蜜的悲哀”。

二、蔗糖和黑奴的大西洋之旅

材料呈现：

材料六　受甜味巨大需求的刺激，地中海地区制糖业、大西洋诸岛以及稍后的新兴世界制糖业兴起，由西方资本主义强国实际支配的新兴殖民地种植园在蔗糖生产中逐渐占据了大头，糖逐渐成为“旅行的食物”中重要的一员。当欧洲人对蔗糖的消费量越来越大时，蔗糖逐渐变成了一种由欧洲强国来经营其提炼和供给的粗加工品。

——谢开：《糖的世界：研究资本主义历史的人类学视角》，载《黑龙江史志》，2014年第14期

材料七 他们（欧洲殖民者）满载着马匹和欧洲工业品——纺织品和金属制品，尤其是火药武器——到非洲交换奴隶；第二段航程则是运送奴隶到加勒比。到达之后，商人将活人货物以在非洲买入时两至三倍的价格卖给种植园主，有时以现金交易，而在蔗糖产区则更多地以蔗糖或糖浆进行交换。然而，他们用美洲的产品填满船舱，启程返回欧洲。

——[美]杰里·本特利等：《新全球史：文明的传承与交流（上册）》，魏凤莲等译，750页，北京：北京大学出版社，2007

问题设计： 蔗糖和奴隶在大西洋航线上扮演了什么角色？

教师引导学生分析： 因为甜味的诱惑，欧洲殖民者掀起狂热的殖民运动。蔗糖贸易和奴隶贸易的急剧增加，成为连接非洲、欧洲和美洲大陆的大西洋贸易的三角贸易的一部分，成为连接大西洋贸易的重要商品。欧洲商船把枪、轧花机和布匹等运往非洲，用于交换当地的奴隶。然后把奴隶运往美洲销售。欧洲商人购回烟草、糖、蜂蜜、朗姆酒（即甘蔗酒）、咖啡、皮棉等，在欧洲市场上销售。欧洲的资本、非洲的劳动力和美洲的土地与资源相结合，为欧洲提供了市场。

三角贸易几乎囊括当时欧洲人主导的大部分国际贸易。因为有了奴隶买卖，美洲的种植园和矿山才能得到开发，欧洲与美洲间的频繁往来才成为可能。欧洲人通过把黑人变为奴隶运往美洲，把从传统眼光看几乎没有什么市场前景的非洲和美洲变成庞大的市场，从而为自己的产品找到广阔的出路；他们又通过与非洲和美洲的贸易，不断提高自己的生产能力和生产水平，完成了从为输入而开辟世界市场到为输出而开辟世界市场的转变，积蓄起发动产业革命的力量，最后又通过产业革命真正成为世界生产的中心。

三、蔗糖与茶的相遇

教师讲述： 中世纪早期，阿拉伯人将印度的甘蔗带入埃及和地中海沿岸，之后的十字军东征运动使欧洲人首次尝到了糖的甜味。当时糖在欧洲属于珍稀的奢侈品，一度被用作药物和装饰品，只有在欧洲王室、贵族和高级神职人员的餐桌上，才能看到天价进口的糖，这些糖基本都是用来炫耀权力和财富的神秘食料。

材料呈现：

材料八 从17世纪中期开始，伴随着“砂糖革命”（最开始出现在巴巴多斯，然后出现于牙买加）的发生，砂糖进口量飞快增长，尽管在1604年还显得微不足道，但是到1660年就占了英国进口商品的近十分之一，到1700年之前砂糖进口量成倍增长，达到此前的四倍。到18世纪中期，英国民众的人均砂糖用量是法国人的八到九倍。

——[日]白川稔：《砂糖的世界史》，郑渠译，87页，天津：百花文艺出版社，2007

问题设计： 17世纪以后，蔗糖的消费在英国发生了什么变化？

教师引导学生分析： 随着英国对于蔗糖生产和贸易控制能力的加强，英国国内对于糖

的消费也开始呈现出一种急剧增加的势头。蔗糖大量远销欧洲，其价格也随之下降。这就造就了一种新的消费蔗糖的方式，蔗糖从原来的奢侈品转而成为人们生活的必需品。资本家看到了糖的利润，通过低廉的价格将蔗糖“送”到了下层阶级的餐桌上，成功地在居民的餐桌上发挥了越来越大的作用，由此糖的地位也越来越突出。

材料呈现：

材料九 作为茶、咖啡、巧克力和酒精饮品的甜味剂，作为烘焙面包和制作水果甜点的原料之一，蔗糖在18世纪变得越来越日常化、平民化。用得越来越多、越来越频繁——伴随着新食物和新兴消费场合的兴起，每一种新食物、每一个新场合都在塑造和巩固蔗糖的某些特定意义，所有这一切更加加深了蔗糖日常化的品质。

——[美]西敏司：《甜与权力——糖在近代历史上的地位》，王超等译，125页，北京：商务印书馆，2010

材料十 早期引进的茶，味道苦涩，人们喝它容易引起饥饿。……随着糖的“加盟”，茶就流行开来了。到18世纪末，在乡村生活中，加了糖的茶已成为替代相对昂贵得多的牛奶。大量英国穷人习惯饮用加糖的茶，是因为这种茶比牛奶和麦芽都便宜，并且其中的糖分具有提神作用。

——王铭铭：《糖粒上的历史》，载《南方文物》，2005年第3期

问题设计： 蔗糖生产的扩大使其价格下降，无疑是蔗糖能够“庶民化”和“普及化”的重要因素。但是，为什么17世纪以后，欧洲人，尤其是英国人的蔗糖消费会如此惊人的迅速增长呢？

教师引导学生分析： 17世纪欧洲市场需糖量增长的另一个原因在于茶、咖啡及巧克力等新兴饮料的传入。毫无疑问，茶、咖啡及巧克力的传入刺激了庶糖的消费，正是这三种饮料的传入才导致17世纪后半叶及18世纪庶糖在欧洲的流行。庶糖作为这些新鲜物品的添加剂，备受欧洲人的青睐，在西方社会，到处都可以感受到这种嗜糖如命的氛围，咖啡要加糖，茶要加糖，蛋糕要加糖。由于饮食上对甜味的偏好，才促成了糖的消费量大增，在英国，随着饮茶之风的流行，作为添加剂的庶糖，其使用量也呈明显上升趋势。同时，茶和糖这两样舶来品在英国的相遇，改变了英国人传统的饮食习惯，也形成了英国独特的饮茶文化。

材料呈现：

材料十一 从17世纪起，上流社会的女性中间流行喝下午茶，并以此为高贵的象征。现在这种茶会以下午茶的形式存在。与此相应，工人阶级中开始出现了茶歇，在工作间歇喝茶休息。这正是由茶的特性决定的，加糖的茶能迅速补充热量，像兴奋剂一样能让人精力充足。由于加糖红茶具有这些重要性，所以它成了人们不可或缺的东西。

——[日]白川稔：《砂糖的世界史》，郑渠译，155页，天津：百花文艺出版社，2007

教师引导学生分析： 加糖的红茶最初流行于以英国王室为首的上流阶层，这种饮品方式被视为贵族身份的象征。随着砂糖革命，大批量的砂糖流入欧洲，砂糖的消费价值也迅速随之一变，红茶和砂糖逐渐普及到下层居民之中，最终成为产业革命时期城市工人的生活必需品。英国工业革命加快了人们的生活节奏，也赋予加糖红茶以工业文明的气息。糖从贵族生活的象征，逐渐变为城市工人的生活元素。对于产业革命时期的工人们来说，

在工作间歇喝上一杯加糖红茶，则能进一步提高他们的工作效率，英国的无产阶级往往在心理上更能适应工厂的劳作强度，并且更愿意遵守工厂的纪律规定。总之，蔗糖的味道赢得了大多数人的喜爱，无产阶级还能通过食用蔗糖补充每天所需要的热量。从此英国人传统的需要耗时很久的烹饪习惯逐渐向支持英国工业发展的方向转变，人们得以省出更多的时间来从事工业生产，进而提高了英国的工业制造能力，推动了近代英国的经济发展。

教师指导学生小结：随着甘蔗的传播，加勒比海地区的面貌发生了重大变化。在原本布满原始森林和岩石的岛上被开发出了广阔的甘蔗种植园。伴随着甘蔗的进入，加勒比海岛的风貌、居民构成、经济方式都或迟或早地渐渐变化。这一持续不断的变化被历史学家称作“蔗糖革命”。加勒比的甘蔗种植园是资本主义兴起过程中的一个重要组成部分，它为欧洲的消费提供了商品，也为欧洲的生产提供了市场。以奴隶和蔗糖为核心的大西洋三角贸易的兴盛，不仅给欧洲带来了源源不断的财富，推动了工业革命的孕育和发展，加快了欧洲资本主义原始积累的过程，而且也进一步密切了欧洲、美洲、非洲之间的贸易往来，推动了资本主义世界市场的进一步形成。加糖红茶成了英国一种独特的生活文化，加糖红茶的饮用之风，也随着英国的海外扩张被传往世界各地。英国移民带去了本土的饮茶习俗，移民后裔也继承了先辈的饮茶爱好，保持饮茶的传统。借用 18 世纪一个英国人的说法：“伟大的砂糖！完全征服了世界！”

设计二：白银流动——见证晚明中国融入世界的步履

设计思路

在资本主义世界市场形成过程中，白银曾作为世界货币，成为国际贸易的结算方式。白银的流动见证了中西方直接的贸易关系，推动了资本主义世界市场的不断发展。本设计通过引导学生站在全球化视野的立场上，将晚明时期的外国白银流向中国的现象，放在当时中国与世界经济联系的视野下进行观察。通过史料阅读，了解晚明时期中国与世界的海上贸易活动，认识白银流动在资本主义世界市场形成中所发挥的作用，拓宽学生的世界视野，增强时空观念，深化对历史问题的理解。

设计方案

导入新课：世界历史在新航路开辟后翻开了新的一页，带来了史学家们所称的“大航海时代”。在东方财富神话的诱惑之下，欧洲人以前所未有的热情和冒险精神开始出海远航寻找黄金和梦想，来到了美洲，来到了东方，来到了中国。在历史的这一刻，世界开始真正地连接在了一起。使美洲、欧洲、近东区域经济市场与东亚、东南亚区域市场发生了前所未有的大碰撞，开始了一场前所未有的“全球化贸易”。一直在东亚贸易圈中独占鳌头的晚明中国也卷入了这一浪潮之中。

材料呈现：

材料一　十六世纪至十七世纪中叶晚明时期的中国，正处在新航路发现以及新大陆发现后的经济“全球化”时代，当时的中国竟然在经济全球化的起步阶段占有如此重要的地位，不仅邻近的国家在保持传统的朝贡贸易（或者说是勘合贸易、贡舶贸易）的同时，民间走私贸易日趋兴旺，而且遥远的欧洲国家如葡萄牙、西班牙、荷兰等国以及它们在亚洲、美洲的殖民地都卷入与中国的远程贸易之中，使以生丝与丝织品为主的中国商品遍及全球，作为支付手段的货币是占世界产量四分之一或三分之一甚至更多的白银，它源源不断地流入中国。

——樊树志：《“全球化”视野下的晚明》，载《复旦学报（社会科学版）》，2003 年第 1 期

问题设计： 如何理解材料一中所说的“当时的中国竟然在经济全球化的起步阶段占有如此重要的地位”？

教师引导学生分析： 新航路开辟后，在全球贸易逐渐发展起来的过程中，中国没有置身事外。随着海外需求的增长，大量中国的茶叶、丝绸和瓷器等以美洲和日本白银为媒介流向海外，以至于作为支付手段的白银大量地流入中国。在这种海外市场需求剧增的背景下，东西方直接贸易的全球贸易日益兴盛起来。

教师讲述： 白银的流入见证中西方直接贸易关系的发展，推动了世界市场的不断发展。那么，中西方的直接贸易关系又是如何建立起来的？白银又是通过什么渠道流入中国的呢？

一、澳门：中国与全球经济的中介

材料呈现：

材料二 正是在葡萄牙东方贸易蓬勃发展的大背景下，澳门从 16 世纪 80 年代进入了黄金时代。澳门是葡萄牙—印度—中国—日本贸易航线的重要枢纽。在葡萄牙人入居澳门，并与中国建立正常贸易关系后，这条航线变得十分有利可图。葡萄牙人以澳门为中心来安排在远东的贸易活动，每年五月至六月，他们乘坐由中国贸易舰队司令指挥的大帆船，顺着夏季的西南季风从果阿起航，装载着胡椒、苏木、象牙、檀香等印度货物，以及原产美洲经里斯本运来的白银在抵达澳门的一年里，把货物与白银换成中国的生丝、丝织品、黄金以及铅、水银、糖、麝香、茯苓、棉纱、棉布等商品，到第二年初夏，乘着季风继续东航，进入日本长崎，把生丝、丝织品、棉布等中国商品以高昂的价格迅速脱手，然后装上日本白银及少量其他货物，乘着同年秋天的季风返回澳门。他们在澳门用日本的白银大批购买中国的生丝、丝织品、瓷器、黄金及其他货物，到第三年秋天，才乘着季风返回印度。

——樊树志：《“全球化”视野下的晚明》，载《复旦学报（社会科学版）》，2003 年第 1 期

问题设计： 依据材料二，指出澳门在晚明时期的中国与世界经济关系的建立中起到了怎样的作用。

教师引导学生分析： 从 1524 年起，葡萄牙人开始在中国东南沿海进行走私贸易；从 1557 年开始，葡萄牙人在澳门搭建住房、营造村落，以后又通过“租借”的手段使澳门成为一个可靠的基地。葡萄牙人获得澳门贸易的许可后，澳门成为沟通东西方经济的重要商埠，成为晚明中国对外贸易的重要通道。澳门成为中西方贸易航线的重要枢纽，是晚明中国与全球经济的中介。澳门这一广州贸易外港所具有的地利，使之很快成为中国通向世界各国的航运中心，也成为多条国际航线的中转站。以澳门为中心的转口贸易，把中国市场卷入了全球贸易的网络中。中国的商品经过多条国际贸易航线，走向世界，并在当时的世界市场中占有举足轻重的地位。

二、“马尼拉大帆船”：中国与“新大陆”的经济纽带

材料呈现：

材料三 马尼拉大帆船是太平洋海域早期全球经济的产物。1565—1815年的250年中，坚固、快捷、装备精良而且载货量大的西班牙大帆船定期往返于菲律宾的马尼拉与墨西哥西岸的阿卡普尔科之间，从马尼拉满载着亚洲的奢侈品到墨西哥交换白银。大部分贵金属流入中国，这是因为中国经济繁荣，白银的需求量不断增加，而白银是中国的基础货币。事实上，中国的白银需求量如此之高，以至于欧洲的商人用白银兑换中国的黄金，之后再到日本交换更多的白银和奢侈品。同时，一些来自马尼拉的亚洲奢侈品留在了墨西哥，或是被运到秘鲁，供那里的西班牙统治阶层维持奢华生活。但大部分奢侈品从墨西哥通过陆路再经大西洋运往西班牙和欧洲市场。

——[美]杰里·本特利等：《新全球史：文明的传承与交流（上册）》，魏凤莲等译，659页，北京：北京大学出版社，2007

问题设计： 依据材料三，分析中国与美洲“新大陆”之间的经济联系是怎么建立起来的？

教师引导学生分析： 麦哲伦的环球航行成功证明了地圆学说，但是，直到1570年，人们迫切希望用美洲白银交换亚洲产品时，才开始建立世界第一条国际商业路线。随着欧亚之间大规模海上贸易发展起来，美洲大陆与中国之间形成了马尼拉大帆船贸易。马尼拉大帆船也沟通了近代世界的两个主要经济体：伊比利亚帝国——葡萄牙和西班牙和明朝统治下的中国。因为中国商人在贸易中只要白银，与中国的贸易需要大量的白银才能进行。美洲金银的开采解决了欧亚贸易支付问题，美洲提供的白银成了欧洲人扩大殖民地经济和全球市场的财力资源。随着美洲金银的流动，亚洲的棉纺织品、丝绸和瓷器等流向欧洲。马尼拉大帆船所开创的这条先锋航线开启了人类历史上第一次真正意义的全球交流。

三、中国外贸出超与巨额白银流入

教师讲述： 明末中国商品以其优势对世界市场的形成和发展起了重要作用。葡萄牙人、西班牙人，以及后来的荷兰人、英国人都因运销中国商品得到大量的利润，从而推动了欧洲资本的积累和资本主义迅速发展。同时，中国商品在世界市场中的优势，也使大量白银流入中国。

材料呈现：

材料四 （晚明）中国在丝绸和瓷器产品的生产上本来就具有比较优势，价格不高，随着银的价值增大，这些产品以白银表现出来的价值变得更低，成为国际市场上名副其实的物美价廉商品，使得中国凭借着在丝绸、瓷器等方面无以匹敌的制造和出口，与任何国家进行贸易都是顺差。……美洲白银或者通过欧洲、西亚、印度、东南亚输入中国，或者用从阿卡普尔科出发的马尼拉大帆船直接运往中国。中国也从日本获得大量的银和铜，并通过中亚的内陆贸易获得一些银和铜。

——[德]贡德·弗兰克：《白银资本》，刘北成译，167页，北京：中央编译出版社，2000

问题设计： 材料四表明了晚明中国在对外贸易中处于怎样的地位？

教师讲述：欧洲人渴望获得中国的手工业品、加工后的农产品、丝绸、陶瓷和茶叶，但是本身没有任何向中国出售的手工业品和农产品。由于欧洲商品难以与价廉物美的中国货竞争，欧洲人要交换中国的商品，却没有比白银更能吸引中国商人的商品，西班牙人、葡萄牙人和后来跻身对华贸易的荷兰人、英国人都不得不用白银购买中国商品，晚明中国凭借其制造业的优势在对外贸易中处于出超地位，中国在对外贸易中的顺差地位一直保持到19世纪初鸦片贸易兴起前夕。

材料呈现：

材料五 美洲在17世纪和18世纪生产的白银中各有27 000吨和54 000吨运到欧洲，两个世纪合计81 000吨。在欧洲获得的白银中，大约一半(39 000吨)又转手到亚洲，其中17世纪为13 000吨，18世纪为26 000吨。这些白银最终主要流入中国。另外，有3 000吨到10 000吨，甚至可能高达25 000吨白银是从美洲直接通过太平洋运到亚洲，这些白银的绝大多数最终也流入中国。此外，日本至少生产了9 000吨白银，也被中国所吸收。因此，在1800年以前的两个半世纪里，中国最终从欧洲和日本获得了将近48 000吨白银，可能还通过马尼拉获得了10 000吨甚至更多的白银。另外，还从亚洲大陆的东南亚和中亚地区以及中国自身获得一些白银。这些加起来，中国获得了大约60 000吨白银，大概占世界有记录的白银产量(自1600年起为120 000吨，自1545年起为137 000吨)的一半。

——[德]贡德·弗兰克：《白银资本》，刘北成译，208页，北京：中央编译出版社，2000

问题设计：材料五说明了什么现象？

教师讲解：中国在源源不断地向世界各地输送物美价廉商品的同时，也作为白银的"最终密窖"吸纳着来自世界各地的白银，大量白银流向中国。

四、白银流动与世界经济体系的建立

材料呈现：

材料六 白银是促使世界贸易诞生的重要因素。与白银相联系，一边是生产，一边是交换。起因于白银需求的中国市场网络的延伸，其主要特征就是将世界各处的白银吸纳进来。与此同时，中国商品走向世界，市场扩大到了世界范围。中国是当时世界上最大的经济体，也是最大的白银需求国，直接影响了白银作为国际通用结算方式用于世界贸易。这种国际交换关系，一端联系的是中国商品，另一端联系的是白银，形成了市场网络的世界性链接。概言之，它以三条主干线，跨越三大洲，形成了三个大小不等的贸易圈，从而构建了一个世界贸易网络。这三条主干线是：中国—东南亚—日本；中国—马尼拉—美洲；中国—果阿—欧洲。

——万明：《明代白银货币化：中国与世界连接的新视角》，载《河北学刊》，2014年第3期

问题设计：材料六表明，在白银的推动下，世界经济发展形势如何？

教师引导学生分析：作为三条航线终端的日本、美洲和欧洲，均成为输入中国白银的来源地。其中，日本和美洲是白银的出产地，而欧洲主要是美洲白银的中转地。建立在这种供求关系上的市场中，确立了白银的世界货币地位。伴随白银货币的极大发展，市场超越了国

界，实现了世界性的扩展。晚明中国白银货币化促使白银的世界货币职能得到了全面实现，于是，一个建立在白银世界性运动基础之上，以白银为国际贸易结算方式的世界市场雏形产生了。这正是经济全球化的开端。

教师指导学生小结：当中国市场与世界连接起来，世界市场的白银滚滚而来之时，对中国社会产生了巨大的影响，推动了中国货币向银本位的转换，也使中国自觉不自觉地纳入了世界经济体系之中。白银从局部流通于东南一隅到逐渐席卷中国全境；从中外贸易的支付手段到跃为中国货币的主流形式。可以说，当时中国已经深深融入世界经济贸易圈中了，成为全球化经济中的重要成员之一，成为世界市场重要的组成部分。

教学资源

资源 1：资本主义世界市场形成的影响：全球贸易的发展

到 16 世纪晚期，正如欧洲水手把世界上的海港城市永远地连在一起，并建立起世界贸易网络一样，人类对世界上的自然资源和农业资源也进行了坚持不懈的探索。在接下来的两个世纪中，全球贸易量急剧增长，英国、荷兰、法国以及其他国家的商人为世界市场的发展做出了贡献。例如，在 17 世纪，荷兰商人从南非进口小麦，从印度进口玛瑙贝，从巴西进口蔗糖。小麦提供给国内不断壮大的商人、银行家和手工业者阶层，从事农业的人越来越少了。英国、荷兰以及其他国家的商人热切地购买玛瑙贝，这是撒哈拉以南的非洲许多地区的货币，他们用贝壳交换奴隶，运往西半球的种植园。蔗糖被运往阿姆斯特丹，然后在欧洲市场上销售。18 世纪，由于咖啡、茶、糖和烟草等大宗商品的出现，世界贸易变得更加错综复杂。到 1750 年，除了澳大利亚以外，世界上所有地区都被纳入到全球的商业网络中，而欧洲商人在其中扮演着至关重要的角色。

——[美]杰里·本特利等：《新全球史：文明的传承与交流(上册)》，魏凤莲等译，662 页，北京：北京大学出版社，2007

资源 2：资本主义世界市场形成的影响

从对外贸易的商品种类来看，美洲新大路的发现促使当时仅在美洲才有的作物如玉米、土豆、甘薯、辣椒、西红柿、花生、菠萝、可可、烟草和棉花等输往欧洲、非洲和亚洲；此后欧洲、亚洲和非洲也向美洲输出了小麦、水稻、甘蔗、葡萄、莴笋、橄榄、香蕉和咖啡等作物以及马、牛、羊、猪、鸡等动物，还有以畜力牵引的轮式运输工具和犁，增强了美洲的生产能力。这些变化使得世界各国的经济往来更加密切，从而使由于自然条件、民族传统和国民经济差异而产生的地域分工有了新发展，出现了早期世界市场的雏形。换个角度讲，地理大发现引起的西欧殖民者在世界各地的大肆领土扩张和掠夺，大大推动了资本主义工场手工业的发展，加速了殖民国家资本的原始积累和海外贸易的扩展，形成了早期资本主义国际专业化分工的萌芽，为世界经济的形成作好了必要准备。

——关立新等：《马克思“世界历史”理论与经济全球化指向》，30—31 页，北京：中央编译出版社，2013

资源9：资本主义世界市场的危机走向

按照马克思的观点，世界历史的形成一方面为资本主义生产方式创造了广阔的发展空间，另一方面又使资本主义生产方式的矛盾发展到了顶点，形成全球性的资本与劳动的矛盾。由此产生的经济危机也就具有世界性。在世界市场上，由于整个国家的生产既不是用它的直接需要，也不是用扩大生产所必需的各种生产要素的分配来衡量。因此，再生产过程并不取决于同一国家内相互适应的等价物的生产，而是取决于这些等价物在别国市场上的生产，取决于世界市场吸收这些等价物的力量和取决于世界市场的扩大。这样，就产生了越来越大的失调的可能性，从而也就是危机的可能性。这就是说，资本主义商品生产本身就潜藏着生产与销售、个别企业的有组织性与整个社会生产的无组织性的矛盾，而在世界市场条件下，这些矛盾将进一步放大，以致在世界各国形成连锁反应，引发世界性的经济危机，从而使这些矛盾被推向一个更广的范围和更深的程度。所以，“资产阶级生产的一切矛盾，在普遍的世界市场危机中集中地暴露出来”。

——丰子义：《“世界历史”与资本主义——〈资本论〉语境中的“世界历史”思想》，载《学术研究》，2005年第8期

资源10：人类文明交往的新的自觉时期

人类文明交往史转折于西欧的农本向工商业发展基础上实现的以大机器工业为特征的工业革命和以全世界为市场的外向型商品经济。资本追求利益的最大化决定了它向世界范围扩张，资本主义本身就是一种跨国家、跨地区的生产方式和文明交往方式，由此就开始了马克思所说的历史向世界历史转变，这就是由地缘的国家性交往发展为全球化交往。这是完整意义上的世界史。文明交往的互动规律使“各个相互影响的活动范围在这个发展过程中越是扩大，各民族的原始封闭状态由于日益完善的生产方式、交往以及交往而自然形成的不同民族之间的分工消灭得越是彻底，历史就越成为世界史”。全球化是一本打开了人类本质力量的书，其中蕴藏着人与自然、人与社会和人与自我身心的文明交往，特别是包含着国家主权、民族独立的坚持和社会生产力的提高与社会的全面进步。各种文明类型的国家都面对着全球化的人类交往的新时期。18、19世纪建立起来的欧美日本民族国家体系和20世纪建立起来的亚非民族国家体系，都在国家主权、安全、发展利益与和平、对话、合作问题上，考验自身文明的自觉。

——彭树智：《世界历史：人类文明交往的新自觉时期》，载《史学理论研究》，2011年第2期

第十一单元

世界殖民体系的形成与亚非拉民族独立运动

学术引领

一、殖民体系的形成

（一）殖民体系的概念

1. 殖民与殖民地的概念

杨席珍在《资本主义扩张路径下的殖民传播》（9—10 页，浙江大学 2010 年博士学位论文）一文中指出，殖民对应的英语单词是 colony。据《韦伯斯特英语词典》的解释，colony 的主要含义指的是：一是居住在新的领土上但与母国保持联系的人们组成的机构，二是由这种机构所统辖的领土。《现代汉语词典》中关于“殖民”一词的解释：“原指强国向所征服的地区移民，后泛指把自己的政治经济势力扩张到国外。”韦氏词典的定义指的是殖民机构和殖民地，该定义省略了最重要的步骤——殖民过程，企图掩盖马克思所说的“资本来到世界，每个毛孔都滴着鲜血”的殖民侵略历史。《现代汉语词典》的定义强调的是殖民者的迁移和势力的扩张，并显示了权力的差距，而且认识到殖民方式的变迁趋势。但该定义局限于政治和经济势力扩张，未认识到军事、文化等也是殖民者扩张的重要势力。

马世力在《世界史纲（下册）》（392—393 页，上海：上海人民出版社，1999）一书中认为，殖民地是一个古老的历史现象，一般来说，所谓殖民地，是指一个国家在国外占领或掠夺、同时把本国大批居民移往该地居住和开发的地区。在世界历史上，殖民地曾以多种不同形式在世界许多地区、特别是在古代地中海和中世纪欧洲存在过。比如古希腊时期，雅典诸城邦在爱琴海沿岸及岛屿，通过移民而建立的城邦殖民地；近代殖民地，主要是指 15 世纪以后，直到 20 世纪初期，那些遭受西方资本主义国家（主要是西欧各国，以及后来的俄国、美国、日本等）侵略，丧失了国家主权和民族独立地位，从而在政治、经济、文化等各个方面都由西方殖民宗主国统治与支配的地区。而近代殖民主义，则是近代资本主义政治、经济和文化制度的一个有机组成部分，是一种西方资本主义国家追逐和争夺政治、经济、文化利益的扩张理论与制度，一种征服世界的政策和行为。近代西方资本主义国家进行殖民侵略持续时间之长，扩张范围之广、规模之大，沦为西方殖民地、半殖民地国家和地区之多，在世界历史上是空前的，以至形成一个囊括亚洲、非洲、南美洲和大洋洲在内的世界殖民主义体系。近代殖民主义的兴起于发展，既是近代世界历史的重要内容之一，同时也深刻地体现了近代西方资本主义的本质与特征。

2. 殖民主义与殖民体系的概念

高岱、郑家馨在《殖民主义史（总论卷）》（155—156 页，北京：北京大学出版社，2003）一书中指出，就殖民主义这一概念而言，应有广义和狭义之分。广义的殖民主义表现为一个历史发展的阶段，应被看为一种历史现象和一个独具特色的发展阶段。作为近现代历史发展整体进程的一个组成部分，它体现的是 1500 年以后全球市场经济形成的过程中，世界范围内发达与欠发达国家之间不断发展变化的关系，表现为一个相应的社会发展阶段。一般来说，它适应西方资本主义的发展要求产生的，但要比资本主义更早退出历史舞台。狭义的殖民主义代表着一些系列的政策、观念与行为方式等，其指的是在现代世界体系中，西方宗主国为维护中心与外围地区的不平等关系而制定的，反映一定历史发展阶段特色的方针和政策。它在政治、经济和思想文化上对外围地区和半外围地区产生了深远的影响，既打断了这些国家和地区的社会发展进程，对它们的财富进行了肆意的剥削和掠夺，又在客观上具有社会改造作用，在这些国家和地区“为西方式的社会奠定了物质基础”。

高岱、郑家馨在《殖民主义史（总论卷）》（186—187 页、191 页，北京：北京大学出版社，2003）一书中进一步指出，殖民主义制度就是随着资本主义的产生而形成的，是自由资本主义阶段的产物；殖民主义体系，则是自由资本主义的衰落和垄断资本主义出现时期的产物。殖民统治的建立并不意味着殖民主义体系的形成，从殖民主义制度的出现到殖民主义体系的最终形成，其间存在着一个较长的过程，并与现代国际法的逐步形成与完善有着密切的联系。特别是涉及殖民地法律地位的确认时更是如此。殖民主义体系，指的是在争夺和瓜分殖民地的过程中，现代殖民帝国为了自身的政治与经济利益而结成的互相联系、互相制约的整体。它的形成是新一轮殖民扩张的产物，同时也是现代国际法逐步完备和发展的结果。1884 年召开的柏林会议是殖民体系最终形成的标志。

（二）殖民体系的形成过程

1. 时间

曹顺仙在《世界文明史》（252 页，北京：北京理工大学出版社，2012）一书中指出，近代世界的殖民活动开始于新航路开辟的 16—17 世纪，世界殖民体系的确立则是在第一次工业革命完成以后。工业革命的强力推动，使 19 世纪后期首先工业化的国家掀起了殖民扩张的新高潮，列强瓜分和重新瓜分世界领土的斗争空前激烈。1876—1914 年，英国、俄国、法国、德国、美国和日本 6 国，扩大了殖民地面积 2 500 万平方千米，连同原有殖民共达 6 500 万平方千米，相当于它们本土面积之和（1 650 万平方千米）的 4 倍。殖民地人口达到了 5.234 亿。列强角逐的地区首先是非洲和太平洋岛屿，其次是西亚和东亚地区。在非洲，英国试图建立一个北起埃及开罗南至南非开普敦纵贯非洲大陆的英属殖民大帝国；法国则要建立一个从塞内加尔到索马里横穿非洲大陆的法属非洲殖民地；德国也想沿赤道两侧建立一个从大西洋到印度洋的赤道非洲殖民地；此外，意大利、比利时、葡萄牙也各有所图。到 1910 年，非洲面积的 90.4%，亚洲的 56.6%，美洲的 27.2%，大洋洲的 100%已沦为殖民地，整个世界被列强基本瓜分完毕。资本主义工业化国家的势力深入到世界各个角落。一个互相联系、互相影响的整体世界殖民体系最终形成。

2. 阶段

张红菊在《殖民主义与全球化——殖民主义与全球化进程及其消极影响》(载《史学理论研究》,2013 年第 4 期)一文中指出,世界殖民体系形成的过程就是资本主义发展和对全球进行侵略的过程。这个过程大致分为三个阶段,伴随三次殖民高潮,西方国家的殖民主义活动把亚洲、非洲和拉丁美洲等地区纳入了资本主义世界体系。

第一阶段,从 15 世纪到 18 世纪,欧洲人对美洲、非洲、亚洲进行政治控制和渗透,资本主义世界市场和殖民体系初见端倪。在 16 世纪西欧商业资本主义掀起的第一次殖民主义高潮中,美洲大部分地区和非洲沿海地区以及东南亚边沿被纳入新生资本主义世界体系。

第二阶段,从 18 世纪 60 年代到 19 世纪 70 年代,工业革命后掀起第二次殖民高潮,殖民列强通过扩大殖民地和商品市场等方式向西亚、东亚、南美等地区纵深扩张,使亚、非、拉美许多国家和地区沦为殖民地和半殖民地,把殖民地和半殖民地变成经济附庸。到 19 世纪中后期,世界殖民体系初步形成。

第三阶段,19 世纪 70 年代后,工业革命进入新的阶段,社会生产力进一步提高,资本主义制度得以完善;欧洲列强和美国、日本纷纷向海外殖民。19 世纪末第三次殖民高潮,是通过瓜分全球方式把非洲内陆以及亚洲内陆广大地区都纳入资本主义世界体系。据 1914 年的统计,11 个帝国主义国家共拥有各类殖民地达 5 430 万平方公里,面积将近 5 个欧洲大小。其中,英国发展成最大的殖民帝国,英国的殖民体系是世界殖民体系的一个典型。

3. 标志

教皇子午线的划分是殖民体系形成过程的重要事件。崔凤等在《突破教皇子午线:荷兰的海洋强国之路——社会变迁的视角》(载《中国海洋大学学报(社会科学版)》,2015 年第 4 期)一文中指出,15 世纪的欧洲,葡萄牙和西班牙最早将对香料的追求、对金钱的渴望、对国土扩张的欲望瞄准了欧洲之外的世界,在地理大发现过程中占据了先机。1494 年 6 月 7 日,在罗马教皇的仲裁下,西班牙和葡萄牙两国缔结《托德西拉斯条约》,规定佛得角群岛以西 370 里格(约合 1 770 公里或 1 100 英里),大约位于西经 46°37′的南北经线,为两国的势力分界线:分界线以西的一切土地都划归西班牙,以东的一切土地归葡萄牙。这就是历史上著名的"教皇子午线"。在麦哲伦的船队完成环球航行之后,西葡两国又缔结《萨拉戈萨条约》,在摩鹿加群岛以东 17°处再划出一条线,作为两国在东半球的分界线,线西和线东分别为葡萄牙和西班牙的势力范围。至此,葡萄牙和西班牙在人类历史上首次瓜分了全世界。

高岱在《论殖民主义体系的形成与构成》(载《北京大学学报(哲学社会科学版)》,1999 年第 1 期)一文中指出,过去人们在谈到这条教皇子午线时,大都只强调它的存在表明世界第一次被西方殖民者所瓜分,然而却忽视了另一层涵义,那就是在当时的历史条件下,由于不存在较为完备的国际法准则,各殖民地的存在并不以相互间的承认为重要条件。当相互之间发生冲突时,它们只有借助教会的力量来解决国际殖民纠纷。在这种情况下,教会的权威在一定程度上就具有了国际法的约束力。由此可见,殖民统治的建立并不意味着殖民主义体系的形成,从殖民主义制度的出现到殖民主义体系的最终形成,其间存在着一个较长的过程,并且与现代国际法的逐步形成与完善有着密切的联系,特别是涉及对殖民地法律地位的确认时则更是如此。因此,殖民主义体系的形成是新一轮殖民扩张的产物,同时也是现代国主义殖民体系形成，其殖民政策也做了相应的调整：第一，以资本输出继续强化对殖民地的剥削和控制。进入帝国主义阶段以后，垄断资产通过这种方式转而实现对殖民地半殖民地经济命脉和内政外交的控制，达到强化殖民统治。第二，积极参与对世界领土的瓜分。垄断资产阶级为了在世界霸权中处于有利地位，帝国主义国家更加疯狂地强占和加紧控制殖民地。到20世纪初，非洲大陆基本被帝国主义列强瓜分完毕，从而形成了帝国主义殖民体系。第三，发动战争重新瓜分世界。当世界已被列强瓜分完毕时，最大的殖民帝国英国的殖民地面积为德国的十倍多，而势力日益膨胀的德、日等国不甘处于殖民列强之末的地位，致使发动战争成为重新瓜分世界的主要途径，构成帝国主义殖民政策的重要内容。随着它们之间矛盾的不断激化，最终酿成了第一次世界大战的爆发。

第三阶段：第一次世界大战后，全球政治格局发生变化，美国提出了委任统治原则，并在巴黎和会上得以确立。委任统治制度标志着一战后帝国主义殖民统治总政策的一种新动向，即国际化地解决殖民地统治问题。过去那种由几个帝国主义国家私下瓜分、直接兼并殖民地的方式，逐渐由在国际性组织监督下，按国际法貌似公正地解决列强纠纷以避免更大的国际冲突的方式所代替。

（四）殖民体系的评价："双重使命学说"理论

1. "双重使命学说"理论的内容

马克思在《马克思恩格斯文集（第2卷）》（686页，北京：人民出版社，2009）中阐述了这一理论，即"英国在印度要完成双重的使命一个是破坏的使命，即消灭旧的亚洲式的社会；另一个是重建的使命，即在亚洲为西方式的社会奠定物质基础"。这一理论虽然最初是针对印度提出的，但对于与印度有相似经历的其他东方国家亦具有普遍的意义。

胡键在《文明的"两个进程"、"两极相联"、"双重使命"——关于马克思、恩格斯资本主义与殖民地关系理论的研究》（载《上海师范大学学报（哲学社会科学版）》，2015年第1期）一文中指出，所谓"破坏的使命"：一是指资产阶级对落后生产力的破坏；二是指资产阶级对落后的小农经济的破坏；三是指资产阶级作为先进文明的代表对落后文明的破坏。一句话，"资产阶级在它已经取得了统治的地方把一切封建的、宗法的和田园诗般的关系都破坏了"。所谓"重建的使命"，第一是指一种"应然"的分析，即殖民主义拥有先进的生产方式，应该对落后的东方国家具有建设的作用；第二是指殖民主义自身发展需要殖民地经济要有所发展；第三是指即便是殖民主义自身发展的需要，但它在瓦解落后的封建经济的同时，也在一定程度上促进了殖民地资本主义经济的发展，从而充当了历史不自觉的工具。

2. "双重使命学说"理论的认识

林承节在《关于殖民主义"双重使命"的几点认识》（载《北大史学》，1995年第1期）一文中指出，在殖民主义对被统治国家社会发展的影响方面。殖民主义对被统治国家在客观上具有社会改造作用。一方面，殖民统治把被统治国家变成它的商品市场和原料产地，在摧毁这些国家现有文明、财富的同时，会瓦解这些国家自然经济的根基，使旧社会结构瓦解。这是破坏性使命的含义。另一方面，在宗主国工业有相当发展后，殖民剥削也必然要不自觉地起一种建设性作用，为建设使命的含义。在论述"双重使命"的相互关系方面，"双重使命"就其社会改造作用而言，是同一方向的两个步骤，是破和立的关系。破坏性作用是领先的，破而后才有立,即才有实现建设性作用的可能。破准备了立,立进一步加深了破。破立并不是两个截然划分的阶段,而是有了破以后继之而立,通过立继续破。破是贯穿殖民统治始终的,立一旦开始也是如此,而且两者都具有日益加强的趋势。

张红顺在《关于殖民主义史研究的几个问题》(载《河南大学学报(社会科学版)》,2005年第1期)一文中指出,在殖民统治下发生的一切并不能都归因于殖民统治或殖民主义。例如,在英国的殖民统治下,印度人民坚持反对殖民主义,努力发展民族工业,寻求民族解放的途径,这就不能归功于殖民统治或殖民主义。鸦片战争后,中国人民救亡图存的一切努力及其成就也不能归功于西方殖民主义者。

高岱、郑家馨在《殖民主义史(总论卷)》(327页,北京:北京大学出版社,2003)一书中指出,对马克思的殖民主义双重使命学说的理解和评价而言,国内学术界尽管还存在一些不同的看法,但在以下几个方面基本达成共识。其一,虽然马克思所论述的双重使命是针对英国在印度的统治提出的,但它对于从整体上阐明殖民主义的历史作用具有普遍的指导意义,是对殖民主义史和亚非拉现代化进程从事深入研究的一个重要指导原则。其二,在遵循马克思关于殖民主义双重使命学说的同时,必须强调对殖民主义在不同时期和不同地区的作用进行具体问题具体分析。以双重使命学说作为指导,并不意味着把它作为教条。只有对处于不同的社会发展阶段和不同经济水平的宗主国及其殖民地的进行具体地研究,对不同类型的殖民主义进行认真的分析,才能得出令人信服的科学结论。其三,必须明确指出的是,马克思虽然提出殖民主义具有双重使命,但绝不意味着马克思对殖民主义持肯定的态度。事实上,马克思是一直反对殖民主义的。他所总结的殖民主义双重使命,是把殖民主义放到资本主义进行世界扩张这一大的范围之内加以考察,从而更加深刻地揭露了殖民主义对第三世界国家人民联合起来反对殖民主义的必要性。其四,义愤不能代替科学。对中国学者来说,评价殖民主义的历史绝不是一个轻松的话题。但切忌将道德评判和历史研究混淆起来,否则就难以正确地理解和把握马克思主义的双重使命学说。

二、18世纪末至19世纪初的亚非拉民族解放运动

袁明在《国际关系史》(9页,北京:北京大学出版社,2005)一书中指出,在国际关系中,国家之间的竞争状态是一种最为普遍的基本状态。这种基本状态是由国家的主权(国家的根本属性)所决定的。在对外关系上,国家的主权表现为独立权。国家要生存、要发展,它们之间的竞争就不可避免。19世纪后期开始欧洲列强在全世界的活动将亚、非、拉美广大地区的许多国家卷进了竞争机制。在受到侵略的广大亚非拉地区,生存竞争活动则在另一层面上反映出来。亚非拉各国既然被相互竞争中的帝国主义列强强迫纳入国家竞争机制,它们首要的目标就是努力摆脱被压迫被奴役的地位。这种生存竞争的最高形式是日渐高涨的民族解放运动。

(一)拉丁美洲的独立运动

1. 时间

王金莲在《拉美民族独立意识的觉醒及其局限性分析》(载《中国拉丁美洲史研究会会议

第一次高潮发生在19世纪中期。这一高潮是以下层人民的起义和反侵略战争为主要内容。1825—1830年印度西亚爪哇人民的反荷起义，揭开19世纪中期亚洲民族解放斗争高潮的序幕，构成这一高潮主要内容的有波斯巴布教徒起义(1848—1852年)，中国的太平天国革命(1851—1864年)，印度民族大起义(1857—1859年)和1856—1857年波斯军民反对英国侵略的战争，中国军民反对英法侵略的第二次鸦片战争(1856—1860年)等。

第二次高潮出现在19世纪晚期。亚洲出现了以下层人民起义和资产阶级改良运动为主要内容的第二次民族解放斗争的新高潮。下层人民的起义有越南安世农民反法起义(1887—1913年)、朝鲜甲午农民战争(1894—1895年)和中国的义和团运动(1900—1901年)等。这些以农民为主体的下层人民群众，仍然是亚洲民族解放斗争的基本动力。年青的工人阶级开始投身于民族解放斗争，例如1872年菲律宾甲米地工人爆发了武装起义，工人们提出"打倒西班牙"的战斗口号，又如印度工人在反殖斗争中，争得了休息日和限制劳动日等某些劳动立法。

第三次高潮发生在20世纪初。此时亚洲各国出现了资产阶级民族民主运动的新高潮，列宁称这次革命风暴为"亚洲的觉醒"。1905—1911年的波斯革命，1908—1909年的土耳其革命，1911年的中国辛亥革命和朝鲜、越南、印度、印度尼西亚等国群众性的反帝爱国运动斗争构成了这一高潮的主要内容。

2. 亚洲民族解放运动的特点

(1) 19世纪中期亚洲革命风暴的特点

罗超平在《近代亚洲民族解放运动发展的阶段和特点浅议》(载《湖北大学学报(哲学社会科学版)》，1988年第2期)一文指出，亚洲民族解放斗争第一次高潮的主要特点是：第一，这些反对外国侵略的民族解放斗争几乎是同时发生，在打击外国(主要是英国)侵略方面，客观上是一致的。正如马克思所指出："英印军队中的起义与亚洲各大国对英国统治的不满同时发生，因为孟加拉军队的起义无疑与波斯战争和中国战争有密切联系——所有这些都是过去从未有过的事情。"印度军民的反英起义打乱了英国的侵略部署，迫使英国派赴波斯和中国的侵略军中途调回印度，从而间接地支援了波斯和中国人民的反侵略斗争；英国侵略阿富汗和缅甸的计划也不得不往后拖延。第二，革命的主要力量是亚洲各国的下层人民，即农民、手工业者和城市贫民。第三，反侵略斗争的领导权(除自发的农民起义如中国的太平天国革命等以外)主要掌握在当时尚未完全投降侵略者的封建主手里。这些封建主在侵略者的威胁利诱下，除少数(如印度的那那·萨希布和詹西女皇等)外，大都叛变投敌，使第一次席卷亚洲的民族解放斗争遭到了失败。

高岱、郑家馨在《殖民主义史(总论卷)》(33—38页，北京：北京大学出版社，2003)一书中指出，19世纪中叶，中国的太平天国农民革命、印度民族大起义、伊朗(波斯)巴布教起义以及其他若干亚洲人民的斗争，构成19世纪中期亚洲起义的浪潮。他们基本上都属于东方国家下层群众对西方殖民侵略及其带来后果的反应(在印度和印尼，一部分封建统治者也投身运动，并掌握了领导权)。这一时期东方国家的革命运动和民族运动一般都披上宗教的外衣，本国没有的，也要从外国借来一件。宗教外衣对于近代东方民族运动有着重要的作用，作为一种精神武器，它对广大东方人民群众起了巨大的动员和号召作用。作为一种宗教组织，它为经济闭塞、文化落后的下层群众提供了斗争形式和领袖集团。同时，宗教武器也给运动带来了很大的弱点和局限性，如宗教的狭隘性不利于团结全体农民，对社会结构的改造无能为力，以及被局部胜利所迷惑，不思进取，坐以待毙。

吴惠敏在《十九世纪亚洲民族解放运动中的宗教色彩》(载《云南教育学院学报》，1998年第4期)一文中认为，19世纪20—50年代，亚洲人民掀起了反封建主义和西方殖民主义侵略的斗争高潮，其中包括中国的太平天国斗争、印度尼西亚博蒂尼格罗的爪哇人民大起义、伊朗的巴布教徒起义以及印度民族大起义。这些事件有一个共同的特点，就是利用宗教的旗帜号召和组织群众。正如马克思在论述中国的太平天国革命斗争时说的："运动一开始就带有宗教色彩，但这是一切东方运动的共同特征。"

(2) 19世纪晚期亚洲民族解放斗争的特点

罗超平在《近代亚洲民族解放运动发展的阶段和特点浅议》(载《湖北大学学报(哲学社会科学版)》，1988年第2期)一文指出，除下层人民起义外，在这一阶段的显著特点是：第一，亚洲许多国家出现了以地主资产阶级知识分子为核心的资产阶级改良运动，其中主要有土耳其新奥斯曼党人的立宪运动、印度国大党运动、菲律宾的"宣传运动"、伊朗的君主立宪运动、中国的戊戌维新运动等。资产阶级改良运动的兴起，表明亚洲各国的资产阶级已登上政治舞台，参加了并力图领导民族解放斗争。第二，由于亚洲民族资产阶级的软弱性，它们没有提出推翻帝国主义和封建统治的革命纲领，只是提出一些温和的改革要求，如君主立宪、民族自治、发展民族工商业、扩大民主权利，等等。第三、资产阶级的改良运动，也没有同工农运动相结合，甚至对工农运动持不同程度的敌视态度，因此资产阶级的改良运动都以失败告终。

(3) 20世纪初"亚洲觉醒"的特点

罗超平在《近代亚洲民族解放运动发展的阶段和特点浅议》(载《湖北大学学报(哲学社会科学版)》，1988年第2期)一文中指出，"亚洲觉醒"的有四大特点：第一，新兴的资产阶级掌握了革命领导权，组成了资产阶级政党，提出了实现民主独立或推翻封建统治、建立资产阶级民主共和国的革命纲领，因而资产阶级革命得到了群众的支持；第二，资产阶级政治运动开始在不同程度上与工农运动结合起来，例如青年土耳其党联合马其顿等地的农民游击队，开展反对苏丹反动政府的斗争，以孙中山为首的同盟会联络各地会党，组织武装起义；第三，亚洲各国的工农运动从自发斗争逐步转向自觉斗争，尤其是亚洲的工人阶级已开始建立工会和进行政治罢工，成为反帝反封的一支生力军，在斗争中表现了自己革命的彻底性；第四，由于亚洲各国人民有着共同的历史遭遇和共同的敌人，所以各国革命者在斗争中相互支持、彼此激励，并开始进行联合尝试。例如，1907年亚洲许多国家的革命者和流亡者在日本成立了"亚洲和亲会"，明确提出："本会宗旨在反对帝国主义，期使亚洲已失主权之民族，各得独立。"并约定："亚洲诸国，若一国有革命事，余国同会者应互相协助"，给予直接或间接的援助。然而，由于亚洲各国民族资产阶级在经济上和政治上的软弱性，以及他们同帝国主义和封建主义没有断绝经济上的联系，这就决定了他们不可能提出彻底的反帝反封建的革命纲领，不可能广泛发动和依靠工农群众，也不可能把工农群众长期地团结在自己的周围，把反帝反封建的革命斗争进行到底。由于亚洲各国的资产阶级民族民主运动，具有鲜明的反帝反封建性质，因而引起了帝国主义及其走狗极大的恐慌和仇恨，帝国主义者采取直接镇压(例如在殖民地的印度)或干涉(例如对土耳其和中国)和武装干涉(例如对波斯)等手段，镇压这场轰轰烈烈的革命运动。

才家瑞在《“亚洲觉醒”的内涵及该时期各国民族民主运动的类型与特点》(载《中南民族学院学报(哲学社会科学版)》,1989年第2期)一文中指出,“亚洲觉醒”时期各国民族民主运动有三个特点:第一,资产阶级革命派高举资产阶级民族主义和民主主义这两面战斗的旗帜,第一次赋予亚洲的革命以资产阶级民族民主主义的目标并为之浴血奋战;第二,是资产阶级的政治斗争和下层群众的革命斗争,这两股以往互无联系的潮流开始汇合到一起,形成了由资产阶级革命派领导的、有广大人民群众参加的民族民主革命的洪流;第三,是各国的革命派开始自觉地相互联系、相互支持。

3. 历史意义

(1) 19世纪中期亚洲革命风暴的历史意义

19世纪上半叶的亚洲革命风暴,沉重地打击外来殖民者和本国封建势力,振奋了民族精神和激励了后世,是世界反对殖民侵略和压迫的重要组成部分。薛源官在《近代亚非拉民族解放运动史分期问题初探》(载《福建师范大学学报(哲学社会科学版)》,1990年第3期)一文中指出,19世纪亚洲革命风暴呈现的反殖民反封建斗争的规模之大、组织性之强、斗争内容之丰富深刻,是前所未有的。这些斗争沉重打击了殖民主义和封建主义,有的还延缓了自己祖国沦亡的过程,并把旧式的自发性反殖斗争推向高峰。

高岱、郑家馨在《殖民主义史(总论卷)》(38页,北京:北京大学出版社,2003)一书中指出,这一时期的起义和革命斗争虽然大都以失败而告终,但东方人民英勇顽强的斗争,表现了他们不甘屈服于殖民主义及其走狗、代理人的反抗精神,奋发了他们的民族志气,增强了民族自信。

刘宗绪在《历史学科专题讲座》(612页,长沙:岳麓书社,2003)一书中指出,亚洲民族运动领导人虽然保留了传统的旧观念,但他们都是伟大的爱国主义者和民族英雄。在血与火的战斗中,他们表现出了英勇无畏的精神,他们是民族的脊梁,是当时和后世的楷模。

(2) 19世纪晚期亚洲民族解放斗争的历史意义

罗超平在《近代亚洲民族解放运动发展的阶段和特点浅议》(载《湖北大学学报(哲学社会科学版)》,1988年第2期)一文指出,19世纪晚期亚洲民族解放斗争在当时的历史条件下起了进步的作用,它唤醒了民族觉醒,启发了广大群众的民族民主意识,为亚洲民族解放斗争的更高阶段——资产阶级革命准备了精神条件。

(3) 20世纪初“亚洲觉醒”的历史意义

林承节在《论二十世纪初亚洲的觉醒》(载《北京大学学报(哲学社会科学版)》,1982年第10期)一文中指出,20世纪初亚洲革命虽告失败,但它所体现的“亚洲觉醒却是不可逆转的历史洪流,对亚洲、对世界具有不可估量的意义。对亚洲来说,这场革命的伟大意义在于,它宣告了一个新时代,即资产阶级民主革命时代的到来。这场革命提供了丰富的经验教训,为亚洲资产阶级日后继续革命和无产阶级起来领导革命提供了营养。无产阶级用马列主义总结这些经验教训,其成果在毛泽东同志的新民主主义革命理论中得到集中体现。资产阶级注意吸取这些经验教训,这从孙中山先生后来的思想转变中,从基马尔革命中就能看得出来,从第二次世界大战后一些国家的资产阶级革命派提出更为激进的革命主张中可以看得更清楚。中国、朝鲜、越南走上新民主主义革命道路,更多的国家在资产阶级领导下继续斗争，实现了或正在实现旧民主主义革命。无论前者或后者，都是亚洲觉醒的继续发展。如果没有20世纪初亚洲的觉醒，则既不会有中国、朝鲜、越南等国家这样快实现新民主主义革命的胜利，也不会有今天民族独立国家纷纷出现的局面。

林承节进一步指出，从世界范围看，20世纪初的亚洲觉醒构成了世界革命风暴的新源泉，宣告了帝国主义的另一个掘墓人已经站立起来，和欧洲的无产阶级一起拿起了武器。俄国1905年革命促进了亚洲觉醒，而亚洲觉醒又反过来促进了欧洲无产阶级的斗争。它和俄国1905年革命一起，结束了世界发展的相对“和平”时期，揭开了革命震荡时期的序幕。列宁说：“亚洲的觉醒和欧洲先进无产阶级夺取政权的斗争的展开，标志着20世纪初所揭开的全世界历史的一个新的阶段。”

才家瑞在《“亚洲觉醒”的内涵及该时期各国民族民主运动的类型与特点》(载《中南民族学院学报(哲学社会科学版)》，1989年第2期)一文中指出，亚洲的觉醒为日后资产阶级和无产阶级领导的民主革命的胜利，提供了丰富的历史经验。没有20世纪初亚洲这场由资产阶级领导的民族民主革命的洪流，就不会有以后中国、朝鲜、越南等国新民主主义革命的胜利和二战后亚洲资产阶级民族独立国家的纷纷诞生。亚洲资产阶级的首次革命虽然失败了，但资产阶级革命派在这场革命风暴中愈挫愈奋的革命志气和视死如归的革命精神，永远是亚洲人民的革命遗产，永远鼓舞着亚洲的爱国志士，为亚洲的今天和明天而奋斗不息。

(三) 非洲人民的反殖民斗争

1. 阶段

吴秉真等在《非洲民族独立运动》(18—20页，北京：世界知识出版社，1993)一书中指出，非洲的反殖民斗争主要分为两个时期，第一个时期是19世纪初到19世纪末，反帝斗争表现为局部和零星的斗争；第二时期是19世纪末20世纪初，反帝斗争此起彼伏，战火燃遍整个非洲。

吴秉真、高晋元指出，进入19世纪后，当殖民列强强悍发动以侵占殖民地为目的的侵略战争时，非洲人民毫不犹豫地进行了英勇不屈的抵抗。例如北非有阿尔及利亚卡德尔领导的抗法战争，西非有阿散蒂人进行的多次抗法战争，南非有祖鲁国恰卡和丁刚领导的抵抗布尔人的战争，东非有马达加斯加人抵抗法国入侵的斗争。从整个非洲来看，这些抗战和斗争是局部的、零星的。这与当时殖民主义侵略的目标仍局限于非洲沿海和局部地区有关。到19世纪末20世纪初，随着帝国主义掀起了侵略和瓜分非洲的狂潮，非洲人民也纷纷燃起了反侵略的斗争烽火，斗争烽火此起彼伏，连绵不断，几乎燃遍了整个大陆。其中规模和影响较大的反侵略斗争和抗战有10多起：埃及艾哈迈德·阿拉比领导的抗英斗争(1882年)；苏丹人民反对英国和埃及殖民统治的武装起义(1881—1885年)以及马赫迪王国的抗英斗争(1896—1899年)；埃塞俄比亚帝国抗击意大利的战争(1886—1888年，1894—1896年)；由默罕默德·本·阿卜迪勒·哈桑领导的索马里人民反抗英国和意大利殖民者的起义(1899—1921年)等等。

2. 特点

杨人楩在《非洲通史简编》(291—296，北京：人民出版社，1984)一书中指出，在帝国主义分割非洲的过程中，非洲人民对殖民侵略、压迫和剥削，进行了英勇顽强的斗争。这一斗

设计方案

一、交往的开始：历史的偶遇

教师讲解：巴西的历史伴随其对外交往而不断续写。关于"交往"一词的含义，陈雄章在《交往与世界历史变迁——18世纪世界历史横向发展透视》(5页，南宁：广西人民出版社，1999)一书中指出：历史学上所说的交往就是历史实践活动的主体(或国家、或民族)摆脱自身孤立发展的状况，与其之外的事物世界建立的往来，是"世界历史"发展最一般的、最基本的要素。巴西的发展正是在这样的"交往"中被发现、逐渐认识和找到自己的位置。

材料呈现：

材料一 葡萄牙贵族佩德罗·阿尔瓦雷斯·卡布拉尔带领13艘船只组成的船队，沿着达·伽马的路线自里斯本途径加那利群岛前往佛得角，但是越过赤道无风带后，船队被南大西洋的风向和水流拉往西行，并于1500年来到巴西海岸，靠近今日的塞古鲁港。船队在巴西整休的8天使两种文化第一次短暂相遇，一方是新近开始进行的帝国主义侵略文化，另一方则是石器时代的文化，实际上是游离于时代之外，生活在显然属于伊甸园的天真无邪之中。船队文书佩罗·巴斯·卡米尼亚在致葡萄牙国王曼努埃尔的一封长信中详尽地叙述了这次首次接触的细节。

——[英]莱斯利·贝瑟尔：《剑桥拉丁美洲史》(第一卷)，中国社会科学院拉丁美洲研究所组译，246—247页，北京：经济管理出版社，1995

问题设计：据材料概括巴西被发现的直接原因是什么？结合所学知识，分析巴西"被发现"与世界史上哪些大事件相关？

教师引导学生分析：据材料可知巴西被发现的直接原因是"船队被南大西洋的风向和水流拉往西行"。根据1500年这一时间坐标，可以推断相关历史事件是新航路开辟。历史总是如此的充满着戏剧性。在新航路开辟的过程中，葡萄牙致力于向东开辟新航路，其殖民地集中于非洲和亚洲，而西班牙则全力向西，殖民地主要分布于美洲。巴西归属葡萄牙纯属意外，是历史的偶然性。然而即使不是葡萄牙发现巴西，巴西也会在那个"地理大发现时代"进入欧洲人的视野，这便是历史的必然性。

二、交往的深入：从灾难到举足轻重

1. 交往带来的痛苦：对土著的杀戮和病菌的传播

教师讲述：新航路开辟初期，巴西与美洲其他地区一样，殖民者的到来对当地土著的印第安人意味着苦难的开始。

材料呈现：

材料二 在美洲新世界，这些征服活动是毁灭性的。到1650年，中美洲阿兹特克和玛雅文明的人口从原来的大约2 500万萎缩到150万。安第斯山脉的印加文明也遭遇类似的命运，人口从原来的900万减少到60万……根据有些人的估计，整个新世界的人口从1亿减少到500万。

——[德]贡德·弗兰克：《白银资本：重视经济全球化中的东方》，刘北成译，58—59页，北京：中央编译出版社，2008

问题设计： 根据材料二，并结合所学知识，分析为什么西方的征服活动会导致美洲土著人口的锐减？

教师引导学生分析： 西方人的征服活动给印第安人带来了深重灾难。印第安人除被殖民者肆意杀戮外，还要遭受病菌带来的疾病。对此，斯塔夫里阿诺斯曾做过精辟的概括：征服期间遭受的有形损失、文化模式的破坏、征服引起的心理创伤、强迫劳动的负担、酒精和新疾病的传入，尤其是欧洲人随身带来的病菌乃是他们最强大的征服武器，因为土著居民对这些病菌毫无免疫力。正是这些因素的综合作用，造成美洲土著人口的锐减，巴西土著人也难以幸免。

2. 交往带来的建设：巴西种植园经济的形成

教师讲述： 葡萄牙人来到巴西之后，并没有马上对其进行开发和利用，据英国学者莱斯利·贝瑟尔在《剑桥拉丁美洲史(第一卷)》(中国社会科学院拉丁美洲研究所组译，427 页，北京：经济管理出版社，1995)的记载："在其早期拓殖的数十年中，巴西对皇家的收入做出了微小的贡献(不及 2%，而印度为 26%—27%)。但是，随着 16 世纪 70—80 年代食糖大周期的到来，巴西，尤其是巴伊亚和伯南布哥，成为葡萄牙帝国的基础之一，并保持不变。"

材料呈现：

材料三 葡萄牙在巴西的活动初期主要是开采沿海地区能提炼染料的巴西木。16 世纪中期巴西蔗糖生产的兴起才标志着葡萄牙对巴西殖民开拓的起步。幅员辽阔的巴西大地人烟稀少，1580 年时仅有人口 6 万多人，其中 3 万是欧洲人，人口集中在东部沿海地带。蔗糖生产采取种植园的形式，使用的劳动力是非洲黑人奴隶。

——苏振兴：《拉美国家现代化进程研究》，166 页，北京：社会科学文献出版社，2006

材料四 1818 年，被掠卖到巴西的非洲黑奴总数已达 188.75 万，占当时总人口的 51.17%，被捕捉的印第安人也同非洲黑奴一起成为巴西种植园的主要劳动力，他们被种植园主的皮鞭和酷刑等超经济手段驱使，像牲畜一样终年从事繁重的体力劳动。尽管种植园内也有少数拿工资的匠人和管理人员，但其土地制度和劳动制度基本上是封建制与奴隶制的混合物。

——马世力：《从巴西独立看世界近代民族解放运动的几个理论问题》，载《历史教学》，1991 年第 8 期

问题设计： 请根据材料三、四并结合所学知识，概括巴西种植园经济形成的主要条件。

教师引导学生分析： 根据材料三可知，地广人稀为种植园经济创造了基本的自然条件；据材料四可知，通过捕获印第安人和奴隶贸易为种植园经济提供了劳动力条件。除了上述原因之外，还有一些因素，包括欧洲市场对糖的大量需求等推动种植园的发展；1553 年葡萄牙王室颁布的"赠与制度"，允许土地领主将土地沿着海岸延伸 240 公里，以及向内地无限延长等，都促使巴西种植园经济的形成和发展。

3. 交往带来的深入：巴西与大西洋贸易

教师讲述： 随着新航路的开辟，从 16 世纪开始，欧洲、美洲和非洲之间围绕大西洋，开展著名的三角贸易。三角贸易的基本流程是：起点是欧洲，从这里把欧洲生产的各种工业品，包括各种金属物品、生产设施、武器、纺织品及奢侈品运到非洲换取黑人奴隶；从非洲贩

运黑奴到美洲，卖给美洲种植园生产主；然后把美洲生产的产品，如烟草、蔗糖、靛蓝、棉花、咖啡、大米、鱼、贵重木材、毛皮、白银等运回欧洲。

材料呈现：

材料五 截至16世纪末，糖不再是限制供应的一种“药物”，而已成为一种“食物”。从1570—1580年起，一个世纪以来，巴西显然是世界上最大的食糖生产者和出口者。……经过一个世纪的增长和繁荣后，在17世纪80年代，巴西食糖业的危机在葡萄牙引发了一场经济危机。殖民地贸易的收入减少了那么多，以致葡萄牙不再能从国外(尤指英国)购买制成品。……然而正是黄金改变了葡萄牙——巴西经济，并开创了一个新纪元。

——[英]莱斯利·贝瑟尔：《剑桥拉丁美洲史》(第一卷)，中国社会科学院拉丁美洲研究所组译，440—444页，北京：经济管理出版社，1995

材料六 美洲种植园经济，集中体现大西洋三大洲的国际性生产分工交往。美洲承担的是这个生产系统中的生产与销售环节，大西洋市场需要什么，则欧洲就在美洲投资组织相应的生产同时操纵相应的销售，包括美洲种植园产品的销售和欧洲的工业品在美洲的销售。

——陈雄章：《交往与世界历史变迁——18世纪世界历史横向发展透视》，87—89页，南宁：广西人民出版社，1999

问题设计：根据材料五、六并结合所学知识，概括巴西的主要产品有哪些，分析包括巴西在内的美洲在三角贸易中扮演着怎样的角色。

教师引导学生分析：根据材料五并结合所学知识可知，巴西的产出主要包括：食糖、烟草、黄金、金刚矿石等，还包括后来的棉花。其中主要的经济作物是食糖、烟草和棉花。根据材料六可知，美洲扮演着双重角色，一是农产品生产者与销售者，二是欧洲工业品的消费者。这样的双重角色带来的影响是，一方面巴西的经济得以迅速发展，另一方面也使财富源源不断地流向宗主国。

四、交往下的觉醒：巴西的独立

1. 巴西独立的原因

教师讲述：由于法国入侵葡萄牙，1807年11月28日，在一支美国分遣舰队的保护下，葡萄牙王室和朝廷部分人员在若昂六世的率领下离开葡萄牙前往巴西，在巴西驻留13年后，王室宫廷于1821年回到里斯本。留守的佩德罗王子确信巴西民族主义分子有强大的力量之后，于1822年9月7日宣布拉丁美洲最大的国家——巴西独立。巴西为什么能够成功脱离葡萄牙的殖民统治呢?

材料呈现：

材料七 王室对巴西的控制在18世纪有所加强。种植园生产了主要的出口产品。对这些产品的需求决定了收入，收入又调整了生产。虽然里斯本带有资本主义倾向的大批量生产，它却继续阻止巴西与欧洲市场的直接贸易。这一举动使巴西上层更加沮丧。他们期望打进北大西洋的资本主义市场，但葡萄牙王室坚持御用的、重商主义的和垄断的政策，引起双方的冲突，并促使王室更强化了对巴西的控制。

——[美]E.布拉德福德·伯恩斯等：《拉美国家现代化道路研究》，王宁坤译，77页，北京：世界图书出版公司，2009

材料八 从这些贸易数字中我们也可以估计出巴西在葡萄牙整个贸易量中所占的确切位置：单是巴西一国就占有葡萄牙从殖民地进口货物总值的83%以上，占葡萄牙对殖民地出口货物总值的78.5%。更为惊人的是葡萄牙向外国出口总值内(100%)葡萄牙帝国各部分所占的相应百分比是：宗主国产品占27.43%；巴西产品占60.76%；其他殖民地的产品占2.95%；再出口产品占8.86%。

——[英]莱斯利·贝瑟尔：《剑桥拉丁美洲史》(第一卷)，中国社会科学院拉丁美洲研究所组译，486—489页，北京：经济管理出版社，1995

材料九 伊比利亚殖民地的第一个世纪结束前，新大陆的居民开始对自己、对环境以及对与世界其他地区的关系进行了反思。他们第一次用自省的语气说话和写文章。……1618年，安布罗西奥·费尔南德斯·布兰当在他的《论巴西的伟大》中第一次试图定义或解释巴西。他以此来表示出对殖民地的忠诚，责备那些葡萄牙人来到巴西只是为了剥夺这里的财富，并将它送回半岛。诗人、史学家和散文家都描写过广阔的大自然中那种天然的美。他们用新的激情接受并延续了16世纪初人们颂扬过的主题：新大陆是地球的天堂。

——[美]E.布拉德福德·伯恩斯等：《拉美国家现代化道路研究》，王宁坤译，72—73页，北京：世界图书出版公司，2009

问题设计：根据材料七、八、九，并结合所学知识，概括巴西独立的主要原因。

教师引导学生分析：材料七揭示，宗主国葡萄牙原有的政策压制了巴西经济的进一步发展，这必然激化巴西上层与葡萄牙政府的矛盾，这是经济利益的分歧引起的政治上的矛盾的典型事例；材料八表明，巴西在葡萄牙进出口贸易总量中占有绝对的优势，具备强大经济实力，这为巴西独立奠定了经济基础；材料九表明，巴西人的民族意识的自我觉醒。此外，我们通过所学知识，还可知美国独立战争、海地革命等美洲革命事件直接鼓舞和推动了巴西民族独立运动。综合上述原因，巴西具备争取民族独立的主客观条件，这正是近代拉丁美洲民族解放运动的一个缩影。

2. 新交往的开始：深入理解巴西独立的影响

材料呈现：

材料十 从1822年宣布独立起，到1889年废除君主制、宣布共和制止，巴西用了半个多世纪时间完成了从君主专制制度到君主立宪制，再从君主立宪制到共和政体的演变，以漫长而不间断的痛苦改革，取得了缓慢而持续的政治进步，适应了巴西独立后资本主义经济的发展与规律，因而走的是政治变革从属于经济发展的民族解放道路。

——马世力：《从巴西独立看世界近代民族解放运动的几个理论问题》，载《历史教学》，1991年第8期

问题设计：根据材料十，分析巴西的独立对巴西历史的影响？

教师引导学生分析：根据材料可知，独立后的巴西走的是渐进式民主化道路，也适应了独立后的资本主义经济发展的规律。巴西独立运动的影响可以归纳为：作为巴西历史新起点，独立运动揭开巴西历史崭新的一页，为巴西现代化发展创造了条件。

教师指导学生小结：巴西，这片在新航路开辟后中“被发现”的土地，在长达300多年的漫长时间中，以殖民地配角的身份存在。它自觉和不自觉地融入到资本主义世界市场的交往当中，最终找到自己的位置，从而开启了国家独立发展的道路。尽管巴西独立因和平独立

方式而具有其特殊性,但是在近代美洲乃至世界殖民解放史具有一定代表性。相比拉丁美洲其他地区的激进革命和长期政局动荡,独立后的巴西采取的是漫长而不间断的痛苦改革,过程缓慢而有效,适应了巴西独立后经济发展规律,为巴西的稳健发展创造了条件。

设计二:近代奴隶贸易废止原因的探究

设计意图

奴隶贸易是近代西方殖民扩张的重要内容,是资本原始积累的主要手段,对世界近代史上相关国家和地区产生了深远而广泛的影响。本设计通过对奴隶贸易废止的原因进行探究,使学生了解奴隶贸易兴衰的概况,理解奴隶贸易的产生与废止均是欧美资本主义发展的产物。引导学生通过对史料的分析,学会运用唯物史观解释奴隶贸易的历史发展脉络。

设计方案

导入新课

材料呈现:

材料一 十九世纪美国著名诗人朗费罗在他的诗篇《证人》里控诉着:

大海的深处,
泥泞的沙里,
躺着被人遗忘的
锁着铁链的尸骸……
在死沉沉的黑暗里,
闪烁着不幸的奴隶的白骨,
他们从黑漆漆的巨浪里,
大声叫唤:"我们是证人!"

——吴秉真:《非洲奴隶贸易四百年始末》,载《世界历史》,1984 年第 4 期

问题设计: 指出诗歌中的"证人"是要检举什么人?检举他们犯了什么罪?

教师引导学生分析: 诗人用诗的语言揭露了罪恶的奴隶贸易。诗中黑人奴隶尸骸复活,作为证人,控诉了欧洲殖民者对非洲黑人的疯狂残害所犯下的累累罪行。14 到 19 世纪之间的奴隶贸易造成非洲人口大量损失,据统计大约有 1 400 万至 1 500 万黑人被运到美洲。由于运奴隶的船过度拥挤、饮食条件恶劣、传染病流行等原因,一船奴隶往往在途中死亡过半,大约有 4 000 万黑人死于途中。此外,还有无数的非洲黑人在捕捉过程中被打死。

一、罪恶的奴隶贸易

材料呈现:

材料二 到 18 世纪的后一段时期,规模巨大的洲际贸易已在历史上首次发展起来。……大西洋贸易的情况尤其如此,因为美洲种植园为供应欧洲,先生产了大量烟草和蔗糖,以后又生产了大量咖啡、棉花及其他商品。这种种植园实行单一经营,所以它们进口自己所需要

的一切物品，包括谷物、鱼、布匹和金属产品。他们还必须输入劳动力，从而导致繁荣一时的三角贸易：欧洲的朗姆酒、布匹、枪炮及其金属产品给运到非洲，非洲的奴隶给运到美洲，美洲的蔗糖、烟草和金银给运到欧洲。

——[美]斯塔夫里阿诺斯：《全球通史——1500年以后的世界》，吴象婴等译，218—219页，上海：上海社会科学院出版社，1999

问题设计：根据材料二，分析非洲奴隶为何被源源不断地运往美洲？

教师引导学生分析：根据材料二可知，美洲种植园经济发展，对劳动力的需求不断扩大。

问题设计：美洲的劳动力为什么不能通过奴役土著印第安人或者通过黑人奴隶的自然繁衍得到补充呢？

教师引导学生分析：一方面土著印第安人因屠杀和疾病等原因大量死亡或被驱逐至偏远地区，因而被作为劳动力进行压榨数量十分有限。另一方面美洲黑奴人口的自然繁育满足不了美洲对劳动力的需要。因为高强度的劳动，非洲黑奴死亡率极高、出生率极低，所以美洲种植园主难以通过黑奴的自然繁育补充劳动力。正是在这样的情况下，奴隶贸易长达数个世纪之久。

二、奴隶贸易与奴隶制的废除

教师讲述：14世纪开始的奴隶贸易给欧洲带来巨大财富，但是从18世纪下半叶开始，奴隶贸易，尤其是大西洋的奴隶贸易，开始走向衰落。

材料呈现：

材料三　主要有关国家废除奴隶贸易和奴隶制时间表

	宣布废除奴隶贸易	法律生效日期	宣布废除奴隶制	法律生效日期
英国	1807	1808.1.1	1833	1834.8.1
法国	1792;1818	1818	1848	1859
美国	1808		1865	
葡萄牙	1836	1858,1869	1878	
西班牙	1820		1878	
丹麦	1792	1803		
荷兰	1814			
瑞典	1813			

——郑家馨：《殖民主义史：非洲卷》，257页，北京：北京大学出版社，1999

问题设计：根据材料三，并结合所学知识，指出欧美主要国家废除奴隶贸易和奴隶制度分别集中在什么时段？在这一时期，资本主义世界经济、政治、思想正经历着怎样的变化？

教师引导学生分析：根据表格可知，欧美主要国家废除奴隶贸易时间集中在18世纪末至19世纪前期，废除奴隶制度时间集中在19世纪的后期。在这一时期，资本主义世界的变化包括：资产阶级代议制度确立和扩展，工业革命深入开展，启蒙运动思想广泛传播，在这样的时代背景下，主要资本主义国纷纷出台了相关废奴法令。

三、奴隶贸易与奴隶制废除的原因

1. 经济原因：工业革命后资本主义国家经济发展的新需要

材料呈现：

材料四 1776 年亚当·斯密第一次从理性上给奴隶制以中肯的评价："奴隶劳动虽表面上看来只需维持他的生活费用，但彻底计算起来，其代价是任何劳动中最高的。一个不能获得一点财产的人，食必求其最多，作必望其最少，除此之外，什么也不关心……"这就从政治经济学的角度指出了奴隶制的弊端。其一，奴隶劳动的代价最高；其二，奴隶劳动的效率最低；其三，奴隶制须用暴力维持。这实际上为废奴运动提供了理论依据。

——郑家馨：《殖民主义史：非洲卷》，260 页，北京：北京大学出版社，1999

问题设计：根据材料四，概括英国废除奴隶贸易的原因。

教师引导学生分析：根据材料可知，使用奴隶劳动成本较高，而且劳动效率低下，加上英国蔗糖生产过剩，弱化了美洲奴隶制种植园的地位。结合所学知识可知，从 18 世纪后期开始，伴随工业革命的开展，欧美国家认识到，在大机器生产条件下，雇佣有人身自由的和生产技术的工人，比奴役完全没有劳动积极性的奴隶，成本更低而效率更高。而在非洲直接利用黑人开发当地丰富的资源和土地，比贩卖黑人到美洲更赚钱。

2. 政治原因：黑人奴隶坚持不懈的反抗斗争

材料呈现：

材料五 1775 年，北美殖民地独立战争爆发。1789 年，法国发生了资产阶级大革命。1792 年，圣多明各爆发了奴隶起义(史称海地革命)。无可否认，美国革命和法国革命对杜桑·卢维杜尔领导的海地革命具有思想上的启蒙和指导意义，但奴隶的悲惨境遇和反抗意识则是这场唯一取得成功的奴隶起义爆发的原动力。这场由 50 万黑人参加的并经过 12 年奋战的革命于 1804 年宣布成立海地共和国……对美洲的黑人奴隶而言，这是一场极大的鼓舞，并预示着他们未来的前途，无怪乎这三次革命，特别是海地革命被看作是最终废除奴隶制的强大推动力。

——郑家馨：《殖民主义史：非洲卷》，258—259 页，北京：北京大学出版社，1999

问题设计：根据材料五，概括奴隶的反抗斗争对奴隶贸易的废除产生了怎样的影响。

教师引导学生分析：材料五表明，以海地革命为代表的频繁的奴隶反抗推动了奴隶贸易的废止。从种植园建立开始，奴隶就为自己的命运进行着不懈的反抗。据统计，1638—1837 年间，共发生了 75 次暴动起义，而日常的消极抵抗更是不计其数。有学者通过对英属西印度群岛奴隶反抗的研究，提出了"200 年战争"的概念，认为 1638—1838 年间的奴隶反对奴隶制的斗争具有革命性意义。因此，奴隶进行反抗，追求自我解放无疑是奴隶贸易和奴隶制废止的重要原因。

3. 思想原因：基于启蒙思想的废奴运动思潮的推动

材料呈现：

材料六 废奴运动不仅是一个敏感的问题，它并非像当代人们胡说的那样是一种"人道主义"的推动力，而且是群岛和整个世界上实现民主的必要条件之一。按照基督教奴隶制运动的观点，在上帝眼中一律平等的人类的博爱受到这样的亵渎是无法接受的。他们认为这就是等于违背神的意志。因此，与奴隶贸易和奴隶制进行斗争的这两派均受到对博爱和对全人类——不管他们的血统或肤色如何——平等的基本关注的驱使。

——[法]伊夫·贝诺：《欧洲人的道德心和黑奴贸易》，黄育馥译，载《第欧根尼·中文版》，2000 年第 1 期

材料七 18 世纪，当奴隶贸易走向高潮的时候，欧洲启蒙运动思想家伏尔泰、孟德斯鸠等开始谴责奴隶贸易侵犯了人权；欧洲教友派、福音派等宗教团体也纷纷批判它反宗教的野蛮性质。到 18 世纪下半叶，特别是在美国独立战争和法国大革命的影响下，反对奴隶贸易同废除奴隶制的呼吁联系在一起，形成了一场波澜壮阔的废奴运动。

——吴秉真：《非洲奴隶贸易四百年始末》，载《世界历史》，1984 年第 4 期

问题设计：根据材料六、七，概括废奴运动兴起的原因。

教师引导学生分析：材料六强调了人道主义的推动和博爱、平等思想的影响。材料七表明，启蒙思想家和进步宗教团体对奴隶贸易的批判，以及美国独立战争和法国大革命的影响共同推动了废奴运动的兴起。此外，废奴运动还受到了诸如美国南北战争及战争期间颁布的《解放黑人奴隶宣言》等因素的影响。

教师指导学生小结：通过对近代奴隶贸易相关史料的探究可知，奴隶制度的废除是特定历史时期多种因素共同作用的结果。原因包括：第一，经济方面，资本主义国家主义在工业革命后，西方国家由将黑人奴隶作为商品和廉价劳动力，转而将黑人奴隶视为商品消费者和自由劳动力；第二，政治上，美洲黑人奴隶为追求自身解放，进行了坚持不懈的抗争；第三，思想上，启蒙运动兴起，以人权、平等、自由为口号的废奴运动思潮，与政治事件交相呼应，形成了声势浩大的废奴运动，推动了奴隶制度和贸易的废除。回顾历史，我们不禁感叹，在人类文明发展史上，是欧洲资本主义的发展制造了奴隶贸易这一罪恶，又是资本主义发展结束了这种罪恶。

教学资源

资源 1：新航路开辟及殖民扩张对欧洲的影响

15 世纪开始的航海活动和地理大发现开创了人类历史的新纪元，它不仅是贫困落后的欧洲走上了一条富强之道，而且从根本上改变了整个世界的政治、经济、文化的格局。对新大陆和通往印度、中国、东南亚等航路发现导致了殖民主义时代的到来，而海外扩张和殖民活动所带来的经济利益反过来加速了欧洲社会经济结构的变化，促进资本主义的发展。正是通过航海活动和地理大发现，基督教欧洲才从文明世界的偏僻固陋的边隅转变为文明世界的中心，从默默无闻的观众变成世界历史舞台的主角。同时，欧洲内部的政治、经济格局也随着海外扩张的发展而逐渐变化，老牌的殖民者主义国家葡萄牙、西班牙虽然曾经一度独领风骚，但是 17 世纪却不可拯救地衰落下去，而新兴的殖民主义国家英国、荷兰、法国等则日益壮大为资本主义的强国和全球殖民化过程的主力军。

——赵林：《西方文化概论》，298 页，北京：高等教育出版社，2008

资源 2：三角贸易下美洲的挑战与机遇

美洲处于这个交往体系的被剥削位置上。种植园奴隶经济的崛起将美洲送进了大西洋经济交往体系中的乡村地位，充当了欧洲原料产地和商品销售市场的角色，民族经济发展因素受到严重阻碍。但美洲的历史在进入世界历史发展的主潮之后，从来就不是被动接受世界负面影响的。大西洋经济交往体系的建立是美洲辽阔荒芜的土地得到开发，交往提供了美洲了解世界市场与欧洲甚至亚洲社会的机遇与条件，也提供了直接学习西欧先进政治、经济社会制度、思想、技术与经营方式的条件，所以美洲中不乏像英属北美十三殖民地那样抓住机遇，建立自己工商业的成功范例。利弊参半，机遇与挑战并存是大西洋经济交往体系带给美洲的基本趋向。

——陈雄章：《交往与世界历史变迁——18 世纪世界历史横向发展透视》，91 页，南宁：广西人民出版社，1999

资源 3：拉丁美洲独立的主要原因

到 18 世纪下半期，拉美殖民地社会经济冲破了宗主国的种种限制而缓慢发展起来，出现了一批生产纺织品、皮革、陶器、铁器、玻璃、糖等手工工场及造船厂……在巴拿马、古巴、阿根廷和巴西兴起了造船业。巴西的优质木材一直畅销国外。此外拉丁美洲各地普遍生产的棉花、咖啡、烟草、可可等，很大部分是运往欧洲的。随着经济的发展，殖民地在经济上摆脱宗主国束缚的要求越来越强烈，从而推动着殖民地走上争取独立斗争的道路。

西班牙、葡萄牙对殖民地的掠夺和剥削，引起殖民地社会各阶级、各种族人民的普遍不满。……在葡属巴西，黑人占总人口的一半，几乎都是在种植园劳动的奴隶。他们和其他混血人种构成了巴西广大被压迫的劳动群众。

美国独立战争和法国资产阶级革命对拉丁美洲民族独立运动起了推动作用。法国启蒙思想家的著作、《人权宣言》等的传播，促使当时各族人民的民族意识日益增长，为拉美的大规模的革命运动准备了思想基础。

宗主国统治力量的削弱，为殖民地民族独立运动的开展提供了有利的条件。……1807 年葡萄牙和西班牙被迫参加拿破仑的"大陆封锁体系"，英国更加加强看对两国海岸的控制，宗主国与殖民地的交通联系被切断。随后，两国本土也被法国侵占。这使西、葡两国在拉丁美洲的殖民统治面临严重危机。

——刘祚昌、王觉非：《世界史·近代史编》（上卷），399—401 页，北京：高等教育出版社，2001

资源 4：政治独立并不意味着真正的独立

政治是经济的集中体现。一般来说，政治变革应当包括以获取政权为目的政治革命与以不断适应生产力发展和社会需要为目的的政治改革两部分。尽管在前一个过程中，政治的内容和形式始终占据着主导地位，但由于决定政治革命的诸要素中和政治革命的终极目标里充满着"强烈的物质背景"，使得我们无法仅仅依靠政治革命过程的考察就对民族解放运动的全过程作出较为符合客观实际的结论。相反，对政权转移后政治改革的过程的考察同样具有不可忽视的重要性。因为后者对经济发展至少就有与前者同等重要的影响。以巴西和海地为例，尽管巴西由于主客观条件的限制，在民族独立的政权转移中不像海地那样具有暴力革命的典型性，充满着浓厚的改良色彩，但通过独立后一系列的符合本国国情和顺应历史潮流的政治改革，在一定程度上弥补了政治革命的不足。从1822年宣布独立起，到1889年废除君主制、宣布共和止，巴西用了半个多世纪时间完成了从君主专制制度到君主立宪制，再从君主立宪制到共和政体的演变，以漫长而不间断的痛苦改革，取得了缓慢而持续的政治进步，适应了巴西独立后资本主义经济的发展与规律，因而走的是政治变革从属于经济发展的民族解放道路。而海地则相反，从1791年爆发大规模革命运动到1803年发表"独立宣言"，前后不过十几年，就完成了从奴隶制为主的殖民地向共和制转化。独立后不久，海地宪法即规定："海地为共和国，永远废除奴隶制，禁止白人获取地产，没收白种法国人从前占有的所有财产。"这种快速而激进的政治变革由于缺乏必要的政治、经济与文化基础，虽然它可以使广大劳动群众迅速摆脱旧制度带来的种种灾难与痛苦，却无法阻止新动乱，归根到底是欲速不达。

——马世力：《从巴西独立看世界近代民族解放运动的几个理论问题》，载《历史教学》，1991年第8期

资源5：民族资本主义发展水平与20世纪初亚洲革命风暴的失败

20世纪初亚洲各国民族资本还刚刚发展，资产阶级力量还很弱，有些国家如土耳其、伊朗还没有真正的工业资产阶级。通常，弱小的资产阶级是拉着自由派地主一起来领导革命。由于脚跟太软，其固有的软弱性妥协性在这一时期分外突出地表现出来。第一，是资产阶级内部对革命态度上的分野。资产阶级在一场革命中分化为左中右，这是什么时候都有的现象。但20世纪初的特点是，资产阶级上层和自由派地主的相当大部分还没有从改良主义轨道上完全转过来。有的明确反对革命，有的对革命将信将疑，这就造成了资产阶级队伍内部的严重分裂。后者竭力制约前者，使前者力量受到很大牵制。第二，就是革命派，当时对帝国主义也还是怕摸老虎屁股。毕竟这是资产阶级首次造反，对帝国主义，未免有些畏惧。例如孙中山先生，他并非看不到中国受帝国主义欺侮。早在一八九四年，在他起草的《兴中会章程》中就指出："方今强邻环列，虎视鹰瞵，久垂涎于中华五金之富，物产之饶。蚕食鲸吞，已效尤于接踵；瓜分豆剖，实堪虑于目前。"一九〇五年他在为《民报》写的发刊词中又写道："中国以千年专制之毒而不解，异种残之，外邦逼之，民族主义民权主义殆不可须臾缓。"但他不敢公开和帝国主义交锋。他害怕帝国主义的武装干涉，想用承认一切不平等条约，承认现状的办法换取帝国主义的同情。伊朗、土耳其革命对帝国主义同样采取妥协态度，甚至对武装干涉也竭力忍让。

——林承节：《论二十世纪初亚洲的觉醒》，载《北京大学学报(哲学社会科学版)》，1982年第10期

资源6：亚洲觉醒的进步性表现

在亚洲觉醒时期，各国的民主主义都要从根本上变革封建制度，用共和制或君主立宪制取代封建专制政体，同时进一步提出解决农民土地问题，发展民族经济，给人民以选举权和其他的自由平等权利。和19世纪70—90年代上层资产阶级改良运动时期相比，亚洲觉醒

时期资产阶级的民族民主主义，已经摆脱封建主义和改良主义，成为资产阶级革命派在革命中的战斗纲领。在革命中，领导革命的资产阶级把民族主义和民主主义紧密结合起来，为之进行了英勇的实践。……在20世纪初期的亚洲，资产阶级的民族主义和民主主义是一种先进的思想体系。资产阶级革命派高举这两面战斗的旗帜进行暴力革命，终于使亚洲从千百年来的中世纪沉睡状态中彻底觉醒，走上“八亿人民的亚洲投入了为实现与欧洲相同的理想”而斗争的新的历史道路。

——才家瑞：《“亚洲觉醒”的内涵及该时期各国民族民主运动的类型与特点》，载《中南民族学院学报(哲学社会科学版)》，1989年第2期

资源7：殖民主义“双重使命”理论出现的背景及内涵

殖民主义的“双重使命”的理论是马克思首先提出的。这一理论提出的历史背景是：其一，1851年在伦敦举行的万国博览会和英法海底电缆的启用，展示了工业革命的巨大成就和世界越来越联系成一个整体的发展趋势。其二，当时的经济理论界出现了反对工业化和资本集中、主张维持小生产的反历史倾向，受到马克思和恩格斯的批评。其三，当时的马克思正在研究印度的历史。马克思注意到，19世纪50年代英国在向印度大量出口产品特别是棉纺织品的同时，英国也在印度修筑铁路。于是马克思认为，“英国工业界越是依靠印度市场，他们就越是感到在他们摧毁了印度本国的工业之后必须在印度造成新的生产力”。1853年7月22日，马克思在《不列颠在印度统治的未来结果》一文中，提出了著名的“双重使命”理论。他在分析英国在印度的殖民统治的文章中辩证地指出：“英国在印度要完成双重的使命：一个是破坏的使命，即消灭旧的亚洲式的社会；另一个是重建的使命，即在亚洲为西方式的社会奠定物质基础。”

——徐蓝：《世界近现代史：1500—2007》，269页，北京：高等教育出版社，2012

资料8：欧洲列强在非洲的殖民侵略

从16世纪到19世纪，整个非洲被欧洲列国分割为许多殖民地。……在这四百年中，非洲出现过相当规模的起义，起而反抗白人的侵略，例如尼日尔河流域的廷巴克图、非洲腹地的曼德及阿善第人与祖鲁人的大规模起义，都是19世纪中期的大事。但是，非洲人在组织与武器各方面，都不是欧洲的对手，反抗无一成功。1884年，欧洲列国在柏林集会，瓜分非洲大陆，于是整个非洲只有埃塞俄比亚与利比里亚两个国家号为独立而已！欧洲的“探险家”与传教士，深入非洲腹地，欧洲的殖民统治机构接踵而至，非洲的黄金、钻石、矿产、木材等都为欧洲人运走。非洲居民长居穷国，不能翻身。更有大批黑人被掠卖他处为奴。不少人死于旅途，幸存者永远流落他乡，为人驱役。美国的黑人，都是当年黑奴的后人，至今仍是美国弱势族群。

——许倬云：《历史大动脉》，187—188页，桂林：广西师范大学出版社，2009

资源9：殖民主义与墨西哥的发展瓶颈

西班牙的殖民统治将古代印第安人的文明进程打断，在高度发达的印第安文明基础上建立起一套殖民政治、经济体制，原先印第安人社会的政治、经济及社会结构遭到严重破坏，

甚至被完全毁灭。墨西哥的历史发展轨迹掺杂了太多的外来因素。19世纪政治独立之后，旧殖民者不甘心退出历史舞台，西班牙先后于1822年、1829年两次派军队登陆墨西哥，企图重新征服、统治这块土地；同时新殖民者接踵而至，“日不落帝国”英国立即宣布墨西哥为其所有；从1838年法国挑起“糕点战争”，到1863年扶持奥地利大公马克西米利安作为墨西哥第二帝国的皇帝，法国同样对墨西哥垂涎欲滴，直到1867年被迫撤退。对墨西哥而言，最惨重的损失源自19世纪40年代与美国的战争，在这场浩劫中，墨西哥丧失了近55%的领土。独立后的半个世纪里，内战夹杂外侵，领土丧失，政治动荡，这个国家处于风雨飘摇之中，与和平无缘。60年代末期政治环境终于稳定，有了和平发展经济的客观条件，但是依旧摆脱不了世界资本主义经济战车的奴役。值第二次工业革命之际，墨西哥依然是工业国的原料供应地，只不过更换了服务对象。即使到了20世纪，1910年墨西哥革命期间，美国1914、1916年两次把军队派遣到墨西哥。这些历史事实都说明，殖民主义的阴影未曾远离墨西哥。

自从殖民地时期被卷入世界资本主义经济体系以来，在这个畸形的、不平等的以及总是带有歧视性的资本主义“现代化”进程中，墨西哥始终是处于边缘地位的发展中国家。在20世纪40年代以后的三十多年里，墨西哥实行了进口替代工业化战略，寻求自主发展，实现了经济以年均6%的速度持续增长，迎来了繁荣发展时期，同时，墨西哥革命制度党的统治保持高度稳定，这一现象被称为“墨西哥奇迹”、“墨西哥稳定之谜”，也成为发展中国家成功的典范。但是，从70年代始，墨西哥经济出现了衰退。这主要由于当时的发展模式出现了问题，在实施进口替代工业化战略方面走了弯路。80年代发生经济危机，社会动乱此起彼伏，经历了“失去的十年”。墨西哥的发展如同被殖民主义攥着线的风筝，最终没有飞得更高更远，而是重新回到追随西方的老路上来。

——王文仙：《殖民主义与墨西哥的发展瓶颈》，载《史学理论研究》，2013年第4期

资源10：殖民主义活动与全球现代民族矛盾的关系

殖民主义活动造成全球现代民族矛盾的形成和持续。殖民主义国家试图通过殖民征服消弭阶级冲突，引发了两类民族矛盾。一类是殖民民族和被殖民民族之间的矛盾。在亚、非、拉许多地区反对殖民主义成为创造民族国家凝聚力的有效渠道。这一矛盾也造成新生国家内部民族矛盾和新生国家之间的许多矛盾。另一类是殖民国家之间争夺殖民霸权的矛盾。殖民主义国际体系以暴力为基础，依靠单极霸权国家维系运行，霸权国家对其他殖民国家实行再剥削。

这两类矛盾在当今非洲和其他第三世界地区表现得十分明显。西方正同第三世界领导人争夺对第三世界人民的代表权，这是在文化领域特别需要重视的问题。非殖民化时代民族主义领导人曾被认为具有这样的代表性。如今，这些民族领导人或由于自身缺陷或由于国家陷于发展困境，被西方舆论污名化，便利了西方夺取代表权。这仅是第一类民族矛盾的表现。第二类民族矛盾则表现为美国霸权主义者以发展中国家来恐吓其他发达国家服从美国霸权。两方统治阶级的一致性造成双方在维护现存国际体制方面具有共同利益，两者的民族矛盾使得双方也在利益分配方面时有摩擦，如法国和美国近期在西非的争夺。

殖民主义引发的民族矛盾从属于阶级矛盾又独立于它。资本需要借助殖民主义的暴力

手段,需要以民族国家为依托,故而愿意缴纳一部分超额利润提升民族内部劳动力福利。资本因而游离而又依附于民族国家。英、美推行新自由主义政策以便利资本的流动,将民族内部的阶级矛盾转化为南北方民族矛盾,转而加重了南方的阶级矛盾。如果说非殖民化浪潮是殖民主义激化民族矛盾的结果,那么新自由主义全球化便是阶级矛盾对民族矛盾的反动。

独立后的非洲民族主义政府试图利用赎买手段走国有化道路,摆脱殖民主义影响,争取更多的资金以缓和内部阶级矛盾。西方资本借此走脱资金,实现资本回流,被迫加大技术投入以寻找新的利润增长点。进入20世纪80年代,西方资本通过压低原材料价格制造非洲国家债务危机,再通过国际货币基金组织和世界银行鼓吹私有化,以便于西方政府以"民主"、"人道"为口号干预非洲政府主导发展型民族主义,不仅利用新民族国家的经济困难重新进入原行业,还迫使非洲政府移除对基本食物价格的控制,缩减对教育和医疗的公共资金投入。殖民主义卷土重来,打破了自独立以来非洲国家依靠扩展劳动者福利增强民族凝聚力的共识。非洲国家失业率上升,就业者福利相对下降,阶级矛盾趋向尖锐,危及民族共识。1993年尼日利亚工人的真实工资只有1983年工资的20%。这种情况反映了撒哈拉以南非洲的普遍情形。

——杭聪:《殖民主义与非洲发展的困境》,载《史学理论研究》,2013年第4期

后记

本书是教育部基础教育课程教材发展中心何成刚主持编写的“历史课标解析与史料研习”丛书中的一册。具体分工如下：

夏辉辉(广西教育学院教学研究部)担任本册主编，莫景华(广西柳州市第三中学)、李志先(广东东莞市厚街湖景中学)担任副主编。夏辉辉、莫景华、李志先、何成刚共同参与了本书的修改、完善和定稿工作。

樊远庆(广东东莞市教育发展研究与评估中心)、丁家文(广东东莞市虎门中学)撰写“第一单元　古代东方文明”；易翔(广东东莞实验中学)撰写“第二单元　古代西方文明”；陈家运(广东东莞市教育局)、涂冬逸(广东东莞市第七高级中学)撰写“第三单元　中古世界的多元面貌”；吕泉孜(广西南宁市第三中学)撰写“第四单元　全球联系的建立”；章丽方(广东东莞中学南城学校)、李林波(广西师大附属中学)撰写“第五单元　14—18世纪的人文主义传统”；曹军辉(广东东莞市第二高级中学)、周雪芹(广东东莞市塘厦中学)撰写“第六单元　改变世界面貌的工业革命”；卢天然(广西玉林市教育科学研究所)、赵晓东(广东东莞高级中学)、李志先(广东东莞市厚街湖景中学)撰写“第七单元　近代民主政治的开创与发展(一)”；李志先(广东东莞市厚街湖景中学)、卢天然(广西玉林市教育科学研究所)、李叶青(广西玉林市北流高中)撰写“第八单元　近代民主政治的开创与发展(二)”；陈晓娜(广东东莞市厚街中学)撰写“第九单元　马克思主义的诞生”；梁琳琳(广西柳州市第一中学)撰写“第十单元　资本主义世界市场的形成”；廖政华(广西柳州市第一中学)、付昭权(广东东莞市长安中学)撰写“第十一单元　世界殖民体系的形成与亚非拉民族独立运动”。

本书亦是夏辉辉主持的广东省教育科学规划课题“中学生历史学科核心素养培养的研究与实践”(课题编号：2015ZQJK017)的部分成果。感谢为本书间接提供大量史学研究成果的专家、学者。西安市未央区教师进修学校何崇先参与了书稿的审核校对工作。感谢《中学历史教学参考》《历史教学》《历史教学问题》《中学历史教学》等刊物为部分研究成果发表提供的专业支持。感谢复旦大学出版社王卫东先生和朱建宝先生为本书出版付出的劳动。

图书在版编目(CIP)数据

历史课标解析与史料研习.世界古代近代史/夏辉辉主编.—上海:
复旦大学出版社,2018.8(2022.6 重印)
ISBN 978-7-309-13781-1

Ⅰ.①历… Ⅱ.①夏… Ⅲ.①世界史课-教学研究-高中 Ⅳ.①G633.512

中国版本图书馆 CIP 数据核字(2018)第 160568 号

历史课标解析与史料研习.世界古代近代史
夏辉辉 主编
责任编辑/朱建宝

复旦大学出版社有限公司出版发行
上海市国权路 579 号 邮编:200433
网址:fupnet@fudanpress.com http://www.fudanpress.com
门市零售:86-21-65102580 团体订购:86-21-65104505
出版部电话:86-21-65642845
江苏句容市排印厂

开本 787×1092 1/16 印张 21.5 字数 484 千
2022 年 6 月第 1 版第 5 次印刷

ISBN 978-7-309-13781-1/G·1865
定价:55.00 元